DAS KAPITAL

《资本论》学习纲要

（修订版）

王天义◎著

中国经济出版社
CHINA ECONOMIC PUBLISHING HOUSE
北京

图书在版编目（CIP）数据

《资本论》学习纲要 / 王天义著 .—修订本 .—
北京：中国经济出版社，2021.8（2022.9 重印）
ISBN 978-7-5136-6567-4

Ⅰ.①资… Ⅱ.①王… Ⅲ.①《资本论》-马克思著
作研究 Ⅳ.①A811.23

中国版本图书馆 CIP 数据核字（2021）第 152079 号

责任编辑 丁 楠
责任印制 马小宾
封面设计 久品轩

出版发行 中国经济出版社
印 刷 者 北京建宏印刷有限公司
经 销 者 各地新华书店
开 本 710mm×1000mm 1/16
印 张 22.75
字 数 350 千字
版 次 2021 年 8 月第 1 版
印 次 2022 年 9 月第 2 次
定 价 88.00 元
广告经营许可证 京西工商广字第 8179 号

中国经济出版社 网址 www.economyph.com 社址 北京市东城区安定门外大街 58 号 邮编 100011
本版图书如存在印装质量问题，请与本社销售中心联系调换（联系电话：010-57512564）

再版前言

《资本论》是马克思最丰富、最厚重的著作，是马克思一生的研究成果，“是马克思主义理论最深刻、最全面、最详尽的证明和运用”。[①] 它运用历史唯物主义辩证法对资本主义生产方式的产生、发展和灭亡的规律进行了全面系统的分析，同时也科学地揭示了人类社会经济发展的一般规律，特别是社会化大生产条件下市场经济发展的一般规律；它在研究资本主义生产方式内在矛盾的同时，也对未来社会的某些基本特征和经济运行规律做出了科学的预测和预见。无产阶级政党的“全部理论来自对政治经济学的研究”。[②] 马克思在《资本论》中揭示的政治经济学的基本原理和基本方法“没有过时，也不会过时，它仍是建设一个美好世界的指导思想”。[③] 习近平同志在 2015 年 11 月 23 日主持中共中央政治局就马克思主义政治经济学基本原理和方法论举行的第 28 次集体学习时强调指出，马克思主义政治经济学是马克思主义的重要组成部分，也是我们坚持和发展马克思主义的必修课。在今天，无论是研究资本主义，还是建设社会主义，都要把马克思主义经济学基本原理和基本方法作为重要的理论基础。

当然，马克思主义政治经济学并没有终结真理，它总是在经济发展的实践中不断地开辟认识真理的新道路。自马克思主义政治经济学诞生以来，世界经济政治形势发生了翻天覆地的变化，资本主义从自由竞争发展到垄断，从私人垄断发展到国家垄断，从国家垄断发展到国际垄断；与此同时，人类追求的社会主义由空想变成了科学，从预见变成了现实，并在实践中不断探索发展不同模式和不同路径。马克思主义政治经济学作为历史的科学，也必然伴随着时代的发展而与时俱进。

我们认为，学习和研究马克思主义政治经济学，首先要对马克思主义政治经济学的基础理论和方法进行学习和研究，而这种研究要尽可能对马克思主义政治

---

① 《列宁选集》第 2 卷，人民出版社 1995 年版，第 429 页。

② 《马克思恩格斯文集》第 2 卷，人民出版社 2009 年版，第 596 页。

③ 《文汇报》2002 年 7 月 20 日刊载了一则消息：新华社记者采访英国 2002 年马克思主义论坛的组织者约翰·里斯，他说，论坛参加者有 5000 多人，来自世界各地，大多数与会者都认为，马克思主义没有过时，也不会过时，它仍是建设一个美好世界的指导思想。

经济学基础理论的思想来源、主要内容、不同理解和现实意义进行探讨。本书就是本着这样的考虑进行写作的。2013 年本书的第一版曾经得到经济学界和社会读者的广泛认可，被评为全国党员教育培训优秀教材。根据需要，再版时我们对本书第一版的内容和篇幅进行了较大修改，在对学术界有争议的观点进行辨析的基础上着重阐发个人的见解，对附录部分进行了大幅度精减，对引文和注释做了认真的核对。由于本书主要是解读《资本论》，不是对我国经济学界所提政策建议进行考证的专门书籍，因此，删去了第一版中关于改革开放初期孙冶方建议的提高国有企业固定资产折旧率的有关部分内容。本书也是我们承担的国家社会科学基金重点项目“马克思社会资本再生产理论拓展研究”的阶段性成果。

第一版前言

（一）

我是1975年开始学习《资本论》的。当时的大学没有统用教材，都是各个学校编印一些自己认为比较适用的资料交给学生学习。我所在的河南大学（当时叫开封师范学院）政教系主任周守正先生是从日本东北大学毕业回国的爱国学者，他在日本时曾精读过马克思的《资本论》，而中国又是坚信马克思主义的，所以，他就将政治经济学这门课程的主要内容放在《资本论》的教学上，并由他亲自授课，我当时是该系的一名学生。1978年我留校任政治经济学教师，并作为周先生与他带的《资本论》方向的硕士生之间的联络人随班听课。

1979年我被送往北京师范大学经济学系进修，陶大镛先生、姚森先生、杨国昌先生、王善迈先生、程树礼先生等给我们讲授经济学的基本理论。同时，我利用一切时间到中国人民大学、中国社会科学院研究生院和北京大学听课。我听了中国人民大学的卫兴华教授、李云教授、于学儒教授和北京大学的周元教授、弓孟谦教授讲授的《资本论》。在进修期间，我兼任了北京师范大学经济学系78级学生《资本论》课程的辅导教师，同时我也必须每周将听课内容和心得体会向河南大学政教系汇报一次，这也督促我要认真学习。

1980年7月我从北京师范大学进修毕业返回河南大学，开始为该校政教系79级本科生讲授《资本论》选读。1984年我考取了周先生的《资本论》方向的在职硕士生，1987年毕业后我开始为经济学专业硕士生系统讲《资本论》。1992年我在职攻读中国人民大学宋涛教授的博士研究生，当时宋先生是中国《资本论》研究会的会长，他本人精通《资本论》，也要求他的学生好好学习和研究《资本论》。1995年毕业后，中国人民大学卫兴华教授和中共中央党校刘海藩教授又收我作为他们的访问学者学习一年。1996年3月至1998年3月我在上海财经大学政治经济学博士后流动站师从程恩富教授从事政治经济学研究工作。在此期间，我受到了宋先生、卫先生、刘先生和程先生的很多教诲，受益终身。

自1997年我到中共中央党校任教以来，主要也是为党校的各种班次讲授

《资本论》。党校的《资本论》教学与高校有很大不同。第一，党校授课对象是领导干部，他们中有很多人既是领导，又是学者。比如，中国人民大学的林岗教授、南京大学洪银兴教授、教育部顾海良教授，他们都曾到过党校学习，都是《资本论》教学和研究的大师级专家。面对他们怎么办？只有先当“学生”，再当“先生”了。所以，在党校讲课，一定要向学员们好好学习。第二，时代发生了很大变化，中国已经是初步的市场经济国家了。发展市场经济，西方国家既有丰富的实践经验，也有实用的经济理论和方法。教学要为我国市场经济实践服务，就必须用不断发展的视野去学习和研究《资本论》的基本原理，就必须吸收研究市场经济规律的最新成果。因此，《资本论》的教和学决不能成为封闭的、一成不变的教条，而要不断地研究新情况，提出新观点；同时也必须大胆地吸收西方经济学中已经被实践证明了的科学管用的理论和方法。通过理论的综合提炼，实现马克思主义经济理论的中国化和时代化。当然，党校教学责任重、要求高，我在《资本论》教学中也只是尽力而为，肯定会有许多不足甚至错误的地方，这些也只有通过今后的更加努力去弥补和修正了。

（二）

以前我曾就《资本论》的理论和方法写过一些东西，有了一些积累，对马克思的劳动价值理论、剩余价值理论、竞争理论、所有制理论、虚拟资本理论、地租理论，以及财富的创造和分配理论等发表过一些文章；我也运用《资本论》的原理和方法思考过我国改革开放实践中出现的新问题，如 1981 年发表了《试论社会主义生产目的及其实现条件》（见《河南大学学报》），1983 年发表了《个体经济大有可为》（见《人民日报》），1985 年发表了《国家所有制改革的方向是向股份制逐步过渡》（见《经济新论》），此后也不断有文章问世；也曾编著过一些《资本论》方面的书籍，如著过《经济学热门话题的争论》，主编过《马克思主义经济学教程》等。但这些东西对于学习《资本论》并不系统，也不全面。因此，我总想出一本较为系统地介绍和研究《资本论》基本原理的书籍，梳理一下学习和研究《资本论》的思路，求教于经济学界的同行们。这是我写作《〈资本论〉学习纲要》的用意。

本书内容大致分为三个部分：第一部分是导论，主要介绍马克思写作《资本论》的背景、《资本论》的研究对象、方法和整体结构。第二部分是主体，主要是按照《资本论》一、二、三卷的顺序，分 10 个专题论述《资本论》的基本原理。遵照中共中央党校常务副校长李书磊先生在 2011 年教学工作会议上的讲话精神，即理论研究一定要有历史感，我在每个专题论述中又分为三个部分：一是该理论专题的研究对象和逻辑结构，主要从总体上、结构上把握该原理的基本框架和基本精神；二是该理论专题的基本要点，主要从要点上深化认识，掌握该理论的基本原理和基本观点；三是该理论专题的思想来源和现实拓展，主要联系马克思该理论的形成过程和该理论在当代情况下的不同理解，从对该理论的来源和进一步发展中进行拓展，以体现理论形成和过程发展实际上是一个实践的不断展开和深化的历史过程。第三部分是附录，主要是对马克思《〈政治经济学批判〉导言》进行解读。

（三）

在本书中，我主观上是力图把马克思《资本论》的基本框架、基本思想、基本理论和基本方法的阐述与它的当代价值融为一体，既坚持基本原理和基本方法，又根据新的时代和新的实践，在理论上有所创新和拓展，甚至试图有所突破。但由于本人水平有限，理论功底不深，研究功夫下得不够，书中肯定会有这样那样的不足甚至错误，敬请读者批评指正。同时，在我多年的《资本论》教学和研究中，学习了不少老前辈和同行们的有关著作，受益匪浅，在此一并表示衷心的感谢。

王天义

2012 年 12 月于中共中央党校

目 录

导言 《资本论》的研究对象和研究方法

一、《资本论》创作的时代背景和理论背景

（一）《资本论》创作的时代背景

时代是思想之母。《资本论》的产生与16—19世纪西欧国家的社会经济条件的变化有着密切的联系。16世纪六七十年代，荷兰发生了最早的资产阶级革命，但直到英国爆发资产阶级革命，才在欧洲推翻了封建专制，初步建立起资本主义制度。之后，英国资产阶级同封建阶级进行了长达100多年的反复较量，于18世纪中叶稳固地掌握了国家政权，从根本上摆脱了封建生产关系的羁绊，踌躇满志地去发掘蕴藏在农业、工业、自然、科学中的巨大生产力，发动了伟大的产业革命。英国的产业革命历经80年左右的时间，到19世纪三四十年代宣告完成，使得英国成为当时世界上最先进的工业国。继英国资产阶级革命之后，18世纪后半期，美国和法国先后取得了资产阶级革命的胜利；19世纪中叶，德国、俄国和日本也经历了各种资产阶级的革命，并先后完成了产业革命。

产业革命推动了资本主义社会生产力的巨大发展。马克思和恩格斯在1848年发表的《共产党宣言》中对此曾做过高度评价："资产阶级在它的不到一百年的阶级统治中所创造的生产力，比过去一切世代创造的全部生产力还要多，还要大。自然力的征服，机器的采用，化学在工业和农业中的应用，轮船的行驶，铁路的通行，电报的使用，整个大陆的开垦，河川的通航，仿佛用法术从地下呼唤出来的大量人口——过去哪一个世纪料想到在社会劳动里蕴藏有这样的生产力呢?"①

产业革命使资本主义社会的生产力迅猛发展的同时，也使社会生产方式和社会关系发生了深刻的变化，资本主义所固有的内在矛盾也逐步暴露出来。资本主义矛盾尖锐化的突出表现就是经济危机的爆发。1825年，行将完成产业革命的英国，爆发了世界上第一次以生产相对过剩为基本特征的经济危机。经济危机的爆发，表明了"资产阶级的关系已经太狭窄了，再容纳不了它本身所造成的财富

① 《马克思恩格斯文集》第2卷，人民出版社2009年版，第36页。

了”。“生产力已经强大到这种关系所不能适应的地步，它已经受到这种关系的障碍；而它一着手克服这种阻碍，就使整个资产阶级社会陷入混乱，就使资产阶级所有制的存在受到威胁。”① 在这以后的一个多世纪中，直到19世纪末，这种经济危机大约每隔10年就周期性地爆发一次，资本主义经济陷入危机、萧条、复苏、高涨交替出现的周期循环之中。

资本主义矛盾尖锐化的另一个突出表现是资产阶级与工人阶级的矛盾不断加深。资本主义经济发展是靠对工人残酷剥削来实现的。资本主义的发展，一方面造成财富在资本家阶级一极的积累，另一方面造成贫困在工人阶级一极的积累。这种两极分化到了19世纪上半叶达到了空前的程度，引起了工人阶级的强烈不满和反抗，形成了此起彼伏的工人运动。例如，法国里昂工人在1831年和1834年的两次起义，英国以工人为主体的1838年到1842年的宪章运动和德国西里西亚工人1844年的起义。然而，以增加工资为主要目的的工人阶级对资产阶级的斗争只是自发的、盲目的和分散的，不具有政治斗争的性质。轰轰烈烈的工人阶级运动向何处去成为一个非常突出的现实问题。作为工人阶级运动的领袖，马克思研究和写作《资本论》的主要目的，就是为工人阶级的解放事业提供一个科学的理论依据和正确的斗争方向。

（二）《资本论》创作的理论背景

资本主义经济发展和工人阶级与资产阶级矛盾的不断深化，迫使人们对一些深层次的理论问题进行反思，其中最直接、最现实的问题就是，资本主义经济危机不断爆发的原因是什么？陷入经济、政治、社会发展困境当中的资本主义到底向何处去？这一时期，对马克思思想形成发生过重大影响的是德国古典哲学家黑格尔、路·费尔巴哈，英国古典政治经济学家亚当·斯密、大卫·李嘉图，法国空想社会主义者里昂·圣西门、沙利·傅立叶和英国的空想社会主义者罗伯特·欧文。

德国最负盛名的哲学家黑格尔（1770—1831），提出了整个自然界、历史和精神的世界总是处在不断运动和发展中，并企图揭示它们运动和发展的内在规律性。肯定事物是普遍运动和发展的，其内在矛盾是运动和发展的根本动力，是黑格尔辩证法的“合理内核”。但是，他把事物的辩证发展的源泉归结为“绝对精神”，因而，他的辩证法又是建立在唯心主义基础上的。费尔巴哈（1804—1872）批判了黑格尔的哲学体系，提出了世界是物质的、是不以人们的意志而独立存在的唯物主义的基本命题，但费尔巴哈又认定人类社会发展仅仅是宗教变迁

① 《马克思恩格斯文集》第2卷，人民出版社2009年版，第37页。

的结果，人类社会发展是由宗教推动的，最终他又退缩到唯心主义的立场上了。

古典政治经济学从 17 世纪中叶开始到 19 世纪初期结束，经历了将近 200 年的时间，涌现出了一系列代表人物。马克思指出："古典政治经济学……在英国从威廉·配第开始，到大卫·李嘉图结束，在法国从布阿吉尔贝尔开始，到西斯蒙第结束。"① 古典政治经济学在科学上的主要功绩是奠定了劳动价值论的基础，在不同程度上研究了剩余价值的各种形式，并且对社会资本的再生产和流通做了初步的分析和探索。

威廉·配第（1623—1687）是英国古典政治经济学的创始人，他最先提出了价值由劳动时间决定的观点，并且在地租的形式上看到了剩余价值的存在，还初步分析了地租的两种形式。但是，他没有把价值、交换价值、价格区分开来，没有把使用价值与价值相区别，以致得出了"劳动是财富之父，土地是财富之母"的结论。

亚当·斯密（1723—1790）是英国古典经济学发展时期最主要的代表人物，他在长期的教学实践的基础上，于 1776 年发表了划时代的巨著《国民财富的性质和原因的研究》。亚当·斯密的经济理论所涉及的范围很广，如分工、交换、价值、货币、工资、利润、地租、资本等基本经济范畴，以及生产劳动与非生产劳动、社会资本再生产等问题，他都有较为系统的论述。但是，亚当·斯密在研究方法上却有一个显著的特点，即二元论，这使得他的理论体系在逻辑上具有自相矛盾的二重观点。例如，在价值论上，既有对劳动决定价值的正确观点，又有收入决定价值的庸俗见解；在对社会资本再生产的分析上，既有资本构成的划分，又提出了一个错误的教条，即认为商品价值只分解为 V+M，抛弃了不变资本 C，从而完全堵塞了正确分析社会资本再生产的道路。亚当·斯密理论中的科学因素后来为大卫·李嘉图继承和发展，也为马克思批判地吸收；其庸俗的见解后来被萨伊、马尔萨斯等经济学者所利用和发挥。

大卫·李嘉图（1772—1823）出身于大资产阶级家庭，本人只有两年商业教育的经历。他在交易所赚了一笔钱后就离开交易所从事科学研究活动。1817 年发表了他的代表作——《政治经济学及赋税原理》。这部著作对资本主义社会经济问题论述得明确、尖锐、彻底、透辟，所用方法具有一贯性，使其成为古典经济学最完备和最后的体系。大卫·李嘉图在经济学上最主要的贡献是他一贯地坚持劳动价值论，并以此去分析其他经济范畴，从而把资本主义关系和盘托出。但是，一旦涉及资本主义历史命运问题，作为资产阶级经济学家的大卫·李嘉图又

① 《马克思恩格斯选集》第 3 卷，人民出版社 1972 年版，第 267 页。

会毫不犹豫地为资本主义制度辩护。他把资本主义看作是永恒的，断然否定资本主义存在普遍的经济危机的可能性。他在历史和时代发展问题上所持有的资产阶级立场，完全堵塞了资产阶级古典政治经济学科学发展的道路。马克思在《资本论》第1卷第2版的跋中指出："英国古典政治经济学是属于阶级斗争不发展的时期的。它的最后的伟大的代表大卫·李嘉图，终于有意识地把阶级利益的对立、工资和利润的对立、利润和地租的对立当作他的研究的出发点，因为他天真地把这种对立看作社会的自然规律。这样，资产阶级经济科学也就达到了它的不可逾越的界限。"① 马克思又进一步指出："只要政治经济学是资产阶级的政治经济学，就是说，只要它把资本主义制度不是看作历史上过渡的发展阶段，而是看作社会生产的绝对的最后的形式，那就只有在阶级斗争处于潜伏状态或只是在个别的现象上表现出来的时候，它还能够是科学。"② 加之，他混淆了劳动与劳动力的区别、价值与生产价格的区别，因而造成他的理论体系存在着不能解释的两大矛盾，最终导致古典经济学的破产。

除了英国古典经济学以外，值得一提的是法国重农学派的杰出代表——弗朗斯瓦·魁奈（1694—1774）。1758年出版的《经济表》是他最著名的著作。在这本著作中，他通过图解的形式对社会资本的再生产和流通第一次进行了出色的分析，马克思把这一分析称为"这是一个极有天才的思想"。③ 魁奈对社会资本再生产的分析是从纯产品开始的。他所讲的纯产品，是指农产品由于自然力的作用超过生产费用的余额，这实际上就是在资本主义农业生产中，由雇佣劳动者的剩余劳动所创造的剩余价值。因此，魁奈实际上已经"把关于剩余价值起源的研究从流通领域转到直接生产领域，这样就为分析资本主义生产奠定了基础"，④ 也为马克思的社会资本再生产理论提供了思想来源。

空想社会主义最杰出的代表是法国的圣西门（1760—1825）、傅立叶（1772—1837）和英国的欧文（1771—1858）。这三位伟大的思想家都对资本主义社会进行了深刻的批判。与圣西门和傅立叶不同，欧文对资本主义私有制的本质进行了尖锐的揭示和批判。他认为，无论过去和现在，私有财产和私有制"都是人们所犯的无数罪行和所遭受的无数灾祸的根源"。他认为，现存的资本主义制度已经不再适应"力量无限的新的生产力"，因而，迫切需要对它进行"巨大变革"。可惜的是，欧文没有找到对旧有的社会制度进行根本改造的方法和道路。

---

① 《马克思恩格斯文集》第5卷，人民出版社2009年版，第16页。
② 《马克思恩格斯文集》第5卷，人民出版社2009年版，第16页。
③ 《剩余价值理论》第1分册，《马克思恩格斯全集》第1版第26卷Ⅰ，第366页。
④ 《剩余价值理论》第1分册，《马克思恩格斯全集》第1版第26卷Ⅰ，第19页。

历史和时代呼唤着新的理论的诞生，人类思想史上的伟大革命已经孕育。

（三）马克思写作《资本论》的最初动因

马克思1818年5月5日出生于德国莱茵省特利尔（位于德法边境的小城）的一个文明的家庭，从小受到了良好的教育。在中学时代，马克思就立志选择能为人类服务的职业。他在中学时期的一篇作文——《青年在选择职业时的考虑》中曾写道："如果我们选择了最能为人类福利而劳动的职业，那么，重担就不能把我们压倒，因为这是为大家而献身。"① 由于马克思的父亲是一位小有名气的法律顾问，他非常希望儿子能继承他的事业。于是，马克思在读完中学以后，遵从父命考入了波恩大学法律系，后来转入柏林大学。他在大学虽然学的是法律专业，但是他对哲学和历史很感兴趣。1841年马克思从柏林大学毕业，后以《德谟克利特的自然哲学和伊壁鸠鲁的自然哲学的区别》这一优秀论文获得耶鲁大学授予的哲学博士学位。

那么，是什么原因导致马克思转向研究经济学的呢？这要从发生在1843年春天要马克思发表意见的几件难事说起。第一，关于林木盗窃问题的讨论。按照德国传统习惯，农民可以到森林中捡拾枯枝。但是，随着资本主义的发展，林木已被地主霸占为私人财产。在这种情况下，农民还能不能上山捡拾枯枝？当时对此进行了公开的辩论。代表地主利益的莱茵省议会颁布了一个法案，规定农民未经允许上山捡拾枯枝为林木盗窃。在辩论中，马克思为了保护农民利益与莱茵省议会展开辩论，发表了题为《关于林木盗窃法的辩论》的文章。但在当时，马克思还主要是从法律方面为农民伸张正义。他说："在贫农阶级的这些习惯中存在着本能的权利感，这些习惯的根源是肯定的和合法的，而习惯权利的形成在这里更是自然的。"② 第二，关于摩塞尔河地区农民状况的讨论。当时，《莱茵报》针对摩塞尔河流域酿造葡萄酒的农民因贫困而破产的经济问题，发表了关于摩塞尔农民生活状况的报道，描述了农民的困苦处境。对这一报道，莱茵省总督冯·沙培尔非常恼火并大加指责。马克思通过自己的实地考察，发表了《摩塞尔论者的辩护》一文，他认为，农民贫困破产的根源并不在于自然条件和个别官员的失职，而在于普鲁士的官僚政治制度。对这些问题，马克思当时主要是从法律方面进行辩论的，而这些问题在本质上是经济利益问题。因此，为了彻底弄清这些问题，就非研究政治经济学不可。这是马克思由法律转向研究经济学的最初动因。恩格斯曾说："我曾不止一次地听到马克思说，正是他对林木盗窃法和摩塞尔河

① 《马克思恩格斯全集》第40卷，人民出版社1982年版，第7页。
② 《马克思恩格斯全集》第1卷，人民出版社1956年版，第147页。

地区农民处境的研究，推动他由研究政治转向研究经济关系，并从而走向社会主义。”① 列宁曾介绍说：“办报工作使马克思感到自己的政治经济学知识不够，于是他发奋研究这门科学。”②

（四）《资本论》的创作过程

马克思从 1843 年开始研究政治经济学。1843 年 8 月 28 日，马克思在巴黎瓦诺街的一间咖啡屋中与途经巴黎回德国的恩格斯进行了历史性会面，从此这两位伟大的革命领袖开始了并肩战斗的生涯。1844 年上半年，马克思完成的《1844 年经济学哲学手稿》是一部用哲学的语言阐述经济学内容的手稿。手稿通篇运用的是哲学的语言，如来自黑格尔和费尔巴哈的“异化劳动”“类本质”等概念，但是它所运用的主要素材却都是经济学的，包括亚当·斯密和大卫·李嘉图等古典政治经济学家的经济思想。因此，这部手稿可以看作是马克思建立无产阶级政治经济学理论体系的第一次尝试。在这部手稿中，马克思突出了对当时社会现实即资本主义经济关系的批判。但是，由于马克思还缺乏经济学研究的新的方法，所以，这种批判不可能完成。

1845—1846 年，马克思在同恩格斯合写的《神圣家庭》和《德意志意识形态》手稿中，形成了理解整个社会的系统方法，以及根据这一方法理解社会整体经济结构，这就是马克思关于唯物史观的方法。马克思在《德意志意识形态》一书中对唯物史观的实质做了如下概括：“从直接生活的物质生产出发来考察现实的生产过程，并把与该生产方式相联系的、它所产生的交往形态，即各个不同阶段上的市民社会，理解为整个历史的基础；然后必须在国家生活的范围内描述市民社会的活动，同时从市民社会出发来阐明各种不同的理论产物和意识形态，如宗教、哲学、道德等，并在这个基础上追溯它们产生的过程。”③ 这一方法在马克思根据《资本论》第一稿所写的《政治经济学批判〈序言〉》（1859 年发表）中也做了经典的概括。

由于唯物史观的创立，马克思在经济学研究中清楚地认识到了当时资本主义经济关系的本质，这在 1847 年冬天他在比利时的布鲁塞尔工人夜校“雇佣劳动与资本”系列讲演中得到了集中体现，而作为马克思 19 世纪 40 年代经济思想的总结，那就是 1848 年初马克思和恩格斯合著的《共产党宣言》。

由于参加 1848 年欧洲革命，马克思遭到驱逐并一度中断了他的经济学研究。

---

① 《马克思恩格斯〈资本论〉书信集》，人民出版社 1976 年版，第 587 页。

② 《列宁全集》第 26 卷，人民出版社 1961 年版，第 49 页。

③ 《马克思恩格斯全集》第 3 卷，人民出版社 1960 年版，第 42-43 页。

1849年8月底，马克思移居伦敦，这里为他的研究提供了有利的条件。马克思后来曾说，英国是研究资本主义生产方式的典型地点。[①] 从1850年8月开始，马克思利用大英博物馆大量的政治经济学藏书和丰富的现实经济资料，再次研读了能够发现的所有重要的经济学文献和以英国为代表的资本主义工业、农业、商业、财政、金融、外贸等现实经济问题的研究文献，以及土地关系史、科技发明史等相关资料。到1853年底，马克思写出了由24个笔记本组成的《伦敦笔记》，为真正创作《资本论》奠定了良好的基础和做了充分的准备。1854—1856年是马克思生活最困难和身体状况最差的时期，他不得不中断经济学写作计划，而靠为报纸写稿为生。

1857年7月到1858年5月，马克思通宵达旦地总结他的经济学研究成果，写下了一系列经济学手稿，被称为《1857—1858年经济学手稿》。这一手稿对政治经济学的研究对象、研究方法，以及政治经济学理论体系做了详尽的论述，对劳动价值理论、货币理论、剩余价值理论和资本主义经济运动规律等进行了科学分析。这些论述标志着马克思经济理论基本形成。在写作《1857—1858年经济学手稿》过程中，马克思决定分册出版被他命名为《政治经济学批判》的宏伟大作。1859年9月，《政治经济学批判》第一分册（包括一个序言、商品和货币、一个导言）正式出版。《政治经济学批判》第一分册的出版，在马克思《资本论》创作史上具有重要的意义。正如马克思自己所说："它是十五年的，即我一生的黄金时代的研究成果。这部著作第一次科学地表述了对社会关系具有重大意义的观点。"[②] 列宁将这部著作与《资本论》第一卷相提并论，认为正是这两部著作使政治经济学"这门科学发生了一场革命"。[③] 习近平总书记也将这部著作列为马克思重要的经济学经典著作之一。

《政治经济学批判》第一分册出版后不久，马克思在自己家里给几十个工人开办经济学讲座，倾听他们的意见并希望工人阶级能够尽早掌握其理论成果。与此同时，马克思开始着手更为重要的《政治经济学批判》第二分册的写作。1861年8月至1863年7月，马克思集中全部精力写出了近1400页浩繁的手稿，被称为《1861—1863年经济学手稿》。这是《资本论》的第二稿。在这部手稿中，马克思对劳动价值理论、剩余价值理论、社会资本再生产理论、资本主义生产劳动和非生产劳动理论、生产价格理论、地租理论等都做了极其重要的阐述。在写作

---

① 《马克思恩格斯文集》第5卷，人民出版社2009年版，第8页。

② 《马克思恩格斯〈资本论〉书信集》，人民出版社1976年版，第137-138页。

③ 《列宁选集》第2卷，人民出版社1995年版，第417页。

《1861—1863年经济学手稿》的过程中，马克思在1862年12月28日致路德维希·库格曼的信中决定把他的著作命名为《资本论》。马克思说：《1861—1863年经济学手稿》，“它是第一册的续篇，将以《资本论》为标题单独出版，而《政治经济学批判》这个名称只作为副标题”。① 1863年8月，马克思开始以《资本论》为题整理他的经济学手稿，并决定对原先准备付印的《资本论》再做“最后加工”。但从1863年8月到1865年底，马克思并没有进行《资本论》的最后加工，而是继续写下了一些新的手稿，即《资本论》的第三稿。1865年底，马克思完成了《资本论》三卷手稿后，立即投入了对第一卷“最后加工”的工作。经过一年多的紧张加工，1867年3月28日，《资本论》第一卷完成。同年4月10日，马克思亲自把定稿送往汉堡。1867年9月14日，《资本论》第一卷德文第一版由汉堡迈斯纳出版社正式出版。

《资本论》的出版，“无疑是向资产者（包括土地所有者在内）脑袋发射的最厉害的炮弹”。②《资本论》深刻地揭示了资本主义生产方式发生、发展和灭亡的历史必然性，科学地分析了资本主义制度的内在矛盾，阐明了资本主义必然被新的社会制度所取代的客观规律。《资本论》不仅是一部政治经济学著作，而且也是一部辩证唯物主义和历史唯物主义的哲学著作。在《资本论》中，唯物史观不再是假设，而是科学地证明了的原理。在《资本论》中，逻辑学、辩证法和唯物主义认识论实现了有机的统一。《资本论》还是科学社会主义的著作，正是唯物史观在《资本论》中加以证明的过程中发现了剩余价值，才使得社会主义由空想变成了科学。

这里需要特别提到的是，恩格斯对马克思《资本论》的无私贡献。自从1843年马克思与恩格斯会面以后，恩格斯就经常与马克思一起，共同研究一些经济问题，马克思也时常向恩格斯求教，比如，马克思就工厂主如何进行固定资本的折旧与补偿、资本周转对价格的影响等问题，向恩格斯请教。恩格斯对《资本论》第一卷中的章节、目录、标题、字句甚至“个别的笔误”，都提出自己的合理建议，而且基本上都被马克思采纳了。比如，关于《价值形式》一节，恩格斯建议马克思：“多分一些小节和多加一些小标题”“用黑格尔的《全书》那样的方式来处理”；还建议马克思：“可以把这里用辩证法获得的东西，从历史上稍微详细地加以证实”；等等。《资本论》出版后，为了打破德国官方以“缄默”对《资本论》的封锁，恩格斯连续写了若干评论文章发表在德国的各种报

① 《马克思恩格斯〈资本论〉书信集》，人民出版社1976年版，第170页。

② 《马克思恩格斯〈资本论〉书信集》，人民出版社1976年版，第209页。

刊上，从各个角度介绍《资本论》的内容、方法和意义。这些评论，打破了学术界和官方的沉默，扩大了《资本论》的影响和在工人阶级中的传播。在《资本论》第一卷出版前后，马克思曾多次向恩格斯表达无限感激之情。马克思说："没有你，我永远不能完成这部著作。坦白地向你说，我的良心经常像被梦魇压着一样感到沉重，因为你的卓越才能主要是为了我才浪费在经商上面，才让它们荒废，而且还要分担我的一切琐碎的忧患。"① "没有你为我做的牺牲，我是绝不可能完成这三卷书的巨大工作的。我满怀感激的心情拥抱你！"②

马克思逝世后，恩格斯为《资本论》第二卷、第三卷以及《资本论》第一卷德文第三版、第四版和英文版的编辑出版工作付出了极大的辛劳。恩格斯于1884年2月开始编辑整理《资本论》第二卷手稿，并于1885年出版。第二卷出版后，恩格斯立即投入到编辑整理《资本论》第三卷的工作中，并于1894年出版。在编辑整理《资本论》第二卷、第三卷过程中，恩格斯克服了晚年"长期视力衰退"和其他一些"无法推卸的工作"（包括指导国际工人运动、马克思和恩格斯以前各种著作的重新出版和翻译等）的拖累，尤其是《资本论》第三卷"只是一个初稿，而且极不完全"，需要付出大量的劳动，有些地方还要整章补写（如第四章），有些需要根据新的情况进行"增补"。正是由于恩格斯的无私的出色的工作，才使得《资本论》全三卷得以问世。对此，列宁给予恩格斯以高度的评价："恩格斯出版《资本论》第二卷和第三卷，就是替他的天才朋友建立了一座庄严宏伟的纪念碑，无意中也把自己的名字不可磨灭地铭刻在上面了。"③

二、《资本论》的研究对象和研究方法

（一）《资本论》的研究对象

马克思在《资本论》德文第一版序言中明确指出了《资本论》的研究对象。他说："我要在本书研究的，是资本主义生产方式以及和它相适应的生产关系和交换关系。"④ 从马克思上述说明中可以看出，马克思在《资本论》中研究的，一是资本主义生产方式，二是和资本主义生产方式相适应的生产关系和交换关系。从广义上讲，马克思主义政治经济学所要研究的是历史发展各个阶段上特定

① 《马克思恩格斯〈资本论〉书信集》，人民出版社1976年版，第212页。
② 《马克思恩格斯〈资本论〉书信集》，人民出版社1976年版，第223页。
③ 《列宁选集》第1卷，人民出版社1995年版，第95页。
④ 《马克思恩格斯文集》第5卷，人民出版社2009年版，第8页。

的生产方式以及和它相适应的生产关系和交换关系。

如何理解马克思主义经济学的研究对象，理论界的看法并不一致。有些学者认为，马克思在其著作中所使用的“生产方式”，有时是指生产关系，有时是指生产力，有时是指生产力和生产关系的统一，有时是指生产方法，有时是指生产技术和生产组织等。由此，对于马克思主义政治经济学的研究对象也就有不同的理解和表述，有的指生产力，有的指生产关系，有的指生产方式，有的指生产组织管理等。

我们认为，作为马克思主义政治经济学研究对象的生产方式，不能简单地理解为生产力或生产关系，也不能简单地理解为通常使用的由斯大林定义的生产力与生产关系的统一，而是介于生产力和生产关系之间从而把二者联系起来的中介范畴。生产力决定生产方式，而生产关系又是与生产方式相适应的。关于生产力与生产方式，生产方式与生产关系之间的关系，马克思也曾多次做过说明。马克思在 1846 年 12 月 28 日致安年科夫的信中写道：“随着新的生产力的获得，人们便改变自己的生产方式，而随着生产方式的改变，他们便改变所有不过是这一特定生产方式的必然关系的经济关系。”① 马克思在 1847 年所写的《哲学的贫困》中又一次写道：“随着新生产力的获得，人们改变自己的生产方式，随着生产方式即谋生的方式的改变，人们也就会改变自己的一切社会关系。手推磨产生的是封建主的社会，蒸汽磨产生的是工业资本家的社会。”② 由此可以看出，马克思作为研究对象的生产方式是处于生产力与生产关系中介的生产劳动的社会方式，即生产资料和劳动者的结合方式。一定历史阶段的生产力及其发展形式，是一定的生产方式产生的历史条件和现实基础；一定的生产方式又决定一定的生产关系。新的生产力会产生与它相适应的新的生产方式，而新的生产方式又会产生与自己相适应的新的生产关系。由此，不是生产力直接决定生产关系，而是一定历史发展阶段的生产力决定与它相适应的生产方式，一定的生产方式决定与自己相适应的生产关系和交换关系。

作为《资本论》研究对象的“资本主义生产方式”，是指资本主义条件下劳动者和生产资料相结合的特殊方式。对此，马克思也曾多次明示。马克思说过：“不论生产的社会形式如何，劳动者和生产资料始终是生产的因素。但是，二者在彼此分离的情况下只在可能性上是生产因素。凡要进行生产，它们就必须结合

① 《马克思恩格斯〈资本论〉书信集》，人民出版社 1976 年版，第 17 页。

② 《马克思恩格斯文集》第 1 卷，人民出版社 2009 年版，第 602 页。

律……一旦生活经过了一定的发展时期，由一定阶段进入另一阶段时，它就开始受另外的规律支配”。第四，“生产力的发展水平不同，生产关系和支配生产关系的规律也就不同。马克思给自己提出的目的是，从这个观点出发去研究和说明资本主义经济制度”。第五，马克思“这种研究的科学价值在于阐明支配着一定社会有机体的产生、生存、发展和死亡以及为另一更高的有机体所代替的特殊规律”。①

2. 叙述方法和研究方法

（1）叙述方法是由抽象上升到具体的逻辑方法。

这里讲的由抽象到具体，是就经济范畴而言的。“经济范畴只不过是生产的社会关系的理论表现，极其抽象。”② 抽象的经济范畴是指包含较少规定性的范畴，具体的经济范畴是指包含较多规定性的范畴。马克思在《〈政治经济学批判〉导言》中，对由抽象上升到具体的方法做了详细的说明。他认为作为经济学体系起点范畴不能是具有较多规定性的具体，而应从抽象开始。他说：“在经济学上从作为全部社会生产行为的基础和主体的人口开始，似乎是正确的。但是，更仔细地考察起来，这是错误的。例如，抛开构成人口的阶级，人口就是一个抽象。如果我不知道这些阶级所依据的因素，如雇佣劳动、资本等等，阶级又是一句空话，而这些因素是以交换、分工、价格等为前提的。比如资本，如果没有雇佣劳动、价值、货币、价格等，它就什么也不是。因此，如果我从人口着手，那么，这就是关于整体的一个混沌的表象，并且通过更切近的规定我就会在分析中达到越来越简单的概念；从表象中的具体达到越来越稀薄的抽象，直到我达到一些最简单的规定。于是行程又得从那里回过头来，直到我最后又回到人口，但是这回人口已不是关于整体的一个混沌的表象，而是一个具有许多规定和关系的丰富的总体了。”③

接着，马克思提出，古典经济学的创始人威廉·配第企图从具体的现象入手，从人口、民族、国家开始，在他的分析中虽然找出了一些有决定意义的抽象的一般关系，如分工、货币、价值等，甚至提出了许多重要的经济学原理，但他的研究也仅仅到此为止，形不成完整的理论体系。后来的亚当·斯密和大卫·李嘉图等人与威廉·配第不同，他们在前人研究的基础上，从劳动、分工、交换、价值等一些抽象的简单的规定出发，经过研究，力图说明资本主义经济的总体。马克思认为，后一种方法是科学的正确的方法。他指出：“在第一条道路上，完

① 《马克思恩格斯文集》第5卷，人民出版社2009年版，第20-21页。

② 《马克思恩格斯选集》第1卷，人民出版社1995年版，第141页。

③ 《马克思恩格斯文集》第8卷，人民出版社2009年版，第24页。

整的表象蒸发为抽象的规定；在第二条道路上，抽象的规定在思维行程中导致具体的再现。”① 因此，作为创建经济学科学体系的方法，应该是从抽象上升到具体，从简单上升到复杂。

（2）研究方法是由具体到抽象的方法。

作为叙述起点的简单的抽象范畴不是虚无的抽象，而是反映了普遍存在的一般的抽象规定性，是从实践中来的客观真实的东西，它产生于最丰富的具体发展的地方，是被抽象的一切对象所共有的东西。什么是研究方法呢？马克思指出：“研究必须充分地占有材料，分析它的各种发展形式，探寻这些形式的内在联系。只有这项工作完成以后，现实的运动才能适当地叙述出来。这点一旦做到，材料的生命一旦在观念上反映出来，呈现在我们面前的就好像是一个先验的结构了。”② 在这里，马克思不仅说明了研究方法，而且说明了研究方法与叙述方法的关系。科学的研究方法是首先搜集大量的有关材料，然后进行整理分析，去粗取精，去伪存真，寻找出各种要素相互之间的内在联系，从而揭示客观事物内在的运动规律。这种研究方法，就是从现象到本质，从具体到抽象，从复杂到简单的科学方法。

（3）马克思关于由抽象上升到具体的方法的思想来源。

由抽象上升到具体的方法是从批判地继承德国古典哲学尤其是黑格尔的《逻辑学》中取得的。黑格尔在《小逻辑》一书中指出，逻辑概念的展开是由抽象上升到具体，并把这种上升运动理解为一个辩证的发展过程。他说：“这个前进运动的特征就是：它从一些简单的规定性开始，而在这些规定性之后的规定性就愈来愈丰富，愈来愈具体。因为结果包含着自己的开端，而开端的运动用某种新的规定丰富了它，一般的东西构成基础……在继续规定的每一个阶段上，一般的东西不断提高它以前的全部内容，它不仅没有因其辩证的前进运动而丧失了什么，丢下了什么，而且带着一切收获物，使自己的内部不断丰富和充实起来。”③ 在这里，黑格尔认为概念的展开就是从抽象上升到具体的过程，概念在开始时只是一些抽象的规定性，是孤立的、片面的，随着概念向前推移，越是后面的概念包含的规定性就越多，内容就越丰富、越具体，到最后就成为包含着多样性的有机统一体的具体概念。

但是，黑格尔的由抽象上升到具体的过程，不是理解为对客观事物的掌握和

---

① 《马克思恩格斯文集》第 8 卷，人民出版社 2009 年版，第 25 页。
② 《马克思恩格斯文集》第 5 卷，人民出版社 2009 年版，第 21–22 页。
③ 黑格尔：《小逻辑》，贺麟译，商务印书馆 1980 年版，第 190 页。

反映，而是理解为概念的自我综合、自我发展的过程。因此，黑格尔的方法是倒立着的，是建立在唯心主义基础上的，必须把它重新颠倒过来，建立在唯物主义的基础上，才能成为科学的方法。马克思完成了这一科学任务。恩格斯对马克思这一方法给予了极高的评价。恩格斯指出，马克思的经济学著作是要系统地概括经济科学的全部复杂的内容，并且在联系中叙述资产阶级生产和交换的各项规律，要完成这样全面的考察，只有马克思制定的方法才能胜任。他说："这个方法的制定，在我们看来是一个其意义不亚于唯物主义基本观点的成果。"①

三、《资本论》的总体结构

研究对象决定逻辑结构。结构是指整体内部各个组成部分之间的搭配和排序。《资本论》总体结构的安排首先是对其研究对象即资本主义生产方式的客观结构的认识和把握，并在此基础上形成反映资本主义生产方式的理论体系即逻辑结构。马克思认为，《资本论》研究的是形成资产阶级社会内部结构并且成为基本阶级的依据的范畴；而这些范畴在《资本论》中的次序，是由它们在现代资产阶级社会内部的结构中的地位决定的。②

关于资本主义生产方式的客观结构，马克思认为，可以从两个方面把握：一是关于社会生产方式的一般结构，二是资本主义生产方式内部的特殊结构。作为社会生产方式的一般结构是指社会生产内部的生产、分配、交换、消费四个环节之间的关系。对社会生产方式内在结构的研究，虽然在马克思之前就有人做过，但是他们的研究：第一，是把社会生产方式内部的四个环节作为各自孤立、互不联系的过程加以研究的；第二，是把资本主义生产方式看成是永恒的、超历史的。因此，从严格意义上讲，他们研究的只是各个环节，而不是研究各个环节之间的关系，即结构；他们的研究不可能发现资本主义生产方式的发展规律，即资本主义的产生、发展和灭亡的历史必然性。马克思认为，生产总是表现为特定的社会的生产，在一定的社会生产方式中，生产、分配、交换、消费构成一个有机整体。在这个有机体中，一定的生产决定一定的消费、分配、交换和这些不同要素相互间的关系。当然，生产就其单方面形式来说也决定于其他要素。作为资本主义生产方式内部的特殊结构，资本主义生产决定着资本主义的分配、交换和消费。因此，在研究资本主义生产方式中要先研究资本主义的生产，再研究资本主义的交换、分配和消费。马克思认为，在特定的资本主义生产方式结构中，分配

① 《马克思恩格斯全集》第13卷，人民出版社1962年版，第532页。

② 《〈政治经济学批判〉导言》，《马克思恩格斯文集》第8卷，人民出版社2009年版，第30页。

和消费实际上包含在作为生产过程和交换过程统一体的资本主义生产总过程中。因此，研究资本主义生产方式的结构，又可分为：资本主义生产过程、资本主义交换过程（流通过程）和作为资本主义生产过程和流通过程统一体的资本主义生产总过程。

关于反映资本主义生产方式客观结构的理论体系结构。马克思认为，也可以从两个方面的对立统一中把握，一是要按照历史顺序建立经济范畴以及它们之间的逻辑体系，二是这种逻辑体系又必须反映它们在资本主义生产方式客观结构中的地位和作用。据此，马克思将《资本论》的基本范畴排列顺序确定为：商品—货币—资本，同时，在研究资本与土地所有制的关系上，在研究资本内部关系即产业资本、商业资本和借贷资本时，又不完全拘泥于它们在历史上的先后顺序。因为，政治经济学实质上是一门历史的科学。逻辑的研究方式无非是历史的研究方式，不过是摆脱了历史的形式以及起扰乱作用的偶然性而已。历史从哪里开始，思想进程也应当从哪里开始，而思想进程的进一步发展不过是历史进程在抽象的、理论上前后一贯的形式上的反映；这种反映是经过修正的，而且是按照现实的历史过程本身的规律修正的，这时，每一个要素可以在它完全成熟而具有典范形式的发展点上加以考察。

逻辑的展开既然是现实历史的反映，那么，逻辑顺序是否处处都应跟随着现实的历史发展呢？不是的。关于这个问题，恩格斯做了很好的说明：历史常常是跳跃式地和曲折地前进的，如果必须处处跟随着它，那就势必不仅会注意许多无关紧要的材料，而且也会常常打断思想进程。研究经济问题，如同研究历史科学一样，时刻把握住研究的主体社会的特殊的社会规定。马克思主义政治经济学要研究和反映资本主义社会生产方式的生产关系和交换关系，必须以资本主义社会这个主体的客观存在为前提，并完全按照它本身的内在结构和发展顺序去安排、反映这个主体社会经济关系的理论体系。这一点，对研究和理解马克思恩格斯经济思想体系具有重要意义。马克思说："在研究经济范畴的发展时，正如在研究任何历史科学、社会科学时一样，应当时刻把握住：无论在现实中或在头脑中，主体——这里是现代资产阶级社会——都是既定的；因而范畴表现这个一定社会即这个主体的存在形式、存在规定，常常只是个别的侧面；因此，这个一定社会在科学上也绝不是在把它当作这样一个社会来谈论的时候才开始存在的。这必须把握住，因为这对于分篇直接具有决定的意义。"① 为什么必须从这个"既定的"现代资产阶级社会的生产方式出发呢？因为它在经济关系中起决定作用，其他一

① 《马克思恩格斯文集》第8卷，人民出版社2009年版，第30-31页。

切关系都受它的影响而相应地发生变化。正如马克思在《〈政治经济学批判〉导言》中所讲的：分析资本主义社会，例如，从地租开始，从土地所有制开始，似乎是再自然不过的了，因为它是同土地，即同一切生产和一切存在的源泉结合着的，并且它又是同一切多少固定的社会的最初的生产形式，即同农业结合着的。但是，这是最错误不过的了。因为在资产阶级社会中，农业越来越变成仅仅是一个工业部门，完全由资本来支配。如果说在土地所有制占支配地位的一切社会形式中自然联系占优势，那么，在资本占支配地位的社会形式中，则是资本占优势。在资本主义社会中，不懂资本便不能懂地租，但不懂地租却完全可以懂资本。因此，资本必须放在土地所有制之前加以说明，尽管在历史上，土地所有制是先于资本而存在的。马克思说："在一切社会形式中都有一种一定的生产决定其他一切生产的地位和影响。因而它的关系也决定其他一切关系的地位和影响。这是一种普照的光，它掩盖了一切其他色彩，改变着它们的特点。这是一种特殊的以太，它决定着它里面显露出来的一切存在的比重。"① 可见，把经济范畴按它们在历史上起决定作用的先后顺序来排列是不对的，它们的顺序倒应该是由它们在现代资产阶级社会中的相互关系来决定。"问题不在于各种经济关系在不同社会形式的相继更替的序列中在历史上占有什么地位……而在于它们在现代资产阶级社会内部的结构。"② "在资本主义社会，这种占支配地位的主体关系就是资本雇佣劳动的关系，即剩余价值的生产、交换和分配的关系。在不同形式的资本之间的关系中，占支配地位的资本是以工业资本为代表的产业资本。因此，马克思和恩格斯在研究资本主义生产关系时，在研究剩余价值的生产、交换和分配的关系时，是从作为资本一般的产业资本开始，一步一步上升到对其他资本形式和剩余价值形式（包括商业资本和商业利润、生息资本和利息，虽然它们都先于产业资本存在，它们是历史上最古老的资本形式）的分析，上升到对大地产和地租以及其他社会阶层收入的分析，从而建立起了马克思主义的经济理论大厦。

四、学习《资本论》的意义

马克思在《资本论》中以严密的逻辑揭示了资本主义生产方式的内在矛盾，科学地阐述了人类社会经济发展的普遍规律，特别是市场经济的一般规律。马克思在分析资本主义生产方式内在矛盾的同时，对社会主义社会的某些基本特征和经济规律也做了科学的预测和预见。在今天，无论是研究资本主义，还是建设社

① 《马克思恩格斯文集》第8卷，人民出版社2009年版，第31页。

② 《马克思恩格斯文集》第8卷，人民出版社2009年版，第32页。

会主义，都要以马克思主义政治经济学原理作为指导思想的理论基础。

（一）革命理论和建设理论的有机统一

马克思创立马克思主义政治经济学的本意是揭示资本主义生产方式内在矛盾，揭示资本主义被社会主义代替的历史必然性。从这一意义上讲，马克思主义政治经济学是革命的理论，它的使命是推翻资本主义。坚持马克思主义，首先就是要有坚定的信念，坚信社会主义必然要代替资本主义。

然而，当今世界是一个不断发展变化的世界，现代资本主义和实践中的社会主义，也都在经历着新的发展和变化，出现了许多新情况、新特点和新问题。如何认识当代世界？如何认识现代资本主义？如何认识实践中的社会主义？这些是在新的条件下对马克思主义政治经济学提出的新课题，对此需要用发展的观点学习和研究马克思主义政治经济学，并用发展的马克思主义政治经济学对新的问题做出理论上的回答。

如何认识现代资本主义？第二次世界大战以后，资本主义世界从总体上讲处于相对稳定和发展的阶段。在发达资本主义国家出现新技术革命之后，20 世纪 90 年代以后又出现以信息技术为代表的知识经济，由此引起社会生产力的迅速发展。在经济发展的基础上，人民生活水平也有不同程度的提高，资本主义制度所固有的各种矛盾也有不同程度的缓和。对资本主义发展的新情况，不能简单地套用马克思主义政治经济学的某些现成结论，应该依据新的研究做出令人信服的解释。但是，新的研究、新的认识，必须有正确的立场、科学的世界观和方法论。应该承认，面对现代资本主义，马克思的个别结论可能已经过时，但是，它的基本立场、基本观点和基本方法不可能过时，作为一种认识社会发展规律的科学体系也没有过时。它仍然是我们深刻认识和科学研究现代资本主义的本质、发展趋势的唯一正确的世界观和方法论。

如何认识实践中的社会主义？从人类社会发展规律上讲，资本主义必然被社会主义所代替，因此，应该说马克思在《资本论》中，在对资本主义经济矛盾的科学分析中，合乎逻辑地推导出的关于替代资本主义之后的未来社会的规定是科学的。马克思主义政治经济学中关于未来社会基本特征的论断仍然可以作为我们认识科学社会主义的理论指导。但是，目前我们国家的社会主义还处在社会主义社会的初级阶段，因此，当我们在学习、研究和实践马克思主义政治经济学中关于社会主义的要求时，就不能教条地对待这些规定，而应该在马克思主义政治经济学的基本原理和基本方法的指导下，结合我国社会主义现阶段的现实条件去研究社会主义的规定性，研究中国特色社会主义的规定性。这里，实际上是一个如何在新的条件下坚持和发展马克思主义政治经济学的问题。所谓坚持，就是要明确马克思主义政治经济学中提出的社会主义必然代替资本主义，社会主义社会是我们为之奋斗的目标，实现社会主义目标的基本途径是创造更好的经济条件，特别是依靠发展社会生产力创造更为坚实的物质基础。所谓发展，就是要依据新的经济条件做出新的研究和判断。我们今天实践中的中国社会主义，不是马克思经典作家所预见的社会主义，也不是苏联式的传统社会主义，而是初级阶段的社会主义；不是世界上代替了资本主义之后的社会主义，而是与资本主义并存的社会主义。我们学习、研究马克思主义政治经济学，不应该只当批判家，更不应当用《资本论》的某些提法作为教条去批判我国改革开放中出现的新事物和新现象；而应该当理论的建设者，也就是根据马克思主义政治经济学的基本原理和基本方法，寻求建设中国特色社会主义的新的经济理论，即中国特色社会主义政治经济学。

（二）社会主义市场经济建设的重要的理论指导

马克思主义政治经济学为现实的社会主义提供的指导思想，不仅是其关于社会主义经济特征的论述，更为重要的是其一般经济理论。其一般经济理论最重要的是关于社会化大生产一般规律和关于市场经济一般规律的理论。资本主义是社会化大生产的社会，马克思主义经典作家尽管是在研究资本主义生产方式中阐述这些经济理论的，但它所揭示的社会化大生产的一般规律并没有也不可能过时。比如，关于社会生产的四个环节及其相互关系的原理、关于社会总劳动按比例分配原理、关于实现人类生产与自然环境协调发展的原理等，仍然具有现实意义。资本主义是市场经济社会，马克思主义经典作家尽管是在分析资本主义市场经济中阐述这些经济理论的，但它所揭示的关于市场经济一般规律的理论，对我国社会主义市场经济建设的指导作用也是显而易见的。如劳动价值理论、价值增殖理论、资本积累理论、资本有机构成理论、资本集中理论、资本循环和周转理论、社会总产品实现条件理论、平均利润理论、流通费用理论、虚拟资本理论、地租理论、收入分配理论、经济周期理论等，对我国现阶段的社会主义市场经济理论研究和市场经济建设实践都具有直接的指导作用。

（三）方法的科学性

与自然科学相比，政治经济学作为研究现实经济运动规律的社会科学，在方法论上的一个重要特点是它无法通过实验室进行实验。马克思在《资本论》第1版序言中指出："分析经济形式，既不能用显微镜，也不能用化学试剂。二者都必须用抽象力来代替。”① 马克思在《资本论》第2版跋中又说明了他的科学的抽象法：“在形式上，叙述方法必须与研究方法不同。研究必须充分地占有材料，分析它的各种发展形式，探寻这些形式的内在联系。只有这项工作完成以后，现实的运动才能适当地叙述出来。”② 可见，马克思主义抽象法包含相互联系的两个科学思维过程：第一，从具体到抽象的研究过程。这一过程依据唯物辩证法，对普遍存在的具体的经济现象撇开次要的因素，进行去粗取精、去伪存真的分析，从中找出最基本、最简单的东西，并综合它的各种发展形式及其内在的必然联系，确立经济范畴，揭示经济规律。在这一过程中，关键在于抽象思维能力。作为科学的政治经济学不能只是对经济现象的描述，换言之，仅仅对经济现象的描述的理论见解不是作为科学的政治经济学。第二，从抽象上升到具体的叙述过程。这一过程是在研究的基础上进行理论阐述和表达的，即依据前一过程的结果，从最简单的最抽象的范畴开始，循着由简单上升到复杂的思维过程建立理论体系。上述两个过程归结起来，就是马克思说的：“在第一条道路上，完整的表象蒸发为抽象的规定；在第二条道路上，抽象的规定在思维行程中导致具体的再现。”③

了解这种研究方法和叙述方法，不只是为了把握马克思主义政治经济学的科学体系，更重要的是给我们提供一种经济分析方法。这种方法对我们今天分析社会现实经济关系也是管用的。就分析经济关系和经济制度从而建立理论体系来说，我们认为，到现在为止，还没有发现别的任何一种方法比马克思主义政治经济学的方法更科学、更深刻、更管用。如分析现实的资本主义社会和社会主义社会的本质及其运动规律、分析现实的企业制度、分析金融危机和经济危机产生的制度原因等，这种方法显然优越于其他经济学分析方法。

当然，我们并不否认现代西方经济学中广泛运用的数量分析和实证分析方法。经济学发展到今天，方法论应该与时俱进。包括数学在内的科学研究方法都应该成为重要的分析方法。但是我们认为，也不能过分地强调数量分析方法，更不能用定量分析取代定性分析。现在有一些人认为，一门科学只有在使用数学时，才称得上是科学。可以肯定，能够得到数学证明的理论是科学的理论，但不能反过来说，得不到数学证明的理论就不是科学的理论。这里有两种情况：一是，现实中许多经济关系是无法量化的，如资本与货币的区别、生产价格与价值

① 《马克思恩格斯文集》第8卷，人民出版社2009年版，第8页。

② 《马克思恩格斯文集》第8卷，人民出版社2009年版，第21-22页。

③ 《马克思恩格斯文集》第8卷，人民出版社2009年版，第25页。

的区别、封建地租与资本主义地租的区别等；二是，许多经济学大师最早提出的理论和思想往往都不是数学方式的，恰恰是后人力图用数学去证明其理论的。如菲利浦斯曲线等。在理论研究上，数学作为精密的学科对社会科学领域的创新性思维有时可能会成为一种束缚。

当代经济学在方法论上的一个重要进展是在突出实证分析的基础上采用实证分析和规范分析相结合的方法。实证分析试图在不做出是好是坏的价值判断的情况下分析经济行为，它回答所分析的经济对象“是什么”的问题。规范分析则是考察经济行为的结果，并且提出它们是好还是坏，以及这些结果是否可以变得更好的判断。因此，规范分析包含有对于所偏好的行动路线的评价，回答“应该是什么”的问题。现实的经济学因其主要采用其中的某一种方法而区分为实证经济学和规范经济学。我们认为，马克思主义政治经济学在方法论上既是规范经济学也是实证经济学，比如，马克思在《资本论》第一卷第 8 章所做的大量的实证分析，正是用这些大量的实际数据证明了资本主义剥削的本质。因此，马克思主义政治经济学是规范分析与实证分析两种分析方法有机结合的政治经济学。

此外，马克思主义政治经济学关于分析特定社会经济关系要抓住该社会占支配地位的关系的原理，如普照的光的观点，对分析当代西方国家以及我国的社会主义市场经济都具有重要的指导价值。

当然，我们绝对不能把马克思主义当成僵死的教条。因为，“马克思主义具有与时俱进的理论品质”。① 马克思主义是发展的科学，必须随着时代的发展而发展。“实际生活总是在不停地变动中，这种变动的剧烈和深刻，近一百年来达到了前人难以想象的程度。因此，马克思主义必定是随着时代、实践和科学的发展而不断发展，不可能一成不变。”② 马克思主义经典作家历来认为，真理具有相对性。恩格斯在他的《自然辩证法》一文中指出：“我们只能在我们时代的条件下进行认识，而且这些条件达到什么程度，我们便认识到什么程度。”③ 马克思主义政治经济学也不例外。就我们运用马克思主义政治经济学的方法来认识我国社会主义经济关系而言，现阶段也只能认识社会主义初级阶段的经济关系和经济规律，而且这种认识程度也是相对的。随着实践的发展，人们的认识也会进一步深入，许多经济理论也会随着实践的发展而发展。

---

① 江泽民：《在庆祝中国共产党成立八十周年大会上的讲话》，人民出版社 2001 年版，第 26-27 页。

② 江泽民：《高举邓小平理论伟大旗帜，把建设有中国特色社会主义事业全面推向二十一世纪》，人民日报，1997 年 9 月 22 日。

③ 《马克思恩格斯选集》第 4 卷，人民出版社 1995 年版，第 337-338 页。

第一章　商品和货币理论

（《资本论》第一卷第一篇）

马克思指出："资本主义生产方式占统治地位的社会的财富，表现为庞大的商品堆积，单个的商品表现为这种财富的元素形式。因此，我们的研究就从分析商品开始。"① 在对商品内在矛盾及其运动规律的深刻分析中，马克思揭示了劳动产品如何采取了商品形式，生产商品的劳动如何采取了价值形式，价值又如何采取了货币形式，从而为进一步研究资本主义经济运动规律提供了理论前提。

第一节　研究对象和逻辑结构

一、《资本论》第一卷的研究对象和逻辑结构

《资本论》第一卷研究的是资本的生产过程，这种生产过程不是脱离了流通过程的独立的生产过程，而是从资本主义生产总过程（即资本主义生产过程和流通过程的统一）中抽象出来的生产过程，即直接生产过程。马克思对此曾做了明确说明，他说："在第一册中，我们研究的是资本主义生产过程本身作为直接生产过程考察时呈现的各种现象，而撇开了这个过程以外的各种情况引起的一切次要影响。"②

马克思首先研究资本的生产过程，其目的是在相对纯粹的状态下揭示资本主义生产的实质是剩余价值的生产。然而，要知道什么是剩余价值，就必须首先知道什么是价值。因此，《资本论》一开始研究的是商品和货币，阐述马克思的劳动价值理论，在此基础上进一步阐述剩余价值生产理论和资本积累理论，并深刻地揭示资本主义产生、发展和灭亡的历史规律，为工人阶级推翻资本主义剥削社会提供科学的理论武器。

《资本论》第一卷共七篇 25 章，从内容上可分为三个部分：第一部分即第一篇，主要研究商品和货币，揭示商品生产的一般规律，阐述劳动价值理论的基本

---

① 《马克思恩格斯文集》第 5 卷，人民出版社 2009 年版，第 47 页。

② 《马克思恩格斯文集》第 7 卷，人民出版社 2009 年版，第 29 页。

内容，分析商品向货币转化的过程以及货币的本质和职能，为进一步研究剩余价值的生产过程奠定逻辑前提和理论基础。第二部分即第二篇至第六篇，主要研究货币向资本的转化、资本的本质和剩余价值的生产，以及资本主义工资，揭示剩余价值生产的规律。第三部分即第七篇，主要研究资本的积累过程，揭示剩余价值转化为资本，即资本积累的实质和规律，阐述商品生产所有权规律转化为资本主义占有规律，资本主义相对人口过剩规律和资本主义积累的历史趋势。《资本论》第一卷不仅是一本相对独立的著作，而且也是《资本论》第二卷和第三卷的理论基础。

二、《资本论》第一卷第一篇的研究对象和逻辑结构

《资本论》第一卷第一篇的标题是《商品和货币》。全篇共分为三章：第一章《商品》，第二章《交换过程》，第三章《货币或商品流通》。第一章中讲的“商品”是规定性最少的因而也是作为资本主义社会财富元素形式的简单商品范畴，货币是从商品交换过程中独立出来的价值形式，是商品产生出货币。因此，本篇的逻辑结构是：第一章分析商品，重点分析商品的内在矛盾运动；第二章分析商品在交换过程中怎样产生出货币，重点分析货币的历史起源和本质规定；第三章在分析货币起源和本质的基础上，重点分析货币的各种职能。

第一篇的标题是《商品和货币》，实际上阐述的是马克思的劳动价值理论。第一章讲商品，核心讲的是商品价值问题。本章分为四节：第一节从商品的两个因素讲起，中心是讲价值的实体和价值量。由于价值是由生产商品的劳动创造的，因此第二节就分析生产商品的劳动为什么会创造价值，进而发现了生产商品的劳动的二重性。又由于价值是包含在商品中的一般人类劳动，只有通过交换过程它才能表现出来，所以第三节就分析价值表现的形式。价值形式是交换价值，或者说是通过交换价值表现商品价值的，而交换价值是一种使用价值与另一种使用价值相交换的量的关系或比例。那么，通过这种物的形式表现出来的价值的本质是什么呢？第四节进一步揭示商品的价值在本质上就是商品生产过程中人们相互交换劳动的社会关系，而这种关系在交换过程中必然表现为物与物的关系，就带上神秘的性质，这就是商品拜物教。在第一章分析的基础上，第二章和第三章进一步讲作为价值形式的货币在历史上是怎么产生的，它具有哪些职能，中心论述的仍然是价值问题。

第二节　商品和货币理论的基本要点

一、关于商品价值的分析

（一）研究资本主义生产方式必须从研究商品开始

第一，资本主义生产方式占统治地位的社会财富表现为庞大的商品堆积，单个商品就是这种社会财富的元素形式。毛泽东指出，马克思“从资本主义最简单的因素——商品开始，周密地研究了资本主义社会的经济结构。商品这个东西，千百万人，天天看它、用它，但是熟视无睹。只有马克思科学地研究了它，他从商品的实际发展中做了巨大的研究工作，从普遍的存在中找出完全科学的理论来”。①

第二，商品是资本主义生产方式的起点，从商品分析开始，逻辑的进程与历史的进程相一致。马克思指出：“一定范围的商品流通与货币流通，从而商业的一定发展程度，是资本形成和资本主义生产方式的前提、起点。我们把商品看作这样的前提，从商品这个资本主义生产的最简单的元素出发。”②

（二）通过分析商品来确立价值概念，是马克思劳动价值理论的一个显著特点

马克思劳动价值论中所讲的价值是商品的价值，是劳动产品作为商品的一种属性、一个因素，马克思研究价值就是从商品分析开始的。对此，马克思在《评阿·瓦格纳的政治经济学教科书》时说得很清楚。他写道：“我不是从‘概念’出发，因而也不是从‘价值概念’出发，……我的出发点是劳动产品在现代社会所表现的最简单的社会形式，这就是‘商品’。我分析商品，并且最先是在它所表现的形式上加以分析。在这里我发现，一方面，商品按其自然形式是使用物，或使用价值，另一方面，是交换价值的承担者，从这个观点来看，它本身就是‘交换价值’。对后者的进一步分析向我表明，交换价值只是包含在商品中的价值的‘表现形式’，独立的表达方式，而后我就来分析价值。……‘商品’，一方面是使用价值，另一方面是‘价值’——不是交换价值，因为单是表现形

① 《毛泽东选集》第3卷，人民出版社1966年版，第775页。

② 《马克思恩格斯全集》第49卷，人民出版社1982年版，第9页。

式不构成其本身的内容。"①

马克思认为，一方面，商品首先是一个外界的对象，一个靠自己的属性来满足人的某种需要的物。物的有用性使物成为使用价值。但这种有用性不是悬在空中的。它决定于商品体的属性，离开了商品体就不存在。因此，商品体本身就是使用价值，或财物。商品体的这种性质，同人取得它的使用属性所耗费的劳动的多少没有关系。另一方面，商品的使用价值同时又是交换价值的物质承担者。交换价值首先表现为一种使用价值同另一种使用价值相交换的量的关系或比例，这个比例随着时间和地点的不同而不断改变。

两种不同的使用价值之所以能够比较，就说明："第一，同一种商品的各种有效的交换价值表示一个等同的东西。第二，交换价值只能是可以与它相区别的某种内容的表现方式，表现形式。"② 这种共同的东西不可能是商品的几何的、物理的、化学的或其他的天然属性。作为使用价值，商品首先有质的区别；作为交换价值，商品只能有量的差别，因而不包含任何一个使用价值的原子。

如果把商品体的使用价值撇开，商品体就只剩下一个属性，即劳动产品这个属性。如果我们把劳动产品的使用价值抽去，体现在劳动产品中的各种劳动的有用性质也消失了，因而这些劳动的各种具体形式也消失了。各种劳动不再有什么差别，全都化为相同的人类劳动——抽象人类劳动。这种无差别的人类劳动的单纯凝结就形成商品的价值。把商品的使用价值看作是交换价值的物质承担者，从交换价值中抽象出价值来作为一个独立的经济范畴，是马克思劳动价值理论的一个重要成果。

（三）劳动二重性原理是马克思劳动价值理论的核心

马克思从商品二因素的分析中引出劳动二重性的原理。马克思指出："一切劳动，一方面是人类劳动力在生理学意义上的耗费；就相同的或抽象的人类劳动这个属性来说，它形成商品价值。一切劳动，另一方面是人类劳动力在特殊的有一定目的的形式上的耗费；就具体的有用的劳动这个属性来说，它生产使用价值。"③ 马克思运用劳动二重性原理，解决了商品价值的质的规定性和量的规定性问题，第一次从根本上解决了价值的本质问题。

形成商品价值的抽象劳动是历史的产物。马克思认为，使用价值是由具体劳

① 《马克思恩格斯全集》第19卷，人民出版社1963年版，第412页。
② 《马克思恩格斯文集》第5卷，人民出版社2009年版，第49页。
③ 《马克思恩格斯文集》第5卷，人民出版社2009年版，第60页。

动生产的，但“劳动并不是它所生产的使用价值即物质财富的唯一源泉”。[①] 相反地，价值只是由抽象劳动形成的，抽象劳动的无差别性才使得不同商品之间能够相互比较、相互等同、相互交换。正是从生产商品的具体劳动中抽象出一般的共同的抽象劳动，才能够从产品的各不相同的使用价值中抽象出共同的价值，即商品价值。但劳动的抽象过程并不是脱离实际的单纯的逻辑思维过程，而是商品生产本身的客观实践过程。马克思指出：劳动范畴的抽象，“这个被现代经济学提到首位的、表现出一种古老而适用于一切社会形式的关系的最简单的抽象，只有作为最现代的社会的范畴，才在这种抽象性上表现为实际真实的东西”[②] “就这个抽象的规定性本身来说，同样是历史关系的产物，而且只有对于这些关系并在这些关系之内才具有充分的意义”。[③]

形成商品价值的抽象劳动是社会必要劳动，只是社会必要劳动时间决定商品的价值量。马克思认为：“形成价值实体的劳动是相同的人类劳动，是同一的人类劳动力的耗费。体现在商品世界全部价值中的社会的全部劳动力，在这里是当作一个同一的人类劳动力，虽然它是由无数单个劳动力构成的。每一个这种单个劳动力都是同一的人类劳动力，只要它具有社会平均劳动力的性质，起着这种社会平均劳动力的作用，从而在商品的生产上只使用平均必要劳动时间或社会必要劳动时间。……可见，只是社会必要劳动量，或生产使用价值的社会必要劳动时间，决定该使用价值的价值量。……一种商品的价值同其他任何一种商品的价值的比例，就是生产前者的必要劳动时间同生产后者的必要劳动时间的比例。……因此，如果生产商品所需要的劳动时间不变，商品的价值量也就不变。”[④]

商品的价值量与生产商品的社会必要劳动量成正比，与劳动生产力成反比。“生产商品所需要的劳动时间随着劳动生产力的每一变动而变动。……劳动生产力越高，生产一种物品所需要的劳动时间就越少，凝结在该物品中的劳动量就越小，该物品的价值就越小。相反地，劳动生产力越低，生产一种物品的必要劳动时间就越多，该物品的价值就越大。可见，商品的价值量与体现在商品中的劳动的量成正比地变动，与这一劳动的生产力成反比地变动。”[⑤]

形成商品价值的抽象劳动是简单劳动，复杂劳动只是倍加的简单劳动。马克思认为，既然凝结在商品中的抽象劳动是一般的人类劳动，是价值的内在实体，

---

① 《马克思恩格斯文集》第 5 卷，人民出版社 2009 年版，第 56 页。
② 《马克思恩格斯全集》第 12 卷，人民出版社 1962 年版，第 755 页。
③ 《马克思恩格斯全集》第 12 卷，人民出版社 1962 年版，第 755 页。
④ 《马克思恩格斯文集》第 5 卷，人民出版社 2009 年版，第 52–53 页。
⑤ 《马克思恩格斯文集》第 5 卷，人民出版社 2009 年版，第 53–54 页。

那么，这一抽象劳动就应该是简单的可以作为劳动之间相互比较的基础的人类劳动力的耗费，因此，创造商品价值的劳动，“它是每个没有任何专长的普通人的有机体平均具有的简单劳动力的耗费。简单平均劳动本身虽然在不同的国家和不同的文化时代具有不同的性质，但在一定的社会里是一定的。比较复杂的劳动只是自乘的或不如说多倍的简单劳动，因此，少量的复杂劳动等于多量的简单劳动。……各种劳动化为当作它们的计量单位的简单劳动的不同比例，是在生产者背后由社会过程决定的”。①

（四）商品生产存在的经济条件

商品生产是在社会分工的基础上产生的。社会分工的产生和发展，是商品生产存在的一般条件和基础，决定了商品生产者之间存在着相互依赖的密切关系。每个商品生产者一方面要为社会生产某种产品满足社会需要，另一方面也要其他部门生产者为其提供所需产品，这就决定了各部门生产者之间必然交换其产品，交换其劳动，彼此都为社会而劳动。因此，他们的劳动都是社会总劳动的组成部分，每个生产者的劳动在本质上应是社会劳动。

商品生产存在的另一个决定性条件是不同利益主体的存在。这种不同利益主体既可以是不同的共同体，也可以是生产资料和产品的不同所有者。由于生产资料和产品属于不同的生产者所有，他们生产什么、生产多少、怎样生产都由自己决定，因此，商品生产者的劳动，直接是他们各自的个别劳动。

社会分工决定着商品生产者的劳动是社会劳动，但这种社会劳动又不能直接表现出来；不同利益主体决定着商品生产者的劳动直接是个别劳动，但它又必须得到社会的认可。这就是个别劳动和社会劳动的矛盾。这一矛盾只有通过交换来解决。只有在交换中，生产者的个别劳动才能获得社会的承认，才能转化为社会劳动。在交换中，生产商品的具体劳动是各不相同的，是无法进行比较的。只有把各不相同的生产商品的具体劳动撇开，把一切劳动都化为同质的抽象劳动才能比较。只有在这样的条件下，抽象劳动才凝结为价值，劳动产品才成为商品。因此，商品并不是历来就有的，它是在一定的历史条件下产生的。商品固然是物，但物并不一定就是商品，只有在一定的生产关系下它才成为商品。因此，商品是在物的外壳掩盖下的一种生产关系，即人们之间的劳动交换关系。

然而，随着劳动产品转化为商品，凝结在商品中的一般人类劳动，便表现为商品的价值；用时间计量的人类劳动力的耗费，便表现为商品的价值量；人们之

---

① 《马克思恩格斯文集》第5卷，人民出版社2009年版，第58页。

间相互交换劳动的关系，便表现为商品与商品之间的交换关系。商品之间的价值关系，本来就是人们自己的劳动的社会关系，但在商品生产者看来，这种人与人之间的社会关系却成了商品与商品之间的物的关系，乃至物对人的统治关系。由于人们对商品和对偶像的看法很相似，马克思就把人们在自己观念中对商品的歪曲的反映，称为商品拜物教。这种歪曲的反映在形式上是主观的，但它反映的内容则是客观的，是劳动产品一旦采取商品的形式就固有的。因此，马克思认为，商品拜物教是由商品形式本身所产生的。换句话说，只要存在商品生产和商品交换，就必然存在商品拜物教。

二、价值形式的发展——货币的起源和本质

（一）货币的起源

价值是商品的社会属性，是无形的东西，它只有通过与其他商品交换才能表现出来。在现实的商品交换中，一切商品都用货币表现自己的价值，这只是价值形式发展的最后结果。马克思运用历史和逻辑相统一的分析方法，揭示了价值形式的发展过程，回答了货币的起源和本质问题。

商品既然具有使用价值和价值两重属性，它也就必然具有两重形式，即使用价值形式和价值形式。商品的使用价值形式就是商品的自然形式，这种形式是人们直接可以感触到的。但商品的价值形式是商品的社会属性，只有通过不同商品之间的社会关系即交换关系，才能表现出来。因此，交换价值就是价值的表现形式，人们也只有从商品的交换价值中，在交换过程中，才能把商品的价值表现出来。

那么，一个商品的价值是怎样通过它的交换价值表现出来的呢？最初的交换出现于原始社会末期，马克思讲的是在共同体的尽头，即在一个公社与另一个公社交界的地方开始的。这种交换带有偶然性，叫作简单的、偶然的价值形式。用等式来表示为：

一只绵羊=2把斧头

在这个等式中，绵羊的价值通过与斧头的交换表现出来了，一只绵羊的价值是2把斧头。在这里，绵羊的价值不是由它本身直接表现出来的，而是借助于斧头相对地表现出来，因此它是处于相对价值形式上。相反，斧头本身并不表现自己的价值，而是充当绵羊价值的表现材料，证明绵羊和自己具有相同的价值，因此，它是处于可以直接与绵羊交换的形式，即等价形式上。既然等价形式可以与别的商品直接交换，那么，等价形式的自然形式，即使用价值就成了直接表现价

值的形式，花费在等价形式上的具体劳动就成了表现价值材料的抽象劳动的直接化身，生产等价形式的私人劳动就成了直接的社会劳动。

简单价值形式是最古老、最原始的价值形式。随着生产力的发展，随着第一次社会大分工①的出现，交换逐渐成为一种经常性的现象。这时，一种商品已经不是偶然地与另一种商品相交换，而是可以与许多种商品相交换了。商品交换的范围扩大了，价值表现也就由简单的价值形式过渡到了扩大的价值形式，一种商品的价值不是偶然地表现在另一种商品上，而是经常地表现在一系列其他商品上。随着交换的不断发展，又从无数的商品中逐渐分离出一种商品来，其他一切商品都习惯地与它相交换，通过它来表现自己的价值。在这种价值形式上，“商品的价值表现：一是简单的，因为都是表现在唯一的商品上；二是统一的，因为都是表现在同一种商品上。它们的价值形式是简单的和共同的，因而是一般的”。② 这种能够与其他许多种商品直接交换的商品就成为一般等价物。随着交换范围的扩大，这种一般等价物逐渐固定地由某一种商品，即黄金或白银来充当，这种固定充当一般等价物的商品就成了货币。所以，货币本质上是一般等价物。金银充当一般等价物，不是它们的自然属性决定的，而是在一定的历史条件下由社会赋予它们的属性。但一般等价物固定在金银上，则与它们的自然性质有关，如它们体积小、价值大、不易损坏、可以分割和熔合、便于携带和保存等。这些特性使它们最终取得货币商品的地位。所以“金银天然不是货币，但货币天然是金银”。③

货币形式是最发达的价值形式。它出现以后，整个商品世界被固定地分裂为对立的两极，一极是商品，以使用价值出现；另一极是货币，以价值形式出现。这样，商品内在的使用价值和价值的矛盾，就表现为外部的商品和货币的对立。一个人一旦手里有了货币，便可以购买他想要的一切商品。在商品社会里，特别是在私有制占统治地位的商品社会里，人们追逐金钱，实际上就是为了获得控制和支配社会财富的权力，因为货币作为价值形式本身就是社会财富的象征。

货币能够直接与一切别的商品相交换的性质，使商品拜物教发展到货币拜物教。货币本来是一种普通的贵金属，本身并没有什么神秘的地方，但商品交换使它成了一般等价物，成了价值的绝对化身。有了货币就可以购买一切，得到一切，失去货币也就失去了一切。于是一切都颠倒过来了，人类劳动的这个产物成

---

① 原始社会后期，随着社会生产力的发展，农业从其他部落中分离出来，形成专门的生产部门，称为第一次社会大分工。

② 《马克思恩格斯文集》第5卷，人民出版社2009年版，第81页。

③ 《马克思恩格斯文集》第5卷，人民出版社2009年版，第108页。

了支配人自身并决定其命运的神奇的力量，而它的金光闪闪的外貌更增加了它的迷人色彩。这就是货币拜物教。因此，马克思讲："货币拜物教的谜就是商品拜物教的谜，只不过变得明显了，耀眼了。"①

（二）货币职能与货币流通规律

货币的本质体现在它的职能上。货币有五种职能：价值尺度、流通手段、贮藏手段、支付手段和世界货币。其中价值尺度和流通手段是两个基本职能，其他职能是在这两个基本职能的基础上产生的。

货币作为一般等价物，是一般的交换手段。因此，货币的第一个职能就是价值尺度的职能。价值尺度是用货币表现、衡量、计算商品价值的尺度。"货币作为价值尺度，是商品内在的价值尺度即劳动时间的必然表现形式。"② 商品作为价值是同质的，本身是可以通约的，但商品的内在价值却又是看不见、摸不着的。货币作为价值尺度，不过是把这些本来已经存在的不同商品的不同价值量表现出来。用货币表现的商品价值就是价格。货币充当价值尺度时，只是想象的或观念的货币，即给商品标价。为什么作为想象的或观念的货币就能充当价值尺度的职能呢？因为它只是商品进入流通前的准备阶段，只要表明商品的价值量是多少就行了。

流通手段的职能是用货币作为商品交换的媒介。货币之所以能够充当流通手段，是因为它是商品的一般等价形式。充当流通手段的货币必须是现实的货币，但并不一定是足价的货币，它甚至还可以是无价值的货币符号——纸币。货币具有流通手段的职能，使物物交换发展成以货币为媒介的商品流通。在货币执行流通手段职能后，商品流通就包含着货币流通。货币流通是指货币表现为一个不断重复的、单方面的运动，不断地作为购买手段在买者和卖者之间交换位置。马克思讲："商品流通直接赋予货币的运动形式，就是货币不断地离开起点，就是货币从一个商品占有者手里转到另一个商品占有者手里。"③

商品流通决定货币流通，货币流通以商品流通为基础并为之服务。货币在执行流通手段职能时，流通中的货币需要量不是任意规定的，而是具有规律性的。货币流通规律或流通中所需要的货币量的规律，就是货币流通与商品流通相适应的规律。货币作为流通手段，其数量是由全部商品价格总额和货币流通速度两个因素决定的。商品价格总额由流通中商品数量和商品价格水平两个因素决定。在

① 《马克思恩格斯文集》第 5 卷，人民出版社 2009 年版，第 113 页。
② 《马克思恩格斯文集》第 5 卷，人民出版社 2009 年版，第 114 页。
③ 《马克思恩格斯文集》第 5 卷，人民出版社 2009 年版，第 137 页。

单个商品价格一定的情况下，市场上流通的商品数量越多，商品价格总额就越大，流通中所需要的货币量就越多，反之，则越少，它们之间是正比变动关系。货币流通速度是指一定时期内同名货币单位的平均周转次数。货币流通速度越快，购买同样价值量商品所需要的货币量就越少，反之，则越多，它们之间是反比变动关系。可见，商品价格总额和货币流通速度是按不同方向和不同比例不断变化的，由此引起货币流通量的变化。概括起来，货币流通规律的基本内容可以表述为：一定时期流通中所需要的货币量与投入流通的商品价格总额成正比，与同一单位货币流通速度成反比。用公式表示为：

$$\text{一定时期内流通中需要的货币量}=\frac{\text{流通中商品价格总额}}{\text{同一单位货币的平均流通速度（次数）}}$$

这里的货币流通规律是指金属货币的流通规律。当纸币代替金属货币以后，就出现了纸币流通规律。纸币是由国家发行并强制使用的价值符号。纸币是代表金属货币执行流通手段职能的。金属货币因为有价值才流通，纸币却因为流通才有价值。所以，纸币的流通规律要以金属货币流通规律为基础。对纸币流通规律，马克思说："纸币流通的特殊规律只能从纸币是金的代表这种关系中产生。这一规律简单说来就是：纸币的发行限于它象征地代表的金（或银）的实际流通的数量。"① 这就是说，当纸币量符合流通中所需要的金属货币量时，纸币就可以按金属货币同等价值进行流通；纸币发行量如果超过流通中所必需的金属货币量，纸币代表的金属货币币值就会减少，纸币就会贬值，物价就会上涨。这种由于过多发行纸币而造成纸币贬值和物价上涨的现象，称为通货膨胀。② 因此，纸币流通的特殊规律是由货币流通规律派生并受其支配的。因为，第一，纸币流通规律与货币流通规律在本质上是一样的，它们都要求货币流通必须同商品流通相适应；第二，纸币流通规律受货币流通规律支配，纸币的发行必须限于它代表的金的实际流通量；第三，纸币流通规律是在货币流通规律基础上产生的，是货币流通规律在纸币流通条件下发生作用的具体表现形式。

价值尺度和流通手段是货币的两个基本职能，其他职能是在这两个职能的基础上产生的。具备这两个职能，货币成为一般等价物，成为社会财富的代表，人们才会贮藏它，成为贮藏手段。在商品经济有了一定的发展，出现了赊账买卖的时候，才产生了支付手段。货币的支付手段产生后，在一定时期内流通所需要的

---

① 《马克思恩格斯文集》第5卷，人民出版社2009年版，第150页。

② 与通货膨胀相反的现象是通货紧缩，它表现为社会需求不足、物价水平下跌、货币不断升值。通货紧缩与通货膨胀都是货币现象，一个是由于流通中货币过多引起，一个是由于流通中货币相对不足引起。

货币量等于：售出商品的价格总额，减去赊销商品的价格总额，加上到期支付总额，减去互相抵销的支付总额，除以同一单位货币的平均流通速度。用公式表示为：

$$一定时期内流通中需要的货币量=\frac{流通中商品价格总额-赊销商品的价格总额+到期的支付总额-互相抵销的支付总额}{同一单位货币的平均流通速度（次数）}$$

最后，在商品经济有了进一步发展，形成世界市场，货币的作用超出了国界的限制，在世界市场上发挥作用，世界货币的职能就产生了。世界货币的职能主要表现为：第一，作为一般的支付手段，用来支付国际收支差额；第二，作为一般的购买手段，用来购买外国商品；第三，作为社会财富的代表由一国转移到另一国。

三、价值规律——价格及其变动

（一）价值规律的内容

马克思科学地阐明了价值规律的内容。价值规律是商品经济的基本规律。只要存在着商品经济，价值规律就会存在，并且必然要发生作用。马克思认为，价值规律既是价值决定的规律，又是价值实现的规律。价值是由商品生产者的社会必要劳动时间决定的。马克思指出：价值决定的规律，是商品价值“决定于劳动时间的规律”。① 但社会必要劳动时间只有在交换中，在竞争中才能形成和表现出来。马克思指出：“竞争实现了产品的相对价值由生产它的必要劳动时间来确定这一规律。”② “按照价值规律，是等价物同等价物相交换，等量劳动同等量劳动相交换。”③ 根据马克思以上的论述，价值规律的基本内容和要求可以概括为：商品的价值量由生产商品的社会必要劳动时间决定，商品按其价值量进行等价交换。价值规律反映着商品经济内在的本质联系，是不以人们的主观意志为转移的商品经济发展的必然趋势。马克思指出：“在私人劳动产品的偶然的不断变动的交换比例中，生产这些产品的社会必要劳动时间作为起调节作用的自然规律强制地为自己开辟道路，就像房屋倒在人的头上时重力定律强制地为自己开辟道路一样。”④

---

① 《马克思恩格斯全集》第 26 卷第 2 分册，人民出版社 1972 年版，第 194 页。

② 《马克思恩格斯全集》第 4 卷，人民出版社 1958 年版，第 106 页。

③ 《马克思恩格斯全集》第 26 卷第 1 分册，人民出版社 1972 年版，第 334 页。

④ 《马克思恩格斯文集》第 5 卷，人民出版社 2009 年版，第 92 页。

价值规律要求商品的价值量由生产该商品的社会必要劳动时间决定，它包含着两层含义：第一，在商品价值的生产上，要求商品的价值量取决于生产同种单位商品耗费的社会必要劳动时间；第二，在商品价值的实现上，要求社会生产某种商品耗费的劳动时间和社会需要这种商品应使用的必要劳动时间相适应。马克思指出：“只有当全部产品是按必要的比例生产时，它们才能卖出去。社会劳动时间可分别用在各个特殊生产领域的份额的这个数量界限，不过是价值规律本身进一步发展的表现，虽然必要劳动时间在这里包含着另一种意义。”①

（二）价值规律作用的形式

马克思科学地阐明了价值规律发挥作用的形式，即市场价格围绕市场价值上下波动。价值规律要求商品交换按其价值量进行等价交换，并不意味着每次交换商品价格与价值完全一致。在现实交换中，价格与价值往往不一致。因为，虽然价格本质上由价值决定，但是，价格又有自己的特殊规律。价格是商品价值的货币表现，价格变动取决于商品价值的变动，但价格不一定时时处处都与价值量相等，它可能高于商品的价值量，也可能低于商品的价值量。这就是价格形式与价值的矛盾在量上的表现。马克思讲：“商品的价值量表现出一种必然的、商品形成过程内在的同社会劳动时间的关系。随着价值量转化为价格，这种必然的关系就表现为商品同在它之外存在的货币商品的交换比例。这种交换比例既可以表现商品的价值量，也可以表现比它大或小的量，在一定条件下，商品就是按这种较大或较小的量来让渡的。可见，价格和价值量之间的量的不一致的可能性，或者价格偏离价值量的可能性，已经包含在价格形式本身中。但这并不是这种形式的缺点，相反地，却使这种形式成为这样一种生产方式的适应形式，在这种生产方式下，规则只能作为没有规则性的盲目起作用的平均数规律来为自己开辟道路。”② 马克思又指出：“商品按照它们的价值来交换或出售是理所当然的，是商品平衡的自然规律。应当从这个规律出发来说明偏离，而不是反过来，从偏离出发来说明规律本身。”③

价格与价值除了量上的背离之外，还存在着质上背离的可能性，即“价格可以完全不是价值的表现”。④“没有价值的东西在形式上可以具有价格。”⑤ 如自然界未开垦的土地、人的名誉和良心等，本来不是商品，没有价值，但在现实生活

---

① 《马克思恩格斯文集》第 7 卷，人民出版社 2009 年版，第 717 页。

② 《马克思恩格斯文集》第 5 卷，人民出版社 2009 年版，第 122-123 页。

③ 《马克思恩格斯文集》第 7 卷，人民出版社 2009 年版，第 209 页。

④ 《马克思恩格斯文集》第 5 卷，人民出版社 2009 年版，第 123 页。

⑤ 《马克思恩格斯文集》第 5 卷，人民出版社 2009 年版，第 123 页。

中却可以出卖，具有一定的价格。在这里，价格表现是虚幻的，这种虚幻的价格形式又能掩盖实在的价值关系。

价格是商品价值的货币表现，价格的变动不仅取决于价值的变动，还取决于货币价值的变动。当货币价值发生变动而商品价值不变时，商品价格就必然变动。“商品价格只有在货币价值不变、商品价值提高时，或在商品价值不变，货币价值降低时，才会普遍提高。反之，商品价格只有在货币价值不变、商品价值降低时，或在商品价值不变、货币价值提高时，才会普遍降低。”①

商品价格是在市场中形成的，商品价格受到市场供求关系的直接影响。市场供求平衡是商品价格等于价值的前提。但在商品经济条件下，供求平衡是罕见的，供求不平衡则是经常的。当市场上某种商品供过于求时，其价格会降到价值以下；当市场上某种商品供不应求时，其价格会升到价值以上。在以私有制为基础的商品社会里，生产是盲目进行的，市场上的商品供求关系经常不平衡，所以，价格与价值通常不会完全一致。但是，这种情况并不意味着对价值规律的否定。因为，第一，商品受供求关系的影响，价格虽然会高于或低于价值，但总是以价值为中心，围绕价值上下波动，它不能永远高于或低于价值；第二，商品价格无论怎么变化，都脱离不了它的价值基础；第三，从某种商品一次交换来看，价格与价值可能不一致，但从长期来看，商品价格的涨落可以互相抵消，因而商品的价值与价格仍是趋于一致的。

由此可见，商品的价格围绕价值上下波动，不仅不违背价值规律，而且正是价值规律作用的表现形式。马克思说过：“如果事物的表现形式和事物的本质会直接合而为一，一切科学就都成为多余的了。”② 恩格斯也指出：“商品价格对商品价值的不断背离是一个必要的条件，只有在这个条件下并由于这个条件，商品价值才能存在。只有通过竞争的波动从而通过商品价格的波动，商品生产的价值规律才能得到贯彻，社会必要劳动时间决定商品价值这一点才能成为现实。”③

（三）价值规律在私有制商品经济中的作用

第一，自发调节社会总劳动在生产各部门之间的分配。

任何社会要进行正常的生产，生产的各部门必须保持一定的比例关系，这就要求把社会总劳动按一定比例分配到各个部门。但是，在私有制商品经济中，私有的商品生产者是根据自己私人的利益盲目进行生产的，经常出现各部门比例失

---

① 《马克思恩格斯文集》第 5 卷，人民出版社 2009 年版，第 119 页。
② 《马克思恩格斯文集》第 7 卷，人民出版社 2009 年版，第 925 页。
③ 《马克思恩格斯全集》第 21 卷，人民出版社 1965 年版，第 215 页。

调和供求不平衡状态。尽管如此，商品生产仍能继续进行并发展下去，原因就在于价值规律在自发地调节着社会总劳动的分配。

由于价值规律是在市场上起作用的，所以，社会总劳动的分配，从而资源的配置是由市场调节的。这种调节作用通过竞争、通过市场价格的波动来实现。私有的商品生产者生产什么商品和生产多少商品，唯一的根据是市场价格信号。"只有通过产品的跌价或涨价才亲眼看到社会需要什么，需要多少和不需要什么。"① 当某种商品的市场价格涨到价值以上时，就会吸引许多商品生产者把生产要素转移到该商品的生产上。反之，他们会把生产要素转移出去，生产对自己有利的商品。如此不断反复，通过市场价格的涨落，自发地调节生产资料和劳动力在各部门的分配比例，在不断地生产波动中使各部门保持相对平衡，使社会生产不断延续下去。应当指出，这种完全靠价值规律的自发调节，是在比例不断受到破坏的条件下实现的。竞争和价格的自发作用必然会使一些商品生产者破产，因而会造成社会生产力的浪费和破坏。

第二，刺激商品生产者不断改进技术，提高劳动生产率，促进社会生产力的发展。

在商品价值由社会必要劳动时间决定的条件下，若个别生产者生产商品的个别劳动时间低于社会必要劳动时间，获利就多，甚至他们还可以在社会价值以下出售商品，既在竞争中处于有利地位，又能通过薄利多销获取更多利益；反之，就会亏本，甚至面临破产的危险。要降低商品的个别价值，缩短生产商品的个别劳动时间，最主要的手段是提高劳动生产率。为此，每个商品生产者都要改进技术，提高劳动熟练程度，加强管理，这一切都会促进劳动生产率的提高，推动社会生产力的发展。但在私有制社会，一些掌握先进技术的商品生产者，为了保持在竞争中的有利地位，千方百计地垄断封锁技术秘密，妨碍新技术的推广。这种现象，又会阻碍社会生产力的发展。

第三，引起商品生产者向两极分化，在一定条件下促进资本主义生产生产关系的产生。

在简单商品生产的条件下，各个商品生产者的生产条件是不同的，一些生产条件好的，由于劳动生产率高，个别价值低，竞争力强，在竞争中处于有利地位，就会不断地扩大生产规模，发达起来。反之，一些生产条件差的就会不断亏损，结果导致破产。这样，就造成小商品生产者向两极分化，在一定条件下，引

---

① 恩格斯：《马克思和洛贝尔图斯》，《马克思恩格斯全集》第21卷，人民出版社1965年版，第215页。

起资本主义生产关系的产生。

第三节　商品和货币理论的思想来源和拓展

一、马克思和劳动价值论的思想来源

迄今为止，人们所理解的经济学意义上的价值属于商品经济的范畴，有了商品交换才引起了人们对交换背后的决定交换比例的某种共同属性的思索。因此，对价值理论加以认识和研究的过程，实际上是人们对于商品经济的认识不断深化的过程，是商品经济发展过程在人们思想上的反映。

人类最初是在自给自足的自然经济中发展的。这时候有产品而无商品。随着自然经济的长期发展，出现了在共同体之间进行剩余产品的交换。这种交换起先只是发生在各个不同的氏族公社之间，但后来在公社内部也实行起来。“商品交换是在共同体的尽头，在它们与别的共同体或其成员接触的地方开始的。但是物一旦对外成为商品，由于反作用，它们在共同体内部生活中也成为商品。”① 这是商品经济产生的萌芽。从商品萌芽开始到公元前 4 世纪大约 5000 年的时间内，② 人们对商品之间为什么能够交换的原因还知之不多。直到公元前 4 世纪，亚里士多德（前 384—前 322）提出等同关系才有了价值概念的萌芽。他认为公正的原则要求在交换前和交换后，交换双方都没有盈余或损失，即其所保有的“值”仍然一样。为使交换能够公正地进行，必须能够依据某种方法对不同职业的工作进行比较。所以，在他看来，交换的可能性，是以交换的商品间的等一性为基础的，不同的商品，在交换上必须由同一物来衡量，并由此还原为相等的。马克思对此评论说，在此基础上，他已经“清楚地指出，商品的货币形式不过是简单价值形式——一种商品的价值通过任何别的一种商品来表现——的进一步发展的形态，因为他说 5 张床 = 1 间屋，无异于 5 张床 = 若干货币”。③ 亚里士多德能在商品的价值表现中发现一种等同关系是他的一个卓识。但由于他生活时代的社会历史局限，他没有发现这个等同关系到底是什么。马克思指出：“亚里士多

---

① 《马克思恩格斯文集》第 5 卷，人民出版社 2009 年版，第 107 页。

② 恩格斯曾经测算，商品交换“在有文字记载的历史之前就开始了。在埃及，至少可以追溯到公元前 3500 年，也许是 5000 年；在巴比伦，可以追溯到公元前 4000 年，也许是 6000 年。因此，价值规律已经在长达 5000 年至 7000 年的时期内起支配作用”。见恩格斯：《资本论》第 3 卷增补，《马克思恩格斯文集》第 7 卷，人民出版社 2009 年版，第 1019 页。

③ 《马克思恩格斯文集》第 5 卷，人民出版社 2009 年版，第 74 页。

德没有能从价值形式本身看出，在商品价值形式中，一切劳动都表现为等同的人类劳动，因而是同等意义的劳动，这是因为希腊社会是建立在奴隶劳动的基础上的，因而是以人们之间以及他们的劳动力之间的不平等为自然基础的。价值表现的秘密，即一切劳动由于而且只是由于都是一般人类劳动而具有的等同性和同等意义，只有在人类平等概念已经成为国民的牢固的成见的时候，才能揭示出来。……亚里士多德在商品的价值表现中发现了等同关系，正是在这里闪耀出他的天才的光辉。只是他所处的社会的历史限制，使他不能发现这种等同关系'实际上'是什么。"①

最先提出劳动创造价值这个科学命题的，是英国古典政治经济学的创始人威廉·配第。他认为商品价值是由生产商品时所耗费的劳动时间决定的。这个思想为古典政治经济学的劳动价值论奠定了基础。但威廉·配第没有完全摆脱重商主义的影响，没有区分开价值和价格，没能从价格中抽象出价值来。由此，他又认为只有开采金银的劳动，才是生产交换价值的劳动。他举例说："假如一个人在能够生产一蒲式耳谷物的时间里，将一盎司白银从秘鲁的银矿中运来伦敦，那么后者便是前者的自然价值。"② 威廉·配第也没有区分使用价值和价值，没能认识到创造使用价值的劳动不同于创造价值的劳动。他曾说过，"劳动是财富之父，土地是财富之母"。这句名言，就使用价值而论无疑是正确的，而就价值来说则又是错误的。

"同这个主义相对立的重农主义把劳动的一定形式——农业——看作创造财富的劳动，不再把对象本身看作裹在货币的外衣之中，而是看作产品一般，看作劳动的一般成果了。……亚当·斯密大大地前进了一步，他抛开了创造财富的活动的一切规定性，——干脆就是劳动，既不是工业劳动，又不是商业劳动，也不是农业劳动，而既是这种劳动，又是那种劳动。有了创造财富的活动的抽象一般性，也就有了被规定为财富的对象的一般性，这就是产品一般，或者说又是劳动一般。"③ 亚当·斯密在《国民财富的性质及其原因的研究》一书中明确指出："劳动是衡量一切商品交换价值的真实尺度。"④ 但是，亚当·斯密对于历史现实比较敏感。他面临的是一个资本主义社会，他发现了价值规律在资本主义社会和在前资本主义社会具有不同的作用方式。他对于商品价值的全部分析的要点在于

---

① 《马克思恩格斯文集》第 5 卷，人民出版社 2009 年版，第 75 页。

② 威廉·配第：《赋税论》，商务印书馆 1972 年版，第 52 页。

③ 马克思：《〈政治经济学批判〉导言》，《马克思恩格斯选集》第 2 卷，人民出版社 2009 年版，第 28 页。

④ 亚当·斯密：《国民财富的性质及其原因的研究》，商务印书馆 1988 年版，第 25 页。

阐明在商品经济发展的不同阶段，价值的决定如何经历了一个历史变革。他认为在资本主义以前的商品经济中，价值由劳动所决定，而在资本主义社会，劳动产品不再全部属于劳动者，而要与资本和土地所有者共享。商品的价值就不只由生产商品的劳动单独构成，而由工资、利润和地租三者共同构成。很显然，亚当·斯密是站在资产阶级立场上研究劳动价值论的。他一方面批判了重商学派所主张的只有商业劳动才是财富来源的错误观点，另一方面又纠正了重农学派所持有的只有农业劳动才创造财富的偏见。但是，他却明白无误地认识到，在资本主义社会，商品的价值绝对不能再由劳动决定，而是由资本、土地和劳动等生产要素共同创造的。这是完全符合当时英国产业资产阶级的利益和要求的。这就是他的理论观点二重性的社会历史原因。

亚当·斯密在价值创造上的二元论，成为后人在价值理论上分歧的根源。古典学派的集大成者——大卫·李嘉图坚持了亚当·斯密的只有劳动才创造价值的正确观点，断然抛弃了亚当·斯密的双重价值观。大卫·李嘉图已经意识到，成为价值源泉的劳动是人的活动，而且是社会规定的人的活动，价值只是社会规定的劳动的体现，商品价值只能来自人类的劳动。马克思指出："大卫·李嘉图，像所有值得提到的经济学家一样，……强调指出劳动是人的，而且是社会规定的人的活动，是价值的唯一源泉。"① 不仅如此，大卫·李嘉图还把劳动时间决定价值作为理解资本主义制度的内在联系的基础和出发点，并进一步论证了简单劳动与复杂劳动、直接劳动与间接劳动等在价值创造中的作用。他实际上认识到了"价值规律的充分发展，要以大工业生产和自由竞争的社会，即现代资产阶级社会为前提"。② 但是，他的劳动价值论有一个根本缺陷，就是他对于资本主义生产方式的超历史观念。他把资本主义生产方式看作是自然的、永恒的。由于劳动产品的价值形式是资产阶级生产方式中最抽象的，但也是最一般的形式，因而，劳动产品成为商品，劳动创造价值也就是自然的、永恒的。他根本不可能认识到在资本主义社会中，劳动力已成为商品，不可能认识到劳动创造的价值超过劳动力自身价值的余额——剩余价值的真正来源，进而不可能在价值理论的基础上说明资本与劳动的交换关系问题，不可能认识到资本主义社会的价值转形问题，并最终导致古典经济学的破产。

---

① 《马克思恩格斯全集》第 26 卷第 3 分册，人民出版社 1975 年版，第 197 页。

② 马克思：《政治经济学批判》，人民出版社 1976 年版，第 44 页。

二、马克思的劳动价值理论与西方经济学中的价值理论的分野

价值理论是经济学理论的基石，不同学派都有自己的价值理论。马克思认为，价值本质上是人与人之间的社会关系，这种认识是通过对商品范畴的两次抽象，第一次是抽象掉商品的使用价值，商品体就剩下一个属性，即劳动产品这个属性。第二次是再把生产产品的劳动的各种具体形式抽象掉，商品体就成为一个无差别的一般人类劳动的化身。这种无差别的人类劳动的单纯凝结就是商品的价值。可见，马克思的商品价值的概念是通过劳动二重性学说的发现而创立的。价值来源于商品生产者的抽象劳动，商品按照价值进行等价交换，实质上是人们在生产商品过程中花费的等量劳动的交换，只不过这种等量劳动交换不是直接的，而是通过商品与商品的交换来实现的。人与人的关系采取了物与物交换的形式。马克思的劳动价值论就是要透过现象发现其背后隐藏的本质关系，为剩余价值理论奠定基础，进而揭示资本主义生产方式的剥削本质和运行规律，为无产阶级革命提供理论武器。所以，马克思说：“商品中包含的劳动的这种二重性，是首先由我批判地证明了的。这一点是理解政治经济学的枢纽。”①

西方经济学家站在资产阶级立场上当然无须做类似马克思所做的价值抽象，因此，他们没有必要去区分价值与交换价值，即使已经接触到了价值，他们也不愿再去深究。如果透过交换价值再去深究价值关系，就会与他们的立场相悖。价值理论所表达的立场和理念，是任何一种学说、一个学者、一个学派的历史观的最本质的展现。对西方经济学家来说，研究交换价值和价格就足够了，没有必要也不能再去深究它们背后的东西到底是什么了。这一点，就连能够对资本主义进行较为深入分析的古典经济学也不例外。正如马克思所说：“古典政治经济学的根本缺点之一，就是它从来没有从商品的分析，特别是商品价值的分析中，发现那种正是使价值成为交换价值的价值形式。恰恰是古典政治经济学的最优秀的代表人物，像亚当·斯密和大卫·李嘉图，把价值形式看成一种完全无关紧要的东西或在商品本性之外存在的东西。”② 马克思进一步分析了古典政治经济学产生这一根本缺陷的原因，指出：“这不仅仅因为价值量的分析把他们的注意力完全吸引住了。还有更深刻的原因。劳动产品的价值形式是资产阶级生产方式的最抽象的，但也是最一般的形式，这就使资产阶级生产方式成为一种特殊的社会生产类型，因而同时具有历史的特征。因此，如果把资产阶级生产方式误认为是社会

① 《马克思恩格斯文集》第5卷，人民出版社2009年版，第54-55页。

② 《马克思恩格斯文集》第5卷，人民出版社2009年版，第98-99页（注32）。

生产的永恒的自然形式，那就必然会忽略价值形式的特殊性，从而忽略商品形式及其进一步发展——货币形式、资本形式等的特殊性。”① 现代西方经济学中所谓的价值理论实质上是没有价值内容的交换价值理论或价格理论，他们所认识的价值只是人与自然的人与物的关系，甚至是物与物的关系。

那么，为什么说，西方经济学中的价值理论是不科学的？因为，我们这里讲的价值只是商品的价值。研究商品价值的目的是解释商品社会的最基本的现象，即不同种的商品为什么能够交换？对此问题，西方经济学不可能做出正确的回答。

效用价值论即使用价值是不能解释这一现象的。效用价值论是在 19 世纪 70 年代后期一直到 90 年代，在马歇尔的供求论提出之前流行的理论。这个学派认为效用决定价值，也就是商品的价值大小是以商品的效用，特别是主观效用、边际效用所决定。如馒头，它有没有价值、价值有多大，是由它的效用而定。对于非常饥饿的人来说吃第一个馒头的效用最大，第二个馒头的效用就低，第三个馒头效用更低，第四个馒头对他而言就没有效用了，甚至有反作用。所以，第一个馒头的价值最大，第四个馒头就没有价值了。效用决定价值的大小，这是效用价值论的基础原则。这实际上是用商品的使用价值来决定商品的价值，把价值与使用价值混在一起了。使用价值不能决定价值，决不能用使用价值作为社会的尺度，衡量社会经济关系。任何商品的使用价值都不能代替其他商品的使用价值。因为正是使用价值的不同才有商品交换的必要，而不同的使用价值是不能进行比较的，而且同一商品对不同的人又有着不同的效用，它们之间怎么相通呢？显然，用效用（包括边际效用）是说明不了具有不同使用价值的商品为什么能够相交换这一现象的。马克思的劳动价值论认为商品的价值是由生产商品的必要劳动时间决定，使用价值是价值的载体，并不是使用价值决定商品的价值。使用价值的源泉和价值的源泉不一样。使用价值是物质财富，它的源泉是多元化的。马克思在《资本论》第一卷里引用了威廉·配第的话，“土地是财富之母，劳动是财富之父”，就是说，生产使用价值的时候必须要有土地和劳动两个要素，而生产价值只能是共同的一般的抽象人类劳动。在《哥达纲领批判》中马克思还认为，使用价值的源泉除了劳动以外，还必须要有生产资料。就是说，使用价值的源泉包括劳动、土地、资本，还有自然条件。价值的源泉只有活劳动。我们在理论上应该区别使用价值的源泉和价值的源泉，不能把它们混淆，现在有人硬把使用价值的源泉当作价值的源泉而论述问题，从而引起很多混乱。

---

① 《马克思恩格斯文集》第 5 卷，人民出版社 2009 年版，第 99 页（注 32）。

用要素价值论也是不能解释这一现象的。要素价值论是法国经济学家萨伊在1800年到1815年间提出来的。他认为生产的三个要素生成价值，即劳动生出工资，土地生出地租，资本生出利润。这就是他的“三位一体”的公式。显然，萨伊把物化劳动或资本，也就是把机器、厂房、设备、原材料当作创造价值的源泉，起码说它要创造一部分价值。在他看来，物化劳动和活劳动共同创造商品价值，这是他的核心观点。这实际上是否定了劳动价值论。物化劳动是不能创造价值的，物化劳动只能转移价值，即把原材料的价值、机器设备的价值转移到生产的产品中。马克思的价值论是一元价值论，不是二元价值论或三元价值论，马克思认为只有活劳动才能创造价值。

那么，物化劳动为什么不能创造价值呢？第一，物化劳动是由活劳动转化而来的，它的本源是活劳动。机器、厂房、原材料、设备等都是从活劳动转化而来的，没有活劳动就没有这些东西。第二，物化劳动是靠活劳动进行推动才具有生命力。机器厂房、原材料不过是一堆死物，只有用活劳动进行推动，它才能发挥经济效用。第三，价值是一种生产关系，只有劳动者进行活劳动的交换，才能体现人和人的关系，死物不可能体现出人和人的关系。

用供求价值也是解释不了这一现象的。供求价值论认为商品的供求关系决定商品的价值，也就是供应曲线和需求曲线的交会之点决定商品的价值。马克思的劳动价值论与供求价值论的主要区别是：供求价值论认为价值是由流通领域决定的，而马克思认为决定价值的是生产领域，而流通领域是实现价值。供求可分为长期供求和短期供求，长期供求影响价值形成，短期供求影响价格的形成，但它们不能决定价值，决定价值的仍然是在生产领域。在价值的实现领域产生三种情况：严重供不应求；严重供过于求；供求基本平衡。这三种状态对价值形成都有影响，但不是决定因素。

三、马克思劳动价值理论的展开及其当代理解

马克思的劳动价值理论主要是在《资本论》第一卷的第一篇阐述的，但是，决不能认为这一理论只是在第一篇中才论述的。实际上，它是随着马克思对资本主义市场经济的分析，逐步地加以展开、丰富和发展的，同时，随着现代市场经济的不断发展，马克思的劳动价值理论也要随着时代的变化而不断得到丰富和发展。

（一）由抽象到具体，马克思劳动价值理论的逐步展开

劳动价值学说是不断发展的学说。马克思本人在他的经济理论的展开过程

中，对他的劳动价值学说也在不断地进行丰富、完善和发展。在《资本论》第一卷中，马克思运用抽象分析方法，在纯粹的状态下对研究对象进行考察，以便集中力量揭示价值的本质，在此基础上再一步一步上升到具体，考察价值的各种存在形式。在第一章，马克思在考察形成价值的社会必要劳动时间时，所考察的只是活劳动的社会必要劳动时间。到了第五章，马克思认为，形成价值的劳动时间既包括活劳动的社会必要劳动时间，也包括所耗费的物化的社会必要劳动时间。它要求生产资料必须以正常的方式被消费，“因为浪费了的材料或劳动资料是多耗费的对象化劳动量，不被计算，不加入形成价值的产品中”。① 同样，马克思用这种方法研究生产商品价值的劳动，首先撇开了非物质生产领域，对物质生产领域中创造商品价值的劳动的特性进行分析，然后才对其他领域中的劳动进行分析。例如，在《资本论》第一卷第五章，关于创造价值的劳动的概念只限于直接作用于劳动对象的物质生产领域的生产劳动，而到第一卷第十四章，则提出了“总体工人”“总体劳动”的概念。他认为，资本主义的生产劳动从一方面看是缩小了，因为，只有带来剩余价值的劳动才被资本家看作是生产劳动；从另一方面看又扩大了，作为总体工人的劳动，现在只是间接地作用于劳动对象，并且不一定亲自动手，就已经参与了价值和剩余价值的创造。马克思指出：“正如在自然机体中头和手组成一体一样，劳动过程把脑力劳动和体力劳动结合在一起了。后来它们分离开来，直到处于敌对的对立状态。产品从个体生产者的直接产品转化为社会产品，转化为总体工人即结合劳动人员的共同产品。总体工人的各个成员较直接地或者较间接地作用于劳动对象。因此，随着劳动过程的协作性质本身的发展，生产劳动和它的承担者即生产工人的概念也就必然扩大。为了从事生产劳动，现在不一定要亲自动手；只要成为总体工人的一个器官，完成他所属的某一种职能就够了。”② 在马克思所处的时代，作为总体工人的劳动至少应该包括两个部分：第一，直接作用于劳动对象的劳动者；第二，间接作用于劳动对象的劳动者。他们之中既包括一般职工，也包括经理、工程师和其他科技人员。这是马克思基于对社会化大生产的总体劳动的新特点的进一步考察，对以直接生产物质产品的劳动为例所分析的劳动价值学说的展开。

在《资本论》第二卷中，马克思分析的范围从直接生产过程扩大到流通过程，进一步认为，处在商品流通过程中对商品的运输、包装、分类、整理等作为生产在流通过程的继续的劳动也同样创造价值。在这里，不生产物品的、只要是

---

① 《马克思恩格斯文集》第5卷，人民出版社2009年版，第228-229页。

② 《马克思恩格斯文集》第5卷，人民出版社2009年版，第582页。

为商品生产做必要的前期准备和后续过程的劳动，都成为创造价值的劳动。马克思在这里，实际上已把创造价值的劳动扩展到第三产业的广泛领域。

在《资本论》第三卷中，马克思又把供求和竞争因素加进来，考察了商品价值如何在资本主义竞争中转化为生产价格。由劳动价值理论到生产价格理论，不仅仅是理论本身的一种展开，也是历史发展的必然。劳动价值理论与生产价格理论之间的关系，实际上是商品经济不同历史发展阶段的关系，“商品按照它们的价值或接近于它们的价值进行的交换，比那种按照它们的生产价格进行的交换，所要求的发展阶段要低得多。按照它们的生产价格进行的交换，则需要资本主义的发展达到一定的高度”。①

在《资本论》第四卷，马克思进一步说明：在特殊的资本主义生产方式中，许多劳动者共同生产一个商品；随着这种生产方式的发展，这些或那些工人的劳动同生产对象之间直接存在的关系，自然是各种各样的。“资本主义生产方式的特点，恰恰在于它把各种不同的劳动，因而也把脑力劳动和体力劳动，或者说，把以脑力劳动为主或者以体力劳动为主的各种劳动分离开来，分配给不同的人。”② 马克思还说过，在商品生产过程中，有的人多用手工作，有的人多用脑工作，有的人当经理、工程师、工艺师，有的人当监工，有的人当直接的体力劳动者或者做十分简单的粗工。在这里，作为经营管理者的经理和作为科技工作者的工程师等脑力劳动者，同样是创造价值的生产劳动者。不仅如此，马克思还把资本家作为共同劳动的指挥者的管理活动看作是创造价值的劳动。“资本家在生产过程中是作为劳动的管理者和指挥者出现的，在这个意义上可以说，资本家在劳动过程本身中起着积极作用……这种与剥削相结合的劳动……当然就与雇佣工人的劳动一样，是一种加入产品价值的劳动。”③ 可见，马克思的劳动价值论包含着十分丰富的内容，这些内容又是随着逻辑的展开和历史的进程不断丰富和发展的。

（二）商品中包含的劳动的二重性应当理解为历史范畴

价值是商品经济的范畴，它所表现的是商品生产者之间的社会关系。马克思指出：“在商品生产者的社会里，一般的社会生产关系是这样的：生产者把他们的产品当作商品，从而当作价值来对待，而且通过这种物的形式，把他们的私人

① 《马克思恩格斯文集》第 7 卷，人民出版社 2009 年版，第 197 页。

② 《马克思恩格斯全集》第 26 卷第 1 分册，人民出版社 1975 年版，第 444 页。

③ 《马克思恩格斯全集》第 26 卷第 3 分册，人民出版社 1975 年版，第 550-551 页。

劳动当作等同的人类劳动来互相发生关系。”① 虽然在这里马克思是把商品经济看作是私有制条件下的商品经济，但它不影响对价值作为商品经济特有的一般经济范畴的理解。马克思认为，在生产者都是不同利益主体的条件下，商品生产者的具体劳动虽然都是社会总劳动的一个组成部分，但是这种劳动作为商品生产者的个别劳动，只有通过交换他们的劳动产品才能发生普遍的社会联系，他们的个别劳动的特殊的社会性质也只有通过实际的交换才能表现出来。因此，价值不是表现人们在自己劳动中的直接的社会关系，而是表现在人与物之间和物与物之间的社会关系。个别劳动中具体劳动的有用性也只有“通过它采取与自身直接对立的形式，即抽象一般性的形式，才变成社会劳动”。② 因此，价值的形成过程，就是把商品生产中的具体劳动归结为抽象劳动，把个别劳动归结为社会劳动的过程。

这里的关键问题是对于抽象劳动范畴的理解。有人认为，体现在商品中的劳动二重性的抽象劳动是一个永恒的范畴。根据是马克思在《政治经济学批判导言》中曾说过类似的话，他说：“‘劳动’范畴正是由于它是一个最抽象的范畴，因而，适用于一切时代。”③ 我们认为，这种理解是不符合马克思本义的。因为就是在上面引文中，马克思紧接着指出：“但是就这个抽象的规定性本身来说，同样是历史关系的产物，而且只有在这些关系之内才具有充分的意义。”④

那么，为什么会把抽象劳动理解为永恒的范畴呢？这里的问题恐怕是没有对劳动的抽象性与抽象劳动加以区分所产生的。马克思在《资本论》中讲“一切劳动，一方面是人类劳动力在生理学意义上的耗费；就相同的或抽象的人类劳动这个属性来说，它形成商品价值”。⑤ 请注意，这句话的中间既不是逗号，也不是顿号，而是分号。可见，作为人类劳动力在生理学意义上的人的脑、肌肉、神经、手等的生产耗费，不论是原始社会原始人的劳动，还是资本主义社会雇佣工人的劳动，都是一样的，它们之间没有什么实质性的差别。我们把这种劳动的耗费称之为“劳动的抽象性”。这种“劳动的抽象性”，在不同的社会历史发展阶段的表现是不一样的。问题恰恰在于：在什么条件下，它才被当作形成商品价值的抽象劳动呢？显然，只有在商品经济的历史发展阶段才成为一个特定的经济范畴被确定下来。劳动的抽象性永远存在于人类劳动之中，而人类劳动作为形成商

① 《马克思恩格斯文集》第 5 卷，人民出版社 2009 年版，第 97 页。
② 《马克思恩格斯全集》第 13 卷，人民出版社 1962 年版，第 22 页。
③ 《马克思恩格斯全集》第 46 卷上，人民出版社 1979 年版，第 43 页。
④ 《马克思恩格斯全集》第 46 卷上，人民出版社 1979 年版，第 43 页。
⑤ 《马克思恩格斯文集》第 5 卷，人民出版社 2009 年版，第 60 页。

品价值的抽象劳动则是一个历史的范畴，它所表现的是一定社会形态的生产关系，而不是一切社会形态下的劳动的一般属性，否则，它就失去了作为一个经济范畴存在的意义。

也有一些人承认抽象劳动是一历史范畴，但却认为作为生产商品的劳动二重性的具体劳动是永恒范畴。这种理解同样也是值得商榷的。因为，马克思所讲的“具体劳动”指的是“体现在商品中的劳动二重性”的一个方面，而不是泛指一切社会形态下的劳动的具体支出形式。因此，如果承认商品经济是一定社会经济的历史形式，承认形成商品价值的抽象劳动是一历史范畴，那么，统一在劳动二重性中的另一方面，即具体劳动也就应该理解为历史范畴。生产商品的劳动的二重性是一个对立统一体，在这个统一体中，具体劳动是相对于抽象劳动而言的，同样，抽象劳动也是相对于具体劳动而言的，离开任何一方，都形不成劳动的二重性。所以，不能将劳动二重性理论割裂开来，说一重是历史范畴，另一重是永恒范畴。

那么，为什么有人会把具体劳动看作是永恒范畴呢？它与没有把劳动的抽象性与抽象劳动区别开来一样，也没有把劳动的具体性与具体劳动区别开来。马克思指出：“一切劳动，另一方面是人类劳动力在特殊的有一定目的的形式上的耗费；就具体的有用劳动这个属性来说，它生产使用价值。”① 请注意，这句话的中间仍然是分号，而不是逗号或顿号。任何一个社会的劳动都必须在具体形式下才能够进行，只有如此，才能生产出各不相同的使用价值来。我们把这种在不同社会中生产使用价值的劳动叫作劳动的具体性。而作为生产商品的劳动二重性的具体劳动，它不仅要生产出一个具体的使用价值，而且要生产出作为交换价值物质承担者的使用价值，生产出作为价值载体的商品体本身。从这种意义上看，具体劳动与抽象劳动一样是历史范畴。

为什么不能把抽象劳动和具体劳动看成是永恒范畴呢？关键在于把握它们所产生的经济条件和理解问题的辩证方法。马克思在其经济研究中，不论是对生产，还是对劳动等范畴，都是既看到它们在一切社会形态中的共性，又看到它们在不同的社会形态中的个性。例如，对生产的分析，马克思讲：“对生产一般适用的种种规定所以要抽出来，也正是为了不致因为有了统一（主体是人，客体是自然，这总是一样的，这里已经出现了统一）就忘记本质的差别。那些证明现存社会关系永存与和谐的现代经济学家的全部智慧，就在于忘记这种差别。”② 抽

---

① 《马克思恩格斯文集》第5卷，人民出版社2009年版，第60页。

② 《马克思恩格斯文集》第8卷，人民出版社2009年版，第9页。

象劳动和具体劳动之所以是历史范畴，是因为它们的产生都是以商品生产和商品交换为其经济条件的，离开了商品生产和商品交换这个特定的历史条件，产品不需要交换，劳动对劳动者来说就是直截了当的，不需要通过产品交换这种迂回的办法去相互比较，从而也不必要表现为商品价值的形式。当劳动与产品而不是与商品发生关系时，就不存在商品二因素和劳动二重性了。因此，我们论述抽象劳动和具体劳动，不能离开“存在有商品交换，相应地也存在有商品生产的那些社会形态”。[①] 如果离开商品生产去谈劳动的抽象性和具体性，就不可能对这两个范畴有准确的把握和认识。马克思也正是从存在商品生产和商品交换的条件出发，从商品的二因素中引出对生产商品的劳动的二重性的分析，其目的在于说明价值的本质。对此，马克思曾说：“在分析商品的时候，我并不限于考察商品所表现的二重形式，而是进一步论证了商品的这种二重存在体现着生产商品的劳动的二重性：有用劳动，即创造使用价值的劳动的具体形式，和抽象劳动，作为劳动力消耗的劳动，不管它用何种‘有用的’方式消耗……这是必须指出的……使用价值始终只是在这样一种场合才予以注意，即这种研究是从分析一定的经济结构得出的，而不是从空谈‘使用价值’和‘价值’这些概念和词得出的。”[②] 对此，马克思强调：“商品中包含的劳动的这种二重性，是首先由我批判地证明了的。这一点是理解政治经济学的枢纽。”[③] 他又进一步指出：“经济学家们毫无例外地都忽略了这样一个简单的事实：既然商品有二重性——使用价值和交换价值，那么，体现在商品中的劳动也必然具有二重性，而像亚当·斯密、大卫·李嘉图等人那样只是单纯地分析劳动，就必然处处都碰到不能解释的现象。实际上，这就是批判地理解问题的全部秘密。”[④]

马克思运用劳动二重性学说，深刻地揭示了商品中包含的使用价值和价值的关系，揭示了价值和交换价值的关系，揭示了决定价值量的社会必要劳动时间和劳动生产力的关系，揭示了旧价值的转移和新价值的创造的关系，揭示了价值和剩余价值的关系，揭示了价值和生产价格的关系，揭示了价值和供求的关系，揭示了价值创造和价值分配的关系，从而解决了古典政治经济学遇到困惑的一系列难题，把劳动创造价值的基本观点贯彻到底。因此，要坚持马克思主义的政治经济学，就必须坚持马克思的劳动价值论。恩格斯在评价马克思时说，马克思一生有两大发现，一是唯物史观，一是剩余价值。正是这两大发现，才使社会主义由

---

① 《马克思恩格斯全集》第 39 卷，人民出版社 1974 年版，第 404 页。
② 《马克思恩格斯全集》第 19 卷，人民出版社 1963 年版，第 414 页。
③ 《马克思恩格斯文集》第 5 卷，人民出版社 2009 年版，第 54-55 页。
④ 《马克思恩格斯全集》第 32 卷，人民出版社 1972 年版，第 11-12 页。

空想变成了科学。[①] 恩格斯又说："要知道什么是剩余价值，他就必须知道什么是价值。……于是，马克思研究了劳动形成价值的特性，第一次确定了什么样的劳动形成价值，为什么形成价值以及怎样形成价值，并确定了价值不外就是这种劳动的凝固。"[②] 马克思的劳动价值理论构成了马克思主义政治经济学全部理论的基础。也正因为劳动价值论是如此重要，才使得一切敌视马克思主义的资产阶级经济学家把推翻马克思主义的基点放在推翻马克思的劳动价值论上。也正像一位德国经济学者早已指出的那样，"驳倒价值理论是反对马克思的人的唯一任务，因为如果同意这个定理，那就必然要承认以铁的逻辑所做出的差不多全部结论"。[③]

（三）非劳动生产要素在价值创造过程中的作用

这是与上一个问题相关的另一个问题。马克思认为，劳动的简单要素是人的劳动、劳动对象和劳动资料。马克思指出："劳动过程的简单要素是：有目的的活动或劳动本身，劳动对象和劳动资料。"[④] "劳动首先是人和自然之间的过程，是人以自身的活动来中介、调整和控制人和自然之间的物质变换的过程。"[⑤] "土地（在经济学上也包括水）最初以食物，现成的生活资料供给人类，它未经人的协助，就作为人类劳动的一般对象而存在。……劳动资料是劳动者置于自己和劳动对象之间、用来把自己的活动传导到劳动对象上去的物或物的综合体。"[⑥] "如果整个过程从其结果的角度，从产品的角度加以考察，那么劳动资料和劳动对象二者表现为生产资料，劳动本身则表现为生产劳动。"[⑦] 西方经济学把生产要素分为：劳动、资本和土地。

马克思劳动价值论的核心在于揭示了只有人的劳动而且是抽象劳动才是商品价值的唯一源泉。西方学者则认为，价值的来源是多重的。早在古典经济学代表人物亚当·斯密那里，就已经提出了价值来源的二元论，即商品价值不仅由生产商品的劳动量来决定，而且取决于这个商品的交换领域所能换得的劳动量，这一换得的劳动量正好等于工资、利润和地租三种收入。因此，在他看来，能够创造价值的，除了劳动要素以外，还有非劳动生产要素的资本和土地。前者被马克思

---

① 《马克思恩格斯选集》第 2 版第 3 卷，人民出版社 1995 年版，第 740 页。
② 《马克思恩格斯文集》第 5 卷，人民出版社 2009 年版，第 21 页。
③ 《马克思恩格斯全集》第 16 卷，人民出版社 1964 年版，第 353 页。
④ 《马克思恩格斯文集》第 5 卷，人民出版社 2009 年版，第 208 页。
⑤ 《马克思恩格斯文集》第 5 卷，人民出版社 2009 年版，第 207-208 页。
⑥ 《马克思恩格斯文集》第 5 卷，人民出版社 2009 年版，第 208-209 页。
⑦ 《马克思恩格斯文集》第 5 卷，人民出版社 2009 年版，第 211 页。

批判地吸取，成为马克思劳动价值论重要的思想来源。后者被萨伊、马尔萨斯等学者加以继承和发展，形成了生产要素价值论。

非劳动生产要素到底能不能创造价值？这是当前我国经济理论界争论的一个焦点。市场经济的发展出现了越来越多使经济学家费解的现象，例如，为什么人们占有了土地、资本、技术、信息等非劳动生产要素就可以得到各种收入？这些不靠劳动而取得的收入的来源究竟是什么？劳动价值一元论还符合当今社会的现实吗？

有人为了解释这些现象，提出了非劳动生产要素与劳动要素共同创造价值的观点。也有人仍然严格坚持马克思的理论逻辑，坚持劳动价值一元论，而反对非劳动生产要素与劳动要素共同创造价值的观点。

我们认为，价值作为凝结在商品中的一般人类劳动这一质的规定性本身就说明，劳动是创造价值的唯一要素，非劳动生产要素不创造价值。对此，有人可能会说，单靠劳动是创造不出任何社会财富的。既然如此，怎么能说劳动是创造财富的唯一源泉呢？马克思不是也赞成早期古典经济学家威廉·配第的“劳动是财富之父，土地是财富之母”的观点吗？这里关键的问题仍然在于是否真正理解马克思的劳动二重性学说，是否根据马克思的劳动二重性学说区分了两种不同的财富。

马克思认为，商品是使用价值和价值的统一体。商品作为使用价值，构成物质财富；商品作为价值，构成价值财富。商品的二因素决定于生产商品的劳动的二重性，即具体劳动和抽象劳动。生产商品的劳动，从一方面看，是在不同的形式下进行的各不相同的具体劳动，作为具体劳动，生产出具有不同使用价值的各种各样的商品，即创造物质财富，满足人们的各种需要。具体劳动的门类越多，反映社会分工越细，生产力越发展，从而创造的物质财富就越丰富。从另一方面看，生产不同商品的劳动又被化作它们作为人类劳动力的耗费，即人的体力和脑力的单纯支出，作为抽象劳动，形成商品的价值，即创造价值财富，形成具有共性的商品价值。具体劳动体现劳动的质，表明怎样劳动和什么劳动的问题；抽象劳动体现劳动的量，表明劳动多少和劳动时间多长的问题。在马克思看来，在商品经济社会，不同的商品，只有作为抽象劳动的结晶即价值，才能相互比较和进行等价交换。商品价值是同它借以表现的使用价值的特殊形式没有关系的。

承认人类的抽象劳动是价值的唯一源泉，并不否认非劳动要素在商品生产过程中的重要作用。马克思的劳动价值论一方面强调商品的价值体现的是人类劳动本身，是一般人类劳动的单纯耗费；另一方面又肯定商品体本身就是使用价值或财富，并承认使用价值是商品交换价值的物质承担者。因此，就物质财富的创造来说，“劳动不是一切财富的源泉。自然界同劳动一样也是使用价值（而物质财富就是由使用价值构成的!）的源泉”①；“种种商品体，是自然物质和劳动这两种要素的结合。……人在生产中只能像自然本身那样发挥作用，就是说，只能改变物质的形式。不仅如此，他在这种改变形态的劳动本身中还要经常依靠自然力的帮助。因此，劳动并不是它所生产的使用价值即物质财富的唯一源泉”。② 由此可见，商品，就其价值来说，构成价值财富，只能由劳动创造；就其使用价值来说，构成物质财富，是人和自然界相结合的产物。商品是使用价值和价值的统一体，商品的生产过程就是物质财富和价值财富创造的统一。根源在于生产商品的同一劳动具有的二重性质。作为具体的有用劳动创造使用价值；作为相同的抽象劳动形成商品的价值。商品的生产是物质财富和价值财富的生产，在商品生产中，非劳动要素虽然不创造价值，但却是形成商品物质财富的不可缺少的因素，因而对商品的生产过程发挥着重要的作用。

（四）新技术革命与劳动价值论的新内涵

科学技术特别是高新技术的迅速发展，是与马克思写作《资本论》时不同的一个新情况。在马克思恩格斯逝世之后，尤其是第二次世界大战以来，科学技术发展的速度、规模和对生产力的推动作用是始料未及的，而从 20 世纪末期以来所产生的又一轮新技术革命，对生产力的发展乃至人类社会的影响则更是空前的。新技术革命是指以微电子技术为核心的，新材料、新能源、生物工程、海洋工程等相互渗透、相互促进，从而对国民经济产生更大推动作用的过程。新技术革命的后果主要是对人的大脑的解放。例如，电子计算机在全社会的广泛应用，信息高速公路和多媒体的快速发展，都是人的智力的扩大和延伸，知识化或智能化在新技术革命中居于核心地位。新技术革命带来的经济社会的巨大变化，向马克思的劳动价值论提出了新的挑战。按照马克思劳动价值论原理，商品的价值量与劳动生产率成反比。那么，随着先进技术在生产过程中的运用，劳动生产率有了极大的提高，为什么社会物质财富和价值财富不但没有减少，却有极大地增多？除了工人的活劳动之外，科学、技术、知识、信息等是否也成为价值的来源？

我们认为，应从以下两个方面来回答以上问题：

第一，新技术本身有价值，而且可以转化为新的生产力，但不创造价值。如一项发明专利、一份研究报告、一个设计方案、一个电子软件等，都是人类劳动

---

① 《马克思恩格斯选集》第 3 卷，人民出版社 1972 年版，第 5 页。

② 《马克思恩格斯文集》第 5 卷，人民出版社 2009 年版，第 56 页。

（主要原因是脑力劳动）的产物，而且往往是复杂程度很高的活劳动的结晶。新技术一旦在生产中运用就可以转化为巨大的生产力。如生物技术运用于农业生产，既能够大大缩短生产周期，又能够极大地提高产量。但新技术本身不会创造价值。价值只是无差别的人类劳动的单纯凝结。在商品的交换价值中不包含任何一个使用价值的原子。新技术无论多么先进，它的运用无论造成劳动生产率多么大程度的提高，但它终究仍是生产资料。它与当年马克思所说的科学技术不创造价值的观点没有本质的区别。马克思说："自然界没有创造出任何机器，没有制造出机车、铁路、电报、走锭精纺机等等。它们是人类劳动的产物，是变成了人类意志驾驭自然的器官或人类在自然界活动的器官的自然物质。它们是人类的手创造出来的人类头脑的器官；是物化的知识力量。"① 物化的知识凝结有价值，但它本身不是价值。即使是自动化程度再高的机器设备也还需要人操纵才能正常运转，才能生产出合格的产品。否则，再灵巧的设备也会发生故障并造成严重的损失。生产自动化的特点只在于需要较少的活劳动去操作，而不能完全代替或取消活劳动。它和别的生产工具的差别仅在于操作人员的数量不同，就价值形成过程中的地位和作用来看，并没有本质性的变化。它对生产力的提高具有巨大的作用，有利于增加使用价值，而不直接加进价值，不是价值的创造者，而且新技术的原有价值是通过工人的具体劳动才转移到新产品中去成为新产品价值的一个组成部分的。"它们在劳动过程中所能丧失的最大限度的价值量，显然是以它们进入劳动过程时原有的价值量为限，或者说，是以生产它们自身所必要的劳动时间为限。因此，生产资料加到产品上的价值绝不可能大于同它们所参加的劳动过程无关而具有的价值。……如果它在进入劳动过程之前没有价值，它就不会把任何价值转给产品。"②

第二，新技术在价值形成中具有重要的影响。一方面，从创造价值的劳动的内涵上看，新技术在生产中的广泛应用，使科技劳动成为创造价值的劳动的主要形态。新技术的运用与科技劳动者的复杂劳动有着直接的关系。因为，首先，科学技术在生产中的运用，除了使生产资料的效率和效能得到提高以外，对劳动力的素质提出了更高的要求，经过教育和再培训的劳动者具有更多的科技知识和更熟练的生产技能，能从事更为复杂的劳动，他们的复杂劳动在相同的时间内可以创造出更多的价值；其次，为了适应技术发展的需要，经过不断教育和再培训的工人将会日益成为掌握更多知识技能和更能熟练操作的"知识工人"，他们在社

① 《马克思恩格斯全集》第46卷下册，人民出版社1980年版，第219页。

② 《马克思恩格斯文集》第5卷，人民出版社2009年版，第239页。

会再生产过程中会占有越来越重要的地位；最后，由于新技术之间的相互渗透和相互影响，又会不断形成由高技术科技人员、高水平管理人员和高技能操作人员有机组合而成的集合劳动者，这种同新技术要求相适应的集合劳动者会产生一种“集合力”，所提供的劳动是多倍的更高级的复杂劳动，在单位时间内会创造出更多的价值。另一方面，从创造价值的劳动的外延上来看，随着科学技术的发展，总体劳动在价值的创造上将成为主要形式。在新技术体系基础上的社会化生产方式中，劳动过程简单化了，劳动表现为不再像以前那样被包括在生产过程中，相反地，表现为人以生产过程的监督者和调节者的身份同生产过程本身发生关系。工人不再是生产过程的主要当事者，而是站在生产过程的旁边，甚至处于工厂之外。所有这些，正像马克思所说的总体工人的总体劳动的概念将随着新技术的广泛采用而不断扩大，创造价值的劳动的范围也在不断地扩大。因此，新技术的应用能够造就更为复杂的劳动者，创造更大的价值量。

（五）第三产业的劳动与劳动价值论

第三产业的快速发展，并在现代经济中占有越来越大的比重，具有越来越重要的作用，这是与马克思写作《资本论》时不同的又一个新情况。怎样看待第三产业的劳动，它是否创造价值？这已成为人们高度关注并引起学术界激烈争论的重大问题。我们认为，根据马克思的劳动价值论，对第三产业的劳动是否创造价值，应做具体分析，不能简单地一概肯定或一概否定。

关于第三产业的内涵，不同国家的政府和经济学家有着不同的认识。例如，运输业，日本将其列入第三产业，美国则将其列入第二产业。按照我国国家统计局 1992 年《中国国民经济核算体系（试行方案）》的规定，第一产业是农业，第二产业是工业和建筑业，第三产业包括商业、公共饮食业、物资供销和仓储业、交通运输业、邮电通信业、地质普查和勘探业、房地产管理、公共事业、居民服务和咨询服务业、卫生、体育和社会福利事业、教育、文化艺术和广播电视业、科学研究和综合技术服务事业、金融、保险业、国家机关、党政机关和社会团体，其他行业。该方案还将农业、工业、建筑业、商业、公共饮食业、物资供销和仓储业、邮电通信业列入物质生产部门。交通运输中的货物运输列入物质生产部门，旅客运输列入非物质生产部门。第三产业的其他所有领域，均被列入非物质生产部门。对繁多复杂的第三产业的劳动是否创造价值，必须加以具体分析。

农业、工业、建筑业的劳动创造价值，这是公认的。商品运输、分类、包装、保管等劳动，属于生产过程在流通领域的继续的劳动创造价值，这也是没有争议的。纯粹商业人员的劳动是否创造价值？按照《资本论》中的分析，是只实现价值而不创造价值。在现实的经济活动中，实际上很难把纯粹商业劳动与商业运输、分类、包装、保管等商业劳动截然分开。拿商店营业员来说，他把商品从仓库里搬到货架上，再从货架上交给顾客，其中既有商品的运输，又有商品的包装和保管，这些劳动难道说就只是纯粹商业劳动而不是商品的使用价值从生产者手里转移到消费者手里所必须付出的劳动，不是创造价值的劳动吗？

生产劳务的劳动是不是创造价值的劳动？有人认为，只有物质生产部门的劳动才是生产性劳动，才创造价值。服务劳动不属于物质生产部门的劳动，因而不创造价值。我们认为，劳务也是一种商品，生产劳务的劳动就是生产劳务这种商品的劳动，它同样创造价值。马克思指出："服务这个名词，一般地说，不过是指这种劳动所提供的特殊使用价值，就像其他一切商品也提供自己特殊使用价值一样；但是这种劳动的特殊使用价值在这里取得了'服务'这个特殊名称，是因为劳动不是作为物，而是作为活动提供服务的。我给为了你做，我做为了你做，我做为了你给，我给为了你给，在这里是同一关系的、意义完全相同的几种形式。"①

马克思所讲的商品价值，"只是无差别的人类劳动的单纯凝结，即不管以哪种形式进行的人类劳动力耗费的单纯凝结"。② 马克思认为，抽象劳动只有凝结在使用价值中才能形成价值实体。使用价值是价值实体的承担者，至于这种使用价值是有形产品，还是劳务，并不影响问题的实质。

承认劳务劳动能创造价值，同马克思的劳动价值论并不矛盾。诚然，马克思在《资本论》第一卷中所分析的是物质生产领域内资本主义生产关系，商品价值只是表现为物质产品的商品的价值。但是，这并不排斥《资本论》第二卷、第三卷和第四卷中把资本主义生产劳动外延扩展到商业、邮电、交通，扩展到精神产品生产和劳务生产领域。马克思认为劳务具有使用价值和价值，可以作为商品来生产和交换的观点是明确的，对于提供这些服务的生产者来说，服务就是商品。服务商品的价值实体同样是人类一般劳动的凝结，服务劳动应属于生产劳动。

教师的劳动是不是创造价值的劳动？有人认为，教育部门不属于物质生产部门，教师的劳动不创造价值。我们认为，教师的劳动实际上也是科学劳动的一部分，通过教师的劳动，使文化知识、科学技术得以传播、继承和发展，并通过培养出来的具有各种不同的专门知识和技术的劳动者即人才，得以保存。教师的劳

---

① 《马克思恩格斯全集》第 26 卷第 1 分册，人民出版社 1975 年版，第 435 页。
② 《马克思恩格斯文集》第 5 卷，人民出版社 2009 年版，第 51 页。

动凝结为各种专业技术人才的劳动能力，成为劳动力价值的重要构成部分。因此，我们认为，教师的劳动作为科学劳动，应看作是创造价值的劳动，所不同的是，有的价值凝结在物质产品中，有的价值凝结在劳动者身体当中。

这里的关键是，创造价值的劳动的概念到底应该扩大到什么程度？有人提出，凡是有用劳动都是创造价值的劳动。我们认为，有用劳动是指具有某种有用形式的劳动，是有用的具体劳动。有用的具体劳动虽然能创造出某种有用的物品，但作为创造商品价值的劳动，恰恰是撇开了具体的有用形式的劳动即抽象劳动。把有用劳动看作是创造价值的劳动，恰恰抹杀了具体劳动和抽象劳动的区别而偏离了马克思的劳动价值论。

有人指出，既然创造价值的劳动是社会需要的劳动，那么，凡是满足社会需要的劳动都是创造价值的劳动。我们认为，创造价值的劳动必须是能够满足人们某种需要的劳动，而且是只花费在社会必要的时间上。但是，不能反过来说，只要是社会必要的能够满足人们某种需要的劳动都是创造价值的劳动。例如，警察、法官、军人、政府官员等，他们的劳动是社会需要的，也只是花费在社会必要的时间上，但他们的劳动并不创造价值。否则，政府、军队和公检法部门就不应该吃国家财政而应给国家提供税收了。我们要在理论上和实践中走出以是否创造价值作为划分劳动的高低贵贱的标准的误区。

（六）关于纸币流通规律与货币数量论的关系

这是国内外学术界一直争论的问题。我们认为，二者在表现形式上具有一致性，但在本质上却是根本不同的。从形式上看，马克思的货币流通规律公式中，一定时期内流通中需要的货币量用 M 表示，流通中商品价格总额用 PT 表示，同一单位货币的平均流通速度用 V 表示，则：

$$M=\frac{PT}{V}$$

这个公式与美国经济学家欧文·费雪提出的 $MV=PT$ 方程式，在数量结论上并没有什么区别，只要把这两个公式加以移项，实际上就是一个公式。① 但是，从本质上讲，这两种理论的基础及货币观却是根本不同的。马克思的纸币流通规律是牢固地建立在劳动价值论基础之上的，是从货币流通规律中推导出来的，而货币数量论是不承认劳动创造价值的；马克思认为，货币本质上是商品，具有价值，货币作为一般等价物，首先具有价值尺度的职能，纸币是代表金属货币的价

---

① 从一定意义上讲，马克思纸币流通规律与货币数量论都认为，货币数量增加必然引起商品价格上涨。

值符号。在上述公式中，马克思认为，是流通中的货币数量决定于商品流通对货币的需要量，是流通中的货币数量取决于商品价格水平。相反，货币数量论者大多是货币符号论者，他们认为货币是人为的、是国家法律制定的。他们认为，货币在进入流通以前既没有价值，也不执行任何其他职能。在他们的公式中，是商品价格水平取决于货币数量。货币数量又是由国家规定的，因此，商品价格水平不是由商品价值决定而是由国家政策决定的。这实际上是一种没有价值的价格理论。可见，货币数量论所反映的只是纸币流通的一些表面现象，它并没有阐明纸币流通的本质。

（七）价值规律与时间节约规律

价值规律和时间节约规律解决的都是资源配置效率问题。马克思说，一切调节，说到底都是社会劳动时间的调节。“没有一种社会形态能够阻止社会所支配的劳动时间以这种或那种方式调整生产。”① 社会总劳动时间，或者说社会总资源在任何社会都是有限的，而社会各方面的需要是无限的，这就提出资源配置效率问题。很显然，在马克思这里，资源配置被归结为社会总劳动时间按照社会需要的比例在各个部门之间的分配。只不过在马克思的分析框架中，社会总劳动在各个生产者之间的分配，从而资源配置是由价值规律调节的。因为，马克思明确说过：“作为自然形成的社会分工部分而互相全面依赖的私人劳动，不断地被化为它们的社会的比例尺度，这是因为在私人劳动产品的偶然的不断变动的交换比例中，生产这些产品的社会必要劳动时间作为起调节作用的自然规律强制地为自己开辟道路，就像房屋倒在人的头上时重力定律强制地为自己开辟道路一样。”②

价值规律实际上是时间节约规律在私有制商品经济中的贯彻形式。恩格斯在《反杜林论》中谈到价值规律在私有制商品经济中，不仅要解决生产问题，还要解决交换问题。利用价值规律解决生产问题，主要是解决物品是否应该生产的问题，即这种物品的效用是否能抵偿生产费用，是否有经济效益问题；利用价值规律解决交换问题，主要是解决交换比例怎么确定，即解决等价交换问题。恩格斯说：“在私有制消灭之后，就无须再谈现在这样的交换了。到那个时候，价值这个概念实际上就会愈来愈只用于解决生产的问题，而这也是它真正的活动范围。”③ 马克思也曾预见到：“在资本主义生产方式消灭以后，但社会生产依然存在的情况下，价值决定仍会在下述意义上起支配作用：劳动时间的调节和社会劳

① 《马克思恩格斯选集》第4卷，人民出版社1972年版，第365页。

② 《马克思恩格斯文集》第5卷，人民出版社2009年版，第92页。

③ 《马克思恩格斯全集》第1版第1卷，人民出版社1956年版，第605页。

动在不同的生产类别之间的分配，最后，与此有关的簿记，将比以前任何时候都更重要。”① 首先需要明确，马克思恩格斯强调在未来社会中还要用价值规律来调节社会劳动在各个部门的分配，基本的出发点是劳动节约问题。马克思认为：“一切节约归根到底都是时间的节约。正像单个人必须正确地分配自己的时间，才能以适当的比例获得知识或满足对他的活动所提出的各种要求，社会必须合理地分配自己的时间，才能实现符合社会全部需要的生产。因此，时间的节约，以及劳动时间在不同的生产部门之间有计划的分配，在共同生产的基础上仍然是首要的经济规律。这甚至在更加高得多的程度上成为规律。”②

时间节约规律要求人的一切经济活动都要围绕节约时间来展开，劳动时间的节约是一切经济活动的第一位的问题。劳动节约本身就包含着劳动生产率的不断提高，它实际上是提高劳动生产率的另一种说法。马克思指出：“劳动生产率等于用最低限度的劳动取得最大限度的产品。”③ 用尽可能少的劳动生产尽可能多的产品，单位产品中包含的劳动时间就必然减少。因此，提高劳动生产率的目的就在于节约劳动时间、增加自由时间，同时又增加社会财富。

（八）关于国际劳动价值论

商品的价值是由生产该商品所耗费的社会必要劳动时间决定的。当商品超越国家的地域范围进入世界市场时，其价值就不再由任何一国的社会必要劳动时间决定，而是由国际社会必要劳动时间来决定，正如马克思所说：“国家不同，劳动的中等强度也就不同；有的国家高些，有的国家低些。于是各国的平均数形成一个阶梯，它的计量单位是世界劳动的平均单位。因此，强度较大的国民劳动比强度较小的国民劳动，会在同一时间内生产出更多的价值，从而表现为更多的货币。”④

国际价值的计量单位是“世界劳动的平均单位”。这个平均的劳动单位，就是指在世界的平均劳动生产率与平均劳动强度下，生产某种商品所需要的国际社会必要劳动时间。这个平均单位不是固定不变的，它是随着科学技术进步和社会生产力发展而不断变化的。通过这个计量单位，就可以将每个国家的社会必要劳动还原为国际社会必要劳动。每个国家生产商品所耗费的社会必要劳动，在国际市场上表现为国别价值。“因此，不同国家在同一劳动时间内所生产的同种商品的不同量，有不同的国际价值。”⑤ 这就是说，在国际交换时，各国互不相同的

① 《马克思恩格斯文集》第 7 卷，人民出版社 2009 年版，第 965 页。
② 《马克思恩格斯全集》第 1 版第 46 卷（上），人民出版社 1979 年版，第 120 页。
③ 《马克思恩格斯全集》第 1 版第 49 卷，人民出版社 1982 年版，第 98 页。
④ 《马克思恩格斯文集》第 5 卷，人民出版社 2009 年版，第 645 页。
⑤ 《马克思恩格斯文集》第 5 卷，人民出版社 2009 年版，第 645 页。

社会必要劳动时间，是以个别劳动时间的身份出现在世界市场上，即一国国内的社会价值在世界市场上表现为个别价值，它要与其他国家同类商品交换，就必须脱去“民族服装”，还原为国际价值。因此，虽然商品的国际价值是在国别价值的基础上形成的，二者在质的方面是相同的，它们都是由抽象的社会必要劳动时间所决定的。但是，国别价值在表现商品价值的同质性上是不充分的，它虽然承认社会必要劳动时间，但它所指的社会只是国家疆界范围内的有限区域，不能充分体现形成国际价值实体的人类抽象劳动的消耗。一旦商品进入世界市场，某个国家耗费的抽象劳动与世界抽象劳动之间的量的差异便显露出来了。世界市场某一商品所包含的社会必要劳动时间的多少需要一个新的尺度来衡量，这就是商品的国际价值。总之，国际价值是在国别价值的基础上形成的国际一般社会劳动的凝结，是商品在国际交换中体现的劳动的国际关系的经济范畴。当世界市场形成后，社会劳动便获得全面的发展，它不仅是作为个别国家的劳动，而且是作为世界上一切国家的劳动。当商品交换变成世界性交换时，各国的社会劳动就转化为世界范围的社会劳动，商品的国别价值就转化为国际价值。

从国际价值的形成过程来看，有两个明显的特点：①国际价值是在各国已形成国别价值的基础上，经过世界市场的交换，按照生产该种商品所花费的国际社会必要劳动时间再次均衡而形成的；②国际价值是通过世界市场交换中形成的国际价格反映的。

一国商品的国别价值，在多大程度上表现为国际价值，它会因各国的经济技术水平、劳动强度以及劳动生产率的不同而不同。一般说来，一国的经济技术水平越高、劳动强度和劳动生产率越高，生产单位产品所耗费的劳动时间就越低于国际社会必要劳动时间，从而它的国别价值就低于国际价值；相反，一国的经济技术水平、劳动强度和劳动生产率越低，生产单位商品所花费的劳动时间就越高于国际社会必要劳动时间，从而它的国别价值就越高于国际价值。影响国际价值量变化的因素主要有：①国际分工的广度和深度。②世界劳动生产率。国际劳动生产率越高，单位商品的国际价值量越小，反之亦然。③国际劳动强度。价值量与劳动强度成正比。在同一时间内，强度较大的劳动比强度较小的劳动创造的价值大。

世界市场只承认国际价值而不承认国别价值，就像国内市场只承认商品的社会价值而不承认它的个别价值一样。二者的相互转化也说明了它们之间的联系，表明它们之间存在着某种共性，当一种商品在国际市场不能实现其国际价值时，仍然可以在国内市场上实现其价值，这使得商品具有了双重价值属性。

在商品的国际价值的基础上产生了世界市场价格与国际价值规律的问题。世界市场价格是国际价值或国际生产价格的货币表现，是商品价值和货币价值的国际交换比例或指数。商品的国际价值是商品国际价格变动的基础和中心。通常所说的世界市场价格，是指某种商品在世界市场上的一定时期内客观形成的具有代表性的成交价格。例如，某些著名世界市场集散中心的商品在集散地的市场价格；重要的商品交易所的成交价格；某些商品主要出口国或地区的出口价格；某些重要商品的拍卖价格和投标价格；等等。这种价格通常是以自由外汇表示的大宗商品进出口贸易的成交价格。

商品价格的基础是价值，价值规律要求商品交换根据商品的价值来进行，这是商品价格形成和变动的基本规律，也是国际市场价格形成和变动的基本规律。但这并不是说，在每一次商品交换时，国际市场价格都是和国际市场价值相一致的。因为，在世界市场上，商品的供给和需求是变化不定的，因而使得商品的国际市场价格或是高于国际市场价值，或是低于国际市场价值，即国际市场价格和国际市场价值往往相背离。在世界市场上，当商品的供给超过需求时，国际市场价格就会低于国际市场价值；反之，当商品的需求超过供给时，国际市场价格就会高于国际市场价值。价格本身的变动反过来又会影响世界市场上供给和需求的变化，使它们逐渐趋于平衡，从而使国际价格接近国际价值。

影响世界市场价格变动的因素归结起来主要有：①生产成本。生产成本的变动是影响世界市场价格的重要因素，特别是对加工工业产品的价格来说，生产成本更具有决定作用。②供求因素。在通常情况下，假定世界市场需求情况不变，增加商品的出口量，世界市场价格就会下降；反之，在供给不变的条件下，世界市场需求增加，则世界市场价格上升。供求对世界市场价格的影响，取决于世界市场的竞争程度。竞争越激烈，供求对世界市场价格的影响越大。市场竞争通过供求变化对世界市场价格的影响因素是多方面的，如提高产品质量，改进产品款式，改变包装、扩大广告宣传等都会影响商品供求，从而影响世界市场价格。③垄断因素。垄断和垄断价格的出现是造成国际价格背离国际价值的重要因素。在垄断的条件下，尽管生产技术有了很大改进，劳动生产率有了很大提高，商品的国际价值有所下降，但如果没有强大的竞争压力和发生严重的经济危机等因素的存在，商品的国际价格也很难下降。即使下降，其下降的程度也会远远低于国际价值量下降的程度。随着垄断组织经济实力的增强，它们对世界市场价格的影响也越来越大。④通货膨胀因素。世界市场和国际贸易的发展，使各国经济的相互依赖和相互影响日益加深。各国的国内通货膨胀都会在不同程度上传递给其他国家，进而导致世界市场价格总水平的上升。一国如发生通货膨胀，国内货币贬值，物价上涨，会提高该国出口商品的生产成本，从而削弱这些商品在世界市场上的竞争能力，导致出口减少、进口增加，进而影响世界市场的商品供求，影响世界市场价格。如果发生通货膨胀的国家，其出口商品在世界市场上占有很大的份额，就会直接造成世界市场价格的上升。

价值规律是商品生产和商品交换的基本规律，无论在国内市场上还是在世界市场上，它都必然起着作用。但是，由于国内和国际的条件不同，价值规律发生作用的背景条件也不同，这就使价值规律在世界市场上的作用形式发生了重大变化。这种变化主要表现在以下几个方面：

第一，国际价值的决定不同于国别价值的决定。前者决定于国际社会必要劳动时间，而后者决定于一国的社会必要劳动时间。第二，劳动生产率对国际价值的影响与对国别价值的影响不同。在一国国内，劳动生产率与单位商品的价值量成反比；在世界市场上，劳动生产率与单位商品的国际价值量成正比。因此，不同国家在同一劳动时间内所生产的同种商品的不同量，有不同的国际价值。第三，价值规律在世界市场上作用的后果与国内市场上作用的后果不同。在国内市场上，在自由竞争的条件下，价值规律的作用可以消除商品生产中耗费劳动背离社会平均水平的差异，换句话说，个别生产者生产商品的劳动强度和劳动生产率水平背离社会平均标准的情况不可能长期存在。在不完全竞争的世界市场上，由于资本和劳动力不能完全自由流动，各国生产商品的劳动强度和劳动生产率水平背离国际社会平均标准的情况却可能长期存在。

不过，值得一提的是，我们现在所面临的是一个不同于马克思时代的新的国际环境，全球化时代的商品价值创造、决定和分配都发生了重大变化。技术进步使生产要素的内容大大扩充，直接创造价值的活劳动含量在社会产品中日益减少，创造价值的服务劳动的范围在逐渐扩展。商品国际价值的变动与世界平均科技水平和劳动生产率成反比，与国别科技水平和劳动生产率成正比，在国际市场上，要使较小的国内价值实现为较大的国际价值，必须积极培育技术密集型和知识密集型产品的生产和出口，在国际贸易中减少初级产品的数量，在生产领域提高劳动生产率，积极发展服务贸易，等等。在中国日益走向世界市场、参与经济全球化的今天，我们应当充分认识并利用价值规律在世界市场上的作用，以世界市场的国际价值这一尺度来衡量中国的出口产品，使其接近于国际价值或国际生产价格。同时，必须大力进行技术革新，改善经营管理，注意降低出口产品中的劳动消耗，提高劳动生产率，缩小我国同发达国家之间的劳动生产率的差距，以增强出口产品的竞争能力。

国与国之间的交换要求形成世界货币体系。世界市场越是发展，国际贸易越是扩大，商品的价值越是发展成为人类劳动的一般体现物，作为交换的媒介，货币就越是需要脱去它的“民族服装”，去掉它的国家的或地区的特殊形态，而以最适宜充当一般等价物的本来面目出现。世界货币，就是超出国界在世界市场执行一般等价物职能的货币。

由世界货币职能作用决定的货币关系，对国际贸易、世界经济发展、各国社会再生产过程及各国经济关系，产生各种各样的影响。资本主义货币关系的社会经济职能，是在世界资本主义经济和全球经济范围内，保证资本主义再生产得以顺利进行的必要条件。世界货币体系是国际货币关系的组织形式，它是由世界资本主义经济的发展决定的，并且是通过国家间的协定在法律上加以规定的。

世界货币体系经历了一个发展和变化的过程。在自由资本主义阶段实行的是金本位制。所谓金本位制，就是以黄金为本位货币，实行以金币流通为主的货币制度。英国在1816年首先实行金本位制，随后葡萄牙、德国、荷兰、西班牙、俄国和日本分别于1854年、1873年、1875年、1878年、1897年、1897年先后实行金本位制。金本位制的特点是：由国家的法律规定，铸造金币作为具有无限清偿效力的本位货币流通；金币和黄金可以自由输入和输出，银行券或各种金属辅币可以自由兑换金币或等量的黄金，代表一定数量的黄金流通。这些特点使本位货币的名义价值和实际价值相等，国内价值和国际价值一致。金本位制的作用在于：①它给世界市场上各种货币的价值提供了一个相互比较的尺度，并能使各国货币间的比价，即汇价保持相对稳定，而相对稳定的外汇行市可以促进各国的商品和资本流通，有利于国际贸易和国际信贷活动的发展；②它给世界市场上各国的商品价格提供了一个相互比较的尺度，从而能使各国的同一种商品的价格保持一致，不受通货膨胀和价格波动的影响，这有利于商品流通在国际范围的发展，从而推动资本主义世界经济的发展。

金本位制在促进资本主义生产和国际贸易发展的同时，也加深了资本主义矛盾。第一次世界大战期间，各国军费开支巨大，财政支出增加，许多资本主义国家经济濒于破产，世界经济受到严重打击，各国纷纷禁止纸币兑换黄金，禁止黄金出口，金本位制已无法维持，英国于 1931 年首先宣布放弃金本位制，接着其他国家也相继停止实行金本位制，曾经在资本主义国家盛行一时的金本位制宣告终结。现在，各资本主义国家实行的都是纸币流通的货币制度。

第二章　剩余价值生产理论

（《资本论》第一卷第二篇至第六篇）

本章在马克思劳动价值理论的基础上，分析资本主义的生产过程，揭示剩余价值的来源和资本的本质，阐述马克思的剩余价值生产理论。与古典经济学不同的是，马克思在这里研究的剩余价值不是它的各种特殊形式，如利润、利息和地租等，而是剩余价值的一般形式。马克思将他撇开剩余价值的各种特殊形式而首先研究剩余价值的一般形式，称作整个《资本论》的三大崭新因素之一。①

第一节　研究对象和逻辑结构

这一章研究的是《资本论》第一卷第二篇至第六篇的基本内容。《资本论》第一卷第一篇是讲资本主义生产方式的理论前提和历史前提，第二篇是在第一篇商品货币的基础上，阐明货币与资本的区别、货币转化为资本的前提条件、劳动力商品的买与卖、剩余价值的生产过程、资本的本质、不变资本与可变资本的划分、剩余价值生产的两种基本方法、工资的本质和形式等，其核心是剩余价值②的源泉。其中第二篇的中心问题是讲资本主义生产方式的产生过程，即货币向资本的转化。当货币带来剩余价值时就转化为资本。那么，剩余价值是怎么产生的？这就是第三篇到第六篇要讲的中心问题。

马克思指出，资本主义生产过程实质上就是剩余价值的生产过程。“生产剩余价值或赚钱，是这个生产方式的绝对规律。”③ 剩余价值生产分为绝对剩余价值生产和相对剩余价值生产两种基本形式，由于“绝对剩余价值的生产构成资本

---

① 《马克思 1868 年 1 月 8 日致恩格斯信》，《马克思恩格斯〈资本论〉书信集》，人民出版社 1976 年版，第 250 页。

② 这里讲的剩余价值是指剩余价值一般。马克思将剩余价值一般作为独立的基本范畴首先加以研究，其后才能研究利润、利息和地租这些剩余价值的特殊形式，称为《资本论》的三大崭新因素之一。马克思在 1867 年 8 月 24 日给恩格斯的信中又明确指出：“我的书最好的地方是：研究剩余价值时，撇开了它的特殊形态。……古典经济学总是把特殊形态和一般形态混淆起来，所以在这种经济学中对特殊形态的研究是乱七八糟的。”（《马克思恩格斯〈资本论〉书信集》，人民出版社 1976 年版，第 225 页。）

③ 《马克思恩格斯文集》第 5 卷，人民出版社 2009 年版，第 714 页。

主义制度的一般基础，并且是相对剩余价值生产的起点”,① 所以，第三篇首先研究的既是作为一般的剩余价值生产，也是作为剩余价值生产的一种特殊形式的绝对剩余价值生产。本篇共有5章，其中第5章、第6章、第7章、第9章研究的属于一般的剩余价值生产。第5章研究资本主义生产过程是劳动过程和价值增殖过程的统一，揭露资本主义生产的实质是剩余价值的生产；第6章研究不变资本和可变资本，进一步揭露剩余价值的真正来源；第7章研究剩余价值率，揭露资本家对工人的剥削程度；第9章研究剩余价值率和剩余价值量，探究剩余价值量变动的规律。第8章《工作日》则属于特殊的绝对剩余价值生产。

在此基础上，第四篇研究剩余价值生产的另一种特殊形式——相对剩余价值生产。第三篇是在技术不变从而劳动生产率不变，生产商品的社会必要劳动时间不变的条件下，资本家通过绝对延长工作日生产剩余价值；第四篇是在工作日不变，资本家通过提高技术水平从而提高劳动生产率的条件下生产剩余价值。本篇共有4章。其中，第10章在分析相对剩余价值与绝对剩余价值的区别中界定了相对剩余价值的概念，为全篇奠定了理论基础。第11章、第12章、第13章则在此基础上，研究相对剩余价值生产的三个阶段，即简单协作、工场手工业和机器大工业，说明相对剩余价值生产是怎样发展起来的，资本主义剥削程度是怎样在这个发展过程中不断提高的，劳动对资本是怎样从形式隶属发展到实际隶属的。

在第三篇和第四篇分别分析了绝对剩余价值生产和相对剩余价值生产之后，第五篇则把这两种剩余价值生产综合起来加以考察，分析绝对剩余价值生产和相对剩余价值生产的相互关系，并在对剩余价值进行质的分析的基础上进行量的分析，对资本主义剩余价值生产过程进行总结和概括。本篇共有3章。其中，第14章从新的角度重新阐明了作为剩余价值生产的资本主义生产劳动的含义，分析了绝对剩余价值和相对剩余价值的相互关系，分析了资本主义剩余价值生产的自然基础。第15章从工作日长度、劳动强度和劳动生产力三个因素，综合考察了劳动力价格和剩余价值的变动规律。第16章分析了表现剩余价值相对量即剩余价值率的各种公式。

资本主义的生产实质上是剩余价值生产，剩余价值是雇佣工人劳动创造的价值超过自身劳动力价值以上的余额，但是，这种余额被资本主义工资形式掩盖了。因此，要使剩余价值理论真正确立起来，就必须对资本主义工资进行深入分析。第六篇主要考察的就是资本主义工资的实质和资本主义工资的基本形式，通

① 《马克思恩格斯文集》第5卷，人民出版社2009年版，第583页。

过考察，说明剩余价值是怎样被资本主义工资形式所掩盖的。本篇共有 4 章，其中第 17 章主要考察劳动力价值怎样转化为劳动的价值，揭示了资本主义工资的实质；第 18 章和第 19 章分别分析了计时工资和计件工资这两种资本主义工资的基本形式；第 20 章考察工资的国民差异，说明为什么不同国家的劳动者会有不同的工资的原因。

第二节　剩余价值生产理论的基本要点

一、由货币向资本的转化

（一）资本总公式

货币是商品流通的最后产物，同时又是资本的最初表现形式。当作货币的货币和当作资本的货币，首先表现在它们具有不同的流通公式上，简单商品流通公式是 *W*（商品）—*G*（货币）—*W*（商品），资本流通公式是 *G*（货币）—*W*（商品）—*G*（货币）。在 *W*—*G*—*W* 和 *G*—*W*—*G* 这两个流通公式中，有一些共同点：它们都包含着买和卖两个阶段，买卖过程都是商品和货币的换位运动，在每一个流通过程都有三个当事人，一个是买者，一个是卖者，一个是既买又卖者。这两个流通公式在形式上的区别是一目了然的：在 *W*—*G*—*W* 中，商品生产者先出卖自己的商品，取得货币以后再购买自己所需要的商品。在 *G*—*W*—*G* 中，资本家先用货币购买商品，然后再把商品卖出取得货币。

这两个公式存在着形式上的区别，但更重要的是存在着本质上的区别。第一，二者流通的内容和目的不同。在 *W*—*G*—*W* 的流通公式中，商品所有者是为买而卖，他卖出商品，是为了买进自己所需要的商品。因此，使用价值不同而价值量相等的商品相交换构成了这一流通的实际内容；而资本流通公式是为卖而买，运动的起点和终点都是货币。货币在本质上没有差别，差别只是表现在量上的不同。资本家之所以要把货币投入这种流通，其目的正是看中了这里存在着一个量的差别。经过一买一卖，他的货币额就会增多，发生价值增殖。这正是 *G*—*W*—*G* 区别于 *W*—*G*—*W* 的本质所在。所以，马克思指出：“这个过程的完整形式是 *G*—*W*—*G*′。其中的 $G'=G+\Delta G$，即等于原预付货币额加上一个增殖额。”① 马克思把这个增殖额叫作剩余价值。这样，货币就变成了资本，货币所有者就变成

---

① 《马克思恩格斯文集》第 5 卷，人民出版社 2009 年版，第 176 页。

了资本家。所以，资本就是能够带来剩余价值的价值。

第二，二者运动的界限不同。在 *W—G—W* 中，由于运动的目的是使用价值，是为了流通以外的消费需要，一旦交换成功，需要得到满足，流通过程也就停止。因此商品流通是以需要的满足为界限的。在 *G—W—G′* 中则不同，它运动的目的是使价值增殖，即获得剩余价值，追求更多数量货币的欲望促使它不停地运动，即只有在运动中才能保存和扩大自己，如果停止了运动，它就失去了增殖的能力，丧失资本的本性。这就决定了资本的运动是无止境的。作为这一运动的有意识的担当者，就是资本家。资本家不外是资本的人格化，资本家的本能就是让资本增殖，而只有在不断的运动中资本才能增殖，因此，资本家就必须把货币反复地投入流通中当作资本来使用。

G—W—G′ 这个公式，好像只适用于商业资本，因为商业资本正是以货币购买商品，然后再把商品卖掉变成货币。其实，这一公式也同样适用于产业资本。因为产业资本的运动也是以货币购买商品开始，然后再把商品卖掉取得更多的货币。虽然产业资本在流通之外，还有一个生产过程，但这并不会影响运动的形式。同样，这一公式也适用于生息资本。生息资本的公式是以货币换取更多的货币，即 *G—G′*。但事实上，在 *G* 与 *G′* 之间仍然是存在着产业资本运动的，*G—G′* 不过是 *G—W—G′* 的简化形式。因此，*G—W—G′* 这个公式，就叫作资本总公式。

（二）资本总公式的矛盾

从形式上看，资本总公式 *G—W— G′* 和价值规律是相矛盾的。因为根据价值规律，商品交换是按照等价原则进行的，交换结果只能使价值存在形态发生变化，即价值从货币形态变成商品形态，再从商品形态变成货币形态，而不会引起价值量发生变化。但问题恰恰在于：资本家贯彻等价交换原则的结果必须得到价值增殖。

那么，这个增殖的价值即剩余价值是怎样产生的呢？

马克思认为，剩余价值是不能在流通中产生的。这是因为，在流通中，不论是等价交换还是不等价交换，都不能产生剩余价值。在等价交换的情况下，按商品的价值购买商品，再按商品的价值出卖商品，剩余价值是不会产生的。在不等价交换的情况下，无论是贱买还是贵卖，剩余价值也是不能产生的。因为在商品市场上，每个资本家既是卖者，又是买者，作为卖者按高于价值的价格卖出，就是作为买者按高于价值的价格买进，他作为卖者赚的钱会以买者的身份再赔进去。马克思说，即使有人很高明，他既能贱买又能贵卖，但他所赚的，也只是别人所失去的。这样交换的结果，只是既定价值量的重新分配，而不是剩余价值的创造。欺诈可以使某些资本家成为暴发户，但是一个国家的整个资本家阶级不能靠诈骗自己发财致富。所以，马克思写道："无论怎样颠来倒去，结果都是一样。如果是等价物交换，不产生剩余价值；如果是非等价物交换，也不产生剩余价值。流通或商品交换不创造价值。"①

但是，离开流通领域能不能产生剩余价值呢？也不能。因为在流通领域之外，商品生产者只能同他自己的商品发生关系，这种关系只能是生产者使用生产资料生产出商品的使用价值和价值，不会生产出剩余价值。马克思说："因此，资本不能从流通中产生，又不能不从流通中产生。它必须既在流通中又不在流通中产生。这样，就得到一个双重的结果。货币转化为资本，必须根据商品交换的内在规律来加以说明，因此等价物的交换应该是起点。我们那位还只是资本家幼虫的货币占有者，必须按商品的价值购买商品，按商品的价值出卖商品，但他在过程终了时取出的价值必须大于他投入的价值。他变为蝴蝶，必须在流通领域中，又必须不在流通领域中。这就是问题的条件。"② 马克思这里讲的"双重的结果"，是指双重矛盾：一是价值增殖与等价交换的矛盾，二是既不能在流通中又不能不在流通中产生。前一个矛盾是导致古典政治经济学破产的最主要矛盾，即资本主义剩余价值生产本身的特殊规定性，后一个矛盾是解决前一个矛盾必须遵循的条件。

(三) 劳动力成为商品

依照上述条件，在资本总公式 $G—W—G'$ 中，价值增殖不会发生在 $G—W$ 阶段，即商品的购买上。因为在流通过程中，货币作为购买手段，它只代表一个既定的和不变的价值量。同样，价值增殖也不能发在 $W—G'$ 这一阶段，即商品的出卖上。因为在等价交换的条件下，$W—G'$ 是价值由商品形态转化为货币形态，改变的只是价值的存在形态，而价值量不会发生变化，价值不会增殖。因此，价值增殖只能发生在 $G—W$ 阶段上，只能产生在资本家用货币所购买的商品上，而且只能产生在所购商品的使用价值上，即发生在对所购买的商品的使用上。如果货币所有者能在流通领域买到一种特殊商品，这种商品有特殊的使用价值，它的使用价值能够创造出价值，并且能够创造出比它本身的价值更大的价值，即剩余价值，问题就解决了。这种特殊商品就是劳动力。所以劳动力成为商品，是货币转化为资本的前提。马克思以其崭新的劳动力商品理论和剩余价值理论，解决了古典经济学家所不能解决的矛盾，论证了剩余价值是怎样在价值规律的基础上产生

---

① 《马克思恩格斯文集》第 5 卷，人民出版社 2009 年版，第 190 页。

② 《马克思恩格斯文集》第 5 卷，人民出版社 2009 年版，第 193-194 页。

出来的。

什么是劳动力呢？劳动力就是人的劳动能力。马克思说："我们把劳动力或劳动能力，理解为一个人的身体即活的人体中存在的、每当他生产某种使用价值时就运用的体力和智力的总和。"① 劳动力作为人的劳动能力，从有人类的那一天就已经存在。但是，劳动力并不是一开始就是商品，它要成为商品必须有一定的条件。第一，劳动力的所有者必须是法律上的自由人，能够自由支配自己，才能把存在于自己身体当中的劳动力作为商品来出卖，而且还必须是按照一定的时间一次一次地出卖，如果一次卖尽，那就是卖身为奴，是出卖自己的身体而不是出卖身体中的劳动力。第二，劳动力的所有者必须没有任何生产资料和生活资料。在这样的情况下，他除了把存在于自己身体当中的劳动力作为商品出卖之外，再无别的谋生之道。马克思指出："可见，货币占有者要把货币转化为资本，就必须在商品市场上找到自由的工人。这里所说的自由，具有双重意义：一方面，工人是自由人，能够把自己的劳动力当作自己的商品来支配，另一方面，他没有别的商品可以出卖，自由得一无所有，没有任何实现自己的劳动力所必需的东西。"②

劳动力成为商品的历史条件，只有在社会发展到一定阶段才存在。马克思指出："自然界不是一方面造成货币占有者或商品占有者，而另一方面造成只是自己劳动力的占有者。这种关系既不是自然史上的关系，也不是一切历史时期所共有的社会关系。它本身显然是已往历史发展的结果，是许多次经济变革的产物，是一系列陈旧的社会生产形态灭亡的产物。"③ 按照马克思的分析，劳动力成为商品是特殊的资本主义生产方式的产物。他指出："资本主义时代的特点是，对工人本身来说，劳动力是归他所有的一种商品的形式，因而他的劳动具有雇佣劳动的形式。"④

劳动力商品的价值和使用价值。商品的价值是由生产商品的劳动时间决定的。"同任何其他商品的价值一样，劳动力的价值也是由生产从而再生产这种独特物品所必要的劳动时间决定的。"⑤ 由于劳动力只是作为活的个人的能力而存在。活的个人要维持自己，就需要有一定量的生活资料。因此，劳动力的生产过程就表现为对生活资料的消费过程，生产劳动力所必要的劳动时间，就可以归结

① 《马克思恩格斯文集》第 5 卷，人民出版社 2009 年版，第 195 页。
② 《马克思恩格斯文集》第 5 卷，人民出版社 2009 年版，第 197 页。
③ 《马克思恩格斯文集》第 5 卷，人民出版社 2009 年版，第 197 页。
④ 《马克思恩格斯文集》第 5 卷，人民出版社 2009 年版，第 198 页注 41。
⑤ 《马克思恩格斯文集》第 5 卷，人民出版社 2009 年版，第 198 页。

为生产这些生活资料所必要的劳动时间。或者说，劳动力的价值，就是维持劳动力所有者所必要的生活资料的价值。而且，劳动力的所有者是会衰老、死亡的。要使市场上能够不断地供应这种商品，就必须由劳动者的后代进行补充。因此，生产劳动力所必要的生活资料的总和，包括工人的补充者即工人子女的生活资料。最后，资本家不仅需要粗工，也需要一定数量的、具有一定技能和技巧的工人，这就要有一定的教育和训练。在劳动力价值中，就应该包括劳动者在学习和训练上支出的费用，尽管这种费用在资本主义制度下对于大多数工人来说是微乎其微的。总之，劳动力的价值是由三个部分所构成的：一是劳动者本人必要的生活费用，二是养活家庭必要的生活费用，三是必要的教育和训练费用。马克思还特别讲道："劳动力价值的最低限度或最小限度，是劳动力的承担者即人每天得不到就不能更新他的生命过程的那个商品量的价值，也就是维持身体所必不可少的生活资料的价值。"① 劳动力商品的价值决定，"和其他商品不同，劳动力的价值规定包含着一个历史的和道德的要素。但是，在一定的国家，在一定的时期，必要生活资料的平均范围是一定的"。②

劳动力商品的最大特点就在于它所独有的特殊的使用价值，它是价值的源泉，它在消费过程中，能够创造价值和剩余价值。恩格斯说：劳动力"这个商品具有一种独特的特性：它是一种创造价值的力量，是一种产生价值的源泉，并且——在适当使用的时候——是一种能产生比自己具有的价值更多的价值的源泉"。③ 马克思讲："劳动力的消费过程，同时就是商品和剩余价值的生产过程。"④ "劳动力的价值和劳动力在劳动过程中的价值增殖，是两个不同的量，资本家购买劳动力时，正是看中了这个差额"。因此，对劳动力来说，"具有决定意义的，是这个商品独特的使用价值，即它是价值的源泉，并且是大于它自身价值的源泉"。⑤ 劳动力的消费过程，也就是资本主义的剩余价值生产过程。

二、剩余价值的生产过程

(一) 劳动过程和价值增殖过程

劳动过程一般。马克思讲："劳动首先是人和自然之间的过程，是人以自身

---

① 《马克思恩格斯文集》第 5 卷，人民出版社 2009 年版，第 201 页。
② 《马克思恩格斯文集》第 5 卷，人民出版社 2009 年版，第 199 页。
③ 恩格斯为马克思《雇佣劳动与资本》写的导言，人民出版社 1965 年版，第 8 页。
④ 《马克思恩格斯文集》第 5 卷，人民出版社 2009 年版，第 204 页。
⑤ 《马克思恩格斯文集》第 5 卷，人民出版社 2009 年版，第 225 页。

的活动来中介、调整和控制人和自然之间的物质变换的过程。”① 这个变换过程有两层意思：一是人类既改变着外界的自然，又改变着自身的自然；二是人类生活过程既是对自然资源的消耗，从自然界索取，又向自然界排放多种废物，实现人与自然之间的物质变换和不断循环。劳动过程的简单要素是：“有目的的活动或劳动本身，劳动对象和劳动资料。”② 在这三个要素中，劳动是能动的要素，是人类有目的的改造自然的创造性活动。“他不仅使自然物发生形式变化，同时他还在自然物中实现自己的目的，这个目的是他所知道的，是作为规律决定着他的活动的方式和方法的，他必须使他的意志服从这个目的。”③ 劳动对象是人的劳动加工的一切东西。包括未经人类劳动加工的天然存在的和经过一定劳动加工的原料两大类。“劳动资料是劳动者置于自己和劳动对象之间、用来把自己的活动传导到劳动对象上去的物或物的综合体。”④ 劳动过程就是劳动者运用劳动资料对劳动对象进行加工，“是制造使用价值的有目的的活动，是为了人类的需要而对自然界的占有，是人和自然之间的物质变换的一般条件，是人类生活的永恒的自然条件，因此，它不以人类生活的任何形式为转移，倒不如说，它为人类生活的一切社会形式所共有”。⑤ 但是，劳动过程总是在一定的社会形式中进行的，这就产生了劳动过程的特殊的社会性质。马克思指出：“劳动过程，就它是资本家消费劳动力的过程来说，显示出两个特殊现象。”⑥ 第一，“工人在资本家的监督下劳动，他的劳动属于资本家”。⑦ 第二，“产品是资本家的所有物，而不是直接生产者工人的所有物”。⑧ 单就资本主义劳动过程的上述特点，我们可以看出，在资本主义条件下，劳动是强制的、被迫的。它对于劳动者是一种痛苦和沉重的负担，而不是什么“自由的”“创造性”的活动。

（二）资本主义的价值形成过程和价值增殖过程

资本主义生产是高度发达的商品生产，而一般商品生产过程是劳动过程和价值形成过程的统一。在劳动过程中，一方面，劳动者的具体劳动创造商品的使用价值；另一方面，劳动者的抽象劳动形成商品的价值。但是，资本主义商品生产

① 《马克思恩格斯文集》第5卷，人民出版社2009年版，第207-208页。
② 《马克思恩格斯文集》第5卷，人民出版社2009年版，第198页。
③ 《马克思恩格斯文集》第5卷，人民出版社2009年版，第208页。
④ 《马克思恩格斯文集》第5卷，人民出版社2009年版，第209页。
⑤ 《马克思恩格斯文集》第5卷，人民出版社2009年版，第215页。
⑥ 《马克思恩格斯文集》第5卷，人民出版社2009年版，第216页。
⑦ 《马克思恩格斯文集》第5卷，人民出版社2009年版，第216页。
⑧ 《马克思恩格斯文集》第5卷，人民出版社2009年版，第216页。

过程却是劳动过程和价值增殖过程的统一。资本家之所以让工人生产商品的使用价值，只是在于使用价值是价值的物质承担者。资本家生产商品的目的是增殖价值，即生产剩余价值。

为了说明剩余价值是如何产生的，我们首先把资本主义生产过程作为价值形成过程来考察。在生产过程中，劳动者用具体劳动改变劳动对象的物质形态，生产了商品的使用价值，并把生产资料的价值转移到商品中去；同时，劳动者的劳动作为抽象劳动，又形成商品的新价值。如果形成的新价值恰好等于资本家支付的劳动力价值，那么在商品价值中，就只有转移的生产资料价值和劳动者创造的等于劳动力价值的新价值，而没有剩余价值。资本价值增殖的目的就没有实现，这种生产过程对资本家毫无意义。马克思为了更具体形象地说明剩余价值的生产过程，举了纺纱的例子。生产棉纱，首先需要原料，例如 10 磅棉花，资本家按照棉花的价值 10 先令把它购买了；其次需要劳动资料，棉花加工时消耗的纱锭量代表纺纱用掉的一切其他劳动资料，价值为 2 先令；再次需要雇佣工人，假定劳动力的日价值是 3 先令，在 3 先令中体现 6 个劳动小时，而这也就是生产出工人每天平均的生活资料量所需要的劳动量。为了生产棉纱，资本家付出 15 先令。在棉纱的生产过程中，工人的劳动作为纺纱的具体劳动，把棉花和纱锭的旧价值 12 先令转移到棉纱中去了；工人在纺纱过程中消耗了自己的体力和脑力，作为 6 小时的抽象劳动创造了 3 先令新价值，加入棉纱中。现在，新的产品出现了，10 磅棉纱的总价值是 15 先令，其中 12 先令是从棉花和纱锭上转移过来的，3 先令是工人新创造的。这个数字恰恰等于原来资本家为购买棉花、纱锭和劳动力所支付的价值。马克思说：结果出来了，但是“我们的资本家愣住了。产品的价值等于预付资本的价值。预付的价值没有增殖，没有产生剩余价值，因此，货币没有转化为资本”。[①] 资本家按照劳动力的日价值 3 先令购买了劳动力，虽然作为维持劳动力一天的费用这 3 先令只需要工人 6 个小时的劳动就可以再生产出来，但这决不会影响资本家让工人为他劳动一整天。因为，“劳动力的使用价值即劳动本身不归他的卖者所有，正如已经卖出的油的使用价值不归油商所有一样。货币占有者支付了劳动力的日价值，因此，劳动力一天的使用即一天的劳动就归他所有。劳动力维持一天只费半个工作日，而劳动力却能发挥作用或劳动一整天，因此，劳动力使用一天所创造的价值比劳动力自身一天的价值大一倍。这种情况对买者是一种特别的幸运，对卖者也绝不是不公平”。[②] 因此，工人在工场中一天

① 《马克思恩格斯文集》第 5 卷，人民出版社 2009 年版，第 222 页。
② 《马克思恩格斯文集》第 5 卷，人民出版社 2009 年版，第 226 页。

劳动的不是6小时而是12小时。12小时作为工人纺纱的具体劳动将20磅棉花的价值20先令和2个纱锭4先令的旧价值转移到20磅棉纱中，作为抽象劳动创造了6先令新价值加入棉纱中。20磅棉纱的总价值是30先令。资本家按照等价交换的原则将其卖掉，将这30先令装入腰包。这时候资本家笑起来了。为什么？因为他预付的价值是27先令，现在收回了30先令。价值增殖了，货币转化为资本了。

至此，"问题的一切条件都履行了，商品交换的各个规律也丝毫没有违反。等价物换等价物。作为买者，资本家对每一种商品——棉花、纱锭和劳动力——都按其价值支付。然后他做了任何别的商品购买者所做的事情。他消费它们的使用价值。……现在又回到市场上来出售商品。……既不比它的价值贵，也不比它的价值贱，然而他从流通中取得的货币比原先投入流通的货币多3先令。他的货币转化为资本的这整个过程，既在流通领域中进行，又不在流通领域中进行。它是以流通为中介，因为它以在商品市场上购买劳动力为条件。它不在流通中进行，因为流通只是为价值增殖过程做准备，而这个过程是在生产领域进行的"。①

由此可见，剩余价值就是由雇佣工人剩余劳动创造的、被资本家无偿占有的、超过劳动力价值的价值。只要资本家把雇佣工人的劳动时间延长到为补偿劳动力价值所需要的时间以上，生产过程中新创造的价值就会超过劳动力的价值，资本家就能够从雇佣工人身上榨取到剩余价值。价值增殖过程不外是超过一定点延长了的价值形成过程。

理解价值增殖过程有三个关键点。一是劳动二重性理论，即具体劳动创造使用价值，并转移所消耗的生产资料的旧价值，抽象劳动创造新价值。二是劳动力商品的特殊性，劳动力的使用价值发挥作用的过程就是劳动过程，它创造的价值大于劳动力自身的价值，即包含在劳动力中的过去劳动和劳动力所能提供的活劳动，劳动力一天的维持费和劳动力一天的耗费，是两个完全不同的量。前者决定它的交换价值，后者构成它的使用价值。三是价值增殖规律与等价交换规律并不矛盾。价值增殖不仅不违背等价交换，反而是在等价交换的基础上实现的。资本主义剥削不仅不违背等价交换的原则，反而恰恰是通过等价交换实现的。因此，这种剥削制度才会被蒙上诸如"自由""平等""博爱""人权""边沁"等外衣。

---

① 《马克思恩格斯文集》第5卷，人民出版社2009年版，第227页。

三、资本的本质和形式

(一) 资本的本质

资本是能够带来剩余价值的价值。通过对资本主义生产过程的分析，我们又进一步认识到，雇佣工人的剩余劳动是剩余价值的唯一源泉。资本只有通过剥削雇佣工人的剩余劳动才能增殖。因此，资本体现着资本家和雇佣工人之间剥削和被剥削的关系。但在现实生活中，资本总是表现为一定的物，如厂房、机器、设备、原材料等。这就容易使人们误认为这些物天然就是资本。例如，约翰·穆勒说："所谓资本，是手段与工具。"① 古典政治经济学的代表大卫·李嘉图甚至把原始人手中的石块、木棍也说成是资本。马克思认为："黑人就是黑人。只有在一定的关系下，他才成为奴隶。纺纱机是纺棉花的机器，只有在一定的关系下，它才成为资本。脱离了这种关系，它也就不是资本了。"② 但是，这些物本身并不是资本，只有当它们被用来作为剥削雇佣工人的手段时才是资本。马克思指出："资本不是物，而是一定的、社会的、属于一定历史社会形态的生产关系，它体现在一个物上，并赋予这个物以特有的社会性质。"③ 这就是资本主义社会的生产关系。

(二) 资本的形式：不变资本与可变资本

资本在生产过程中采取生产资料和劳动力这两种不同的形态，这两部分资本在剩余价值生产过程中所起的作用是完全不同的。以机器、厂房等生产资料形态存在的资本，在生产过程中发生了使用价值形态的变化，价值也转移到新产品中去。虽然生产资料的不同部分有着不同的价值转移方式，但它们都只能把自己原有的价值转移到新产品中去，而不会使价值量发生变化。正因为生产资料在生产过程中只有旧价值的转移，而没有价值的增殖，所以马克思把用来购买生产资料的那部分资本称为不变资本。

以劳动力形式存在的资本，在生产过程中，其价值不是转移到新的产品中去，因为这部分资本是以工资形式支付给工人，其价值随着工人购买生活资料用于消费而消失了。相当于劳动力价值的那部分资本价值是在生产过程中由工人的劳动再生产出来的。而且，工人劳动所生产的价值，除了资本家购买劳动力所支

---

① 约翰·穆勒:《经济学原理》，世界书局 1936 年版，第 222 页。

② 《马克思恩格斯文集》第 1 卷，人民出版社 2009 年版，第 723 页。

③ 《马克思恩格斯选集》第 1 卷，人民出版社 1994 年版，第 344 页。

付的价值外，还能给资本家带来剩余价值。马克思指出："转变为劳动力的那部分资本，在生产过程中改变自己的价值。它再生产自身的等价物和一个超过这个等价物而形成的余额，剩余价值。这个剩余价值本身是可以变化的，是可大可小的。这部分资本从不变量不断转化为可变量。因此，我把它称为可变资本部分。"①

在资本主义剩余价值生产过程中，不变资本的转移和可变资本价值的再创造，马克思是通过他的劳动二重性理论来加以说明的。资本主义生产是商品生产，作为资本主义的生产过程，既是劳动过程，又是价值形成和价值增殖过程。生产商品的同一劳动，从一方面看是在一定形式下支出的劳动，作为具体劳动，它把一定的生产资料加工成一种新的使用价值，因而能够把它们的旧价值转移到新产品中去。从另一方面看又是人的劳动力的耗费，作为抽象劳动，创造出劳动力的等价和超过劳动力价值的剩余价值。马克思指出："工人并不是在同一时间内劳动两次：一次由自己的劳动把价值加到棉花上；另一次保存棉花的旧价值，或者说，把他所加工的棉花和使用的纱锭的价值转移到产品棉纱上。他只是由于加进新价值而保存了旧价值。但是，把新价值加到劳动对象上和把旧价值保存在产品中，是工人在同一时间内达到的两种完全不同的结果（虽然工人在同一时间内只劳动一次），因此很明显，这种结果的二重性只能用他的劳动本身的二重性来解释。在同一时间内，劳动就一种属性来说必然创造价值，就另一种属性来说必然保存或转移价值。"②

把资本区分为不变资本和可变资本，具有重要的意义：第一，它进一步揭露了剩余价值的源泉和资本主义剥削的实质。表明了可变资本是剩余价值的唯一源泉，资本主义是榨取雇佣工人剩余劳动创造的剩余价值的剥削制度。恩格斯曾对此评论说，马克思"确定了资本分为不变资本和可变资本，就第一个详尽地阐述了剩余价值形成的实际过程，从而说明了这一过程，而这是他的任何一个前人都没有做到的；……这个区别提供了一把解决经济学上最复杂的问题的钥匙"。③第二，为准确计算剩余价值率，即真实地反映资本家对工人的剥削程度，为建立资本有机构成学说等提供了理论依据。

---

① 《马克思恩格斯文集》第5卷，人民出版社2009年版，第243页。

② 《马克思恩格斯文集》第5卷，人民出版社2009年版，第232页。

③ 《马克思恩格斯文集》第6卷，人民出版社2009年版，第22页。

四、剩余价值生产的两种基本方法

（一）剩余价值率和剩余价值量

资本主义条件下的商品价值包括三个构成部分：第一，作为不变资本的生产资料的旧价值转移过来的部分，以 c 表示；第二，新价值中补偿可变资本的部分，用 v 表示；第三，新价值中的剩余价值部分，用 m 表示。

由于剩余价值只是可变资本价值增殖的结果，因而考察资本家对工人的剥削程度时，应该用剩余价值同可变资本相比。马克思把剩余价值与可变资本的比率称为剩余价值率（m'）。它体现资本家对工人的剥削程度，因而又叫剥削率。如果以 m' 代表剩余价值率，则：

剩余价值率（m'）= 剩余价值（M）/可变资本（v）

剩余价值率还可以用剩余劳动与必要劳动的比率及剩余劳动时间和必要劳动时间的比率表示。

剩余价值率 m' = 剩余劳动时间/必要劳动时间

或 m' = 剩余劳动/必要劳动

上述这些公式是以两种形式表示同一个剩余价值率，第一个公式是采取物化劳动形式（即价值形式）计算，后面两个公式是采取活劳动形式计算。

剩余价值率的高低，对剩余价值量有直接影响。剩余价值量（M）的大小取决于两个因素：第一，剩余价值率。在可变资本量不变时，剩余价值量和剩余价值率成正比。第二，可变资本量。在剥削程度已定条件下，剩余价值量和可变资本量成正比。用 M 代表剩余价值量，其计算公式为：$M=m'V$，从这个公式可以看出，资本家要获得更多的剩余价值，一方面是提高剥削程度；另一方面要扩大生产规模，雇佣更多的工人。资本家的资本在一定时期总是一定的。他要想获得更多的剩余价值，就必须尽可能地提高剥削程度。

（二）绝对剩余价值生产

资本家提高对工人的剥削程度的方法是多种多样的，但概括起来有两种基本方法：绝对剩余价值的生产和相对剩余价值的生产。

绝对剩余价值生产。雇佣工人的剩余劳动是剩余价值的唯一源泉。资本家为了获取剩余价值，就必须把工人劳动延长到必要劳动时间以上。只有这样，才能使工人在剩余劳动时间内，为资本家创造剩余价值。因此，在资本主义生产方式中，工人一天的劳动时间即工作日总是分为必要劳动时间和剩余劳动时间两个部分。马克思讲：“把工作日延长，使之超出工人只生产自己劳动力价值的等价物的那个点，并由资本家占有这部分剩余劳动，这就是绝对剩余价值的生产。”①

绝对剩余价值生产的主要手段是延长工作日。可见，工作日是一个可变量，它的最低界限必须是在必要劳动时间以上，即“超出工人只生产自己劳动力价值的等价物的那个点”。工作日的最高界限，取决于两个因素：一是劳动力的身体界限。劳动力在一天之内必须有吃饭和休息的时间，否则劳动力的恢复就不可能，资本家就不可能得到劳动力源源不断的供应。二是道德的界限。工人在一天之内除了要有吃饭和休息时间外，还要有用于学习、娱乐、照顾家属的时间，以及参加社会活动的时间。这种需要的范围和数量，是由一个国家的经济文化发展状况所决定的。“因此，工作日是在身体界限和社会界限之内变动的。”②

由于工作日是一个变动的量，对于劳动力的买者和卖者就生产了二律背反。资本家是劳动力的买者，他支付了劳动力的日价值，就有权在一天时间内使用劳动力。只要不超过 24 小时，就都是资本家的权利。“作为资本家，他是人格化的资本，它的灵魂就是资本的灵魂。……资本是死劳动，它像吸血鬼一样，只有吮吸活劳动才有生命，吮吸的活劳动越多，它的生命就越旺盛。”③ 对于工人来讲，则是靠不断出卖劳动力为生的。因此，工人“必须依靠每天出卖劳动力的价格来逐日再生产劳动力，以便能够重新出卖劳动力。如果撇开由于年老等等原因造成的自然损耗不说，我明天得像今天一样，在体力、健康和精神的正常状态下来劳动。……你无限制地延长工作日，就能在一天内使用掉我三天还恢复不过来的劳动力的量。……你使用三天的劳动力，只付给我一天劳动力的代价。这是违反我们的契约和商品交换规律的”。④ 于是这里出现了二律背反，权利同权利相对抗，而这两种权利都同样是商品交换规律所承认的。在平等的权利之间，力量就起决定作用。工人阶级为争取缩短工作日的斗争广泛兴起，最终迫使资产阶级国家用法律形式把工作日限定在一定的长度之内。那么，在工作日不再延长的条件下，资本家就采取了相对剩余价值的生产方法。

（三）相对剩余价值生产

在工作日区分为必要劳动时间和剩余劳动时间两个部分的前提下，工作日总长度不变，资本家对工人的剥削程度，就取决于工作日分割为必要劳动时间和剩

---

① 《马克思恩格斯文集》第 5 卷，人民出版社 2009 年版，第 583 页。

② 《马克思恩格斯文集》第 5 卷，人民出版社 2009 年版，第 269 页。

③ 《马克思恩格斯文集》第 5 卷，人民出版社 2009 年版，第 269 页。

④ 《马克思恩格斯文集》第 5 卷，人民出版社 2009 年版，第 270-271 页。

余劳动时间的比例。必要劳动时间越短，剩余劳动时间就越长，资本家对工人的剥削程度也就越高。这种通过缩短必要劳动时间，相应地延长剩余劳动时间所生产的剩余价值，马克思称之为相对剩余价值。

相对剩余价值生产以缩短必要劳动时间为前提，而必要劳动时间又是工人再生产劳动力价值的时间。因此，要缩短必要劳动时间就必须降低劳动力的价值。劳动力价值又是由工人及其家庭所必需的生活资料的价值构成的，因此，要降低劳动力价值就必须降低这些生活资料的价值。在生活资料的数量不变的条件下，要使生活资料的价值降低，就必须提高这些生活资料的生产部门的劳动生产率。同时与生活资料生产有关的生产资料的价值也会影响生活资料的价值，因此，也需要提高这些生产资料生产部门的劳动生产率以及与生产资料价值有关的制造生产资料的生产部门的劳动生产率。这样，只有全社会劳动生产率普遍提高，单位商品的价值才会下降，劳动力价值才会下降，再生产劳动力价值的必要劳动时间才会缩短，剩余劳动时间才会相应延长，相对剩余价值才会生产出来。归根结底，相对剩余价值的生产最终是整个社会劳动生产率普遍提高的结果。

整个社会劳动生产率的普遍提高，是通过各个资本家追逐超额剩余价值实现的。在资本主义社会，劳动生产率的提高首先是从个别企业开始的。个别企业率先采用先进技术，提高本企业的劳动生产率，使商品的个别价值低于社会价值，就可得到比一般企业多出的一部分“超额剩余价值”。超额剩余价值实际上是商品个别价值低于社会价值的差额。当然，超额剩余价值生产也是靠缩短必要劳动时间从而相应延长剩余劳动时间而实现的。因此，可以说，超额剩余价值是相对剩余价值的一种特殊形式。

为了获得超额剩余价值，“每个资本家都抱有提高劳动生产力来使商品便宜的动机”。[①]“采用改良的生产方式的资本家，比同行业的其余资本家在一个工作日中占有更大的部分作为剩余劳动。他个别地所做的，就是资本家全体在生产相对剩余价值的场合所做的。但是另一方面，当新的生产方式被普遍采用，因而比较便宜地生产出来的商品的个别价值和它的社会价值之间的差额消失的时候，这个超额剩余价值也就消失。价值由劳动时间决定这同一规律，既会使采用新方法的资本家感觉到，他必须低于商品的社会价值来出售自己的商品，又会作为竞争的强制规律，迫使他的竞争者也采用新的生产方式。”[②] 所以，马克思得出结论：“商品的价值与劳动生产力成反比。劳动力的价值也这样，因为它是由商品价值

① 《马克思恩格斯文集》第5卷，人民出版社2009年版，第369页。

② 《马克思恩格斯文集》第5卷，人民出版社2009年版，第370-371页。

决定的。相反，相对剩余价值与劳动生产力成正比。它随着生产力提高而提高，随着生产力降低而降低。……因此，提高劳动生产力来使商品便宜，并通过商品便宜来使工人本身便宜，是资本的内在冲动和经常的趋势。”①

相对剩余价值生产经过简单协作、工场手工业和机器大工业三个发展阶段。“许多人在同一生产过程中，或在不同的但互相联系的生产过程中，有计划地一起协同劳动，这种劳动形式叫作协作。”② 人数较多的工人在同一个资本家指挥下为生产剩余价值而协作劳动，“这在历史上和概念上都是资本主义生产的起点”。③ “通过协作提高了个人生产力，而且是创造了一种生产力，这种生产力本身必然是集体力。”④ 马克思指出，协作劳动一方面在一个生产过程中形成了劳动的连续性、划一性、规则性和秩序性，形成了生产过程本身的技术规律，在此基础上创立了社会劳动的一定组织，发展了新的、社会的劳动生产力。但另一方面工人在劳动过程中他们已经不再属于自己了。他们一进入劳动过程，便并入资本。作为协作的人，作为一个工作有机体的肢体，他们本身只不过是资本的一种特殊存在方式罢了。⑤

作为协同劳动就需要管理。马克思讲：“一切规模较大的直接社会劳动或共同劳动，都或多或少地需要指挥，以协调个人的活动，并执行生产总体的运动——不同于这一总体的独立器官的运动——所产生的各种一般职能。一个单独的提琴手是自己指挥自己，一个乐队就需要一个乐队指挥。”⑥ 资本主义管理具有二重性。因为它所管理的生产过程本身具有二重性：一方面是制造产品的社会劳动过程，另一方面是资本的价值增殖过程。“资本家的管理不仅是一种由社会劳动过程的性质产生并属于社会劳动过程的特殊职能，它同时也是剥削社会劳动过程的职能，因而也是由剥削者和他所剥削的原料之间不可避免的对抗决定的。”⑦ 在资本主义社会，“雇佣工人的协作只是资本同时使用他们的结果。他们的职能上的联系和他们作为生产总体所形成的统一，存在于他们之外，存在于把他们集合和联结在一起的资本中。因此，他们的劳动的联系，在观念上作为资本家的计划，在实践中作为资本家的权威，作为他人的意志——他们的活动必须服从这个意志的目的——的权力，而和他们相对立。……因此，如果说资本主义的

---

① 《马克思恩格斯文集》第 5 卷，人民出版社 2009 年版，第 371 页。
② 《马克思恩格斯文集》第 5 卷，人民出版社 2009 年版，第 378 页。
③ 《马克思恩格斯文集》第 5 卷，人民出版社 2009 年版，第 374 页。
④ 《马克思恩格斯文集》第 5 卷，人民出版社 2009 年版，第 378 页。
⑤ 《马克思恩格斯文集》第 5 卷，人民出版社 2009 年版，第 386–387 页。
⑥ 《马克思恩格斯文集》第 5 卷，人民出版社 2009 年版，第 384 页。
⑦ 《马克思恩格斯文集》第 5 卷，人民出版社 2009 年版，第 384 页。

管理就其内容来说是二重的，……那么，资本主义的管理就其形式来说是专制的”。①

以分工为基础的协作形式是工场手工业。作为相对剩余价值生产的一种特殊形式，“工场手工业分工通过手工业活动的分解，劳动工具的专门化，局部工人的形成以及局部工人在一个总机构中的分组和结合，造成了社会生产过程的质的划分和量的比例，从而创立了社会劳动的一定组织，这样就同时发展了新的、社会的劳动生产力。工场手工业分工作为社会生产过程的特殊的资本主义形式，——它在当时的基础上只能在资本主义的形式中发展起来——只是生产相对剩余价值即靠牺牲工人来加强资本自行增殖的一种特殊方法。工场手工业分工不仅只是为资本家而不是为工人发展社会的劳动生产力，而且是靠使各个工人畸形化来发展社会的劳动生产力。它生产了资本统治劳动的新条件。因此，一方面，它表现为社会的经济形成过程中的历史进步和必要的发展因素，另一方面，它表现为文明的和精巧的剥削手段”。②

马克思在这里分析了工场内部分工和社会分工的区别。

以手工工具和手工劳动为技术基础的工场手工业虽然比简单协作提高了劳动生产力，但它本身是无法满足国内外市场的不断扩大和资本家对剩余价值的无限追求的，因此，工场手工业的生产方法需要进一步向前发展。18 世纪的工业革命，为西欧各主要资本主义国家先后从工场手工业向机器大工业的转变提供了强大的物质技术基础。

以使用机器为条件的协作是机器大工业。机器大工业是资本主义生产方式最完备的物质技术基础，标志着资本主义生产方式进入了成熟阶段。机器体系由动力机、传动机和工作机三部分组成。机器大工业突破了劳动者的肢体和技巧的限制，机器本身的协作代替了劳动者之间的协作，生产过程和劳动组织形式发生了根本变化，“以自然力代替了人力”，“以自觉应用自然科学来代替从经验中得出的成规”。③ 大工业把巨大的自然力和自然科学并入生产过程，必然极大提高劳动生产率。但是，这种劳动生产力是在资本主义生产方式下发展的，因此也就必然表现了资本的生产力，而作为资本的生产力本身就是相对剩余价值生产的手段。所以，在资本主义条件下，当这种生产力与剩余价值生产发生矛盾时，资本家会毫不犹豫地限制这种机器的使用，这就产生了在资本主义条件下使用机器的

① 《马克思恩格斯文集》第 5 卷，人民出版社 2009 年版，第 385 页。

② 《马克思恩格斯文集》第 5 卷，人民出版社 2009 年版，第 421-422 页。

③ 《马克思恩格斯文集》第 5 卷，人民出版社 2009 年版，第 443 页。

特殊界限。因为机器的使用可以提高劳动生产率，减少单位产品所耗费的劳动量，所以，作为使用机器的一般界限是，生产机器所耗费的劳动少于使用机器所代替的劳动。但是，资本家使用机器的目的，不是为了节省劳动，而是为了获得更多的剩余价值。剩余价值是工人劳动创造的价值超过劳动力价值的差额。因此，对资本家来说，节省或降低劳动力价值就可以得到更多的剩余价值。使用机器如果不能节省劳动力价值，并通过降低劳动力价值获取更多剩余价值，资本家就不愿意使用机器。所以机器使用的资本主义界限就是：机器的价值必须小于机器所代替的劳动力价值。否则，他宁可采用手工劳动。

机器大工业不仅使资本主义具备了自己的物质技术基础，而且也给工人阶级带来了一系列严重的后果，使劳动对资本的隶属关系由形式上的隶属变成了实际上的隶属。在简单协作和工场手工业时期，工人虽然把自己的劳动力卖给了资本家，但他自身还保留着独立的技能，一旦自己拥有了生产资料，就可以从事独立的生产经营活动，工人对资本家的依附并不牢固，而在机器大工业时期就不同了。由于机器体系的严密分工协作关系，工人只是机器的一个部分（被资本家称作会说话的机器），成为局部工人，任何一个工人都不可能独立地生产出一件完整的产品。在这种情况下，工人一旦离开了资本家的工厂就无法独立生存，工人对资本家从形式上的隶属转变为实际上的隶属。

五、绝对剩余价值生产和相对剩余价值生产的关系

本篇是前两篇的综合。马克思研究剩余价值的生产采取的是先分析后综合的方法。第三篇先分析绝对剩余价值生产，第四篇再分析相对剩余价值生产，第五篇则把剩余价值生产的两种方法综合起来研究，从而进一步揭露资本主义生产方式的本质。

（一）马克思关于资本主义的生产劳动和非生产劳动

马克思讲：“劳动过程最初是抽象的，撇开它的各种历史形式，作为人和自然之间的过程来考察的。”在那里曾指出“如果整个劳动过程从其结果的角度加以考察，那么劳动资料和劳动对象二者表现为生产资料，劳动本身则表现为生产劳动”。在注（7）中还补充说：“这个从简单劳动过程的观点得出的生产劳动的定义，对于资本主义生产过程是绝对不够的。”在这里要进一步阐述这个问题。①

资本主义生产，一方面使生产劳动的概念扩大了。因为随着劳动过程中的协

① 《马克思恩格斯文集》第5卷，人民出版社2009年版，第581页。

作关系的发展，生产劳动和它的承担者即生产工人的概念也就必然扩大。为了从事生产劳动，现在不一定要亲自动手，只要成为总体工人的一个器官，完成他所属的某一个职能就够了。这就是说，由于协作关系的发展，直接和间接从事物质生产的劳动都是生产劳动。另一方面，又使生产劳动的概念缩小了。因为资本主义生产不仅是商品生产，而且它实质上是剩余价值的生产，对资本家来讲，只有生产出剩余价值的劳动才能算生产劳动。这就是说，工人只生产出商品是远远不够的，他必须生产出剩余价值。否则，对资本家就毫无意义。因此，只有为资本家生产出剩余价值的劳动才是生产劳动，只有为资本家生产剩余价值的工人才是生产工人。马克思举例说："一个教员只有当他不仅训练孩子的头脑，而且还为校董的发财致富劳碌时，他才是生产工人。校董不把他的资本投入香肠工厂，而投入教育工厂，这并不使事情有任何改变。"① "因此，生产工人的概念决不只包含活动和效果之间的关系，工人和劳动产品之间的关系，而且还包含一种特殊社会的、历史地产生的生产关系。这种生产关系把工人变成资本增殖的直接手段。所以，成为生产工人不是一种幸福，而是一种不幸。"②

(二) 绝对剩余价值生产和相对剩余价值生产的关系

首先，二者是有明显区别的。第一，绝对剩余价值是相对剩余价值生产的基础和起点。绝对剩余价值的生产只同工作日的长度有关；相对剩余价值的生产，要以工作日已经延长到必要劳动时间以上为前提，并以此为起点，变革劳动的技术过程和劳动的社会组织，从而缩短必要劳动时间，使相对剩余价值生产出来。第二，绝对剩余价值的生产以劳动对资本的形式隶属为前提，相对剩余价值的生产要以劳动对资本的实际隶属为前提。绝对剩余价值的生产只要劳动在资本主义生产关系上隶属于资本就够了，而相对剩余价值的生产以特殊的资本主义的生产方式为前提，这种生产方式连同它的方法、手段和条件本身，最初是在劳动在形式上从属于资本的基础上自发地产生和发展的。劳动对资本的这种形式上的隶属，又让位于劳动对资本的实际上的隶属。即随着生产力的发展，资本主义的劳动过程通过分工和采用机器生产，生产的技术条件和劳动组织发生了根本改变，工人变成了机器的附属物，工人离开机器就不能单独进行生产。这就意味着劳动不仅在形式上而且在实际上已经完全隶属于资本了。其次，二者又是相互关联的。生产相对剩余价值的方法同时也是生产绝对剩余价值的方法。绝对剩余价值生产是靠延长工作日，而通过机器进行的相对剩余价值生产，又是延长工作日的

---

① 《马克思恩格斯文集》第 5 卷，人民出版社 2009 年版，第 582 页。

② 《马克思恩格斯文集》第 5 卷，人民出版社 2009 年版，第 582 页。

最有力的手段。马克思指出："无限度地延长工作日正是表现为大工业的特有的产物。特殊的资本主义的生产方式一旦掌握整整一个生产部门，它就不再是单纯生产相对剩余价值的手段，而一旦掌握所有决定性的生产部门，那就更是如此。"① 最后，二者互为前提又有区别。相对剩余价值是绝对的，因为它以工作日绝对延长到超过必要劳动时间以上为前提。绝对剩余价值是相对的，因为它以劳动生产率发展到能够把必要劳动时间限制为工作日的一个部分为前提。但是，只要涉及如何提高剩余价值率的问题，这两种方法的差别马上就会显现出来。假定劳动力按其价值支付，如果劳动生产力和劳动强度不变，剩余价值率就只有靠工作日的绝对延长的绝对剩余价值生产来提高；而如果工作日长度不变，剩余价值率就只有通过提高劳动生产力或劳动强度，从而缩短必要劳动时间而相对地增加剩余劳动时间的相对剩余价值生产来提高。

（三）剩余价值生产的生产力基础和自然基础

无论哪种形式的剩余价值生产，都要以一定的劳动生产力为基础。如果劳动生产力极端低下，以至于劳动者要用他的全部劳动时间去生产维持他和他的家庭的必要生活资料，那就没有剩余劳动，也就没有剩余价值。因此，马克思指出："一切剩余价值，不仅相对剩余价值，而且绝对剩余价值，都是以一定的劳动生产率为基础的。如果劳动生产率只达到这样的发展程度：一个人的劳动时间只够维持他本人的生活，只够生产和再生产他本人的生活资料，那就没有任何剩余劳动和剩余价值。"② 随着社会生产力的发展，剩余劳动逐渐出现并增加，靠别人劳动生活的人也有可能出现。资本主义就是这个长期经济发展的产物。

当然，自然条件的优势，对剩余劳动进而剩余价值的数量多少也会产生一定的影响。自然条件好，例如，土地越肥沃，劳动者生产和再生产必要的生活资料所需要的必要劳动时间就越少，剩余劳动时间就越多。所以，劳动的自然条件，特别是土地的肥沃程度，会影响剩余价值量。"但决不能反过来说，最肥沃的土壤最适于资本主义生产方式的生长。资本主义生产方式以人对自然的支配为前提。过于富饶的自然'使离不开自然的手，就像小孩子离不开引带一样'。……资本的祖国不是草木繁茂的热带，而是温带。"③ 也就是说，资本主义生产方式以人对自然的支配为前提，而不是以自然条件为前提。自然条件只对剩余价值生产提供可能性，而现实性在于资本主义生产关系。良好的自然条件从而较高的劳

① 《马克思恩格斯文集》第5卷，人民出版社2009年版，第584页。
② 《马克思恩格斯全集》第26卷，第1分册，第22页。
③ 《马克思恩格斯文集》第5卷，人民出版社2009年版，第587页。

动的自然生产力，始终只是提供剩余价值的可能性。要使这种可能性变成现实性，还需要外部的强制，即需要资本主义生产关系的强制。“资本关系就是在作为一个长期发展过程的产物的经济土壤之上产生的。作为资本关系的基础和起点的现有的劳动生产率，不是自然的恩惠，而是几十万年历史的恩惠”。①

总之，剩余价值的起源，是一个爆炸性的问题。它应该从资本主义生产关系去说明，而不能从劳动生产率或自然条件去说明。资产阶级古典经济学家，包括它的集大成者——“大卫·李嘉图从来没有考虑到剩余价值的起源。他把剩余价值看作资本主义生产方式固有的东西，而资本主义生产方式在他看来是社会生产的自然形式”。② 约翰·穆勒却用庸俗经济学的陈腐遁词掩盖问题的实质。例如，穆勒竟说什么：“资本提供利润的原因在于，食物、衣服、原料和劳动资料等存在的时间比生产它们所需要的时间长。”③ 对此，马克思讽刺说：“平地上的一堆土，看起来也像座小山；现代资产阶级的平庸，从它的‘大思想家’的水平上就可以测量出来。”④

（四）各种因素对剩余价值量的作用

《资本论》第一卷第15章中，马克思从绝对剩余价值和相对剩余价值相结合的角度研究了“劳动力价格和剩余价值的量的变化”。这里假定：第一，商品按价值出售；第二，劳动力价格有时高于其价值，但从不低于其价值。在这两个假定下，剩余价值对劳动力价格的相对量取决于三个因素：工作日长度、劳动强度和劳动生产力三个因素。这三个因素可以有各种各样的组合，或者是其中一个因素不变，其他两个因素可变；或者两个因素不变，一个因素可变；或者三个因素同时变化。这些因素同时变化时，又因为变化的大小和方向可以不同，组合也就更加多种多样了。马克思谈了几种主要的组合。

(1) 工作日的长度和劳动强度不变，劳动生产力可变。在这个假定下，劳动力价值和剩余价值是由三个规律决定的：第一，不论劳动生产率如何变化，不论产品数量和单个商品的价格如何变化，一定长度的工作日总表现为相同的价值产品。第二，劳动力价值和剩余价值按照相反的方向变化。劳动生产力按照相反方向影响劳动力价值，按照相同方向影响剩余价值。即劳动生产力提高，会降低劳动力价值，提高剩余价值；劳动生产力下降，会提高劳动力价值，降低剩余价

---

① 《马克思恩格斯文集》第5卷，人民出版社2009年版，第586页。
② 《马克思恩格斯文集》第5卷，人民出版社2009年版，第590页。
③ 《马克思恩格斯文集》第5卷，人民出版社2009年版，第590页。
④ 《马克思恩格斯文集》第5卷，人民出版社2009年版，第592页。

值。第三，剩余价值的变化是劳动力价值变化的结果，而不是原因。

（2）工作日和劳动生产力不变，劳动强度可变。劳动强度也可以看作是劳动密度。同一长度的工作日提供的价值量与劳动强度成正方向变化。因此，在这个假定下，对产品价值的影响是：劳动强度提高既能增加产品总量，又能增加价值总量，而单位产品价值不变。对劳动力价值的影响是：劳动强度大的工作日会使劳动力价值同时增加。但是，如果劳动强度超过了生理界限，劳动力就遭受破坏，即使劳动力价值有所提高，也补偿不了劳动力的加速损耗。对剩余价值的影响是：不管什么生产部门，只要提高劳动强度，就会缩短必要劳动时间，增加剩余价值量。

（3）劳动生产力和劳动强度不变，工作日可变。既然劳动生产力和劳动强度不变，必要劳动也就不变，在这种情况下，工作日变化与剩余价值成正方向变化。即：当工作日缩短时，就只会缩短剩余劳动时间，减少剩余价值；当工作日延长时，剩余劳动时间就会相应延长，剩余价值就会增加。

（4）劳动的持续时间、劳动生产力和劳动强度同时变化。在这种情况下，可以产生多种组合，只要每一次把一个因素看作可变量，就可依次得出全部情况。马克思在这时只谈了两种重要的情况。第一种情况：劳动生产力降低，同时延长工作日。当劳动生产力降低时，可由延长工作日来补偿，使得剩余价值的绝对量和相对量都可能增加。在这种情况下，一方面资本加速增长，另一方面劳动者的贫困也加速增长。第二种情况：劳动生产力和劳动强度提高，同时工作日缩短。劳动生产力和劳动强度提高都会缩短必要劳动时间，由此为缩短工作日创造了条件。但是，在资本主义社会，工作日无论如何都不能缩短到必要劳动时间。马克思说："在资本主义社会里，一个阶级享有自由时间，是由于群众的全部生活时间都转化为劳动时间了。"① "只有消灭资本主义生产形式，才允许把工作日限制在必要劳动上。但是，在其他条件不变的情况下，必要劳动将会扩大自己的范围。一方面，是因为工人的生活条件将会更加丰富，他们的生活要求将会增大。另一方面，是因为现在的剩余劳动的一部分将会列入必要劳动，即形成社会准备基金和社会积累基金所必要的劳动。"②

六、资本主义工资

马克思在《资本论》第一卷第二篇分析了剩余价值生产的前提条件，第三

① 《马克思恩格斯文集》第5卷，人民出版社2009年版，第605-606页。
② 《马克思恩格斯文集》第5卷，人民出版社2009年版，第605页。

篇和第四篇分别分析了剩余价值的源泉和剩余价值生产的两种基本方法，第五篇又综合分析了两种剩余价值生产的相互关系，揭示了在不同条件下决定剩余价值量变动的规律。现在第六篇进一步分析工资怎样掩盖了剩余价值的源泉，以及资本主义工资的基本形式。工资理论是马克思经济学说的重要组成部分，是剩余价值理论的继续和补充。马克思曾说过，他关于工资本质的理论是《资本论》中的三个崭新因素之一。①

当然，《资本论》第一卷第六篇讲的只是马克思工资理论的一部分。除了第一卷第六篇外，关于工资理论的论述还有第二篇关于劳动力商品的分析、第五篇关于劳动力价格和剩余价值量相互关系的分析、第七篇关于工资运动规律的分析，第二卷第一篇关于商业职员工资的分析、第三篇关于工资在社会总产品交换和再生产中意义的分析、第三卷第二篇关于工资与生产价格关系的分析、第四篇关于工资下降趋势的分析、第七篇关于工资是国民收入形式的分析等。另外，马克思在《雇佣劳动与资本》《工资、价格和利润》《哥达纲领批判》中也有许多关于工资理论的论述。

（一）劳动力的价值或价格转化为工资

在资产阶级社会的表面上，工人的工资表现为劳动的价格，表现为对一定量劳动支付一定量货币。在这里，人们把劳动的价值的货币表现叫作劳动的自然价格，把围绕劳动的自然价格波动的价格叫作劳动的市场价格。

马克思认为，“劳动的价值”是一个虚幻的用语，因为劳动不可能是商品。劳动不是商品，没有价值。这是因为：第一，商品的价值是由生产商品的社会必要劳动时间决定的，商品的价值量，用它包含的劳动的量来衡量。如果说劳动是商品，有价值，那么，劳动的价值就由劳动来决定。比如说，一个 12 小时劳动的价值是由什么决定的呢？是由一个 12 劳动小时决定的，这是无谓的同义反复。第二，劳动作为商品，必须在出卖之前存在。但事实上，在出卖之前，劳动并没有开始，工人不可能出卖一个“无”的东西；而劳动一旦存在，就已经是在资本家的工厂里为资本家进行的劳动，工人也不可能出卖一个不属于自己而属于买者的东西。第三，撇开上述矛盾，假定工人的劳动能够和资本直接交换，也会产生不合理的结果：如果是等价物的交换，资本家就应该把工人劳动创造的全部价值交换给劳动者，这样，资本家就无利可图，就会消灭以剩余价值为目的的资本主义生产本身；而如果不等价交换，又会违背价值规律。资本主义经济本身是商

① 《马克思恩格斯〈资本论〉书信集》，人民出版社 1976 年版，第 250 页。

品经济，价值规律又是不能违背的。所以，马克思说：如果说劳动是商品，“或者消灭那个正是资本主义生产的基础上才自由展开的价值规律，或者是消灭那种正是以雇佣劳动为基础的资本主义生产本身”。①

实际上，在商品市场上同货币占有者直接对立的不是劳动，而是工人。工人出卖的是他的劳动力。成为商品的是劳动力，而不是劳动。劳动是价值的实体和内在尺度，但是它本身没有价值。所以，工资实质上是劳动力的价值或价格，而不是劳动的价值或价格。

那么，劳动力的价值或价格为什么会表现为劳动的价值或价格呢？这是从资本主义生产关系的运行中产生的。首先，资本主义现实经济运动使劳动力价值表现为劳动的价值。在资本与劳动交换的形式上，工人提供一定量的劳动，资本家支付一定量的货币。资本与劳动的交换与一般商品交换没有什么不同。工人出力，老板给钱，从形式上看，双方权利平等、自由买卖、互惠互利。其次，工人出卖给资本家的是劳动力的职能即劳动力的使用权，而劳动力的使用就是劳动。劳动作为创造价值的源泉这一点，作为一个普通工人是看不到的。在工人的意识中，他干活拿工资，干多少活拿多少工资，而不会去理会工资到底是劳动力的价值还是劳动的价值。对资本家来说，资本家也总认为他按照劳动的价值支付了劳动的报酬，而他的利润是他的资本带来的。他并没有意识到，他从支付工人工资中得到了利润。最后，工资的实际运动显示的也好像它是劳动的价值。一是工资的支付方式，它是在工人劳动之后支付的；二是工资支付的标准，简单劳动得到较低工资，熟练劳动得到较高工资；三是同等工人工资的支付是根据工作日的长度的变化而变化。工作日时间越长得到的工资就越多，工人加班还拿加班费。工资自然就成为劳动的代价。总之，工资作为劳动的价值或价格只是资本主义经济现实运动在人们意识中的虚幻的表现，工资的本质是劳动力的价值或价格，而这一点，只有科学才能揭示出来。

恩格斯指出，劳动和劳动力虽然只有一字之差，“这里并不是单纯的咬文嚼字，而是牵扯到全部政治经济学中一个极端重要的问题”。② 这个极端重要的问题就是剩余价值的来源。剩余价值理论是马克思整个经济理论的核心内容，在这个核心理论中的内核就是剩余价值的来源，而劳动与劳动力的区分正是揭示剩余价值来源的关键。马克思关于工资本质的理论，揭示了资本主义剥削的实质是在劳动力等价交换的形式下掩盖的剥削。劳动力的价值——采取工资形式，表现为

① 《马克思恩格斯文集》第5卷，人民出版社2009年版，第614页。

② 《马克思恩格斯文集》第1卷，人民出版社2009年版，第702页。

劳动的价值或价格，就掩盖了必要劳动和剩余劳动的区别、有酬劳动和无酬劳动的区别，好像全部劳动都是有酬的，只要是等价交换就没有剥削。这正是在工资形式所歪曲反映出来的资本主义生产关系的主要特征。“因此可以懂得，为什么劳动力的价值和价格转化为工资形式，即转化为劳动本身的价值和价格，具有决定性的重要意义。这种表现形式掩盖了现实关系，正好显示出它的反面。工人和资本家的一切法的观念，资本主义生产方式的一切神秘性，这一生产方式所产生的一切自由幻觉，庸俗经济学的一切辩护遁词，都是以这个表现形式为依据的。”①

（二）工资形式

工资的本质是通过工资形式表现出来的。工资有两种基本形式：计时工资和计件工资。马克思在第 18 章研究计时工资，在第 19 章研究计件工资，在第 20 章研究工资的国民差异。计时工资就是按一定的时间单位支付的工资。劳动力每小时的价格叫劳动价格，它等于劳动力平均日价值除以平均工作日的小时数。其公式是：

$$劳动价格=\frac{劳动力的日价值（或日工资）}{工作日长度（小时数）}$$

计时工资取决于三个因素：工作日长度、劳动价格和劳动力价值。“一般的规律就是：如果日劳动、周劳动等等的量已定，那么日工资或周工资就决定于劳动价格，而劳动价格本身或者随着劳动力的价值而变化，或者是随着劳动力的价格与其价值的偏离而变化。反之，如果劳动价格已定，那么日工资或周工资就决定于日劳动或周劳动的量。”②

资本家按小时支付工资，资本家就能根据他赚钱的需要，随意延长或缩短工作日。在延长工作日时，不给工人劳动力超额损耗补偿；在缩短工作日时，不让工人得到劳动力价值。“现在资本家不让工人做满维持自身生存所必需的劳动时间，也能从工人身上榨取一定量的剩余劳动。他可以破坏就业方面的任何规则性，完全按照自己的方便、意愿和眼前利益，使最惊人的过度劳动同相对的或完全的失业互相交替。他可以在支付‘正常的劳动价格’的借口下，把工作日延长到超过正常的限度，而不给工人任何相应的补偿。”③

计件工资是按照工人所完成的产品件数或作业量来支付的工资。在其他条件

① 《马克思恩格斯文集》第 5 卷，人民出版社 2009 年版，第 619 页。

② 《马克思恩格斯文集》第 5 卷，人民出版社 2009 年版，第 625-626 页。

③ 《马克思恩格斯文集》第 5 卷，人民出版社 2009 年版，第 627 页。

不变的情况下，工人生产的产品数量越多，得到的工资也就越多。因此，看起来好像资本家是购买工人的物化劳动，而不是活劳动。其实，计件工资和计时工资实质上是一样的，计件工资只是计时工资的转化形式。因为，计件工资的确定是以计时工资为基础的。计件工资的单价，就是用工人日产品数量去除日工资额所得的商。譬如，实行计时工资时，一个工人的日工资是 10 元，日产量是 10 件。那么，改用计件工资时，每件产品的工资单价就是 1 元。

虽然计件工资和计时工资在本质上是一样的，即它们都是劳动力价值的转化形式，但实行计件工资更有利于资本家对工人的剥削。因为，第一，在计件工资形式上，劳动的质量和数量是由产品本身来控制的。产品必须具有平均的质量，工资才会得到完全支付。资本家往往借口产品质量有问题而任意克扣工资。所以“计件工资是克扣工资和进行资本主义欺诈最丰富的源泉”。① 第二，计件工资给资本家提供了一个十分确定的计算劳动强度的尺度，资本家会借口某些工人不符合这个要求而随意解雇他们。“如果工人没有平均的工作效率，因而不能提供一定的最低限度的日劳动，他就会被解雇。”② 第三，计件工资是家庭劳动、包工制和工头制等层层剥削和压迫制度的基础。第四，计件工资还是资本家压低工资水平的手段。实行计件工资，工人为了多得一点工资，被迫提高劳动强度和延长工作日，而这又使得资本家容易把劳动强度的标准提高，造成工人之间为争取多一点的工资在技能、体力、精力、耐力等方面的竞争。“因此，计件工资有一种趋势，就是在把个别工资提高到平均水平以上的同时，把这个水平本身降低。”③ 总之，从以上所述可以得出：计件工资是最适合资本主义生产方式的工资形式。

（三）工资的国民差异

工资量的决定和工资运动的规律是由许多因素的各种组合决定的，因此，对于不同的国家来说，会表现为各个国民工资的同一时期的差异。因此，在比较国民工资时，必须考虑到决定劳动力的价值量的变化的一切因素：自然的和历史地发展起来的首要的生活必需品的价格和范围、工人的教育费用、妇女劳动和儿童劳动的作用、劳动生产率、劳动的外延量和内涵量。比如，有的国家以价格较低的粮食为主，有的国家以价格较高的肉食为主，因此，后者的工资就应该比前者高些。如果两个国家的工人都拿一样的工资，那么后者就不能维持基本生活需要。所以，不能简单地用不同国家工人工资的绝对额直接对比，而应考虑到决定

---

① 《马克思恩格斯文集》第 5 卷，人民出版社 2009 年版，第 636 页。

② 《马克思恩格斯文集》第 5 卷，人民出版社 2009 年版，第 636 页。

③ 《马克思恩格斯文集》第 5 卷，人民出版社 2009 年版，第 639 页。

劳动力价值量的各种因素，对其进行综合比较分析。

在研究工资的国民差异问题时，还要考虑名义工资和实际工资的差别。有些国家的名义工资较高，而实际工资并不一定高。因为，“一个国家的资本主义生产越发达，那里的国民劳动的强度和生产率，就越超过国际水平。因此，不同国家在同一劳动时间内所生产的同一种商品的不同量，有不同的国际价值，从而表现为不同的价格，即表现为按各自的国际价值而不同的货币额。所以，货币的相对价值在资本主义生产方式较发达的国家里，比在资本主义生产方式不太发达的国家里要小。由此可以得出结论：名义工资，即表现为货币的劳动力的等价物，在前一种国家会比后一种国家高，但这绝不是说，实际工资即供工人支配的生活资料也是这样”。①

名义工资是指资本家支付给工人工资的货币额，也称货币工资。实际工资是指工人用货币工资能够实际购买到的生活资料和各种服务的数量。由于经济运行中经常出现通货膨胀和物价上涨，名义工资和实际工资往往发生背离。在名义工资不变的情况下，实际工资可以下降；即使名义工资有所提高，但只要提高的幅度低于生活资料价格的提高幅度，实际工资也会下降。因此，只有实际工资才能真实反映工人的实际生活水平。当然，这里讲的实际工资不仅指实际工资的绝对量，还包括实际工资和劳动力价值的关系，即看实际工资是否能够补偿劳动力消耗的程度。资本主义国家的工人为了取得更多的工资，其劳动强度在不断提高，工人为补偿劳动力的过度消耗就需要更多的生活资料。因此，较高的货币工资购买的生活资料数量会多一些，但其实际工资还会低于再补偿劳动力的价值，从而使劳动力在萎缩的状态下进行再生产。

第三节 剩余价值生产理论的思想来源和拓展

一、马克思关于剩余价值起源的发现

剩余价值生产理论是马克思整个经济理论的核心，马克思对剩余价值起源的揭示是政治经济学史上的划时代的发现。这一发现揭露了资本主义剥削的实质，阐明了劳动与资本的根本对立，说明了现代资本主义生产方式以及以它为基础的占有方式的结构，揭示了整个现代社会制度在其周围凝结起来的核心。这一发现使社会主义者早先像资产阶级经济学者一样在深沉的黑暗中摸索的经济领域，得

① 《马克思恩格斯文集》第5卷，人民出版社2009年版，第645-646页。

到了明亮的阳光的照耀。科学的社会主义就是从此开始，以此为中心发展起来的。

恩格斯指出："在马克思以前很久，人们就已经确定我们现在称之为剩余价值的那部分产品价值的存在，同样也有人已经多少明确地说过，这部分价值是由什么构成的，也就是说，是由占有者不付等价物的那种劳动的产品构成的。但是到这里人们就止步不前了。其中有些人，即资产阶级古典经济学家，至多只研究了劳动产品在工人和生产资料所有者之间分配的数量比例。另一些人，即社会主义者，则发现这种分配不公平，并寻求乌托邦的手段来消除这种不公平现象。这两种人都为既有的经济范畴所束缚。"①

随着资本主义生产方式的产生，就存在着剩余价值的事实，因而就会有人去寻找剩余价值的起源。重商主义首先把剩余价值看作是来自流通领域的商品加价。古典经济学自威廉·配第开始就把剩余价值的研究从流通领域转到生产领域，威廉·配第把地租看作是农产品的价值扣除生产费用即工资和种子的费用以后的剩余部分。亚当·斯密直截了当地把利润和地租看作是工人加到原料上的劳动量所生产的产品价值中的扣除额，而这个扣除额是由无酬劳动构成的。大卫·李嘉图根据产品价值大于工资的事实，把劳动所创造的产品价值分为工资和利润，把劳动产品的价值超过工资的余额看作是利润，并提出了工资与利润相对立的观点。重农学派的纯产品理论就是他们的剩余价值理论。其代表人物魁奈，从实物上把纯产品看作是农业部门所生产出来的产品，超过所消耗的产品（包括种子、工人的生活资料和农业资本家的生活资料等）的余额。从价值上把纯产品看作是新创造的农产品价值超过该产品的生产费用（生产资料的费用、工人的工资和资本家的熟练工资）的余额。他把工资看作是工人的最低生活资料的价值。

资产阶级古典经济学家虽然确认了剩余价值存在的事实，并在一定程度上研究了剩余价值的起源问题，然而由于受资产阶级的阶级局限，他们并没有发现剩余价值的真正起源。正如马克思批评大卫·李嘉图学派时所指出的那样，他们害怕深入探讨剩余价值这个爆炸性的问题，"这些资产阶级经济学家实际上具有正确的本能，懂得过于深入地研究剩余价值的起源这个爆炸性问题是非常危险的"。②

以欧文为代表的空想社会主义者只是接受了古典经济学所确认的剩余价值存在的事实，并由此谴责了资本主义制度是不合理的、不公平的社会制度，然而，

① 《马克思恩格斯文集》第 6 卷，人民出版社 2009 年版，第 21 页。
② 《马克思恩格斯文集》第 5 卷，人民出版社 2009 年版，第 590 页。

他们并没有去深入研究剩余价值的起源问题。至于现代西方经济学更是从资本产生利润这一错误的基点出发去研究利润的产生和分配的。他们只看到资本主义生产过程的自然属性，只是把土地、资本和劳动看作是天然的生产要素，就根本不可能理解剩余价值的真正起源。正如马克思早已描述的，现代资产阶级经济学"把表现在物中的一定的社会关系当作这些物本身的物质自然属性，这是我们在打开随便一本优秀的经济学指南时一眼就可以看到的一种颠倒，我们在第一页上就可以读到这样的话：生产过程的要素，归结到它的最一般的形式，就是土地、资本和劳动……这些要素属于同所有一定社会形式无关的、作为人与自然之间的永恒过程的劳动过程……这种幻想是证明资本主义生产方式的永恒性或证明资本是人类生产本身不朽的自然要素的非常方便的方法"。①

从理论上说明剩余价值的起源，关键是要把"劳动力"和"劳动"两个概念区别开来，并且在价值规律的基础上，说明"劳动力"这种特殊商品的性质，即建立劳动力商品理论。马克思依据对劳动力商品的价值和使用价值的科学分析，发现了剩余价值来源于它在使用过程中即资本主义生产过程中能够创造出比它自身价值更大的价值。不仅如此，马克思还论证了剩余价值虽然不在流通过程中产生，但它的产生又不能离开流通过程，因为，劳动力这种特殊商品是在流通过程买卖的。总之，要能够获得剩余价值，资本家必须首先在流通过程按照等价交换原则购买劳动力和生产资料，然后转入生产过程，把劳动力和生产资料结合起来进行生产，然后又回到流通过程按照等价交换原则出卖商品。只有通过这样完整的过程，才能既贯彻等价交换原则，又能够实现价值增殖。马克思在价值规律的基础上深刻揭示了剩余价值是如何产生的，从而彻底解决了剩余价值的起源问题。马克思揭露了剩余价值的真正起源，也就揭露了资本剥削雇佣劳动的秘密及其资本主义生产关系的特征。这样，剩余价值理论的基石也就真正奠定起来了。对此，恩格斯曾指出，马克思"研究了货币向资本的转化，并证明这种转化是以劳动力的买卖为基础的。他以劳动力这一创造价值的属性代替了劳动，一下子就解决了使大卫·李嘉图学派破产的一个难题，也就是解决了资本和劳动的相互交换与大卫·李嘉图的劳动决定价值这一规律无法相容这个难题。他确定了资本分为不变资本和可变资本，就第一个详尽地阐述了剩余价值形成的实际过程，从而说明了这一过程，而这是他的任何一个前人都没有做到的；因而，他确定了资本自身内部的区别……这个区别提供了一把解决经济学上最复杂问题的钥匙……马克思还进一步研究了剩余价值本身，发现了它的两种形式，即绝对剩余价

① 《马克思恩格斯全集》第49卷，人民出版社1979年版，第56-57页。

值和相对剩余价值，并且证明，这两种形式在资本主义生产的历史发展中起了不同的然而都是决定性的作用。他根据剩余价值，阐明了我们现在才具有的第一个合理的工资理论”。①

二、关于资本概念的不同理解

西方经济学中的资本概念一般都认为是物，是劳动工具，是生产资料等。重商主义把货币本身看作资本，实际上是把资本与资本的货币形式混同起来，他们是从流通领域认识资本的，认为货币形式的资本才是资本。重农主义的代表人物魁奈把农业生产资料当作资本，实际上他看到的只是资本的生产形式，而把货币资本排除在资本概念之外。他提出的资本就是“原预付”，生产农产品的“原预付”包括劳动工具、牲畜、房屋和用以改良土壤的各种材料。亚当·斯密一方面认为资本是为资本家提供收入（利润）的积累劳动，另一方面又认为资本是继续生产的积累，即生产资料。在他的逻辑中是把资本和资本的物质要素相等同，把资本和生产资料相等同。亚当·斯密的两种资本概念是矛盾的。按照前一种观点，即资本是为资本家带来收入的积累劳动，资本就是一种社会关系，即资本是依靠占有工人的剩余劳动而带来利润收入的。按照后一种观点，资本则被看成生产资料本身，好像生产资料就能为它的所有者带来利润，这就否定了资本所体现的社会关系。大卫·李嘉图沿袭了亚当·斯密对资本的理解，他依然是把资本和资本存在的物质形式相混同，认为生产资料尤其是生产工具就是资本。他说：“即使是在亚当·斯密所说的那种早期状态中，虽然资本可能是由猎人自己制造和积累起来的，但他总要有一些资本才能捕猎鸟兽。没有某种武器，就不能捕猎海狸和野鹿。”② 在这里，大卫·李嘉图甚至把原始人捕猎使用的武器也当作资本了。但是大卫·李嘉图比起亚当·斯密又有一些新的见解。他一贯坚持劳动价值论，认为只有工人的劳动才能创造价值，生产资料只是把原有的价值转移到新产品中去，而不能创造新价值。大卫·李嘉图已经隐隐约约意识到了资本是一种对工人劳动的无偿占有关系，只是没有也不愿意去探索这个具有“爆炸性”的问题罢了。萨伊把资本完全等同于生产工具。他认为土地、资本、劳动是一切社会生产不可缺少的三个要素。一切产品都是由这三个要素共同创造的。由于这三个要素在生产产品的效用时各自提供了生产性服务，因而分别获得地租、利润和工资等相应的收入。

---

① 《马克思恩格斯文集》第6卷，人民出版社2009年版，第22页。

② 大卫·李嘉图：《政治经济学及赋税原理》，商务印书馆1962年版，第17-18页。

马克思的资本概念与西方经济学的资本概念根本不同。首先，马克思认为资本是资本主义的生产关系。凡是资产阶级经济学家看到物的地方，马克思都能透过物的表面现象，揭示被物所掩盖的人与人的关系。他说："资本不是物，而是一定的、社会的、属于一定历史社会形态的生产关系，后者体现在一个物上，并赋予这个物以独特的社会性质。"①

其次，马克思认为资本是一种自行增殖的价值。他说，"价值不断地从一种形式转化为另一种形式，在这个运动中永不消失，这样就转化为一个自动的主体。如果把自行增殖的价值在其生活的循环中交替采取的各种特殊表现形式固定下来，就得出这样的说明：资本是货币，资本是商品。（马克思在这里加了一个注，引用了麦克劳德关于货币就是资本和穆勒关于商品就是资本的观点——作者加）但是实际上，价值在这里已经成为一个过程的主体，在这个过程中，它不断地变换货币形式和商品形式，改变着自己的量，作为剩余价值同作为原价值的自身分出来，自行增殖着。既然它生出剩余价值的运动是它自身的运动，它的增殖也就是自行增殖"。②

再次，马克思认为资本是一种运动。他说："它是一种运动，是一个经过各个不同阶段的循环过程，这个过程本身又包含循环过程的三种不同的形式。因此，它只能理解为运动，而不能理解为静止物。"③ 资本的价格化就是资本家。资本家的"目的也不是取得一次利润，而只是谋取利润的无休止的运动"。④

最后，马克思认为，资本自行增殖的源泉在于工人的活劳动。他说："当资本家把货币转化为商品，使商品充当新产品的物质形成要素或劳动过程的因素时，当他把活的劳动力同这些商品的死的对象性合并在一起时，他就把价值，把过去的、对象化的、死的劳动转化为资本，转化为自行增殖的价值。"⑤ "作为资本家，他只是人格化的资本。他的灵魂就是资本的灵魂。资本只有一种生活本能，这就是增殖自身，创造剩余价值，用自己的不变部分即生产资料吮吸尽可能多的剩余劳动。资本是死劳动，它像吸血鬼一样，只有吮吸活劳动才有生命，吮吸的活劳动越多，它的生命就越旺盛。"⑥ "资本来到世间，从头到脚，每个毛孔都滴着血和肮脏的东西。"⑦

---

① 《马克思恩格斯文集》第 7 卷，人民出版社 2009 年版，第 922 页。
② 《马克思恩格斯文集》第 5 卷，人民出版社 2009 年版，第 179-180 页。
③ 《马克思恩格斯文集》第 6 卷，人民出版社 2009 年版，第 121-122 页。
④ 《马克思恩格斯文集》第 5 卷，人民出版社 2009 年版，第 179 页。
⑤ 《马克思恩格斯文集》第 5 卷，人民出版社 2009 年版，第 227 页。
⑥ 《马克思恩格斯文集》第 5 卷，人民出版社 2009 年版，第 269 页。
⑦ 《马克思恩格斯文集》第 5 卷，人民出版社 2009 年版，第 871 页。

我国学术界关于资本的不同观点。马克思认为资本是资本主义社会的特有经济范畴。因为，资本作为预付价值，它的增殖功能与运动功能是资本主义私有制所产生的。没有生产资料的资本主义私有制，就不会有雇佣劳动制度，从而就不会有死的资本通过对活的劳动的榨取来实现无休止的增殖与运动，资本也就不可能存在。

卓炯提出了与资本相对的“社本”概念。他最早提出剩余价值有一般和特殊之分。他主张社会主义经济理论应接纳剩余价值范畴，但不能接纳资本范畴。他认为，“资本是资本主义的特殊经济范畴，与资本相对立的作为社会主义的特殊经济范畴，我把它叫作社本……资本是资本主义之本，而社本便是社会主义之本。至于资金我把它作为资本和社本的一般范畴”。①

资本具有共性和个性之分。资本的共性是现代市场经济共有的经济范畴。资本既不姓“资”也不姓“社”，它与市场经济同在。1993 年中共十四届三中全会通过的《关于建立社会主义市场经济体制若干问题的决定》中，第一次在党的文献中使用了“资本”概念，之后，我国学术界逐步接受了这种观点，即资本不是资本主义社会特有的经济范畴，而是市场经济共有的经济范畴，是资本主义市场经济和社会主义市场经济的共有范畴。资本的个性是它存在于哪个社会，就体现为哪个社会的生产关系，即资本主义社会的资本体现的是资本对雇佣劳动的剥削关系，社会主义社会的资本体现的是不同所有制经济之间的合作关系，社会主义国家资本体现的是社会主义全民所有制内部的经济关系。

实际上，作为共性和个性相统一的资本范畴，它都具有社会性、增殖性和运动性的基本特征。

三、关于劳动力商品概念的不同理解

传统观点认为劳动力商品概念只存在于资本主义社会，社会主义社会的劳动力不是商品。他们认为，马克思说过劳动力成为商品必须具备两个条件：一是劳动者有人身自由，二是自由得一无所有。通过劳动力买卖进行的劳动就是雇佣劳动。雇佣劳动制度是资本主义制度的基本特性。劳动力商品范畴体现的是资本通过雇佣劳动从而剥削劳动的关系。在社会主义社会，劳动者是生产资料的主人，劳动者之间是一种地位平等关系。如果说劳动力是商品，那么，劳动力怎么进行买卖呢？商品是不能自己卖给自己的。所以，社会主义经济中是不存在劳动力商品的。

① 卓炯：《关于〈资本论〉的生命力的探讨》，《学术研究》1983 年第 2 期。

劳动力商品是市场经济的共有范畴。中共十四届三中全会第一次在党的文献中公开使用了与社会主义市场经济相关的“劳动力市场”的概念，并强调劳动力市场是培育市场体系的重点之一。之后，在我国学术界，基本形成了社会主义市场经济中的劳动力商品概念。其基本依据是：

首先，劳动力商品与市场经济有着天然的联系。市场是商品交换关系的总和。商品交换关系与市场是不可分割的，作为劳动力市场上交换的客体——劳动力就必然是商品。没有劳动力商品的交换关系，劳动力市场也就无从谈起。马克思讲过：“一旦劳动力由工人自己作为商品自由出卖，这种结果就是不可避免的。但只有从这时起，商品生产才普遍化，才成为典型的生产形式；只有从这时起，每一个产品才一开始就是为卖而生产，而生产出来的一切财富都要经过流通。只有当雇佣劳动成为商品生产的基础时，商品生产才强加于整个社会；但也只有这时，它才能发挥自己的全部潜力。说雇佣劳动的介入使商品生产变得不纯，那就等于说，商品生产要保持纯粹性，它就不该发展。”① 市场经济是高度发达的商品经济，劳动力商品是其应有之义。

劳动力市场是完善的市场体系当中不可缺少的组成部分。完善的市场体系既包括商品市场也包括生产要素市场，劳动力作为生产要素中最重要的因素，自然不能排除在外。只有让劳动力以商品的形式进入市场，通过劳动力买卖双方的交换，劳动力价值才能充分地表现出来。劳动者根据自己的能力自愿选择职业，企业根据需要选择劳动力，这样才能人尽其才，使劳动力资源配置得到优化。如果其他生产要素和商品都进入市场，而劳动力不通过市场配置，市场体系是不完善的，市场也难以正常运转。因此可以说，只有劳动力成为商品，市场才能真正成为配置社会资源的决定性手段。

其次，劳动力成为商品的客观条件在现阶段仍然存在。劳动力的个人所有制是劳动力成为商品的客观基础。所有制有三种基本形式，生产资料所有制、生活资料所有制和劳动力个人所有制，社会主义现阶段的劳动力属劳动者个人所有。在劳动仍然是谋生的基本手段的情况下，劳动力商品就必然存在。社会主义原则是不劳动者不得食，劳动者要生存、发展，必须使用自己的劳动力，而劳动者个体没有直接占有可以实现自己劳动力的生产资料，要使劳动力和生产资料结合，必须经过市场交换。但由于每个人劳动能力的差异，他们的潜能发挥程度以及劳动效果是不一样的，取得的生活资料数量和质量也存在着差异，为了准确衡量每个劳动者的劳动贡献，客观上必须使劳动力商品进入市场，对其进行必要的选择

① 《马克思恩格斯文集》第5卷，人民出版社2009年版，第677页。

过滤达到科学的估价。因此，不仅私营经济、外资经济中的劳动力是商品，而且公有制经济中的劳动力也应是商品。虽然从原则上讲劳动者是生产资料的主人，但在实践中，公有的生产资料是通过委托具有独立或相对独立的企业来管理经营的。这些企业在市场经济条件下是独立的或相对独立的市场经济主体，既负有公有资产保值增值的责任，又要追求自身独立或相对独立的经济利益。在经济改革特别是企业用人机制改革的今天，它们对各类人才的需求如同劳动者对用人单位的选择一样存在着市场上的“双向选择”问题。因此，公有经济内部劳动力与生产资料的结合也要通过市场途径，这一点对劳动力使用的普遍商品化具有典型的意义。

四、关于货币转化为资本的最低数量界限与我国划分私营经济的标准问题

马克思在《资本论》第一卷第三篇《绝对剩余价值生产》的第 9 章《剩余价值率和剩余价值量》中举例说明了货币转化为资本需要一个最低数量。马克思说：“不是任何一个货币额或价值额都可以转化为资本。相反地，这种转化的前提是单个货币占有者或商品占有者手中有一定的最低限额的货币或交换价值。”① 货币要转化为资本，既要有一定量的可变资本，也要有一定量的不变资本。可变资本的最低额，就是为取得剩余价值全年逐日使用的一个劳动力的成本价格。假定工人再生产他自己的生活资料的必要劳动时间是 8 个小时，剩余劳动时间为 4 个小时。这就需要有供一个工人劳动 12 个小时所需要的生产资料。雇佣两个工人，就能提供 8 个小时的剩余劳动，相当于一个工人的生活水平。为了使他的生活比工人好一倍，就得雇 4 个工人。为了使他的生活只比普通工人好一倍，并且把所生产的剩余价值的一半再转化为资本，他就必须把预付资本的最低限额和工人人数都增加为原来的 8 倍。马克思接着说，这时，如果他直接参加生产过程，那么他就成了介于资本家和工人之间的中间人物，成了“小业主”。②

我们做一个加总：用 8 个工人，一天一个工人干 12 个小时，一共 96 个小时，其中 64 个小时用于 8 个工人自己的生活，剩余的 32 个小时是为其雇主付出的剩余劳动或剩余价值。其中的一半，16 个小时的剩余劳动，使资本家的生活比工人好一倍；其中的另一半，16 个小时再转化为资本去追求更多的财富。

马克思为什么提出 8 个人？我们从后面马克思的解释可以察觉出来。马克思说：“货币或商品的占有者，只有当他在生产上预付的最低限额大大超过了中世

① 《马克思恩格斯文集》第 5 卷，人民出版社 2009 年版，第 356 页。

② 《马克思恩格斯文集》第 5 卷，人民出版社 2009 年版，第 357 页。

纪的最高限额时，才真正变为资本家。”① 那么，中世纪的行会规定使用人数的最高限额是多少呢？史料记载，12—13 世纪的西欧行会对每个会员作坊的雇工人数有严格的规定。一个会员作坊除了行东以外，一般规定可以雇帮工 1~2 人，学徒 2~3 人，合计可以雇 3~5 人。虽然行会制对于保证产品质量和经营信誉有一定的积极作用，但是它严重地限制了企业之间的竞争和企业的扩张，阻碍了生产力的发展。随着市场经济的兴起，这种行会制度大约到 16 世纪逐渐解体了。

马克思讲雇 8 个人的最低数量界限是固定的吗？显然不是。② 马克思接着讲道：“单个的货币占有者要蛹化为资本家而必须握有的最低限度价值额，在资本主义生产的不同发展阶段上是不同的，而在一定的发展阶段上，在不同的生产部门内，也由于它们的特殊的技术条件而各不相同。”③ 当时，马克思提雇佣 8 个工人作为货币转化为资本的最低限额，他所假定的生产力前提是不高的。工人一天劳动 12 个小时，必要劳动时间就占 8 个小时，剩余劳动时间只有 4 个小时。如果这个假定前提变化了，这个最低限额也就会随之改变。

五、关于现阶段存在的剥削现象的不同理解

我们首先看一下马克思是如何看待剥削的。马克思写《资本论》的目的就是为了揭露资本主义剥削的实质。但他并没有从道义原则出发去简单否定剥削。马克思对待资本主义剥削的基本观点是：第一，资本主义社会形态包括其剥削的产生和强化，是一种客观的、必然的历史发展过程。他讲道：“经济的社会形态的发展理解为一种自然史的过程。不管个人在主观上怎样超脱各种关系，他在社会意义上总是这些关系的产物。同其他任何观点比起来，我的观点是更不能要个人对这些关系负责的。”④ 因此，马克思并不是从道义上要求资本家和地主对资本主义剥削制度负责。第二，作为一个自然历史现象，剥削是生产力发展到一定阶段的产物，剥削的存在又是生产力发展不够的结果。在生产力没有达到高度发展的条件下，剥削是不可能消亡的。第三，对剥削存在的历史价值只能使用生产力标准来评价。恩格斯曾说过，人类社会的第一个剥削制度是奴隶制，而奴隶制与没有剥削的原始公社相比，“是一个巨大的进步”。⑤ 当马克思将资本主义剥削

---

① 《马克思恩格斯文集》第 5 卷，人民出版社 2009 年版，第 357-358 页。

② 最早明确提出不能教条地将雇佣 8 个工人作为区分个体经济和私营经济的政策界限的是我国著名经济学家卫兴华教授。卫兴华：《政治经济学研究（二）》，陕西人民出版社 1987 年版，第 451-455 页。

③ 《马克思恩格斯文集》第 5 卷，人民出版社 2009 年版，第 358 页。

④ 《马克思恩格斯文集》第 5 卷，人民出版社 2009 年版，第 10 页。

⑤ 《马克思恩格斯选集》第 3 卷，人民出版社 1995 年版，第 524 页。

与奴隶制剥削和封建剥削对比时，也曾讲到它是一种进步的文明剥削方式。马克思说："资本的文明面之一是，它榨取这种剩余劳动的方式和条件，同以前的奴隶制、农奴制等形式相比，都更有利于生产力的发展，有利于社会关系的发展，有利于更高级的新形态的各种要素的创造。"① 第四，资本主义以后的未来社会不存在剥削。列宁也曾说过，"社会主义就是消灭剥削"，但他们的预测是以生产力高度发达，生产资料归全社会劳动者共同占有，消灭了一切私有制经济为前提的。

那么，如何看待现阶段存在的剥削现象呢？

剥削现象，从一般意义上讲，是指社会上一部分人或集团凭借他们对生产资料的占有或垄断，无偿地占有那些没有或者缺少生产资料的人或集团的剩余劳动和剩余产品。剥削现象实质上是依靠对财产的私人占有从而无偿占有他人创造的社会财富的一种经济关系。"财产最初无非意味着这样一种关系：人把他的生产的自然条件看作是属于他的，看作是自己的，看作是与他自身的存在一起产生的前提。"② 历史上出现的剥削现象大多都与私人财产的形成方式和支配方式有关。在原始社会，氏族部落的生产资料和生活资料都是共有的，个人没有私有财产。人类从原始社会的野蛮时代迈向文明时代，采取了最野蛮的方式，即彻底剥夺一部分人，使其成为奴隶，成为另一部分人可以任意使用和支配，并为其创造财富的财产。在封建社会，土地是最重要的生产资料，它掌握在地主手中，农民必须依附于土地才能生存，农民实际上并不拥有多少财产，他们与财产的关系是间接的，即主要通过租种地主的土地并向其缴纳地租来实现。在资本主义社会，资本家的财产主要是通过资本原始积累，即通过暴力对小生产者财产的剥夺而实现的。"剥夺人民群众的土地是资本主义生产方式的基础。"③ "资本来到世间，从头到脚，每个毛孔都滴着血和肮脏的东西。"④ 资本家依靠对生产资料的占有无偿占有雇佣工人创造的剩余价值，从而形成资本主义剥削。可见，历史上存在的剥削现象都是以私有制基础上的剥削阶级的存在和剥削阶级与被剥削阶级的根本对立为前提的。

在我国现阶段，实行的是公有制为主体、多种所有制经济共同发展的基本经济制度，作为剥削阶级的资产阶级已不存在，那么，剥削现象是否存在？我们认为，一方面，我们要敢于承认有剥削。因为，作为剥削现象存在基础的私有制经济依然存在，作为依靠对生产资料私人占有而无偿占有他人劳动及其成果的剥削

---

① 《马克思恩格斯文集》第 7 卷，人民出版社 2009 年版，第 927–928 页。
② 《马克思恩格斯全集》第 46 卷上册，人民出版社 1979 年版，第 491 页。
③ 《马克思恩格斯文集》第 5 卷，人民出版社 2009 年版，第 880 页。
④ 《马克思恩格斯文集》第 5 卷，人民出版社 2009 年版，第 871 页。

现象就依然存在。另一方面，我们又必须把我国现阶段存在的剥削现象与历史上存在的阶级剥削严格区别开来。首先，我国现阶段的剥削不再是社会占主体地位的阶级剥削，而是依附于并服务于社会主义公有关系的一种剥削现象。其次，我国私营企业主的初始资本不是靠对别人财产的剥夺，而主要是靠个人劳动积累所形成的。再次，我们要把私有经济中私营企业主的劳动收入与非劳动收入严格区别开来。目前我国的私营企业主一般是自己管理企业。作为企业的管理者的劳动是生产性劳动，它既创造社会财富，也创造价值，特别是现代化大企业中的管理劳动，比起直接加工于劳动对象的一般劳动而言，对社会经济发展的贡献更大，创造的价值更多。他们由此得到的比一般工人更多的收入当然属于劳动收入。扣除属于劳动收入的部分，剩下的才是非劳动收入。最后，我们要把作为非劳动收入的剥削收入与一般的非劳动收入严格区别开来。剥削收入属于非劳动收入，但非劳动收入并非都是剥削收入。在非劳动收入中还包括存款利息、馈赠、遗产、转移支付等。纯粹由于他们投资而无偿占有工人创造的剩余价值部分，一般才应视为剥削收入。但是，有剥削收入的人不一定就是剥削者，只有以剥削收入作为主要生活来源的人才属于剥削者。即使是剥削者，一般也并不构成与工人阶级根本对立的利益集团，而可能成为中国特色社会主义建设者队伍中的一个组成部分。

有人认为，剥削问题是我们国家为了发展经济不得已采取的一项政策，如果条件发生了变化，这种政策是可以改变的。我们不是这样看的。我们的观点是：剥削现象，不属于主观道义范畴，而是我国社会主义初级阶段市场经济发展的客观存在。

第一，剥削是一个历史现象，消灭剥削也是一个历史过程。马克思主义创始人关于消灭阶级剥削的理论，是从生产力原则出发的，认为当时资本主义生产关系已经阻碍生产力的发展，表现为周期性经济危机和工人阶级劳动与生活条件的恶化，因此，这种阶级剥削应当被消灭，并由公有制社会所取代。但是，即便如此，马克思对作为资本家阶级剥削的评价也是持科学的、实事求是的态度，而不是简单化地将其与罪恶直接连在一起。反而认为，资本主义剥削方式，比起奴隶制、封建制等剥削方式更有利于生产力的发展。马克思说："资本的文明之一是，它榨取这种剩余劳动的方式和条件，同以前的奴隶制、农奴制等形式相比，都更有利于生产力的发展，有利于社会关系的发展，有利于更高级的新形态的各种要素的创造。"① 我国现阶段的私营企业，是在党的改革开放政策的引导和鼓励下

① 《马克思恩格斯文集》第7卷，人民出版社2009年版，第927-928页。

发展起来的。从我国国情出发，我们目前和今后相当长一个时期内的根本任务是快速发展生产力，增强我国的综合国力和提高人民群众的生活水平，而不是不顾条件的可能去消灭一切剥削，甚至包括资本主义性质的剥削。

第二，剥削现象存在的基础是私有制经济，而包括私有制经济在内的多种非公有制经济的存在和发展，是我国现阶段基本经济制度的重要组成部分。在公有制为主体的条件下，允许和鼓励非公有制经济发展，有利于建设有中国特色的社会主义。只要私营企业主遵守国家税收、劳动者权益、社会保障、安全生产、环境保护等各项法律法规，不损害劳动者的根本利益，其占有的剩余价值既是合理的，又是合法的。在国家法律规定的范围内，私营企业主从事生产经营活动的直接目的是获取剩余价值，但是，在他们增加利益的同时，也使国家得到了更多的积累，职工得到了更多的收入。因此，非公有制经济的存在和发展，不仅不与国家和工人阶级根本利益相对立，而且符合社会主义本质的要求，与国家和工人阶级的根本利益和奋斗目标是一致的。如果离开我国社会主义的实际，从一般抽象的角度看，好像偏离了我们所追求的共产主义远大目标，然而实际上却是更有效地推进了有中国特色的社会主义的历史进程。在我国，如果说没有公有制为主体就谈不上社会主义的话，那么同样，如果没有非公有制经济的存在和发展，也就建不成有中国特色的社会主义。

第三，在我国现实的经济建设中，存在着剥削成分的非公有制经济具有重要的地位和作用。①它是推动我国经济增长的重要力量。改革开放以来，我国国民经济以年均10%左右的速度增长，而非公有制经济增长速度高达30%。特别是在沿海地区和县域经济中，已经成为主要的经济增长点。②它是新增就业的主渠道，是社会稳定的支持力量。我国新增就业的70%以上是靠发展非公有制经济解决的。目前我国地方政府十分重视非公有制经济的发展，一个很重要的原因是发展非公有制经济能够增加就业。如果不是民营经济的大发展，中国的就业压力将会更大，如果有大量的人员不能就业，他们没有生活来源，就会影响政治大局和社会安定。民营经济发展了，就业人员增多了，地方政府的压力减小了，地方收入也会增加，如此，有利于当地生产力的发展，有利于地方收入的增加，有利于人民群众收入的提高和生活的改善，这是邓小平“三个有利于”标准的具体体现。③非公有制经济是我国建立市场经济体制的先导和重要的推动力量。它生在市场，长在市场，对市场的适应能力较强。它的发展，促进了整个社会经济的发展和市场竞争态势的形成，同时也推动了公有制经济的改革和发展。

有人认为，包括私营经济在内的非公有制经济，是我国社会主义市场经济中的补充成分，它们的大发展必然挤占公有制经济发展的空间，因此，应适当给予限制。但我们认为，大力发展包括私营经济在内的各种非公有制经济，是建设社会主义市场经济的客观要求，必须在全社会范围内形成有利于私营经济发展的更为宽松的经济环境和更广阔的制度空间，把中共中央和国务院关于发展非公有制经济的精神真正落到实处。

第一，要真正把发展私营经济放在国民经济全局上加以高度重视，并把发展私营经济与搞活国有经济和调整经济结构结合起来。第二，尽快解决私营经济的国民待遇问题，从体制和机制上解决私营企业融资难和自营出口难等问题。要适当扩大国有商业银行向私营企业贷款的比重，尽快组建民间投资担保机构，允许符合条件的私营企业到境外资本市场融资。第三，减少对私营企业的行政性审批，简化工商登记手续，一般私营企业的建立由审批制改为备案制，同时降低注册资本的门槛，鼓励发展私营中小企业。第四，打破行业垄断，调整市场准入政策，清理和取缔限制社会投资的不合理规定，扩大私营经济的投资领域，建立和完善公平竞争的市场机制。除少数关系国家安全和必须由国家垄断经营的行业外，都应允许私营资本投资经营。第五，要支持私营企业参与国有企业改革重组，鼓励高科技私营企业尽快进入电力、水利、铁路、公路、港口、公共工程等设施的建设，对于电信、邮政、金融、保险、教育、卫生、文化、体育等行业，也要降低准入条件，吸纳民间投资。第六，出台各种鼓励、扶持措施，完善私营企业经营环境。取消对私营企业发展的多种限制性、歧视性条文，制定鼓励私营中小企业，特别是私营科技企业发展的政策。第七，提高对私营企业的服务功能。加强对私营企业的调查研究，及时提供和发布有关市场信息，搞好必要的规划、协调、引导和服务，建立行业协会，发展多层次、多形式的中介服务组织，为私营经济的发展提供全方位的优质服务。第八，对私营企业和私营企业家进行分类指导。有些私营企业家综合素质高，管理文明，尊重职工权益，乐于扶贫济困，通过各种形式回报社会，对自身及家属严格要求，企业效益好，对国家贡献也大。政府和社会对这类企业家应给予更多的支持和鼓励，使其获得应有的社会荣誉和光彩。对那些素质不高，唯利是图，严重损害职工权益，甚至制假贩假、走私贩私、坑蒙拐骗、偷税漏税的私营企业，要加强教育、监督和引导，对一些不法行为，要严厉惩处。

第三章　资本积累理论

（《资本论》第一卷第七篇）

第一节　研究对象和逻辑结构

一、研究对象

第二章研究了资本怎样产生剩余价值，本章进一步研究剩余价值怎样产生资本，即资本积累，揭示资本积累的本质和一般规律，阐述资本积累对无产阶级命运的影响和资本主义必然灭亡的历史趋势。

第二章研究剩余价值的生产过程，首先分析了一个货币额转化为生产资料和劳动力，这是要执行资本职能的价值量所完成的第一个运动。这个运动是在市场上，在流通领域内进行的。运动的第二阶段，即剩余价值的生产过程，在生产要素转化为新的商品时就告结束，这些商品的价值大于其组成部分的价值，也就是包含原预付资本加上剩余价值。运动的第三阶段，是把这些商品再投入流通领域，出售这些商品，把它们的价值实现在货币上，然后把这些货币又重新转化为资本。这样周而复始地不断进行，就形成了资本的再生产过程。

要能够将货币又转化为资本，它的第一条件就是资本家必须卖掉自己的商品，把预付资本和剩余价值变成货币形式。因此，生产剩余价值即直接从工人身上榨取无酬劳动并把它固定在商品上的资本家，是剩余价值的第一个占有者，但绝不是剩余价值的最后占有者。以后他还必须同在整个社会生产中执行其他职能的资本家，同土地所有者，等等，共同瓜分剩余价值。

因此，资本主义再生产过程是以流通和分配为媒介的。马克思按照由本质到现象的逻辑方法，先从直接生产过程的角度来研究这个再生产过程，而把生产和流通综合在一起加以研究的资本流通过程即剩余价值实现过程，放在《资本论》第二卷去分析，再把剩余价值的生产过程、剩余价值的流通过程和剩余价值的分配过程综合在一起加以研究的资本主义生产总过程，放在《资本论》第三卷去分析。

从直接生产过程来考察，资本的价值增殖过程，不仅包括前面分析的剩余价值的生产过程，而且还包括剩余价值转化为资本的过程，即资本自身的生产过程。剩余价值转化为资本即资本积累，就是现在要研究的对象。这里研究资本积累是在纯粹状态下进行的，因此，这种研究就有两个假定：第一，假定流通正常进行；第二，假定作为剩余价值的生产者的资本家为全部剩余价值的占有者。

二、逻辑结构

《资本论》第七篇除了一个导言说明本篇研究的对象和方法以外，共由 5 章组成。按照从简单到复杂、从本质到现象的逻辑方法，第 21 章《简单再生产》先从作为扩大再生产的前提、基础和出发点的简单再生产开始，揭示资本主义再生产的实质是资本主义生产关系的再生产。第 22 章《剩余价值转化为资本》，分析剩余价值如何变成了资本，资本是怎样被再生产出来，资本主义再生产是如何以扩大的形式进行的，着重阐述了资本主义的占有方式和占有规律，批判了一些资产阶级经济学家在扩大再生产问题上的一些错误观点。第 23 章《资本主义积累的一般规律》，分析资本积累过程对工人阶级带来的严重影响，阐明资本主义积累的一般规律是财富在资本家一极积累，而贫困则在工人一极积累，着重论述了资本主义制度下无产阶级的贫困化问题。第 24 章《所谓原始积累》，分析资本主义生产关系的产生、发展和必然灭亡的历史趋势。最后，第 25 章《现代殖民理论》，这里马克思不是要专门研究殖民地问题，而是通过对近代殖民理论的批判，来印证他前面论述的有关资本积累的一些基本观点，即进一步阐明资本的本质：资本不是物，而是在物的形式下掩盖的一定历史发展阶段的生产关系，即资本主义的生产关系。资本也不是什么永恒存在的东西，而是有其自身产生、发展和必然灭亡的规律的。因此，马克思研究资本的积累过程，实际上是作为《资本论》第一卷的总结，它揭示了资本主义必然灭亡和社会主义必然胜利的历史规律性。《资本论》第七篇的重点是第 21 章、第 22 章、第 23 章和第 24 章的第 7 节。

第二节　资本积累理论的基本要点

一、生产和再生产

马克思首先分析了再生产的概念、条件和社会形式。

任何一个社会的生产过程都是再生产过程。马克思讲：“不管生产过程的社会的形式怎样，生产过程必须是连续不断的，或者说，必须周而复始地经过同样一些阶段。一个社会不能停止消费，同样，它也不能停止生产。因此，每一个社会生产过程，从经常的联系和它不断更新来看，同时也就是再生产过程。”①

生产的条件同时也就是再生产的条件。每一次生产过程都要消耗掉一定量的物质资料。这些物质资料既包括生产资料，也包括生活资料。每一次生产过程又都会生产出一定量的物质资料，为下一次生产提供条件。因此，生产的条件同时就是再生产的条件。

生产的社会形式就是再生产的社会形式。每一次生产过程，都是人们在一定的生产关系下进行的，随着生产的不断更新和重复，这种生产关系也会不断地被再生产出来。因此，马克思说：“生产具有资本主义的形式，再生产也就具有同样的形式。在资本主义生产方式下，劳动过程只表现为价值增殖过程的一种手段，同样，再生产也只表现为把预付价值作为资本即作为自行增殖的价值来再生产的一种手段。”② 这就是说，任何社会的再生产，都包含两方面的内容，一方面是物质资料的再生产，另一方面是生产关系的再生产。再生产就是物质资料再生产和生产关系再生产的统一。

二、资本主义简单再生产

资本主义再生产的特征是扩大再生产。那么，为什么要从简单再生产开始研究呢？因为简单再生产是扩大再生产的基础和出发点，如果没有资本主义的简单再生产，就谈不上资本主义的扩大再生产。同时，简单再生产又是扩大再生产的一个现实因素。因为任何一个扩大再生产都是在原有规模上的扩大，原有规模的再生产本身就构成了扩大再生产的现实因素，而且往往是其中的最大部分。再者，从方法论上讲，要了解某一事物，必须首先了解它的简单运动形式，从中找出有关这一事物的最一般的特征之后，才能进一步了解它的比较复杂的运动形式。简单再生产实际上也是资本主义生产关系的再生产。在简单再生产条件下，资本主义的再生产不断地把资本家和雇佣工人的对立关系再生产出来。在扩大再生产条件下，会把这种关系在扩大的规模上生产出来。所以，马克思在这里从简单再生产开始进行了研究。

简单再生产只是生产规模的简单重复，如果资本家把工人创造的剩余价值全部用于个人消费，再生产也只有在原有规模上重复进行。这就是资本主义的简单

① 《马克思恩格斯文集》第5卷，人民出版社2009年版，第653页。

② 《马克思恩格斯文集》第5卷，人民出版社2009年版，第653页。

再生产。分析资本主义简单再生产，可以使人们发现资本主义生产过程的某些新的重要特征，这些特征是我们以前把资本主义生产过程当作孤立的过程来考察时所看不到的。

(一) 可变资本的再生产

可变资本的再生产，就是资本家以工资形式付给工人的那部分资本的再生产。如果把资本主义的生产过程当作一个孤立的过程来考察，似乎资本家支付给工人的工资是由资本家预付的，资本家把工人生产的产品卖掉以后，才能把这部分预付的资本收回来。马克思认为，这是一种假象。这种假象是怎么产生的呢?一般来说，工人是在劳动一段时间之后得到工资的。当工人领到工资时，有可能他生产出来的商品还没有卖掉。因此，单就一个生产过程来看，好像工资是资本家用自己的钱垫支给工人让其购买生活资料进行消费的。但是，如果我们从再生产的角度来考察，这种假象就消失了。

从再生产的角度看，工人在这一次生产过程中生产的商品虽然还没有卖掉，但他在上一个生产过程，比如上一周、上个月、上一年所生产的商品却已经被资本家卖掉了，变成资本家手中的货币了。所以工人现在得到的工资并不是资本家垫支的，而是他用工人在前一个时期生产的一部分商品来支付的。马克思指出："工人今天的劳动或下半年的劳动是用他上星期的劳动或上半年的劳动来支付的……因此，可变资本不过是为维持和再生产自己所必需的生活资料基金或劳动基金的一种特殊的历史的表现形式：这种基金在一切社会生产制度下都始终必须由劳动者本身来生产和再生产。"① 马克思接着举了一个例子，在封建徭役地租的情况下，农民在一个星期的6天中3天为自己干活，3天为领主干活，在自己的那块分地生产的产品是他自己的，在领主的土地上干活生产出来的产品都是领主的。这个是清清楚楚的，因为他没有被刚才说的那个商品货币关系的交易形式所掩盖。在资本主义条件下，有个劳动力的买卖问题。好像资本家拿钱购买工人的劳动力，预付了工人的工资，好像是资本家在养活工人，而从连续的再生产过程来看，工人今天的劳动或下半年的劳动是用他上个星期或上半年的劳动来支付的。所以，从再生产的过程来说，可变资本是由工人自己生产出来的，不是资本家拿钱养活工人，而是工人自己养活了自己。当然，这个过程还有一个可能，就是资本家在最初办工厂的时候，他的钱可能是自己辛苦积累得来的。一旦这个再生产过程继续下去，最后的结果仍然是工人自己养活自己。

---

① 《马克思恩格斯文集》第5卷，人民出版社2009年版，第655页。

（二）全部资本的再生产

马克思举了个例子：某一个资本家有10000镑资本，每年可以得到2000镑剩余价值。这些剩余价值每年又都被消费掉，那就很清楚，同一过程重复5年后，所消费的剩余价值正好是10000镑，即等于原预付资本价值10000镑。如果每年只消费一半，那么，10年以后，也会产生同样的结果。总之，预付资本价值除以每年所消费的剩余价值，就可以求出，经过若干年或者说经过若干年再生产期间，原预付资本就会被资本家消费掉，因而消失了。这时资本家手中仍然保留着10000镑，这是因为每年占有了2000镑剩余价值。因此，撇开一切积累不说，生产过程的单纯连续或者说简单再生产，经过一个或长或短的时期以后，必然会使任何资本都转化为积累的资本或资本化的剩余价值。即使资本在进入生产过程的时候是资本使用者本人挣得的财产，它迟早也要成为不付等价物而被占有的价值，成为无酬的他人劳动在货币形式或其他形式上的化身。这就是说，从再生产的过程来看，全部资本都是由剩余价值转化而来的，而且全部资本投资包括不变资本和可变资本，都是工人创造的。

对此，资本家可能会辩解，说他们的这些资本在数量上没有改变，形式上也没有改变，像厂房、机器都是原来用资本购买的，在开始经营的时候已经存在了，怎么能够说是工人创造出来的呢？马克思认为，问题不在于资本的物质组成部分，而在于资本的价值，要把资本的价值关系和物质形式分开。如果某人有10000镑的房屋，或者是机器等财产，又借了10000镑的债，并且完全用掉了，那10000镑的财产仅能够抵偿他的债务，说他没有财产倒是完全确切，这与资本家消费10000镑的道理是一样的。从资本主义简单再生产的过程来考察，即使资本家最初的资本是从其他地方挣得的，或者是因为他勤劳积累而来的，不管怎么样，经过一个时期以后也会完全变成积累起来的剩余价值，成为别人无酬劳动的货币形式或其他形式的化身。这就是马克思的结论。

（三）雇佣工人的再生产

马克思指出，我们在《资本论》第4章已经看到，要使货币转变为资本，只有商品生产和商品流通的存在是不够的，必须有下列双方作为买者和卖者相对立：一方是生产资料和生活资料的占有者，另一方是除了劳动力以外一无所有的占有者。所以，劳动产品和劳动本身的分离，客观劳动条件和主观劳动力的分离，是资本主义生产过程事实上的基础或起点。

但是，起初仅仅是起点的东西，后来通过过程的单纯连续，即通过简单再生产，就作为资本主义生产本身的结果而不断重新生产出来，并且永久化了。这是因为，一方面作为生产过程结果的产品，在资本主义生产过程中被资本家占有，产品转化为资本，转化为资本家继续占有剩余价值的手段。另一方面，每一次生产过程结束以后，工人走出生产过程时，就与他进入这个过程之前一样，除了他自由的人身之外一无所有，他们为了生活，不得不继续出卖劳动力。工人在进入生产过程以前，就把劳动力出卖给了资本家，他的劳动就同自己相异化，被资本家所占有，并进入资本之中成为资本活的一个组成部分。资本主义生产过程是资本家消费劳动力的过程，工人的产品不断地转化为资本，转化为吮吸创造价值的力的价值，转化为购买劳动力的生活资料和使用生产者的生产资料的过程。“可见，工人本身不断地把客观财富当作资本，当作同他相异己的、统治他和剥削他的权力来生产，而资本家同样不断地把劳动力当作主观的、同它本身对象化在其中和借以实现的资料相分离的、抽象的、只存在于工人身体中的财富源泉来生产。一句话，就是把工人当作雇佣工人来生产。工人的这种不断再生产或永久化是资本主义生产的必不可少的条件。”①

马克思接着讲到，即使工人的个人消费，也是资本主义再生产的要素。

工人的个人消费，从表面上看起来好像是工人自己个人的事情。但如果不是从单个资本家和单个工人来考察，而是从资本家阶级和工人阶级来考察，不是从孤立的过程而是从不断进行的再生产过程来考察，那情况就不一样了。工人消费就不再是工人个人的事情，而成为整个资本家阶级再生产劳动力的必要手段。劳动力的再生产对资本家来说具有极其重要的意义。如果没有工人的个人消费，没有劳动力的再生产，资本家就会失去剥削的对象，由此就无法取得剩余价值，剩余价值的源泉就会消失。马克思讲：“当资本家把自己一部分资本转变为劳动力时，他就由此增殖了自己的总资本。他一举两得。他不仅从他由工人那里取得的东西中，而且从他给工人的东西中获取利益。”② 这也就是说，资本家用可变资本购买劳动力，一方面取得工人劳动力的使用权，用来生产剩余价值；另一方面又通过工人的个人消费，把劳动力再生产出来，把资本用来交换劳动力的生活资料，再转化为可供资本重新剥削的劳动力。这种消费是资本家最不可少的。所以，工人的个人消费是资本主义生产和再生产的一个要素。

因此，马克思说：“从社会角度来看，工人阶级，即使在直接生产过程以外，也同死的劳动工具一样是资本附属物。甚至工人阶级的个人消费，在一定限度内，也不过是资本再生产过程的一个要素。……个人消费一方面保证他们维持自

---

① 《马克思恩格斯文集》第5卷，人民出版社2009年版，第659页。

② 《马克思恩格斯文集》第5卷，人民出版社2009年版，第660页。

已和再生产自己，另一方面通过生活资料的耗费来保证他们不断重新出现在劳动市场上。罗马的奴隶是由锁链，雇佣工人则由看不见的线系在自己的所有者手里。”①

在资本主义条件下，从表面上看，工人出卖劳动力似乎是自由的、平等的。这种假象是由雇主的经常更换以及契约的法律拟制来保持的。就是说，工人有把劳动力卖给这个资本家或那个资本家的自由，而资本家有选择这个劳动力而不选择另外一个劳动力的自由，在这一点上他们在法律上是平等的。但是工人并没有不出卖劳动力的自由，没有不受剥削的自由。因为一无所有的工人要活下去，就必须出卖劳动力，受资本家的剥削。工人不管是在哪个资本家的工厂里劳动，总是隶属于这个资产阶级。所以，在资本主义平等自由的市场交易的表层下，隐含了资本主义基本的宪法秩序，就是资本家统治工人，工人从属于资本家。

（四）资本主义生产关系的再生产

在本章的最后，马克思总结道：“资本主义生产过程在本身中进行，再生产出劳动力和劳动条件的分离。这样，它就再生产出剥削工人的条件，并使之永久化。它不断迫使工人为了生活而出卖自己的劳动力，同时不断使资本家能够为了发财致富而购买劳动力。现在已经不再是偶然的事情使资本家和工人作为买者和卖者在商品市场上相对立。过程本身必定把工人不断地当作自己劳动力的卖者投回商品市场，并把工人自己的产品不断地转化为资本家的购买手段。实际上，工人在把自己出卖给资本家以前就已经属于资本家了。工人在经济上的隶属地位，是通过他的卖身行为的周期更新、雇主的更换和劳动的市场价格的变动来实现的，同时又被这些事实所掩盖。可见，资本主义生产过程，在联系中加以考察，或作为再生产过程加以考察时，不仅生产商品，不仅生产剩余价值，而且还生产和再生产资本关系本身：一方面是资本家，另一方面是雇佣工人。”② 资本主义的生产过程不仅是物质资料的再生产过程，而且同时也是资本主义生产关系的再生产过程。这就是马克思在《资本论》第一卷第 21 章中得出的结论。

三、剩余价值转化为资本

剩余价值转化为资本就是资本积累，即《资本论》第一卷第 22 章的内容。《资本论》第一卷第 22 章共分 5 节。第 1 节分析资本积累的实质是资本主义扩大

① 《马克思恩格斯文集》第 5 卷，人民出版社 2009 年版，第 661-662 页。

② 《马克思恩格斯文集》第 5 卷，人民出版社 2009 年版，第 665-667 页。

再生产，以及商品生产所有权规律如何转化为资本主义占有规律；第 2 节批判古典经济学关于扩大再生产的错误见解；第 3 节说明在剩余价值量一定的情况下，积累量由剩余价值分为资本和收入的比率来决定，而不是由节欲来决定；第 4 节分析在资本和收入的比率一定的情况下决定积累量的因素；第 5 节批判所谓劳动基金。这里的重点是第 1 节、第 3 节、第 4 节。

(一) 资本积累与扩大再生产

剩余价值转化为资本就是资本积累，通过资本积累实现资本主义扩大再生产。比如，有一个资本家投资 10000 元，一年生产的剩余价值是 2000 元，如果他把这 2000 元全部用于个人消费，那么，下一年的资本还是 10000 元，生产规模并没有扩大，这就是简单再生产。如果他把这 2000 元剩余价值拿出一半用作消费，一半用作积累，那么，下一年的用于生产的资本就变成 11000 元，这就是扩大再生产。

资本积累的物质条件。通过剩余价值转化资本，实现资本主义规模扩大的再生产，必须具备一定的物质条件：第一，年产品在补偿了预付资本中的生产资料和生活资料之外，必须有剩余产品。在剩余产品中，还必须有转化为资本所必需追加的生产资料和追加的生活资料。第二，如果不能在现有的劳动者身上从内涵和外延上追加劳动，就必须有追加的劳动力。由于资本主义生产关系以劳动力价值保证了追加劳动力的供给（劳动力价值中已经包含了工人繁殖后代的生活资料价值），所以，资本只要把追加劳动同包含在年产品中的追加的生产资料结合起来，剩余价值向资本的转化就能完成，资本主义扩大再生产就有物质条件保证。因此，马克思说：“剩余价值所以能转化为资本，只是因为剩余产品（它的价值就是剩余价值）已经包含了新资本的物质组成部分。”①

(二) 资本积累的价值源泉

马克思说，在资本积累中，用于积累的新追加的资本是直接从剩余价值中产生的。从价值上看，资本化的剩余价值来自雇佣工人的剩余劳动；从物质上看，追加的生产资料和生活资料都是工人剩余劳动生产的剩余产品。即使在等价交换的条件下，资本家购买新劳动力的资本也不过是劳动者给资本家的剩余价值的一部分。工人总是用其剩余劳动提供下一年雇佣他们的资本家手中的资本。马克思举例说，资本家最初投入资本 10000 镑，其中 8000 镑购买生产资料，2000 镑雇佣工人，剩余价值率 100%，第一年的年产品价值是 12000 镑，其中有 2000 镑剩

① 《马克思恩格斯文集》第 5 卷，人民出版社 2009 年版，第 670 页。

余价值；第二年他将上一年2000镑剩余价值的一半即1000镑用于积累，投入资本变成11000镑，其中8800镑购买生产资料，2200镑购买劳动力，第二年的年产品价值是13200镑，得到剩余价值2200镑。在第二年追加购买劳动力的200镑一开始就是工人上一年剩余劳动创造的剩余价值，现在又给他带来了200镑剩余价值。如果说，原有的10000镑资本有种种不同的来源，比如说是原始积累，辛勤劳动积累起来的，那么以后追加的1000镑资本的情况和原始的积累完全不同，它们都是剩余价值的化身，“它一开始就没有一个价值原子不是由别人的无酬劳动产生的。合并追加劳动力的生产资料以维持这种劳动力的生活资料，都不外是剩余产品的不可缺少的组成部分，即资本家阶级每年从工人阶级那里夺取的贡品的不可缺少的组成部分”。资本家以其中一部分200镑作为追加可变资本，以工资的形式付给工人，实质上是用从被征服者那里掠夺来的货币去购买征服者的商品。如果说在简单再生产的这种情况下，资本家最初预付的资本不是依靠剥削得来的，但是经过一个或长或短的时期，也会完全变成资本化的剩余价值。在扩大再生产情况下，任何一个追加的资本在一开始就已是资本家无偿占有的剩余价值。可见，在资本积累过程中，资本用无偿占有的剩余价值的一部分去重新占有更多的剩余价值。“对过去无酬劳动的所有权，成为现今以日益扩大的规模占有活的无酬劳动的唯一条件。资本家积累得越多，他就越能更多地积累。”① 这就是资本积累的实质。

（三）商品生产所有权规律转化为资本主义占有规律

商品生产所有权意味着商品生产者既是生产资料的所有者，又以自己劳动为基础，并占有自己的劳动产品，从而在交换过程中，商品所有者是平等关系，只能按等价交换各自的商品。所以，商品生产所有权规律指的就是等价交换的价值规律；资本主义占有规律是指资本用无偿占有的剩余价值去占有更多的剩余价值。由商品生产所有权规律转化为资本主义占有规律，就是商品生产的等价交换规律转变为资本主义的剩余价值规律。马克思讲道：“不论资本主义占有方式好像同最初的商品生产规律如何矛盾，但这种占有方式的产生绝不是由于这些规律遭到违反，相反地，是由于这些规律得到应用。”② “以商品生产和商品流通为基础的占有规律或私有权规律，通过它本身的、内在的、不可避免的辩证法转变为自己的直接对立物。”③

① 《马克思恩格斯文集》第5卷，人民出版社2009年版，第673页。
② 《马克思恩格斯文集》第5卷，人民出版社2009年版，第674页。
③ 《马克思恩格斯文集》第5卷，人民出版社2009年版，第673页。

那么，这到底是怎么转化的呢？第一步：资本家与劳动者在劳动市场上相遇，资本家按照劳动力价值购买劳动力，劳动者按照劳动力价值出卖劳动力，整个交换行为是等价交换，符合商品生产所有权规律。第二步：资本家使用劳动力，就像购买任何别的商品一样，取得了对该商品的使用权，这同样符合商品生产所有权规律。但是，劳动力是一种特殊商品，对它的使用过程就是让劳动者进行劳动的过程，劳动不仅可以创造价值而且可以创造更大的价值。由于劳动力的使用权是归劳动力购买者所有的，这一使用过程创造的价值自然全部归购买者所有。在这里，出现了质的变化，即资本家通过支付劳动力价值获得了一个创造价值的力的源泉，进而通过这个力的发挥得到了一个更大的价值。这样，等价交换就只是流通过程中的形式，而实质上在生产过程中已经出现了可以无偿占有别人的更大价值，流通中的等价交换掩盖了生产过程中的无偿占有。第三步：资本家把包含有剩余价值的商品（商品资本）拿到商品市场按照等价交换原则出卖，不仅收回了原预付资本价值，而且得到了剩余价值。这个过程也是符合商品生产所有权规律的。第四步：资本家将剩余价值的一部分按照等价交换原则购买追加的劳动力，通过对劳动力的使用，又得到了一个更大的价值，即剩余价值。然后，将商品按照等价交换原则卖掉，收回剩余价值。这时的剩余价值，本来就是用无偿占有的工人的剩余价值所带来的，即用无偿占有别人的剩余价值去重新占有别人更多的剩余价值。可见，正是在商品生产所有权规律加以贯彻的基础上实现了资本主义占有规律。马克思接着讲到：经过这样不断地转变，就使得资本家原来的资本与剩余价值转化来的资本相比，成为一个微乎其微、近于消失的量(数学意义上的无限小的量)，即全部现存的资本都是积累起来的或资本化的剩余价值。①

这里的关键是劳动力成为商品。一旦劳动力由工人自己作为商品自由买卖，这种结果就是不可避免的。商品生产按自己本身内在的规律越是发展成为资本主义生产，商品生产所有权规律也就越是转变为资本主义的占有规律。

四、资本积累的必然性和决定积累量的因素

既然资本积累的源泉在于剩余价值，即剩余价值没有被资本家全部消费，而是拿出来一部分用于积累，那么，是不是说，资本积累是资本家节欲的结果呢？马克思在《资本论》第一卷第 22 章的第 3 节专门谈了这个问题。为了说明这一问题，马克思首先界定了资本和收入的概念，所以这一节的标题是《剩余价值分

① 《马克思恩格斯文集》第 5 卷，人民出版社 2009 年版，第 678 页。

为资本和收入：节欲论》。

什么是收入？马克思在第 682 页注 33 中指出，收入一词有双重用法：第一是指剩余价值……第二是剩余价值被资本家用于消费的部分。这里指的是后一种用法。这样，“剩余价值一部分由资本家作为收入消费，另一部分用作资本或积累起来”。①

既然剩余价值分为资本和收入，就是资本家用于积累的部分和自己消费的部分，那么在剩余价值量一定时，这两部分中的一部分越大，另一部分必然就越小。这样就得出一个观点，就是剩余价值分为资本与收入的比例决定积累量的大小。但是，决定资本和收入的比例没有一个固定的标准，而是以资本家个人的意志为转移的。资本家由于受到客观经济规律的影响，决不会把全部剩余价值都用于个人消费。由于客观的经济规律作用，资本家必须把剩余价值中的一部分积累起来。这一客观规律包括两方面的内容：第一，内在动力。资本主义生产的目的是剩余价值，剩余价值生产是资本主义生产方式的绝对规律。资本家为了不断地占有更多的剩余价值，除了他们提高剥削程度以外，还必须扩大自己的资本，购买更多的生产资料，雇佣更多的工人，进行规模扩大的再生产。这样，对剩余价值的无限贪婪，就成了推动资本家不断进行资本积累的内在动力。第二，外在压力。资本主义竞争也迫使资本家要不断进行资本积累。只有不断积累，不断扩大生产规模，资本家才能不断地改进技术，提高效率，增加竞争能力。马克思指出：“竞争使资本主义生产方式的内在规律作为外在的强制规律支配着每一个资本家。竞争迫使他不断扩大自己的资本来维持自己的资本，而他扩大资本只能靠累进的积累。”②

正是因为资本家有不断积累的行为，才使资本家具有历史存在权，才受到尊敬。对此，马克思有一段精彩的论述：“资本家只有作为人格化的资本，他才有历史的价值，才有……历史存在权。也只有这样，他本身的暂时必然性才包含在资本主义生产方式的暂时必然性中。但既然这样，他的动机，也就不是使用价值和享受，而是交换价值和交换价值的增殖了。作为价值增殖的狂热追求者，他肆无忌惮地迫使人类去为生产而生产，从而去发展社会生产力，去创造生产的物质条件；而只有这样的条件，才能为一个更高级的、以每一个个人的全面而自由的发展为基本原则的社会形式建立现实基础。只有作为资本的人格化，资本家才受到尊敬。作为资本的人格化，他同货币贮藏者一样，具有绝对的致富欲。但是，

① 《马克思恩格斯文集》第 5 卷，人民出版社 2009 年版，第 682–683 页。

② 《马克思恩格斯文集》第 5 卷，人民出版社 2009 年版，第 683 页。

在货币贮藏者那里表现为个人狂热的事情，在资本家那里却表现为社会机制的作用，而资本家不过是这个社会机制中的一个主动轮罢了。”①

那么，资本家不断进行积累，会不会影响他的享受呢？马克思认为，资本积累和资本家的享受是并行不悖的。

在剩余价值量一定的情况下，积累欲与享受欲确实存在着矛盾。怎么来处理二者的矛盾呢？早期的资本家主张降低个人的享受来增加积累，因而把个人消费看成是违背积累的一种罪恶。现代的资本家则认为，解决这种享受欲和致富欲的矛盾，就要通过增加剩余价值量的剥削，扩大它的剥削规模来增加每次剥削的剩余价值量，这同时可以增加自己的积累，也可以增加自己的消费。马克思说：“资本主义生产的进步不仅创立了一个享乐世界，随着投机和信用事业的发展，它还开辟了千百个突然致富的源泉。”② 比如在股票交易所或期货市场里面可以买空卖空，转手间取得巨大的利润。这种投机活动与信用制度发展分不开，为了取得别人的信任，就必须表示自己的基金雄厚，表示自己的豪华与阔绰。所以，“在一定的发展阶段上，已经习以为常的挥霍，作为炫耀富有从而取得信贷的手段，甚至成了‘不幸的’资本家营业上的一种必要。奢侈被列入资本的交际费用”。③ 不断使资本家满足享受欲的需要，而且成为使资本家取得信用进行投机，以便增大积累，攫取更多的剩余价值的一个手段。

从这里可以看出，资本家的积累和货币储藏者不同。货币储藏者的财富增加与个人劳动和个人消费、节约成正比。资本家不同，他们积累的资本的增加既不属于自己的个人劳动，也不完全取决于个人消费的节约，而是取决于榨取别人劳动力的多少，即剥削了多少别人的剩余劳动。剩余价值量增加，虽然工人的收入部分也增加了，但积累的资本还是可以增加的。马克思指出，封建主的挥霍是直截了当的，纯粹为了享受；而资本家挥霍的背后总是隐藏着最肮脏的贪欲和最小心的盘算，总是有生意上的考虑。马克思最后得出结论：资本积累和资本家的享受并行不悖，“资本家的挥霍仍然可以和积累一同增加，一方决不会妨害另一方”。④ 因为这种享受本身是资本营业上的一种需要，是取得信誉的一种手段。

马克思对西尼耳的“节欲论”的批判。西尼耳在1836年提出了“节欲论”，马克思说这是资产阶级经济学发现的一种不可超越的条文。现在正统的、主流的西方经济学最基本的理论假设都没有超越它。西尼耳武断地宣布，要用“节欲”

① 《马克思恩格斯文集》第5卷，人民出版社2009年版，第683页。
② 《马克思恩格斯文集》第5卷，人民出版社2009年版，第685页。
③ 《马克思恩格斯文集》第5卷，人民出版社2009年版，第685页。
④ 《马克思恩格斯文集》第5卷，人民出版社2009年版，第685页。

一词来代替“资本”一词。他认为，生产工具就是资本，这种资本是资本家自己节欲的结果，使收入转化为资本。谷物所以不被完全吃光，有一部分留下来作来年的种子，是因为资本家实行了“节欲”；机器、棉花等所以不被资本家自己消费掉，是因为他们实行了“节欲”。所以资本家没有剥削工人，资本来源于节欲。马克思认为，首先，西尼耳把资本的真正来源掩盖了。资本并不是资本家自己创造出来的，而是通过对工人创造的剩余价值的积累转化而来的。其次，他在做名词概念的游戏，根本不能说明问题。最后，从实际生活当中看，资本家恰恰不爱好节欲，因为资本越大，剥削的剩余价值越多，积累的资本就越多，同时他们消费的剩余价值的部分也越多。所以，资本家和浪费是联系在一起的，根本不存在节欲。

在剩余价值分为资本和收入的比例已定的情况下，积累量的大小由什么来决定？马克思讲，在这种情况下，决定积累量的主要有劳动力的剥削程度、劳动生产率、所用资本和所费资本的差额，以及预付资本量四个因素。①在同样的可变资本的条件下，剥削程度越高，工人创造的剩余价值量就越多，资本积累量也就越多。②劳动生产率提高，会使单位商品的价值量降低，劳动力价值降低，剩余价值会增加。同时，由于单位商品价值量下降，同量价值的资本包含了更多的生产资料和生活资料，它所推动的劳动越多，得到的剩余价值也就越多。③生产过程中的所用资本总是大于所费资本的。随着资本量的增加，投在机器设备上的资本量就越多，所用资本和所费资本之间的差额也会扩大，机器设备价值虽然被部分地转移到新产品中了，但它们的使用价值并不会同比例地丧失掉。它们的使用价值仍在生产过程中无代价地为资本家提供服务。“它们越是整个地被使用而只是部分地被消费，那么，它们就越是像我们在上面说过的自然力如水、蒸汽、空气、电力等等那样，提供无偿的服务。被活劳动抓住并赋予生命的过去劳动的这种无偿服务，会随着积累规模的扩大而积累起来。”[①] ④预付资本的数量越多，在资本有机构成和剥削程度一定的情况下，可变资本的数量就相应越多，创造的剩余价值量也就越多，从而资本积累量也就越多。“生产的规模越是随着预付资本量一同扩大，生产的全部发条也就运作得越是有力。”[②]

五、资本主义积累的一般规律

资本主义积累的一般规律，即《资本论》第一卷第23章的内容。“这一章

① 《马克思恩格斯文集》第5卷，人民出版社2009年版，第702页。
② 《马克思恩格斯文集》第5卷，人民出版社2009年版，第703页。

要研究资本的增长对工人阶级的命运产生的影响。在这种研究中，最重要的因素是资本的构成和它在积累过程进行中所起的变化。”① 《资本论》第一卷第23章共5节。第1节，资本构成不变，对劳动力的需求随积累的增长而增长，主要分析在资本有机构成不变的情况下，资本积累对工人阶级的影响；第2节，在积累和伴随积累积聚的过程中资本可变部分相对减少，主要分析随着资本积累增加，资本有机构成的提高，可变资本相对减少；第3节，相对过剩人口或产业后备军的累进生产，主要分析可变资本相对减少形成相对过剩人口，造成工人失业；第4节，分析相对过剩人口的各种形式，揭示资本主义积累的一般规律，并说明无产阶级贫困的根源；第5节，对资本主义积累一般规律的例证。这里的重点是前4节的内容。

(一) 在资本构成不变时，对劳动力的需求随积累的增长而增长

马克思首先讲资本构成。资本构成是指资本组成部分的比例关系。资本构成可以从物质和价值两个方面来分析。从物质上看，资本总是由一定比例的生产资料和劳动力所构成，这种比例取决于生产技术的发展水平，技术水平高，每一个劳动力所推动的生产资料的数量就多；反之，技术水平低，每一个劳动力所推动的生产资料的数量就少。所以，这种由技术水平决定的生产资料和劳动力的比例，叫作资本的技术构成。从价值上看，资本总是分为不变资本和可变资本，二者的比例叫作资本的价值构成。资本的技术构成和价值构成存在着密切的联系。资本的价值构成是以技术构成为基础的，技术构成的变化会引起价值构成的变化，价值构成发生的变化也通常会反映到技术构成的变化上。马克思把由资本技术构成决定并反映技术构成变化的资本价值构成，称作资本有机构成。

在资本有机构成不变的情况下，随着资本积累的增加，资本中用于购买劳动力的可变资本也会增加，可变资本的增加就意味着，对劳动力需求量的增加，这种情况继续下去，就会出现对劳动力的需求超过劳动力的供给，从而引起工人工资的某些提高，工人的生活有所改善。这种现象在资本主义发展的初期，曾经出现过。

马克思讲，这种对工人多少有利的情况并不会改变资本主义生产的性质。这是因为：第一，随着资本积累的增加，资本的数量不断扩大，这本身就意味着资本主义剥削关系和统治范围的扩大。马克思指出：“这些多少有利于雇佣工人的维持和繁殖的情况，丝毫不会改变资本主义生产的基本性质。简单再生产不断地

---

① 《马克思恩格斯文集》第5卷，人民出版社2009年版，第707页。

再生产出资本关系本身：一方面是资本家，另一方面是雇佣工人；同样，规模扩大的再生产或积累再生产出规模扩大的资本关系：一极是更多的或更大的资本家，另一极是更多的雇佣工人。”① 第二，资本主义积累的目的是生产更多的剩余价值，“生产剩余价值或赚钱，是这个生产方式的绝对规律……所以，劳动力的出卖条件不管对工人怎样有利，总要使劳动力不断地再出卖，使财富作为资本不断地扩大再生产”。② 第三，即使这时候工资会有所提高，但“劳动价格的提高被限制在这样的界限之内，这个界限不仅使资本主义制度的基础不受侵犯，而且还保证资本主义制度的规模扩大的再生产”。③ 总之，在资本主义制度下，工人有时候会“吃穿好一些，待遇高一些，持有财产多一些，不会消除奴隶的从属关系和对他们的剥削，也不会消除雇佣工人的从属关系和对他们的剥削。由于资本积累而提高的劳动价格，实际上不过表明，雇佣工人为自己铸造的金锁链已经够长够重，容许把它略微放松一点”。④

（二）资本有机构成提高与相对人口过剩

资本积累的增加，会促进劳动生产率的提高，劳动生产率的提高，首先直接反映在资本技术构成的提高，使生产资料的量比推动它的劳动力的量相对增长，从而使资本的价值构成发生相应变化，可变资本相对减少，资本有机构成不断提高。

一般来讲，资本有机构成的提高以个别资本的增大为前提。个别资本的增大有两种具体形式：一是资本积聚，二是资本集中。资本积聚，就是单个资本通过剩余价值的资本化，来增大资本的总额。资本积聚有两个特征：第一，积聚的增进受社会财富增长程度的限制；第二，社会资本分散在许多单个资本家身上，他们作为独立的商品生产者互相对立着。资本集中，就是把已经存在的许多单个资本集中起来，是许多小资本变成少数大资本，是资本家剥夺资本家。资本集中不同于资本积聚，它不受社会财富的绝对增长或积累的绝对界限的限制，它把一些小资本合并起来，否定了这些资本原有的独立性质。马克思讲：“虽然集中运动的相对广度和强度在一定程度上由资本主义财富已经达到的数量和经济机构的优越程度来决定，但是集中的进展决不取决于社会资本的实际增长量。……集中可以通过单纯改变既有资本的分配，通过单纯改变社会资本各组成部分的量的组合

① 《马克思恩格斯文集》第5卷，人民出版社2009年版，第708页。
② 《马克思恩格斯文集》第5卷，人民出版社2009年版，第714页。
③ 《马克思恩格斯文集》第5卷，人民出版社2009年版，第716页。
④ 《马克思恩格斯文集》第5卷，人民出版社2009年版，第714页。

来实现。资本所以能在这里，在一个人手中增长成巨大的量，是因为它在那里，在许多单个人的手中被夺走了。在一个生产部门中，如果投入的全部资本已融合为一个单个资本时，集中便达到了极限。在一个社会里，只有当社会总资本或者合并在唯一的资本家手中，或者合并在唯一的资本家公司手中的时候，集中才算达到极限。”①

资本集中有两个有力杠杆：一是竞争，二是信用。竞争的主要手段是价格，即通过使商品便宜战胜对手。在其他条件不变时，商品的便宜取决于劳动生产率，而劳动生产率又取决于生产规模。因此，竞争的结果总是许多较小的资本垮台，他们的资本一部分转入胜利者手中，一部分归于消灭。信用事业是随同资本主义的生产而形成的。起初，它作为积累的小小的助手不声不响地挤了进来，通过一根根无形的线把那些分散在社会表面的大大小小的货币资金吸引到单个的或联合的资本家手中，但是很快它就成了竞争斗争的一个新的可怕的武器；最后，它转化为一个实现资本集中的庞大的社会机构。

相对于资本积聚，资本集中的作用是巨大的。因为，资本积聚，即靠自己的剩余价值资本化来扩大资本规模，是一个极缓慢的过程。马克思说：“假如必须等待积累使某些单个资本增长到能够修建铁路的规模，那么恐怕直到今天世界上还没有铁路。但是，集中通过股份公司转瞬之间就把这件事完成了。……通过集中而在一夜之间集合起来的资本量，同其他资本量一样，不断再生产和增大，只是速度更快，从而成为社会积累的新的强有力的杠杆。”②

随着资本积聚和资本集中的不断推进，资本有机构成不断提高。资本有机构成提高，表明在资本总额中不变资本部分日益增多，而可变资本部分则相对地日益减少。资本对劳动力的需要不是取决于资本总额的大小，而是取决于可变资本的大小。随着资本积累的增长和资本总量的增加，可变资本的绝对量虽然也会增加，但由于资本有机构成的提高，可变资本的相对量即它在资本总额中的比重却日益下降。因此，在每个工人工资不变的情况下，资本对劳动力的需求也将日益相对地，有时甚至绝对地减少。

在资本主义制度下，尽管资本对劳动力的需求量日益相对地，有时甚至绝对地减少，但劳动力的供给伴随着资本积累却在不断增加。这主要是因为：第一，由于机器的广泛使用和不断改进，许多操作变得简单了，原来只有强体力的工人才能胜任的工作，现在体力较弱的劳动者也能从事了，这就为资本家为了压低工

① 《马克思恩格斯文集》第5卷，人民出版社2009年版，第723页。

② 《马克思恩格斯文集》第5卷，人民出版社2009年版，第724页。

资广泛使用女工和童工提供了可能。第二，随着资本家剥削的加重，破产的农民和手工业者也越来越多，他们不断地变成雇佣劳动者涌到劳动市场上寻找工作。第三，在资本家之间的激烈竞争中，一部分中小资本家破产，他们不得不加入雇佣劳动大军，靠出卖劳动力维持生计。总之，随着资本积累的增加，劳动力的供给在不断地增加，而这种增加“总是比可变资本即工人人口的就业手段增长得快”。① 这样，在资本主义社会，随着资本积累的增加和资本有机构成的提高，必然出现两种完全相反的趋势：一方面，资本对劳动力的需求会不断减少，有时甚至会绝对减少；另一方面，劳动力对资本的供给又在迅速地增加。其结果就不可避免地造成资本主义制度所特有的相对过剩人口。所谓相对过剩人口，指劳动者的供给超过了资本对它的需求。马克思指出：“资本主义积累不断地并且同它们的能力和规模成比例地生产出相对的，即超过资本增殖的平均需要的，因而是过剩的或追加的工人人口。”② “工人人口本身在生产出资本积累的同时，也以日益扩大的规模生产出使他们自身成为相对过剩人口的手段。这就是资本主义生产方式所特有的人口规律。”③

过剩的工人人口是积累或资本主义基础上的财富发展的必然产物，但是这种过剩人口反过来又成为资本主义积累的杠杆，甚至成为资本主义生产方式存在的一个条件。这是由于在资本积累的进程中，资本积累的增加，信用事业的发展，以及生产者技术条件的变化，等等，会引起资本的突然膨胀或突然萎缩，它的突然膨胀需要立即吸收大量工人就业，这靠人口的自然增长是来不及的，只能由相对过剩人口来提供。它的突然萎缩又会将大量的工人抛向工厂之外，成为新的失业者。这样，相对过剩人口就像一个劳动力的“蓄水池”，是资本主义社会按照资本家的需要对劳动力的供求状况进行调节的机制。因此，在资本主义社会，不可能消灭失业。如果非要消灭失业，就只有消灭资本主义制度。

在资本主义社会，相对过剩人口有三种基本形式。第一种形式是流动的过剩人口。由于资本主义生产的扩大和缩小，工人时而被吸收到生产过程中，时而又被解雇到失业队伍中。由于资本主义生产的剧烈波动，工人的就业状况也就极不稳定，这类失业者的人数也就不断增多。第二种形式是潜在的过剩人口。这种形式的过剩人口主要指农业中的过剩人口。一方面，随着资本主义的发展，有越来越多的农民破产，加入雇佣工人队伍；另一方面，农业有机构成的不断提高，对

① 《马克思恩格斯文集》第5卷，人民出版社2009年版，第726页。

② 《马克思恩格斯文集》第5卷，人民出版社2009年版，第726页。

③ 《马克思恩格斯文集》第5卷，人民出版社2009年版，第727-728页。

农业劳动者的需要相对甚至绝对地减少。这就必然形成农业中大量的过剩人口。这种过剩人口之所以是潜在的，是因为大多数农民通常都有一小块土地，可以在土地上劳作。但实际上，他们靠这一小块土地根本无法维持生活。他们时刻企盼着有机会到城市非农产业中就业，一旦有了机会，他们就会毫不犹豫地奔向城市，奔向工厂，加入雇佣劳动大军。第三种形式是停滞的过剩人口。这是指那些在自己家里为工厂主做工的、没有固定职业的人口。他们往往工作时间最长而工资最低。除此之外，在社会最底层还存在着被赶出工厂而永远找不到工作的人，包括那些丧失劳动能力的人以及被迫流浪街头的人，等等。

相对过剩人口是资本主义生产方式所特有的人口规律。资产阶级经济学家则认为工人失业是一种自然现象，与资本主义雇佣劳动制度无关，其代表作就是1798年马尔萨斯出版的《人口原理》一书。这是一本将别人的观点拼凑在一起，并没有什么新的观点的书。但是，它的出版却受到了当时资产阶级的普遍欢迎。因为，此书出版正逢英国的产业革命和资本主义关系迅速发展之时。伴随着资本主义的迅速发展，工人失业日益严重，工人阶级生活状况急剧恶化，工人阶级和资产阶级的矛盾不断加深。社会上对现存制度不满甚至批判的书籍大量出现，对资产阶级的统治造成了一定的威胁。因此，资产阶级迫切需要一种既能解释工人失业现象，又不影响资产阶级统治的“理论”。《人口原理》正是这样一部著作。

马尔萨斯人口理论的主要观点是：人有食欲和性欲两种欲望，因而产生生活资料生产和人口生产两种生产。但是这两种生产发展速度不一样，生活资料按照算术级数增长，人口按照几何级数增长。人口增长的速度快于生活资料增长速度，是一条与社会制度无关的永恒的自然规律。由于这个规律的作用，社会上就不可避免地产生饥饿、贫困和失业的问题。他认为，要解决这些问题，就必须限制人口增长。在人口没有开始大规模增长之前，要采取道德抑制，包括用节育、晚婚、不育等方法限制人口增长；在人口开始大规模增长以后，要采取积极抑制，包括用各种各样的过度行为，用传染病、战争、瘟疫和饥荒等办法消灭过多的人口。

马尔萨斯的人口理论是错误的和反动的。第一，他以所谓的人有食欲和性欲这两个一切动物都具有的生物本能为前提，来解释失业这一社会现象，是没有说服力的。因为，人是社会动物，是在社会中生存和发展的。人口的生产和生活资料的生产都是在一定的社会生产方式中进行，并由这种社会生产方式所决定的。人类社会根本不存在所谓的“自然的人口规律”。马克思指出：“事实上，每一种特殊的、历史的生产方式都有其特殊地、历史地发生作用的人口规律。抽象的人口规律只存在于历史上还没有受过人干涉的动植物界。”[1] 马尔萨斯提出的人口按几何级数增长和生活资料按算术级数增长的依据是不符合实际的。他仅仅依据北美历史上一段时期人口曾经在25年间通过大量移民增长1倍的材料，就主观片面地得出在任何国家的任何时期，人口都是按每隔25年就翻一番的结论，并不能说明人口增长的一般情况。所谓生活资料按算术级数增长的依据是“土地肥力递减规律”。这一“规律”完全抹杀了科学技术进步和生产关系变革对生产发展的作用，是不科学的。建立在这个不科学的“规律”之上的结论也是不科学的。马尔萨斯把战争和瘟疫看成是在长时期内阻止人口增长的最有效的办法，这种所谓的“积极限制”人口增长的办法是反人类的。总之，正如马克思所指出的：“马尔萨斯在科学上的结论，是看着统治阶级特别是统治阶级的反动分子的‘眼色’捏造出来的；这就是说，马尔萨斯为了这些阶级的利益而伪造科学。”[2]

（三）资本主义积累的一般规律

随着资本积累，资本家手中的资本越来越多，资本家愈益富有；而工人失业人口也越来越多，工人阶级愈益贫困。对此，马克思写道：“社会的财富即执行职能的资本越大，它的增长的规模和能力越大，从而无产阶级的绝对数量和他们的劳动生产力越大，产业后备军也就越大。可供支配的劳动力同资本的膨胀力一样，是由同一些原因发展起来的。因此，产业后备军的相对量和财富的力量一同增长。但是同现役劳动军相比，这种后备军越大，常备的过剩人口也就越多，他们的贫困同他们所受的劳动折磨成正比。最后，工人阶级中贫苦阶层和产业后备军越大，官方认为需要救济的贫民也就越多。这就是资本主义积累的绝对的、一般的规律。像其他一切规律一样，这个规律的实现也会由于各种各样的情况而有所变化。”[3]

理解这一规律，要考虑以下几层意思：第一，资本主义积累的一般规律包括资本积累规律、资本主义人口规律和无产阶级贫困规律；第二，资本主义积累的一般规律是绝对规律，即只要资本主义制度存在，这一规律就必然存在；第三，资本主义积累的一般规律，在现实生活中会由于各种各样的情况而有所变化。也就是说，在不同的国家、不同的历史时期，它的实现形式可以有所不同。

关于无产阶级贫困化问题存在着不同的理解，争论的焦点在于什么是绝对贫

---

① 《马克思恩格斯文集》第5卷，人民出版社2009年版，第728页。

② 《马克思恩格斯全集》第26卷第2分册，人民出版社1973年版，第127页。

③ 《马克思恩格斯文集》第5卷，人民出版社2009年版，第742页。

困化。

无产阶级的贫困是指整个无产阶级的贫困状况，指无产阶级从属于资本的受奴役、受剥削的社会地位和状况。在考察无产阶级的贫困时，不能只看在业工人、技术工人和熟练工人的状况，还要看失业工人、非技术工人、童工、女工以及农业工人的状况。无产阶级贫困化的突出表现是，在劳动人民所创造的国民收入总额中，无产阶级的工资收入所占的比重不断下降，而资产阶级的剥削收入所占的比重则不断增长。这种贫困一般称之为相对贫困。然而，工人阶级的贫困不仅是相对的，有时还是绝对的。特别是在资本主义发展初期和经济危机期间，劳动强度不断提高，名义工资虽然有所提高，但由于物价上涨，实际工资却在降低，有越来越多的工人生活在贫困线以下，甚至失业和半失业人数大量增加。当然，这里应该指出的是，无产阶级的绝对贫困，更多地强调的是无产阶级的社会地位不断下降，并不是说无产阶级的生活一天比一天恶化，也不意味着无产阶级是绝对的日益贫困。恩格斯与列宁都曾指出，揭示出无产阶级的穷苦和贫困是十分必要的，但不主张说是绝对的日益穷苦和贫困。从长时期来看，由于生产力水平的提高和工人阶级斗争的加强，工人的物质生活水平是会有所提高的，但无论生活水平怎样提高，他们受剥削、受压迫的雇佣地位并不会改变。只要资本主义制度存在，无产阶级就不可能从根本上摆脱贫困和从属于资本的境地。

六、资本主义积累的历史趋势

（一）资本原始积累

资本原始积累是资本主义生产方式的起点。资本积累以剩余价值生产为前提，而剩余价值生产又以资本主义生产方式为前提，资本主义生产方式以商品生产者手中掌握较大量的资本和劳动力成为商品为前提，而较大量的资本集中在少数人手中和劳动力商品则是通过资本原始积累完成的。

原始积累的秘密就是劳动者和生产资料分离的过程。马克思主要是根据英国的情况，讲了劳动者在西方封建社会的晚期是怎么和生产资料分离的，最后怎么成为一无所有，而且出卖自己劳动力的雇佣工人的过程。实际上讲了资本主义生产方式确立的前史。资本主义生产方式是从封建社会的经济结构中产生出来的，封建社会的经济结构的解体过程就是资本主义关系的产生过程。资产阶级的统治是战胜封建贵族和行会束缚的结果。14 世纪和 15 世纪在地中海沿岸的一些城市产生了资本主义最初的萌芽，16 世纪农奴制废除后，资本主义时代才真正到来。

资本家的产生过程。资本家最初是从哪里来的呢？首先是从租地农场主转变而来。最初的租地农场主本身只是农奴的管事。15 世纪和 16 世纪的农业革命，使租地农场主致富，在英国已经出现了一个相当富有的“资本主义租地农场主”阶级。

农业革命消灭了农村副业，使以前作为农民自产自用的农产品和原料成为商品，使以前作为副业自产自用的工业品成为工场手工业的产品，成为商品，使以前分散的小买卖变成了国内大市场。机器大工业的出现，彻底剥夺了绝大多数农村居民，使农业和农村家庭手工业完全分离，铲除了农村家庭手工业的根基——纺纱和织布。这样，它为工业资本征服了整个国内市场。在农业革命的过程中，大量的农民从土地中游离出来，伴随着农业居民的游离而游离出来的生产资料和生活资料变成了不变资本和可变资本的物质要素。

从租地农场主，以及从封建行会师傅产生资本家的过程，这种“蜗牛爬行速度”难以适应 15 世纪由于地理大发现产生的世界市场和世界贸易。于是，一场利用国家暴力加速资本积累的过程开始了，这就是资本的原始积累运动。在英国，资本原始积累的主要因素“在 17 世纪末系统地综合为殖民制度、国债制度、现代税收制度和保护关税制度。这些方法一部分是以最残暴的暴力为基础，例如殖民制度就是这样。但所有这些方法都利用国家权力，也就是利用集中的、有组织的社会暴力，来大力促进从封建生产方式向资本主义生产方式的转变过程，缩短过渡时间。暴力是每一个孕育着新社会的旧社会的助产婆。暴力本身就是一种经济力”。①

殖民制度。“美洲金银产地的发现，土著居民的被剿灭、被奴役和被埋葬于矿井，对东印度开始进行的征服和掠夺，非洲变成商业性地猎获黑人的场所——这一切标志着资本主义生产时代的曙光。这些田园诗式的过程是原始积累的主要因素。接踵而来的是欧洲各国以地球为战场而进行的商业战争。这场战争以尼德兰脱离西班牙开始，在英国的反雅各宾战争中具有巨大的规模，并且在对中国的鸦片战争中继续进行下去，等等。”②

国债制度。“国债，即国家的让渡，不论是在专制国家、立宪国家，还是共和国家，总是给资本主义时代打下自己的烙印……公债成了原始积累的最强有力的手段之一。它像挥动魔杖一样，使不生产的货币具有了生殖力，这样就使它转变为资本。”③

---

① 《马克思恩格斯文集》第 5 卷，人民出版社 2009 年版，第 861 页。
② 《马克思恩格斯文集》第 5 卷，人民出版社 2009 年版，第 860-861 页。
③ 《马克思恩格斯文集》第 5 卷，人民出版社 2009 年版，第 864-865 页。

现代税收制度。国债要还本付息，就必然加重税收。“由于债务一笔接着一笔的积累而引起的增税，又迫使政府在遇到新的额外开支时，总是要借新债。因此，以对最必要的生活资料的课税为轴心的现代财政制度，本身就包含着税收自行增加的萌芽。”①

保护关税。“保护关税制度是制造工厂主、剥夺独立劳动者、使国民的生产资料和生活资料资本化、强行缩短从旧生产方式向现代生产方式的过渡的一种人为手段。”②

雇佣工人的产生过程。一方面，大量的农民突然被强制地同自己的生存资料分离，被当作不受法律保护的无产者抛向劳动力市场，其全部过程的基础就是农民土地的被剥夺。剥夺农民土地的过程在各国不同，而以英国最为典型。在15世纪的英国，占绝大多数的人口是自耕农。15世纪最后的30年到16世纪初，在英国开始了为资本主义奠基的变革。首先是封建农庄的解散，大量无产者被抛向劳动力市场；其次是大封建主把农民从土地上赶走，使他们变成无产者。另一方面，国家通过立法，迫使无产者成为雇佣工人。那些被剥夺了土地、被暴力驱逐的人，他们不适应新的纪律成为流浪者、乞丐，为了将他们驱赶到劳动力市场，15世纪和16世纪的整个欧洲都充满了惩治这些人的血腥立法。

以上的所有手段都证明了马克思所说的一句名言：“资本来到世间，从头到脚，每个毛孔都滴着血和肮脏的东西。”③

(二) 资本主义积累的历史趋势

小生产向资本主义生产方式的转变，第一次剥夺：对私有制的第一次否定。

私有制是指生产资料归私人所有的一种社会制度。“私有制作为社会的、集体的所有制的对立物，只是在劳动资料和劳动的外部条件属于私人的地方才存在。但是私有制的性质，却依这些私人是劳动者还是非劳动者而有所不同。”④

小私有制是劳动者的私有制，即劳动者对他的生产资料拥有私有权。这是小生产的基础，而小生产又是发展社会生产和劳动者本人的自由个性的必要条件。这种生产方式只有在劳动者是自己使用的劳动条件的自由私有者的地方，才得到充分的发展和成为典型的形式。

以小私有制为基础的小生产必然被资本主义生产方式所取代。因为，“这种

① 《马克思恩格斯文集》第5卷，人民出版社2009年版，第866页。
② 《马克思恩格斯文集》第5卷，人民出版社2009年版，第867页。
③ 《马克思恩格斯文集》第5卷，人民出版社2009年版，第871页。
④ 《马克思恩格斯文集》第5卷，人民出版社2009年版，第871页。

生产方式是以土地和其他生产资料的分散为前提的。它既排斥生产资料的积聚，也排斥协作，排斥同一生产过程内部的分工，排斥对自然的社会统治和社会调节，排斥社会生产力的自由发展。它只同生产和社会的狭隘的自然产生的界限相容”。[①] 因此，它发展到一定的程度，就产生出消灭它自身的物质手段。它必然要被消灭。它的消灭是通过直接生产者的被剥夺进行的，这种剥夺是以暴力手段完成的。“对直接生产者的剥夺，是用最残酷无情的野蛮手段，在最下流、最龌龊、最卑鄙和最可恶的贪欲的驱使下完成的。靠自己劳动挣得的私有制，即以各个独立劳动者与其劳动条件相结合为基础的私有制，被资本主义私有制，即以剥削他人的但形式上是自由的劳动为基础的私有制所排挤。”[②]

少数大资本家剥夺多数小资本家：第二次剥夺。

一旦上述转化过程使旧社会在深度和广度上充分瓦解，一旦劳动者转化为无产者，他们的劳动价值就转化为资本，一旦资本主义生产方式站稳脚跟，劳动的进一步社会化，土地和其他生产资料的进一步转化为社会使用的即公共的生产资料，从而对私有者的进一步剥夺，就会采取新的形式，现在要剥夺的已经不再是独立经营的劳动者，而是剥削许多工人的资本家了。这种剥夺是通过资本主义生产本身的内在规律的作用，即通过资本的集中进行的，一个资本家打倒许多资本家。这是对私有制的第二次剥夺，即大私有制剥夺小私有制。

资本主义必然灭亡：第三次剥夺；对私有制的第二次否定，即否定之否定。

随着资本的集中，“随着这种集中或少数资本家对多数资本家的剥夺，规模不断扩大的劳动过程的协作形式日益发展，科学日益被自觉地应用于技术方面，土地日益被有计划地利用，劳动资料日益转化为只能共同使用的劳动资料，一切生产资料因作为结合的、社会的劳动资料使用而日益节省，各国人民日益被卷入世界市场网，从而资本主义制度日益具有国际的性质。随着那些掠夺和垄断这一转化过程的全部利益的资本巨头不断减少，贫困、压迫、奴役、退化和剥削的程度不断加深，而日益壮大的、由资本主义生产过程本身的机制所训练、联合和组织起来的工人阶级的反抗也不断增长。资本的垄断成了与这种垄断一起并在这种垄断之下繁盛起来的生产方式的桎梏。生产资料的集中和劳动的社会化，达到了同它们的资本主义外壳不能相容的地步。这个外壳就要炸毁了。资本主义私有制的丧钟就要响了。剥夺者就要被剥夺了……这是否定的否定。这种否定不是重新建立私有制，而是在资本主义时代的成就的基础上，也就是说，在协作和对土地

① 《马克思恩格斯文集》第5卷，人民出版社2009年版，第872页。
② 《马克思恩格斯文集》第5卷，人民出版社2009年版，第873页。

及靠劳动本身生产的生产资料的共同占有的基础上，重新建立个人所有制”。[①]

第三节　资本积累理论的思想来源和拓展

一、古典政治经济学关于资本积累的观念

在马克思之前，古典政治经济学在一定程度上对资本积累进行了探讨。他们认为，当资本家把收入用于雇佣生产性工人并带来利润时，就是资本积累。大卫·李嘉图曾说：“当我们说节约收入以增加资本时，意思就是说，所谓增加到资本中去的那一部分收入，是由生产性劳动者，而不是由非生产性劳动者消费的。”[②] 马克思认为，古典经济学关于资本积累过程的特点是剩余产品由生产工人消费，这一点是正确的。但是，他们把剩余价值与收入混为一谈，把剩余价值与其作为具体形式的利润混为一谈，以及把追加资本只是投在可变资本上才是资本积累（忽略了追加资本还要投在生产资料上作为不变资本这一点，就堵塞了分析再生产的通路。这与他们认识不到剩余价值的来源，没有不变资本和可变资本的区分有着直接关系。马克思在《资本论》第二卷第三篇对此做了更为深刻的批判）等观点，又是错误的。

那么，资本家为什么要进行资本积累呢？他们认为这是由每一个人要改善自己境况的愿望所决定的。亚当·斯密说：“每个人改善自身境况的一致的、经常的、不断的努力是社会财富、国民财富及私人财富所赖以产生的重大因素。”[③] 所以，无数个人就会“在那里普遍地不断地努力改进自己的境况，节省哪、慎重哪，他们不动声色地、一步一步地把资本积累起来”。[④]

马克思指出，资本积累是剩余价值的资本化，资本积累的唯一源泉是剩余价值。资本家积累资本的任何一个行为和方法，都不是自身的节俭，而是加强对雇佣工人的剥削，其结果必然是：一方是资本家的财富的积累，另一方是雇佣工人的贫困的积累。

---

① 《马克思恩格斯文集》第5卷，人民出版社2009年版，第874页。

② 大卫·李嘉图：《政治经济学及赋税原理》，商务印书馆1962年版，第128页。

③ 亚当·斯密：《国民财富的性质和原因的研究》上册，商务印书馆1972年版，第315页。

④ 亚当·斯密：《国民财富的性质和原因的研究》上册，商务印书馆1972年版，第318页。

二、资本主义的历史地位与发展趋势

资产阶级经济学总是把资本主义社会看成是一个最合理的永恒的社会，而马克思则把包括资本主义在内的人类社会的发展看作是一个自然的历史过程，资本主义只是这一过程的一个阶段。因此，正像它取代封建社会一样，它的发展也必然被另一更高级的社会所取代。它之所以能取代封建社会，就在于它能够创造出比封建社会更大的社会生产力，它之所以被一个新社会所取代，也在于它在一定阶段已经束缚了生产力的发展，而新的社会又能够创造出比它更大的社会生产力。作为比它之前的社会更能促进生产力发展的一种社会形式，是资本主义的历史地位（也称历史进步性），而作为阻碍生产力发展的一种社会形式，这一点又决定了资本主义必然被一个新的社会所取代（也称历史局限性）。

具体来讲，资本主义的历史进步性表现在以下两个方面：

第一，在资本主义初期，资本主义解放了被封建主义束缚的生产力。首先是作为生产力的能动的要素的劳动者获得了解放。劳动者摆脱了人身依附关系，在法律上成为自由人，能够自由地支配自己的劳动力，调动了劳动者的积极性，提高了劳动生产率，促进了资本主义社会生产力的发展。其次是作为生产力的客体要素获得了解放。由于生产资料从单个人使用变为大批人共同使用，引起了社会分工和生产专业化的发展，使得各个部门、各个企业的联系日益紧密，从而使生产活动由个人行为变成了一系列的社会行为，这种社会范围的协作关系推动了生产力的迅速发展。对此，恩格斯曾指出：“自从蒸汽和新的工具机把旧的工场手工业变成大工业以后，在资产阶级领导下造成的生产力，就以前所未闻的速度和前所未闻的规模发展起来了。”①

第二，资本主义内在的经济机制促进了生产力的发展。首先，资本主义经济作为商品经济，不以获取使用价值满足消费为目的，而是以交换价值，以占有货币为目的。货币是社会财富的一般代表，这种质的规定性产生了对作为社会财富代表的货币的无限追求。但是，每一个现实的货币额又总是一定的，有限的。货币的这种量的有限性和质的无限性之间的矛盾，推动着每个商品生产者不断地采用先进的技术，扩大生产，从而促进生产力的发展。其次，资本主义经济作为以追求剩余价值为目的的特种商品经济，必然想尽一切办法来增加剩余价值生产。单个资本家为了获取比别人更多的超额剩余价值，就必须使自己商品的个别价值低于社会价值，因而就必须不断采用新技术提高企业的劳动生产率，每个企业都

① 《马克思恩格斯选集》第3卷，人民出版社1995年版，第618页。

这样干，最终导致整个社会的劳动生产力的提高。这实际上就是相对剩余价值的生产。最后是各个资本家之间为争夺超额剩余价值的竞争机制，形成一种外在的压力，也在不断地推动着资本主义社会的科学技术和社会生产力的迅速提高。正是由于这些原因，就使得“资产阶级在它的不到一百年的阶级统治中所创造的生产力，比过去一切时代创造的全部生产力还要多，还要大”①。

资本主义在促进生产力发展的同时，也制约着、限制着，甚至阻碍着生产力的发展，这就是它的历史局限性。资本主义的历史局限性首先表现在它的基本矛盾上。一方面，资本主义生产日益社会化，即生产资料使用的社会化、生产过程社会化和产品的社会化，这种社会化的生产客观上要求生产资料和劳动产品归全社会占有和支配，并在此基础上对社会生产进行统一的组织、协调和管理。但是，另一方面，生产资料和社会产品却归资本家私人占有。在生产过程中，生产什么、生产多少、怎样生产，都服从于资本家赚钱的需要。随着资本主义的不断发展，生产资料和社会产品归资本家私人占有的规模和程度日益提高，越来越集中在少数大资本家手中。这样，客观要求的生产资料的社会共同占有被资本家私人所垄断，客观要求的社会生产各部门的按比例协调发展被资本家的各自为政的私人生产所割断，客观要求的社会财富的人类共同支配却被资本家对剩余价值的贪心私欲所独占。社会生产的这两个方面导致了资本主义基本矛盾，即社会化大生产与资本主义私人占有之间的矛盾不断激化，阻碍着社会生产力的向前发展。

其次表现在资本主义对雇佣工人的残酷压榨上。在资本主义生产过程中，雇佣工人不仅将相当于自己劳动力价值的价值再生产出来，而且还为资本家生产了超过劳动力价值的余额，即剩余价值。资本家又用从雇佣工人身上无偿占有的剩余价值去无偿占有更多的剩余价值。在资本主义无限扩大的社会再生产中，一方面，要不断扩大生产规模，使社会财富不断增长；另一方面，又不断地加强对雇佣工人的剥削，使工人的工资被严格限定在劳动力价值的水平上，以不断地降低生产成本，提高竞争能力。这样就出现了资本主义生产无限扩大的趋势与劳动群众有支付能力的需要相对缩小之间的矛盾。这个矛盾的不断激化，严重影响着产品的市场销售，必然出现生产相对过剩的危机。资本主义经济危机的周期性爆发，严重制约着社会生产的正常进行，阻碍着社会生产力的发展，同时也说明了资本主义生产方式已经成为社会生产力发展的桎梏。

资本主义自身的发展必然导致社会主义取代资本主义，但是这个取代将是一个长期的历史过程。资本主义向社会主义的过渡既具有历史必然性，又具有长期

① 《马克思恩格斯选集》第1卷，人民出版社1995年版，第277页。

曲折性。因为，任何一个社会历史形态被新的社会形态所取代，都不是一蹴而就的，而是充满着长期的、复杂的和曲折的发展过程。社会主义以前的社会形态的交替，大多是一种私有制取代另一种私有制，一种剥削制度取代另一种剥削制度。社会主义取代资本主义则是公有制对私有制的根本否定，是彻底消灭剥削制度，因此，它更是一个长期曲折的历史过程。当然，也必须坚信，虽然社会主义在整体上完全取代资本主义将是一个相当长时期的曲折复杂的历史过程，但是资本主义向社会主义的过渡则是客观的不依人的意志为转移的。

三、关于马克思“重建个人所有制”的不同理解

如何理解马克思“重建个人所有制”的思想，不仅是理论争论的问题，而且是涉及我国所有制改革的一个极端重要的实践问题。

马克思在《资本论》第一卷第 24 章“资本的积累过程”的结尾处，以耐人寻味的笔调写下了这样两段话：“从资本主义生产方式产生的资本主义占有方式，从而资本主义的私有制，是对个人的、以自己劳动为基础的私有制的第一个否定。但资本主义生产由于自然过程的必然性，造成了对自身的否定。这是否定的否定。这种否定不是重新建立私有制，而是在资本主义时代的成就的基础上，也就是说，在协作和对土地及靠劳动本身生产的生产资料的共同占有的基础上，重新建立个人所有制。”① “以个人劳动为基础的分散的私有制转化为资本主义私有制，同事实上已经以社会的生产经营为基础的资本主义所有制转化为社会所有制比较起来，自然是一个长久得多、艰苦得多、困难得多的过程。”②

马克思这两段令人费解而又意味深长的论述，包含着他对未来社会的所有制基本性质的精辟见解。但在这前后相连的两段话中，却对未来社会的所有制提出了两种表述。长期以来，人们对这两段话进行了不同的注解。正像 100 多年前的杜林先生所讲的那样：“马克思先生安于他那既是个人的又是社会的所有制的混沌世界，却让他的信徒们自己去解这个深奥的辩证法之谜。”③

恩格斯对马克思的重建个人所有制作了注解：“靠剥夺剥夺者而建立起来的状态，被称为以土地和靠劳动本身生产的生产资料的公有制为基础的个人所有制的恢复。对任何一个懂德语的人来说，这也就是说，社会所有制包括土地和其他

① 《马克思恩格斯文集》第 5 卷，人民出版社 2009 年版，第 874 页。
② 《马克思恩格斯文集》第 5 卷，人民出版社 2009 年版，第 874 页。
③ 《马克思恩格斯选集》第 3 卷，人民出版社 1995 年版，第 472 页。

生产资料，个人所有制包括产品，那就是涉及消费品。”① 在恩格斯看来，个人所有制和社会所有制不是同一个问题的两种表述，而是分别指生产资料所有制和消费资料所有制两种领域，因此绝不会发生像杜林所说的“混沌世界”。

恩格斯这一解释，曾被中外学术界广泛接受。但在100多年后的今天，在对社会主义所有制关系进行改革的时候，人们又重新提出了这一问题，并提出了不同的解释。有人认为，马克思这里所讲的“个人所有制”是指生产资料的个人所有制；有人则根据恩格斯的说明，认为是生活资料的个人所有制；有人认为是“社会个人所有制”；还有人认为，是在生产资料公有制基础上的劳动者人人都有的个人所有制；等等。真可谓莫衷一是。那么，马克思讲的“重建个人所有制”到底是什么含义？我们今天对这段论述的重新理解，又有什么现实意义？我们对此谈一谈自己的看法。

第一，这里讲的所有制应是生产资料所有制。如果我们不是单单看这两段，而是联系整个《资本论》第一卷来看这两段，那么，这里讲的所有制问题实际上指的只能是生产资料的所有制。在马克思上边那段话中所讲的第一次否定，是指资本主义的生产资料私有制否定了以自己劳动为基础的小私有制；按照逻辑，第二次否定，即否定的否定，当然也是指生产资料所有制。如果把第二次否定所建立的所有制看成是生活资料所有制，就会引起逻辑上的混乱。从马克思关于所有制的论述中，我们也可以看出，凡是谈到所有制，他都是从人对生产条件（主要表现为生产资料）的占有关系上来讲的。马克思关于生产与分配的关系的论述也能够说明这里讲的只能是生产资料所有制。马克思认为，分配有两种，一种是生产条件的分配，一种是个人消费品的分配。生产条件的分配问题就是生产资料所有制问题，它是生产的前提；个人消费品的分配又是由生产资料所有制所决定的，个人消费品的分配关系只是生产资料所有制关系的结果，是生产资料所有制关系决定着生产的社会性质。因此，从社会形态的更替来讲，也只能理解为是生产资料所有制问题。可见，恩格斯所解释的“社会所有制”涉及的是生产资料，“个人所有制”涉及的是消费资料，是对马克思“重建个人所有制”的一种误解。

作为马克思最亲密的战友又深知马克思思想的恩格斯，为什么会对马克思这一重要的论断发生误解呢？我们摘引恩格斯在《反杜林论》中引用的马克思的话。“这是否定的否定。这种否定重新建立个人所有制，但这是以资本主义时代的成就，即以自由劳动者的协作以及他们对土地和靠劳动本身生产的生产资料的

① 《马克思恩格斯选集》第3卷，人民出版社1995年版，第473页。

共同占有为基础的。以自己劳动为基础的分散的个人私有制转变为资本主义私有制，同事实上已经以社会化生产为基础的资本主义私有制转变为公有制（黑体为引者所加）比较起来，自然是一个长久得多、艰苦得多、困难得多的过程。”恩格斯接着解释说：“可见，靠剥夺剥夺者而建立起来的状态，被称为以土地和靠劳动本身生产的生产资料的社会所有制为基础的个人所有制的恢复。对任何一个懂德语的人来说，这也就是说，社会所有制包括土地和其他生产资料，个人所有制包括产品即消费品。”

请读者注意：在恩格斯引用马克思的话中，“个人所有制”是以“生产资料的社会所有制为基础的个人所有制”。换言之，生产资料是社会所有制的，建立在这个基础上的个人所有制就不能涉及生产资料领域，而只能涉及消费资料领域。如果在生产资料的社会所有制为基础的个人所有制所涉及的仍然是生产资料，那就会出现象杜林所说的，生产资料既是公有制的也是个人所有制的“混沌世界”，如果说“个人所有制”就是“公有制”，那么就会出现公有制建立在社会所有制的基础上的同义词反复。所以，恩格斯也只能做上述个人的理解。

第二，这里讲的所有制应是联合起来的生产资料的劳动者个人所有制。马克思讲得很清楚，通过第二次否定所建立的“是在资本主义时代的成就的基础上，也就是说，在协作和对土地及靠劳动本身生产的生产资料的共同占有的基础上”的劳动者个人所有制。马克思曾对个人所有制作过这样一段描绘：“资本家对这种劳动的异己的所有制，只有通过他的所有制改造为非孤单的单个人的所有制，也就是改造为联合起来的社会个人的所有制，才可能被消灭。”① 因此，这里说的生产资料的劳动者个人所有制，不是指互相分离的生产者，而是联合起来的生产者，不是孤立的个人，而是联合起来的个人，社会化的个人。

第三，这里讲的个人应是全面自由发展的个人。关于这一思想，马克思在《资本论》的第一个手稿（1857—1858）中，就做了较为深刻的论述。在这部手稿中，马克思研究了人类社会的发展史，建立了人类社会发展的三形态理论，其中第三种社会形态即资本主义以后的社会形态中的劳动者个人与“重建个人所有制”中的个人显然是一回事。马克思指出：“人的依赖关系（起初完全是自然发生的）是最初的社会形态；在这种形态下，人的生产能力只是在狭窄的范围内和孤立的地点上发展着。以物的依赖性为基础的人的独立性，是第二大形态，在这种形态下，才形成普遍的社会物质变换，全面的关系、多方面的需求以及全面的能力的体系。建立在个人全面发展和他们共同的社会生产能力成为他们的社会财

① 《马克思恩格斯全集》第48卷，人民出版社1985年版，第21页。

富这一基础上的自由个性，是第三个阶段。"[①] 在马克思看来，在市场经济充分发展的资本主义社会中，出现了个人独立化的客观趋势，这就使得在资本主义之后的一种新的社会里，"个人的独创的和自由的发展不再是一句空话"。[②] 资本主义社会仅仅是为这个"更高级的、以每一个个人的全面而自由的发展为基本原则的社会形式建立现实基础"。[③]

独立而全面自由发展的个人，只能在实际地占有生产资料的条件下才能实现。这是因为，"实际的占有，从一开始就不是发生在对这些条件的想象的关系中，而是发生在对这些条件的能动的、现实的关系中，也就是实际上把这些条件变为自己的主体活动的条件"。[④] 从马克思的论述中可以看出，个人只有作为主体实际地占有生产资料，并把这些生产资料变为个性主体的实际活动条件时，才能获得自由。这就是说，全面自由发展的个人，是以在经济上建立生产资料的个人所有制为基础的。

总之，关于对马克思"重建个人所有制"的理解，我们认为，应该考虑这样几点：

第一，要把马克思的"重建个人所有制"的思想与"自由人联合体"、人类社会发展的第三种形态即"人的自由全面发展"的思想结合起来理解，因为这三种说法都是关于对资本主义以后的社会的预见的论述。

第二，要把马克思的"重建个人所有制"的思想与马克思主义整个经济学体系结合起来理解。因为这一思想实际上是马克思分析资本主义现实经济运动所得出的必然结果。

第三，要把这一思想与马克思主义的基本方法，特别是与马克思主义唯物史观结合起来理解。因为任何一种社会经济结构总是建立在一定的生产力基础之上的。作为一种更先进的社会形态，资本主义之后的新社会必然是在资本主义时代的成就的基础上，即在资本主义生产力高度发展的基础上的、适应生产高度社会化要求的社会。

第四，要把这一思想与马克思主义关于人的解放的思想结合起来理解。马克思、恩格斯在《共产党宣言》中也已经讲得很明白："代替那存在着阶级和阶级

---

① 《马克思恩格斯全集》第46卷上册，人民出版社1979年版，第104页。
② 《马克思恩格斯全集》第3卷，人民出版社1960年版，第516页。
③ 《马克思恩格斯文集》第5卷，人民出版社2009年版，第683页。
④ 《马克思恩格斯全集》第46卷上册，人民出版社1979年版，第493页。

对立的资产阶级旧社会的，将是这样一个联合体，在那里，每个人的自由发展是一切人的自由发展的条件。”① 恩格斯在 1894 年 1 月 9 日致卡内帕的信中，应《新世纪》周刊“用最简短的字句来表述未来的社会主义纪元的基本思想”的请求，摘出了上面这段话作为答复。恩格斯说，除了从《共产党宣言》中摘出上面这句话，再也找不出合适的了。由此可见，马克思的“重建个人所有制”中的个人与马克思主义经典作家关于人的解放即人的自由全面发展中的个人是一致的。

在这一基础上，马克思对资本主义积累的总的历史趋势做了分析，指出资本主义排挤以个人劳动为基础的小私有制，转化成以公有劳动为基础的大的私有制，“一旦这一转化过程使旧社会在深度和广度上充分瓦解，一旦劳动者转化成无产者，他们的劳动价值就转化为资本，一旦资本主义生产方式站稳脚跟，劳动的进一步社会化，土地和其他生产资料的进一步转化为社会使用的即公共的生产资料，从而对私有者的进一步剥夺，就会采取新的形式。现在要剥夺的已经不再是独立经营的劳动者，而是剥夺许多工人的资本家了”。“生产资料的集中和劳动的社会化，达到了同它们的资本主义外壳不能相容的地步。这个外壳就要炸毁了。资本主义私有制的丧钟就要被敲响了。剥夺者就要被剥夺了。”这是一个否定之否定，最后一个否定不是要重新建立劳动者的小私有制，而是要在资本主义时代成就的基础上，也就是说在协作和对土地及靠劳动本身生产的生产资料的共同占有的基础上重新建立个人所有制。显然，马克思的理论中，实行公有制是确定不疑的，不能把它解释成别的东西。

四、如何认识当代资本主义

马克思主义是发展的科学，必须随时代的发展而发展。“实际生活总是在不停地变动中，这种变动的剧烈和深刻，近一百年来达到了前人难以想象的程度。因此，马克思主义必定是随着时代、实践和科学的发展而不断发展，不可能一成不变。”② 自从 20 世纪 20 年代以来，尤其是第二次世界大战以来，虽然资本主义的根本性质没有改变，但同马克思所处的时代相比，显然已经发生了巨大变化，出现了前所未有的情况。如何运用《资本论》的基本原理认识当代资本主义，

① 《马克思恩格斯文集》第 2 卷，人民出版社 2009 年版，第 53 页。

② 江泽民：《高举邓小平理论伟大旗帜，把建设有中国特色社会主义事业全面推向二十一世纪》，1997 年。

我们这里谈几点认识。

第一，当代资本主义的新变化，没有根本改变资本主义制度的本质、基本矛盾和必然走向灭亡的历史大趋势。生产力是最终的革命的力量。生产社会化发展的本性，必然要求彻底消灭一切剥削制度，消灭一切阶级差别，建立以人自身的全面而自由发展为根本特征的共产主义新社会，这是不依任何人的主观意志为转移的铁的历史必然性。虽然，今天的资本主义与马克思生活时代的资本主义相比，确实发生了许多新的变化，但是，资本主义的制度基础、生产实质和基本矛盾并没有改变，马克思在《资本论》中阐明的资本主义制度的基础、本质、矛盾和趋势的理论精华并没有过时，它仍然是我们正确认识当代资本主义、把握时代发展大趋势的理论基石。

第二，我们也必须看到，当代资本主义确实发生了巨大变化，马克思主义只有在发展中才能真正坚持。由于多种因素的作用，当代资本主义在保持基本制度不变的前提下，经过一系列调整，矛盾有所缓和，而且又有了相当的生命力，它在地球上存在的寿命比马克思预计的要长得多。资本主义社会已经经历了自由竞争资本主义、私人垄断资本主义、国家垄断资本主义，并且还在继续发展。社会主义与资本主义并存的“一球两制”格局将要保持一个很长的历史时期，而且在今后一个相当长的时期内，资本主义制度将处于优势地位。

第三，当代发达的资本主义制度，其历史作用仍然具有两重性：既存在着与历史相适应的一面，也存在着落后性和反动性的一面。实际上，《资本论》对资本主义经济制度的分析是辩证的，它既无情地揭露了这个制度的不合理性、对抗性，又充分肯定了它的历史功绩。当代发达资本主义国家的现实不正是如此吗？它们一方面在利用各种手段和技术快速地发展生产力，最大限度地聚敛社会财富；另一方面又在凭借自己的经济和科技实力，到处争夺世界霸权，充当国际宪兵，企图用自己的社会制度和意识形态来取代与它相对立，甚至有区别的社会制度和意识形态。在对待资本主义的态度上，我们一方面要老老实实向它们学习，学习它们在发展生产力、发展科学技术、组织社会化大生产和企业管理等方面积累的宝贵经验；另一方面也必须对其制度的剥削性和霸权行为有足够的、清醒的认识，并根据不同的情况实行正义的、科学的“两手”斗争策略。只有这样，才有利于社会主义和人类进步事业的发展，最大限度地推动历史的前进。

第四，今后，社会主义和共产主义全面代替资本主义的过程、道路和方式，势必要根据新的实际情况进行新的探索。一方面，资本主义社会内部不断地产生着新社会的因素，这些因素从量的积累到引起部分质变再到根本质变，是人类社会更替的辩证法。另一方面，社会革命的本质归根到底是人民大众对更加优越的社会制度的选择。因此，现实的社会主义制度优越性的充分发挥，是在全世界实现社会主义代替资本主义的伟大变革的最重要的条件。所以，中国共产党和中国人民在当代人类历史发展中的最大贡献，就是首先把中国特色社会主义建设好，并同其他社会主义国家一道，使社会主义制度的优越性日益充分地发挥出来，使之成为全世界人民真正向往的社会制度。到那时，社会主义在全世界的胜利就水到渠成了。

第四章　资本循环和周转理论

（《资本论》第二卷第一篇至第二篇）

第一节　研究对象、逻辑结构和写作出版

一、《资本论》第二卷的研究对象和逻辑结构

《资本论》第二卷研究资本的流通过程。资本的流通过程就是资本的运动过程。本章首先研究单个资本的运动过程，即资本的循环和周转，阐述资本运动的连续性及其条件，揭示资本周转速度对剩余价值生产的影响。

《资本论》第二卷研究的对象，就是资本的流通过程，即剩余价值的实现过程。马克思指出："在第一册中，我们研究的是资本主义生产过程本身作为直接生产过程考察时呈现的各种现象，而撇开了这个过程以外的各种情况引起的一切次要影响。但是，这个直接的生产过程并没有结束资本的生活过程。在现实世界里，它还要由流通过程来补充，而流通过程则是第二册研究的对象。"① 《资本论》第一卷揭露了在生产过程内部隐藏的阶级关系，即揭示了剩余价值生产的秘密。第二卷揭示的是在资本流通的形式上、表面上暴露出来的资本表示的阶级关系的新特点。从流通过程的现象看，剩余价值不仅是生产出来的，而且是通过流通而产生的。作为资本关系、阶级关系，它只能存在于资本流通的形式当中，离开资本流通形式的变换，就无法存在。因此，在完成了对资本生产过程的分析之后，在逻辑上还必须将资本的生产过程和流通过程视为一个统一的运动过程，并从此前提出发，对资本的流通过程进行整体性的研究。

作为价值的运动，流通过程是通过价值存在形式的变换得以展开的。"商品的价值在简单流通中所采取的独立形式，即货币形式，只是商品交换的中介，运动一结束就消失。相反，在 *G—W—G* 流通中，商品和货币这二者仅仅是价值本身的不同存在方式：货币是它的一般存在方式，商品是它的特殊的也可以说只是化了装的存在方式。价值不断地从一种形式转化为另一种形式，在这个运动中永

① 《马克思恩格斯文集》第7卷，人民出版社2009年版，第29页。

不消失，这样就转化为一个自动的主体。”① 正是由于资本价值的运动只能通过价值形式的变换来表现，所以对资本运动的考察就只能从资本价值形式变换入手。即从考察“资本的形态变化及其循环”入手来研究资本价值的运动。

个别资本是资本价值形态变化及其循环的具体体现者，企业只有把货币资本变为商品，变成生产资料和劳动力，通过对它们进行生产消费再把新的商品生产出来，然后把商品再变为货币，并不断地将这一过程进行下去，才能看到在资本的实际生活中所发生的价值的独特运动。因此，表现为形态变化及其循环的个别资本的运动就成为对资本流通过程分析的出发点。

然而，个别资本的运动不是在空虚无物的空间进行的，而一个资本的循环总是同另一些资本的循环交织在一起。因此，在完成了对个别资本运动的全面分析之后，便转入对作为个别资本相互交错运动的总体的社会总资本运动的考察。这个分析过程在逻辑上正是“从抽象上升到具体”的进一步深化。马克思对资本流通过程分析的逻辑正是如此。本章我们将首先分别研究作为个别资本运动两种基本形态的资本的循环和周转，即《资本论》第二卷第一篇和第二篇。

资本循环和资本周转理论是研究单个资本的流通过程，目的是要揭示单个资本流通的规律。其中第一篇在侧重分析货币资本循环的基础上考察了资本三种循环形式及其统一，重点研究了单个资本运动连续性所需要的条件。第二篇在侧重分析生产资本循环的基础上考察了再生产和流通的速度及其对剩余价值生产的影响，重点研究了生产资本的内部构成，即固定资本和流动资本的理论。

资本循环和周转理论运用的是科学抽象法，是第一卷运用的科学抽象法的继续，或对科学抽象法的具体应用。这表现在由抽象上升到具体、由简单到复杂、由分析到综合的科学抽象的过程中。另外，马克思也突出地运用了数学方法，研究了资本周转的绝对的数量关系和相对的数量关系。

二、《资本论》第二卷的写作出版

《资本论》第二卷是恩格斯根据马克思的手稿编辑整理于 1885 年出版的。恩格斯在为《资本论》第二卷写的序言中简要地说明了编辑整理《资本论》第二卷手稿的经过，重点阐明了马克思剩余价值理论同前人的学说之间的根本区别，驳斥了资产阶级经济学家对马克思经济理论的诋毁和攻击。

《资本论》第二卷资本的流通过程研究的是剩余价值流通的理论，马克思对

① 《马克思恩格斯文集》第 5 卷，人民出版社 2009 年版，第 179–180 页。

这一理论的研究，是从19世纪50年代开始，到1870年前后完成的。在19世纪50年代后期，马克思写成了《〈政治经济学批判〉（1857—1858年草稿）》，理论界一般地认为这是《资本论》的第一稿。在这一手稿的“资本”章中把流通过程列为第二篇，并在篇尾考察了有关循环和周转的问题。但这时的考察只是初步的，马克思还没有在科学上严格区分循环和周转问题。尽管如此，在这一草稿中有关循环和周转的一些基本的方面都已经涉及了。第一，马克思确定了资本循环是生产过程和流通过程的统一。通过对生产过程和流通过程相互联系的研究，马克思阐明了剩余价值生产和剩余价值实现之间存在的深刻矛盾，这是流通过程中的一个基本矛盾。第二，马克思研究了资本价值运动的三个形式，也阐述了资本运动的速度和资本运动的连续性。第三，马克思还确定了固定资本和流动资本的划分，分析了这种划分对资本周转时间的影响。同时，还分析了资本的平均周转。在写作过程中，马克思对资本周转理论的一些问题经常向恩格斯请教。比如，在1858年马克思写信给恩格斯，请教了资本周转和周转在不同企业中的差别以及周转对利润和价格的影响问题；在另一封信中，请教了关于机器设备更新的平均时间问题。到1859年，马克思把循环和周转理论列为“我自己的笔记本的提要”和《政治经济学批判》第三章大纲的研究内容。

在1861—1863年马克思写作了《资本论》第二稿。这里，他也把资本流通过程列为第二部分，重点研究了社会再生产问题，没有涉及循环和周转。在1863—1865年马克思写作了《资本论》第三稿，这是第一个系统地阐述资本流通理论的手稿，也可以说这是马克思为《资本论》第二卷写的第一部手稿。这部手稿的结构，大体上与《资本论》第二卷的结构一致。因此，可以说到1865年，资本循环和资本周转理论的基本框架、基本概念、基本原理已经形成。从1865—1870年，马克思完成了第二卷的四部手稿。从1877年到病逝，马克思又写了四部手稿。也就是说，19世纪60—80年代，马克思一共写了八部第二卷的手稿。所以，到1870年前后，马克思关于资本循环和周转的理论已经完全形成。

恩格斯在整理《资本论》第二卷手稿时很有感慨地指出：“只要列举一下马克思为第二册留下的亲笔材料，就可以证明，马克思在公布他的经济学方面的伟大发现以前，是以多么无比认真的态度，以多么严格的自我批评精神，力求使这些伟大发现达到最完善的程度。”①

① 《马克思恩格斯文集》第6卷，人民出版社2009年版，第4页。

第二节　资本循环和周转理论的基本要点

一、资本的形态变化及其循环（第二卷第一篇）

要点提示：第一，这里研究的是单个资本循环，也就是单个资本家经营企业所投入的资本的循环；第二，这里研究的是产业资本的循环，也就是按资本主义生产方式经营的物质生产部门的资本的循环；第三，这里研究的是以货币资本循环为代表的资本的循环，因为，货币资本循环是产业资本循环最典型、最片面和最一般的表现形式。第四，单个资本的循环主要是考察资本形态的变化，以及在资本形态变化中的流通时间和流通费用。所以，这一篇 6 章内容就可以分为三部分：第 1 章到第 4 章分析资本的形态变化，第 5 章分析流通时间，第 6 章分析流通费用。根据 1895 年 3 月 16 日恩格斯信中①的提示，本篇阅读的重点是第 1 章和第 4 章。

（一）产业资本循环的三个阶段和三种职能形式

资本在其自身的运动过程中，是从货币形式出发，依次经过购买、生产和销售三个阶段，相继采取货币资本、生产资本和商品资本三种职能形态，最后又回到货币形式上，实现价值增殖。

在资本循环的第一阶段，即购买阶段，资本家作为商品购买者进入商品市场和劳动力市场，并以其货币购买生产资料和劳动力，为生产准备条件。如以 G 代表货币资本，W 代表购买的作为生产要素的商品，其中 A 表示劳动力，Pm 表示生产资料，则该阶段可表示为：

$$G—W \left\langle \begin{matrix} A \\ Pm \end{matrix} \right.$$

该阶段的资本，从形式上看执行的是货币的职能，即充当一般的购买手段和一般支付手段的职能（说它是支付手段，是因为劳动力固然要先购买，但要在它发生作用之后才支付报酬。如果在市场上没有现成的生产资料，需要先订购，货币也就充当了支付手段）。从实质上看，它执行的是资本的职能，因为这种购买是以生产资料的资本主义私有制为前提的，也就是以劳动力成为商品为前提。

① 恩格斯："第二卷。第一篇。第一章要弄通，然后读第二和第三章就比较容易了，第四章是总的概述，也要用心读；第五和第六章容易读，特别是第六章，谈的是次要的东西。"《马克思恩格斯〈资本论〉书信集》，人民出版社 1976 年版，第 581 页。

$G—A$，即劳动力的购买，是货币资本转化为生产资本的一个具有特征性质的因素。因为只有劳动力的使用才是剩余价值的真正源泉，因而只有购买劳动力，才是使货币形态垫付的价值得以实际转化为资本、转化为生产剩余价值的价值的最重要的条件。$G—Pm$，即生产资料的购买，只是作为工人剩余劳动的吸收器，作为榨取工人劳动力的物质手段。它执行的职能实际上是为剩余价值生产做准备。

$G—W\left\langle\begin{matrix}A\\Pm\end{matrix}\right.$，用货币购买的商品不仅有劳动力和生产资料这种质的区分，而且在量上也要保持一定的比例关系。“这种量的关系一开始就是由一定数量的工人所要耗费的超额即剩余劳动的量决定的。”① 如果没有充分的生产资料，买者所支配的超额劳动就不能得到利用，他对于这种超额劳动的支配权就没有用处。

马克思认为：在 $G—A$ 过程中，货币的职能之所以表现为资本的职能的根源，是完全由一个确定的社会经济条件和阶级关系所决定。问题的实质在于“在这里作为 $G—W\left\langle\begin{matrix}A\\Pm\end{matrix}\right.$ 行为的基础的，是分配。所谓分配，不是通常意义上的消费资料的分配，而是生产要素本身的分配，其中物的因素集中在一方，劳动力则与物的因素相分离，处在另一方”。“因此，在 $G—A$ 行为能成为一般社会行为以前，生产资料即生产资本的物的部分，就必须已经作为生产资料，作为资本，和工人相对立。”②

购买阶段结束时，资本家“以货币形式预付的价值，现在处在一种实物形式中，在这种形式中，它能够作为会生出剩余价值（表现为商品）的价值来实现。换句话说，它处在具有创造价值和剩余价值的能力的生产资本的状态或形式中”。③ 资本家在此放弃了货币形态的资本而掌握了生产形态的资本。因此，资本循环第一阶段内容的实质就在于资本由货币资本转化为生产资本。

在资本循环的第二阶段，即生产阶段，资本采取了生产要素即生产资料和劳动力的形态，并经过生产过程，转变为一定量的商品。在此，作为生产结果的商品已经包含了剩余价值的存在，即已经成为商品形态的资本——商品资本。因此，资本循环的第二阶段的实质内容，就是由生产资本转化为商品资本。其公式是：

$$W\left\langle\begin{matrix}A\\Pm\end{matrix}\right.\cdots P\cdots W'$$

---

① 《马克思恩格斯文集》第 6 卷，人民出版社 2009 年版，第 33 页。
② 《马克思恩格斯文集》第 6 卷，人民出版社 2009 年版，第 40 页。
③ 《马克思恩格斯文集》第 6 卷，人民出版社 2009 年版，第 34 页。

这里，P代表在生产过程中发挥作用的生产资本，…代表生产过程，W'代表包含着剩余价值的商品资本，其价值等于生产资本的价值加上剩余价值。

生产阶段是资本循环的全部过程中具有决定意义的阶段。这一阶段，不是一般的生产阶段，而是商品生产阶段；但又不是一般的商品生产阶段，而是资本主义的商品生产阶段。这一阶段，从物质内容上看，它生产出了新的商品；但从生产的社会形式，即生产关系上看，它却直接就是资本对劳动的奴役和剥削，体现出资本主义生产的特点。只有这一阶段，资本家才能达到榨取剩余价值的目的，所以，这一阶段是资本循环的关键性阶段。

购买阶段的前提是生产资料和劳动者的分离，而在生产阶段，劳动者和生产资料必须结合起来，才能进行生产。“不论生产的社会的形式如何，劳动者和生产资料始终是生产的因素。但是，二者在彼此分离的情况下只在可能性上是生产因素。凡要进行生产，它们就必须结合起来。实行这种结合的特殊方式和方法，使社会结构区分为各个不同的经济时期。”① 在资本主义社会，劳动者和生产资料是分离的。只有通过资本购买劳动力，在生产过程中作为生产资本的存在形式，劳动力的所有者劳动者才能和生产资料结合起来。在资本主义社会，“自由工人和他的生产资料相分离，是既定的出发点，并且我们已经看到，二者在资本家手中是怎样和在什么条件下结合起来的——就是作为他的资本的生产的存在方式结合起来的”。② 这个结合过程就是资本主义的商品生产过程。“只有资本主义的商品生产，才成为一个划时代的剥削方式，这种剥削方式在它的历史发展中，由于劳动过程的组织和技术的巨大成就，使社会的整个经济结构发生变革，并且不可比拟地超越了以前一切时期。”③

在生产过程中，生产资料和劳动力在剩余价值的生产过程中起着不同的作用，所以它们作为预付资本价值的存在形式，就区分为不变资本和可变资本。虽然生产资料是不变资本的物质存在形式，但它本身并不是资本。“生产资料本身，只有在劳动力作为生产资本的人的存在形式，能够和生产资料相合并时，才成为生产资本的物的形态或生产资本。因此，正如人类劳动力并非天然是资本一样，生产资料也并非天然是资本。只有在一定的历史发展条件下，生产资料才取得这种独特的社会性质。”④

作为生产资本的要素，生产资料和劳动力在剩余价值的生产上所起的作用是

① 《马克思恩格斯文集》第6卷，人民出版社2009年版，第44页。
② 《马克思恩格斯文集》第6卷，人民出版社2009年版，第44页。
③ 《马克思恩格斯文集》第6卷，人民出版社2009年版，第44页。
④ 《马克思恩格斯文集》第6卷，人民出版社2009年版，第44-45页。

不同的。同时，两者在归属资本的形态上也不相同：劳动力仅仅只在生产过程中才属于资本所有。因此，资本家总是在力求节约使用和妥善保管生产资料的同时，毫不吝惜地压榨和驱使劳动力。从本质上看，在此根本不存在资本对劳动力的保护问题。

随着生产资本转化为一定量的包含着剩余价值的商品资本，资本循环进入了第三阶段，即售卖阶段。

在售卖阶段，资本家重新回到市场上，出卖包含有剩余价值的商品，完成商品资本到货币资本的转化。其公式是：$W'—G'$。

这里的 W'，它的“价值量包含生产它时所消耗的资本价值加上生产资本提供的剩余价值。它的价值大于这个资本价值，多了这个剩余价值 w”。[①] 它之所以如此，是因为它是资本主义生产过程的产物。W'表示一种价值关系，表示商品产品的价值和生产它所消耗的资本的价值关系，就是说，表示它的价值是由资本价值和剩余价值构成的。

显然，商品资本的职能仅在于通过商品向货币的转化：由此一方面收回资本家原初在货币形态上垫付的资本价值，一方面实现生产过程中新创造出来的剩余价值。由商品资本转化为货币资本过程的实质就是垫付资本的复归过程和剩余价值的实现过程。仅仅只是为了实现全部剩余价值，商品资本作为已经增殖了的资本价值，就必须全部通过 $W'—G'$的形态变化。因此，从资本运动过程的本质来看，对于资本家来说，在此能否顺利地出售商品，以及所能出售的商品的数量，显然具有决定性的意义。马克思把这一转化过程称作一个“惊险的跳跃”。因为“这个跳跃如果不成功，摔坏的不是商品，但一定是商品占有者”。[②]

通过 $W'—G'$过程，资本价值又回到原来的货币形态上，可以并且能够重新开始资本的新的循环。因此，G'在作为资本一次循环的终点的同时，又可以以 G 的资格成为第二次循环的起点。

产业资本的上述全部运动过程则形成了产业资本的总循环。如果从整体上看，产业资本的循环是资本运动的三个阶段的统一，其全过程可表示为：

$$G\text{-}W\left\langle\begin{matrix}A\\Pm\end{matrix}\right.\cdots P\cdots W'\ (W+w)\ -G'\ (G+g)\ \text{或}\ G\text{-}W\cdots P\cdots W'\text{-}G'$$

由上式可见：

第一，产业资本循环的三个阶段是紧密地连接在一起的。资本的循环要能够

---

① 《马克思恩格斯文集》第 6 卷，人民出版社 2009 年版，第 47 页。

② 《马克思恩格斯文集》第 5 卷，人民出版社 2009 年版，第 127。

正常进行，就必须顺利地通过所有这三个阶段。

第二，在产业资本的循环中，不仅包含流通过程，而且还包含作为创造剩余价值的生产过程。通过上述对个别资本运动的全部过程的考察，可以看出：资本在自己的运动过程中依次通过购买阶段、生产阶段和出售阶段，其中的第一阶段、第三阶段属于流通领域，第二阶段属于生产领域；并在各阶段分别依次采取了货币资本、生产资本和商品资本等三种职能形态，分别完成了剩余价值的生产准备、剩余价值的现实生产、剩余价值的实现等职能，最终又回到出发点货币形式上。

第三，产业资本的循环运动决定着资本主义生产的性质。马克思在这里，集中论述了产业资本为什么是资本主义生产方式最具有特征意义的资本形式。论述了产业资本怎样决定了资本主义生产的社会性质，决定了其他资本形式及其发展。马克思指出了这样几层意思：首先，产业资本是生产和实现剩余价值的资本，它决定着资本主义生产的性质。“在总循环过程中采取而又抛弃这些形式并在每一个形式中执行相应职能的资本，就是产业资本。这里所说的产业，包括任何按资本主义方式经营的生产部门。”① “产业资本是唯一的这样一种资本存在方式，在这种存在方式中，资本的职能不仅是占有剩余价值或剩余产品，而且同时是创造剩余价值或剩余产品。因此，产业资本决定了生产的资本主义性质。”② 其次，产业资本决定着资本主义社会的发展变化。“产业资本，包含着资本家和雇佣工人之间的阶级对立，随着产业资本支配社会的生产，技术和劳动过程的社会组织就会发生变革，从而社会的经济历史类型也会发生变革。”③ 再次，产业资本决定着其他资本形式的社会性质，决定着其他资本形式的运动变化。“那几种在产业资本以前，在已成过去的或正在衰落的社会生产状态中就已出现的资本，不仅要从属于产业资本，并且要改变其职能机制来和产业资本相适应，而且只能在产业资本的基础上运动，从而要和它们的这个基础同生死共存亡。”④ 最后，与产业资本相并列的货币资本和商品资本，只是产业资本在流通领域里的表现形式。“货币资本和商品资本，在它们以其作为特殊营业部门的承担者的职能和产业资本并列出现时，也只是产业资本在流通领域时由于社会分工而独立化和片面发展的存在形式。”⑤

---

① 《马克思恩格斯文集》第 6 卷，人民出版社 2009 年版，第 63 页。
② 《马克思恩格斯文集》第 6 卷，人民出版社 2009 年版，第 66 页。
③ 《马克思恩格斯文集》第 6 卷，人民出版社 2009 年版，第 66 页。
④ 《马克思恩格斯文集》第 6 卷，人民出版社 2009 年版，第 66 页。
⑤ 《马克思恩格斯文集》第 6 卷，人民出版社 2009 年版，第 66 页。

马克思以上关于产业资本的论述，对于理解作为资本一般的社会性质，理解不同资本形式之间的关系，理解从作为资本一般的产业资本开始，相应地从作为剩余价值一般的形式开始，进而才能在此基础上分析作为特殊的资本形式的工业资本、商业资本、借贷资本，作为资本化的资本主义土地所有制，相应地在对剩余价值一般分析的基础上才能分析作为剩余价值的特殊形式的利润、利息和地租等，具有重要的方法论意义。

(二) 产业资本循环是三个循环的统一

由于产业资本只有在不断的运动中才能实现价值增殖，并由此使自己得以保存。因此，产业资本的运动必然表现为一个周而复始的、永无止境的循环过程。这一过程可表示为：

$$G—G' \quad W'—W'$$

在这个不断重复的循环过程中，产业资本不仅进行着货币资本的循环，而且还同时进行着生产资本的循环和商品资本的循环，即产业资本的各种职能形态，都在进行着自己的循环。因此，产业资本的运动不是只由一个循环形态构成，而是由三个循环形态构成的。

1. 货币资本的循环：$G—W\cdots P\cdots W'—G'$

产业资本循环是以货币资本循环为代表的，货币资本循环既是产业资本循环的一种形式，同时又是产业资本循环的一般形式。这里，如果把货币资本循环作为与其他形式并列的一种资本循环过程的特殊形式加以考察，它就有如下几个特征：

第一，在货币资本循环中，货币资本是总循环过程的出发点和复归点。这个过程，最明白地指出资本主义生产的目的和动机就是赚钱。

第二，货币资本循环的生产过程，只是为了赚钱而不可缺少的中间环节，只是预付价值增殖的手段，发财致富本身才是生产的自身目的。

第三，货币资本的价值增殖，不仅表现在过程的起点和终点上，而且明显地表现在金光闪闪的货币形式上。

第四，货币资本循环没有表现出个人消费。资本家用货币购买生产资料只表现出生产消费，购买劳动力也只是作为购买生产的要素，至于工人的个人消费和资本家的个人消费，都是在货币资本循环过程以外进行的，因此，在货币资本循环的形式上，个人消费一点也不会表现出来。

货币资本循环（$G—W\cdots P\cdots W'—G'$）从货币形态的资本 G 的垫付开始，到价值增殖了的 G'结束。货币资本循环形态最清楚地表明了资本主义生产的目的仅仅在于取得剩余价值，而生产过程则只是为达到这一目的所不可缺少的中间环节，因而是资本循环中最能够表明资本主义生产本质特征的产业资本的一般形态。但同时它也是产业资本最片面的表现形式。它显示的只是这个循环中的货币形式，只是 G'大于 G，似乎 G 自身就能生出更多的货币。实际上，由于剩余价值是在生产过程中产生的，所以，货币资本的循环 $G\cdots G'$是以生产资本的循环$P\cdots P$为基础的。

2. 生产资本的循环：$P\cdots W'—G'—W\cdots P$

在生产资本的循环中，生产资本在完成生产过程的职能以后，又以流通为媒介，恢复到它的原来的形式。从这个循环的起点 P 到终点 P，意味着从生产到再生产。这其中的关键在于，已经增殖的货币资本 G'中的剩余价值 g 有多少再转化为资本。如果剩余价值全部用于资本家个人消费，就是简单再生产，则生产资本循环的终点 P 等于它的始点 P；在简单再生产条件下，剩余价值因被全部用于资本家个人消费而退出资本运动过程，进入一般商品的流通过程。此时的生产资本循环可表示为：

$$P—W'\begin{pmatrix}W\\w\end{pmatrix}—G'\begin{cases}G—W\left\langle\begin{matrix}A\\Pm\end{matrix}\right.—P\\g—w\end{cases}$$

如果剩余价值有一部分用于积累就是扩大再生产，则终点 P 大于始点 P。在扩大再生产的条件下，由于剩余价值的一部分转化为资本，在假定剩余价值被全部积累的条件下，生产资本循环可表示为：

$$P\cdots W'—G'—W'\left\langle\begin{matrix}A\\Pm\end{matrix}\right.\cdots P'$$

生产资本的循环纠正了货币资本循环所造成的货币价值自行增殖的假象，它告诉我们，货币增殖并不来自流通，作为货币形式的剩余价值，即 G'中的增殖额 g 不过是生产过程中产生的剩余产品的实现形式。但是，$P\cdots P$ 也有自己的片面性，它从 P 到 P，似乎生产不是为了价值增殖，而是为了生产而生产。

3. 商品资本的循环：$W'—G'—W\cdots P\cdots W'$

在商品资本的循环中，起点、通过点和终点都是商品，不过起点和终点的是 W'（即在商品形态上已经增殖了的资本价值）。因此，商品循环始终既包含资本价值的循环，也包含剩余价值的循环。如果是简单再生产，循环的终点即 W'；如果是扩大再生产，循环的终点则为 W''即更大的 W'。但它作为下一个循环的起点仍然应该标为 W'。当然，这和前一个循环起点相比，已经是一个更大的 W'。

因此，商品资本的循环可表示为：

$$W'\begin{pmatrix}W\\w\end{pmatrix}-G'\begin{pmatrix}G\\g\end{pmatrix}\begin{matrix}-W\left\langle\begin{matrix}A\\Pm\end{matrix}\right.-P-W'\\ \\ g-w\end{matrix}$$

作为产业资本循环的一种特殊形态，商品资本的循环也同样存在着自己的片面性。它让人只关注 W'的实现问题，给人一种假象，似乎生产的目的就是满足社会需要，满足个人消费，而不去考虑剩余价值的来源。它又使人感到一切生产要素似乎都来自流通，并且只是由普通商品构成，而看不到生产过程中劳动力这个最重要的要素。

既然在商品资本循环中表现出来的全部商品都必须卖掉变成货币，而一旦流通中的某一个环节发生故障而中断，不仅商品资本无法循环，就连货币资本和生产资本也不能循环，整个生产过程就会中断（详细论述见本书的第六章）。

4. 产业资本三种循环形式的统一（产业资本正常循环的条件）

按照从分析到综合的方法，在前面分别对产业资本循环的三种形态考察的基础上，现在我们对产业资本的三种循环形式进行总体考察。

在前面对产业资本循环的三种形态的考察中，我们发现，无论哪一种资本循环都要经历购买、生产和销售三个阶段，因而都是生产过程和流通过程的统一。在这个统一过程中表现出来的共同点是：价值增殖是决定的目的和动机。如果从这三种循环的关系来看，其中的某一种循环的反复进行都包含着其他两种循环，所谓三种循环形式不过是产业资本总循环中的三个侧面。

以上是假定全部产业资本在同一时点上只采取一种职能形式，即或者是货币资本形式，或者是生产资本形式，或者是商品资本形式。如果现实资本的运动真是这样，那么，循环运动就会断断续续：在资本采取货币形式上执行购买职能时，生产和销售就会中断；在资本采取生产要素形式上执行生产职能时，购买和销售就会中断；在资本采取商品资本形式上执行商品出卖职能时，购买和生产就会中断。产业资本的连续不断的运动，就要求全部资本在同一时点上不能只采取一种职能形式，而要按比例地分割为并列的三种职能形式，并且同时顺次转化，使产业资本作为这些部分的整体同时处在各个不同的阶段和职能形式上，由此形成产业资本的连续性运动。因此，产业资本的循环不仅是生产过程和流通过程的统一，而且是三种循环形式上的统一，即三种循环形式在空间并存和时间继起上的统一。马克思指出：“产业资本的连续进行的现实循环，不仅是流通过程和生产过程的统一，而且是它的所有三个循环的统一。但是，它之所以能够成为这种统一，只是由于资本的每个不同部分能够依次经过相继进行的各个循环阶段，从一个阶段转到另一个阶段，从一种职能形式转到另一种职能形式，因而，只是由于产业资本作为这些部分的整体同时处在各个不同的阶段和职能中，从而同时经过所有这三个循环。”①

不仅如此，在产业资本运动的过程中，资本各种职能形态之间在时间上相继进行的继起性和在空间上并列存在的并存性必须是互为前提、互为条件的：没有并存性的存在，就不会有继起性的存在；同样，没有继起性的存在，则必然导致并存性的破坏。马克思指出，资本“每一部分的相继进行，是由各部分的并列存在即资本的分割所决定的”。“决定生产连续性的并列存在之所以可能，只是由于资本的各部分依次经过各个不同阶段的运动。并列存在本身只是相继进行的结果”。② 总之，“只有在三个循环的统一中，才能实现总过程的连续性，而不致发生上述的中断。社会总资本始终具有这种连续性，而它的过程始终是三个循环的统一”。③ 产业资本在循环中，不仅要顺次地通过三个阶段和相应地采取三种职能形态，而且要同时出现在三个阶段和并存在三种职能形态上。这一要求构成了产业资本循环得以顺利进行的必要条件。

通过上述对产业资本循环过程的全面分析，马克思对资本下了一个最全面的定义：“资本作为自行增殖的价值，不仅包含着阶级关系，还包含着建立在劳动作为雇佣劳动而存在的基础上的一定的社会性质。它是一种运动，是一个经过各个不同阶段的循环过程，这个过程本身又包含循环过程的三种不同形式。因此，它只能理解为运动，而不能理解为静止物。”④ 这段话包括以下几层意思：第一，资本是自行增殖的价值，即能够带来剩余价值的价值。第二，资本包含着阶级关系，即建立在劳动作为雇佣劳动而存在的、资产阶级剥削无产阶级的关系。因此，资本体现着一定的社会性质，是资本主义的社会生产关系。第三，资本是一种运动，它只有在运动中才能保存自己和增殖自己。资本一旦停止运动，它就不能再带来剩余价值，它的生命也就停止了。

---

① 《马克思恩格斯文集》第 6 卷，人民出版社 2009 年版，第 119 页。
② 《马克思恩格斯文集》第 6 卷，人民出版社 2009 年版，第 119–120 页。
③ 《马克思恩格斯文集》第 6 卷，人民出版社 2009 年版，第 121 页。
④ 《马克思恩格斯文集》第 6 卷，人民出版社 2009 年版，第 121–122 页。

（三）产业资本循环的时间和费用

1. 产业资本循环的时间即流通时间

产业资本循环不仅有形态变化，而且这种变化必须经历一定的时间。资本通过一次循环所经历的全部时间，就是《资本论》第二卷第5章的标题“流通时间”，这里的流通时间指广义流通时间，它等于生产时间和狭义流通时间之和。其中生产时间是资本在生产领域停留的时间，狭义流通时间是资本在流通领域即买卖过程停留的时间。

对于资本的价值增殖来说，资本循环的这两部分时间具有完全不同的意义。生产时间包括资本处在生产领域的劳动时间和非劳动时间两个部分。劳动时间是生产一种商品所经过的劳动过程的全部时间，是劳动力和生产资料相结合并发挥作用的时间，只是在这个时间内才创造价值和剩余价值。所以，劳动时间是资本循环中具有决定意义的时间。非劳动时间是指在生产领域中的劳动中断时间，包括在劳动中断过程中的自然力对劳动对象发生作用的时间、生产资料储备时间和停工时间。“显然，生产时间和劳动时间越吻合，在一定期间内一定生产资本的生产效率就越高，它的价值增殖就越大。因此，资本主义生产的趋势是尽可能缩短生产时间超过劳动时间的部分。”①

资本的流通时间，一般由购买时间和售卖时间两个部分构成。在购买时间内，资本由货币形态转变为作为生产要素的商品形态；在售卖时间内，资本则由商品形态再转变为货币形态。在这里，只是发生资本价值的形式变化，而没有发生价值的增殖。

流通时间的存在不仅不能使价值增殖，相反会表现为对价值增殖在某种程度上的限制。从三种职能形态在时间上的继起转化来看，当资本处在流通过程中时，生产过程就会中断；流通时间越长，生产过程的更新就越慢。从三种职能形态在空间上的并列存在来看，则资本停留在流通领域的时间越长，在生产领域中发挥作用的资本部分就越小。因此，流通时间的存在限制了生产时间，并由此限制了资本作为生产资本的机能的发挥，最终在某种程度上限制了价值的增殖。流通时间越接近于零，资本的职能就越大，资本的生产效率就越高，它的自行增殖就越大。

从购买时间和售卖时间来看，尽管购买和售卖均为产业资本运动在流通领域中所发生的单纯的价值形态变化，但在资本主义这种发达的商品经济中，较之由

---

①《马克思恩格斯文集》第6卷，人民出版社2009年版，第141页。

商品转化为货币的售卖过程，作为货币转化为商品的购买过程显然更为容易。马克思因此指出：“$W—G$ 即卖，是资本形态变化的最困难部分，因此，在通常的情形下，也是占流通时间较大的部分。”① 不仅如此，由于由 W'转化为 G 本身包含在 W'中的剩余价值的实现过程，因此，就资本主义生产获取剩余价值的目的而言，这一过程也更具有决定性的意义。

一般来说，由商品的自然性质所决定的商品的使用价值得以保存而不致变质腐坏的期限，构成了商品在流通中停留时间的绝对界限。商品越是容易腐坏变质，便越需要在更短的时间内卖掉。但无论如何，所有的资本主义商品都应当在一个或长或短的时间内卖掉，否则，资本家就会焦头烂额。

2. 产业资本循环的费用即流通费用

从费用耗费的角度来看，资本在流通领域中的运动必然产生一系列用于流通领域，并为商品流通服务的各项费用，这些费用构成了资本的流通费用。

由于商品在流通领域内的运动，包括了作为商品使用价值的商品实体本身和作为商品价值形态变化的两个完全不同的过程。这种以商品二重性的存在为前提的流通过程的二重性质，决定了商品的流通费用也区分为与商品的价值形态变化有关的纯粹流通费用和与商品的使用价值运动有关的生产性流通费用两类。

第一，纯粹流通费用。它分为以下几种：

一是花费在商品买卖上的费用，包括支付广告、商业工人的工资、买卖过程中的通信联系、订阅工商报刊等各项开支在内的、完全由商品的价值形态变化引起的费用。作为商品流通所特有的费用，与此类费用有关的物化劳动和活劳动的支出，并不能创造和增加商品的价值，而仅仅只是服务于价值的形态变化，并且只能从生产领域中已经创造出来的剩余价值或剩余产品中得到补偿。

二是花费在簿记上的，包括雇佣簿记人员、购置各种簿记用品以及笔墨、纸张、写字台、计算器和事务所等方面在内的各种费用。此类费用同样是服务于商品价值的形态变化，并同样作为非生产性费用从剩余价值得到补偿。与商品买卖上的费用会随着商品经济的消失而消失不同，簿记费用则是任何社会化的生产所共有的。“过程越是按社会的规模进行，越是失去纯粹个人的性质，作为对过程的监督和观念上总括的簿记就越是必要。因此，簿记对资本主义生产，比对手工业和农民的分散生产更为必要，对公有生产，比对资本主义生产更为必要。但是，簿记的费用随着生产的积聚而减少，簿记越是转化为社会的簿记，这种费用

① 《马克思恩格斯文集》第6卷，人民出版社2009年版，第143页。

也就越少。”①

三是用于维持货币流通开支的费用，包括用作货币商品的金银本身，新货币铸造以及在货币的发行和保管过程中需要支付的一系列费用。显然，此类与货币流通相关的开支的非生产性流通费用，同样是由商品价值的形态变化引起的，从而也必须从剩余价值中才能得到补偿。

第二，生产性流通费用。它是由使用价值的运动所引起的流通费用，即与生产过程在流通领域的继续有关的费用，包括保管费用、运输费用等。

商品的保管费用是指由商品储存所引起的各项费用，其中包括储存商品本身的损耗以及保管这些商品所耗费的各项费用。此类费用发生在商品的流通领域，而其目的仅在于妥善地保存商品的使用价值，并将其送入消费领域。由于为保存使用价值而从事的保管活动的实质属于在流通领域内进行的，并被流通的形式所掩盖的生产过程，此类费用同生产过程在流通领域内的继续相关，它不仅能够保存商品中的原有价值，而且能够增加商品中的价值和剩余价值。

为了保证社会生产和个人消费的正常进行，任何社会都需要把一部分产品储备起来，而且这种储备随着商品生产的发展，更多地采取了商品储备的形式。在资本主义制度下，就更是如此了。自然地，为保存这些商品储备支出的保管费用必然具有生产的性质。当然，由于销路停滞或基于投机的目的形成的与商品价值的形态变化有关的保管费用，则不应属于生产性流通费用，而应归入纯粹流通费用之中。

运输费用是用于商品运输上的各项支出。商品通过运输变更使用价值的存在地点，才能到达消费者手里用于消费。马克思指出：“在产品从一个生产场所运到另一个生产场所以后，接着还有完成的产品从生产领域运到消费领域。产品只有完成这个运动，才是现成的消费品。”② 因此，商品的运输过程应视为一种追加的生产过程，即生产过程在流通领域中的继续。运输费用如同保管费用一样，虽然不增加商品的使用价值，但却是完成使用价值从生产过程到消费过程的运动所必需的，因而属于生产性费用。运输劳动一方面将消耗掉的运输工具的价值转移到商品中去，另一方面则给商品增加新的价值，进而也为运输业的资本家提供了剩余价值。当然，以投机为目的或因商品销售困难而支出的运输费用，则不应属于生产性流通费用，而应归入纯粹流通费用之中。

运输过程追加到商品上的价值的大小，取决于运输业的劳动生产率和运输的

① 《马克思恩格斯文集》第 6 卷，人民出版社 2009 年版，第 152 页。

② 《马克思恩格斯文集》第 6 卷，人民出版社 2009 年版，第 168 页。

距离。运输业的劳动生产率越高，在一定距离内运输商品所需要的物化劳动和活劳动就越少，加到商品上的价值也就越少；反之，就越多。在运输业的劳动生产率一定时，商品运输的距离越长，耗费的物化劳动和活劳动也就越多，加到商品上的价值也就越多；反之，则越少。马克思指出："在其他条件不变的情况下，由运输追加到商品中去的绝对价值量和运输业的生产力成反比，和运输的距离成正比。"①

二、资本周转（第二卷第二篇）

要点揭示：第一，资本周转理论的研究同资本循环理论一样，都是研究单个资本流通的。循环是处在抽象的层次上，周转是处于相对的具体层次上。第二，《资本论》第二卷整个第二篇都是围绕着一个中心，即围绕着速度来展开的。所以，资本周转理论研究的核心问题就是速度问题。第三，围绕着速度问题，第二篇的章节结构是从两个方面安排的：一个是研究影响速度的因素，另一个是研究速度对资本生产的规模和对年剩余价值率的影响。这一篇由 7 章构成，大体分为三个部分：第 7 章为导论；第 8 章到第 14 章，分析影响资本周转速度的各种因素；第 15 章到第 17 章，分析资本周转速度对预付资本、剩余价值生产和实现的影响。这一篇阅读的重点是第 7 章、第 8 章、第 9 章，特别是第 8 章。

（一）资本循环和资本周转的联系与区别

资本循环和资本周转的共同点是：①都是单个资本的运动。②运动都经过购买阶段、生产阶段、出卖阶段，都是流通过程和生产过程的统一。③运动的目的都是为了生产和占有剩余价值。

它们的区别是：第一，资本运动的状态不同。循环是资本运动的一次状态，周转是把循环当作周期反复的过程来研究的。"资本的循环，不是当作孤立的过程，而是当作周期性的过程时，叫作资本的周转。"② 第二，研究的重点不同。资本循环研究的重点是考察资本运动连续性的条件，资本周转研究的重点是资本运动的速度以及资本周转速度对剩余价值生产的影响。第三，理论抽象的层次不同。资本循环是在抽象的形式下进行分析的，资本周转是在相对具体的形式下进行分析的。也就是说，由资本循环到资本周转是思维从抽象上升到具体的一个阶段。

---

① 《马克思恩格斯文集》第 6 卷，人民出版社 2009 年版，第 168–169 页。

② 《马克思恩格斯文集》第 6 卷，人民出版社 2009 年版，第 174 页。

（二）周转时间和周转速度

针对这一部分读原著时，需要掌握两个要点：一是明确周转时间和周转次数是计算周转速度的两个相关的指标（第 7 章）；二是研究资本周转速度本身对资本价值增殖的影响（第 15 章和第 16 章）。资本周转时间，就是指一个预付资本通过一次循环，从而实现价值增殖所需要的全部时间。资本周转时间由资本在生产领域的时间和流通领域的时间构成，因此，它的长短就由它本身的生产条件和流通条件所决定。由于各个部门资本的生产条件和流通条件互不相同，它们的资本周转时间也不一样。比如，投入机械制造行业等部门的资本，周转时间一般比较长，而投入纺织食品等行业的资本，周转时间一般就比较短。

为了比较不同部门资本的周转时间的长短、周转速度的快慢，就需要在时间上有一个共同的衡量单位。这个衡量单位通常用“年”（U）来表示。假定资本周转一次的时间用 u 来表示，资本周转的速度（次数）用 n 来表示，则计算资本周转次数的公式为：

$$n=\frac{U}{u}$$

假如，某一资本周转一次需要 3 个月的时间，它在一年内的周转次数就是 4 次；另一资本周转一次需要 6 个月的时间，它在一年内的周转次数就是 2 次。前者周转一次的时间是后者的 1/2，它在一年时间内周转的次数就是后者的两倍。由此可见，资本周转时间与资本周转速度成反比，而周转次数则与周转速度成正比。换言之，在一定时间内，资本周转的时间越短，资本周转的次数越多，则资本周转的速度越快；反之，则资本周转速度越慢。

（三）固定资本和流动资本

需要把握三个要点：

第一，固定资本和流动资本的结构比例是影响资本周转速度的重要因素。

第二，固定资本和流动资本都属于生产资本，都是在生产资本范围内存在的。只有生产资本能够划分为固定资本和流动资本。

第三，固定资本和流动资本的划分是由生产资本价值流通的特点决定的。

1. 固定资本和流动资本的区分

资本周转的快慢，受制于很多因素。由于资本周转时间包括生产时间和流通时间，所以，总起来看，影响资本周转快慢的因素，就可以分为生产过程中影响生产时间长短的因素和流通过程中影响流通时间长短的因素两大方面。在生产过程中影响资本周转快慢的因素，最主要的是生产资本的构成和生产时间的长短。

这里，最关键的因素还在于生产资本的构成。

马克思根据资本价值的转移方式的不同，将生产资本划分为固定资本和流动资本两个部分。在生产资本中，物质形态全部参加生产过程，而价值逐步转移到新产品中去的那部分资本，就叫固定资本，即投在机器、设备、厂房、工具等劳动资料上的那部分生产资本。“这个资本部分不是在它的使用形式上进行流通，进行流通的只是它的价值，并且这种流通是逐步地、一部分一部分地进行的，和从它那里转移到作为商品进行流通的产品中去的价值相一致。在它执行职能的全部时间内，它的价值总有一部分固定在它里面，和它帮助生产的商品相对立，保持着自己的独立。由于这种特性，这部分不变资本取得了固定资本的形式。”① 也就是说，这部分生产资本不是在物质形态上流通，而仅仅是在价值上流通。这部分资本的物质形态一经投入生产领域便不离开，直至最后报废。它们的价值则按照它们在生产过程中磨损的程度逐渐地、一部分一部分地转移到新的产品中去，并随着产品出售而逐次地周转回来。所以，把一部分投在生产资料上面的资本价值当作固定资本来规定的事情，只是这个价值的特别的流通方式，而不是这部分资本固定到某一个位置上不动。如轮船、火车、飞机等，虽然它们在不停地运动，但它们也属于固定资本。

在生产资本中，全部一次投入生产过程，价值不是逐次分批转移而是一次转移到新产品中去的那部分资本，就叫流动资本，即投在原料、燃料、辅助材料等劳动对象上和劳动力上的那部分生产资本。投在劳动对象上的那部分资本，从物质形态上看，参加一次生产过程后便把其全部价值转移到新产品中去，并经过产品出售而转化为货币全部被资本家收回，这部分生产资本属于流动资本是容易理解的。资本家购买劳动力的那部分资本，不是把它的价值转移到新产品中去，而是在生产过程中由工人的活劳动再生产出来。工人在生产过程中不仅把劳动力价值再创造出来，而且还创造了超过劳动力价值的剩余价值。虽然投在劳动力上的资本和投在劳动对象上的资本在价值形成中的作用根本不同，但从价值的周转方式来看，二者又没有什么区别，即都是通过一次生产过程就把全部价值加到新产品中去，并经过产品出售后以货币形式全部被资本家收回。所以，购买劳动力的那部分生产资本，也属于流动资本。马克思指出：“就价值的形成来说，不管劳动力和不变资本中形成非固定资本的组成部分多么不同，它的价值的这种周转方式却和这部分相同，而与固定资本相反。生产资本的这两个组成部分——投在劳动力上的价值部分和投在形成非固定资本的生产资料上的价值部分——由于它们

① 《马克思恩格斯文集》第6卷，人民出版社2009年版，第177页。

在周转上的这种共同性，便作为流动资本与固定资本相对立。”①

根据以上分析，固定资本和流动资本的区别可以做如下归纳：

第一，固定资本和流动资本的区别，是由它们的价值转移方式的不同所引起的，而不是由于它们在价值和剩余价值生产上具有不同的作用引起的。固定资本的价值是逐渐转移到新产品中去的，而流动资本的价值是一次全部转移到新产品中去的。这一区分只能发生在生产资本内部，因为只有这部分资本形态，才发生价值的转移问题。因此，固定资本和流动资本的区别，只是生产资本内部的区别。根据这个区别，理所当然地就不能把流动资本看作是流通资本。

第二，既然固定资本的价值是逐渐转移的，因此它全部周转一次的时间就较长，而流动资本周转一次的时间较短。在固定资本周转一次的时间内，流动资本可以周转多次。

第三，既然固定资本的价值是逐渐转移的，并随着产品出售而逐次地周转回来，所以，投在固定资本上的资本价值，是一次全部垫支，而后在固定资本整个发挥作用的期间内逐渐收回；而投在流动资本上的资本价值，虽然也是一次全部垫支，但它却一次就可全部收回。

第四，既然固定资本的价值是逐渐转移的，它的使用价值可以在生产过程中持续地发挥作用，因此，固定资本的多种物质要素在整个发挥作用的期间内就无须购买和替换；而流动资本则不然，它的各种物质要素却需要不断地购买和替换。

2. 固定资本的组成部分、补偿、修理和积累

固定资本的价值是根据它本身的磨损程度逐次转移到新产品中去的。由磨损程度决定的固定资本价值转移的大小，会直接影响资本周转的速度。因此，为了深入探讨资本周转速度，就必须分析固定资本本身的一些问题。

（1）固定资本的有形磨损和无形磨损。

固定资本的磨损分为有形磨损（物质磨损）和无形磨损（精神磨损）两种。物质磨损是指固定资本的物质要素（机器、设备、厂房、建筑物等）的损耗。这又分为两种原因：一是由于使用引起的磨损，如机器的使用过程会磨损，机器运转的速度越快，使用的时间越长，磨损程度就越大；二是由于自然力的作用引起的磨损，如金属氧化会生锈、木料雨淋会腐朽。由于这两种磨损是看得见、摸得着的，所以叫有形磨损。

---

① 《马克思恩格斯文集》第6卷，人民出版社2009年版，第184-185页。

精神磨损是指固定资本在它的有效使用期内，由于生产技术进步引起的资本价值上的贬值。这也分为两种情况：一是由于劳动生产率的提高，生产同样机器设备的社会必要劳动时间减少，因而使原有固定资本的价值相应降低；二是由于新的技术发明和应用，出现了效率更高的机器设备，要提高竞争力，就必须提前淘汰原有的机器设备，因而使原有的固定资本的价值贬值。在这两种情况下，资本家都要遭受一定的损失，而这种损失是看不见、摸不着的，因此叫无形磨损。资本家为了弥补这种损失，便极力加强对工人的剥削，他们或者延长工作日，或者提高劳动强度，或者提高机器设备的使用效率，等等，以便在尽可能短的时间内把固定资本的投资收回。

（2）固定资本的折旧和更新。

固定资本的价值既然是按照其磨损程度逐渐地转移到新产品中去的，那么，为了保证再生产继续进行，就必须把转移的价值部分不断地从新产品的出售中提取并积累起来，以备将来在实物形态上替换已经损耗完了的固定资本。这种做法通常叫折旧，根据固定资本磨损程度逐年从新产品出售中提取的资本价值，叫折旧费。

折旧费主要是用于固定资本在实物上进行替换，在价值上进行补偿即固定资本的更新。固定资本要提前更新，一般来说有许多原因：一是由于固定资本已经磨损需要更新，二是由于技术进步要求用新机器替换，三是竞争逼迫需要提前更新，四是由于经济危机以及突发事件如灾祸等也会要求提前更新。在资本主义条件下，固定资本更新既能促使危机后经济的迅速扩张，同时，又为新的生产过剩，为下一次危机的到来准备了物质条件。所以，固定资本的更新是周期性的经济危机的物质技术基础。

折旧费的本义是用来补偿已经损耗掉的劳动资料的价值，用来替换已经磨损了的机器、设备、厂房和建筑物的。所以，折旧基金属于简单再生产基金。但是，由于固定资本的物质要素在其平均使用期限内，总是独立存在和发挥作用的，不到全部磨损时，就不需要更新。所以，“固定资本价值中这个转化为货币的部分，可以用来扩大企业，或改良机器以提高机器效率。这样，经过一段或长或短的时间，就有了再生产，并且从社会的观点看，是规模扩大的再生产。如果生产场所扩大了，就是在外延上扩大；如果生产资料效率提高了，就是在内涵上扩大。这种规模扩大的再生产，不是由积累——剩余价值转化为资本——引起的，而是由从固定资本的本体分出来，以货币形式和它分离的价值再转化为追加的或效率更大的同一种固定资本而引起的”。①

(3) 固定资本的维护和修理。

为了保证固定资本各个物质组成部分的正常使用，必须进行维护和修理。用于维护固定资本所花掉的费用就是固定资本的维护费用。“投在这种劳动上的资本，属于流动资本中要弥补一般非生产费用的部分，这个部分要按年平均计算，分摊到价值产品中去。”② 固定资本的使用中遇到损伤就需要对其进行修理。修理费用“这种投在真正修理上的资本，从某些方面看，形成一种独特的资本，既不能列入流动资本，也不能列入固定资本，但作为一种经常支出，宁可算作流动资本”。③ 大修理所花的费用，应该包括在固定资本中。

3. 预付资本总周转

预付资本的总周转，是它的不同组成部分的平均周转。其计算方法可表示为：

$$\text{预付资本的总周转}=\frac{\text{年周转的价值总额}}{\text{垫付资本的总额}}$$

预付资本总周转速度的快慢，一方面取决于该固定资本和流动资本周转速度的差别，另一方面则取决于固定资本和流动资本在生产资本中所占比重的大小。由于固定资本周转一次的时间比较长，流动资本周转一次的时间比较短，所以，在生产资本中固定资本所占比重越大，预付资本总周转速度就越慢；相反，流动资本占比重越大，预付资本总周转速度就越快。其中，固定资本所占的比重越大，则整个资本的周转速度就越慢；反之，流动资本所占的比重越大，则整个资本的周转速度就越快。

资本主义生产的不断发展和技术装备水平的日益提高，导致了现实的固定资本的不断增长，及其在生产资本中所占比重的不断增大。这一现象使得产业资本的周转速度有日益减慢的趋势。在此情况下，资本家只有依靠增加垫付资本，才能得到和以前同样多的剩余价值。因此，为抵消资本周转日趋缓慢所带来的不利影响，资本家必然通过采取延长工人劳动时间和提高劳动强度的办法，来加速资本的周转。

三、劳动期间、生产时间和流通时间对资本周转速度的影响

影响资本周转速度的，除了固定资本和流动资本的比重及各自的周转以外，

① 《马克思恩格斯文集》第 6 卷，人民出版社 2009 年版，第 192 页。
② 《马克思恩格斯文集》第 6 卷，人民出版社 2009 年版，第 194 页。
③ 《马克思恩格斯文集》第 6 卷，人民出版社 2009 年版，第 196 页。

还有劳动期间、生产时间和流通时间的长短。

劳动期间是指一定生产部门为提供一件成品所需要的相互联系的工作日数目，它是生产时间的主要构成部分。其长短由不同生产部门以及同一生产部门的各个企业的产品的性质决定。劳动期间的长短不仅会影响资本周转的速度，而且还会影响预付流动资本的数量。劳动期间越长，资本周转速度越慢，而且流动资本停留在生产领域内的时间就越久，为维持生产的连续性所需要的流动资本也就越多。相反，劳动期间越短，资本周转速度越快，流动资本停留在生产领域内的时间就越短，为维持生产的连续性所需要的流动资本就越少。因此，“在资本主义生产不太发达的阶段，那些需要很长劳动期间，因而需要在较长时间内大量投资的企业，特别是只能大规模经营的企业，例如筑路、开凿运河等等，或者完全不是资本家经营，而由地方或国家出资兴办”。① “举办劳动期间相当长而规模又很大的事业，只有在资本积聚已经十分显著，另一方面信用制度的发展又为资本家提供方便的手段，使他可以不用自己的资本而用别人的资本来预付、来冒险的时候，才完全成为资本主义生产的事情。”②

从资本家的本性来讲，他总是要千方百计缩短劳动期间、减少预付流动资本、加快资本的周转，进而榨取更多的剩余价值的。从长期发展的视角来看，劳动期间的长短会随着分工、协作的发展和新技术的采用而逐步缩短。但劳动期间的差别的存在将是永恒的，由此引起的资本周转速度上的差别也将总是存在的。

生产时间包含着劳动期间，但并不都是劳动期间。马克思在《资本论》第二卷第 13 章讲的生产时间，是除劳动期间以外的自然作用时间和生产资料储备时间。因此，第一，劳动期间只是生产时间的一部分；第二，劳动过程的中断本身不可能发生价值的增殖，但却对于资本的周转速度有着直接的影响。同样，生产时间和劳动期间的不一致，对于流动资本的支出和固定资本的使用也有重大的影响。这一点在按季节进行劳动的农业生产部门中，表现得更为充分。因此，为了缩短资本周转时间，加快资本周转速度，不但要尽可能缩短劳动期间，而且要尽可能缩短生产时间和劳动期间的差距。资本主义生产发展的趋势在于：一方面是要尽可能地缩短劳动期间；另一方面则要尽可能地缩短劳动对象受自然力独立作用的时间，使劳动期间和生产时间的差距尽量缩小。科学技术的发展，则为缩小劳动期间和生产时间的差距提供了可能。

流通时间对资本周转速度的影响也是很明显的。从流通时间的各个部分对于

---

① 《马克思恩格斯文集》第 6 卷，人民出版社 2009 年版，第 260 页。

② 《马克思恩格斯文集》第 6 卷，人民出版社 2009 年版，第 261 页。

资本周转的影响来看，作为货币资本转化为生产资本时间的购买时间和作为商品资本转化为货币资本时间的售卖时间的长短，都对资本的周转速度有影响作用，但售卖时间的影响更大。马克思指出：流通时间中最具有决定意义的是出售时间，“流通时间，从而整个周转期间，是按照这个时间的相对的长短而延长或缩短的”。①

一般来说，售卖时间的长短主要取决于生产地点与市场距离的远近、交通运输条件的好坏以及供销合同中所规定的交货期限的长短等因素。而购买时间的长短则取决于生产地点与原材料等生产资料的供应地点的距离，以及将这些生产资料运往生产地点的交通运输条件。市场供应的具体状况决定了资本在生产储备上的垫付状况和资本停留在购买阶段时间的长短。显然，由于商品的销售条件和生产资料的供应条件各不相同，资本主义社会的各个生产部门和同一部门的各个企业的售卖时间和购买时间之间都存在着一定的差别。

当然，可以采用许多方法来缩短资本流通时间，而其中，发展交通运输事业就是一个十分重要的方法。“交通运输工具的改良，会绝对缩短商品的移动期间。……随着交通工具的变化，旧的生产中心衰落了，新的生产中心兴起了。在运输工具发展的同时，不仅空间运动的速度加快了，而且空间距离在时间上也缩短了。”② 资本主义交通运输工具的发展，至少在技术上加快了商品运输的速度，相对地缩短了生产地点和销售市场的距离，从而缩短了资本流通的时间。

四、可变资本的周转及其对年剩余价值量和年剩余价值率的影响

马克思在《资本论》第二卷第16章分析了可变资本周转对剩余价值的影响。从资本运动的结果来看，资本周转速度的快慢，对于剩余价值的生产有着重大的影响。一般地说：资本的周转速度越快，其中可变资本的周转速度就越快，由此带来的剩余价值总量就越多。

马克思将产业资本在一年内生产的剩余价值总量和垫付可变资本的比率称为年剩余价值率。可变资本的周转速度越快，则年剩余价值率也就越高。年剩余价值率的高低因此与可变资本的周转速度成正比。

年剩余价值率范畴与剩余价值率范畴所表现的关系是有差别的：前者（年剩余价值率）系年剩余价值量与所垫付的可变资本之比，其表示的是所垫付的可变资本本身的增殖程度；而后者（剩余价值率）则是实际发生作用的可变资本同

---

① 《马克思恩格斯文集》第6卷，人民出版社2009年版，第276页。

② 《马克思恩格斯文集》第6卷，人民出版社2009年版，第277-278页。

其所带来的剩余价值之比，所表示的是资本剥削的程度。

如果以 M'表示年剩余价值率，以 m'表示剩余价值率，以 v 表示垫付的可变资本，以 n 表示资本的周转次数，则

$$M' = m'n = \frac{m'vn}{v}$$

由上式可见：只有在 $n=1$，即每年周转一次时，年剩余价值率才会和剩余价值率相等。

可变资本周转速度的快慢之所以能够影响年剩余价值量大小和年剩余价值率高低，其原因在于：剩余价值是由实际发挥作用的可变资本带来的，可变资本的周转越快，实际发挥作用的可变资本就越多，实际上剥削的劳动量也越多，因而年剩余价值量和年剩余价值率就越大。

由此可以得出以下结论：可变资本周转得越快，实际发挥作用的可变资本就越多，剥削的工人就越多，年剩余价值总量就越多，年剩余价值率也就越高；反之，年剩余价值总量就越少，年剩余价值率也就越低。这表明资本周转的快慢同资本家有着切身的利害关系。因此，资本家会采取各种各样的技术方法，以加速资本的周转等。但所有这些方法，归根到底都会导致对劳动者的剥削量的增加和剥削程度的提高。

第三节　资本循环和周转理论的思想来源和拓展

一、关于固定资本和流动资本理论的历史发展

（一）对重农学派和亚当·斯密把流动资本和流通资本相混淆的错误的批判

马克思在《资本论》第二卷第 10 章，对重农学派和亚当·斯密把流动资本和流通资本相混淆的错误进行了批判，并在对他们错误观点的批判中，进一步阐明了自己的理论。

以魁奈为代表的重农学派把农业上使用的资本分为两类：一类是每年预付和周转一次的资本，叫“年预付”，另一类是多年预付和周转一次的资本，叫“原预付”。在他那里，固定资本和流动资本的区别叫作“原预付”和“年预付”的区别。由于重农学派认为农业是唯一的生产部门，因此，这种区别实际上是在生产部门内部表现的生产资本的区别，这是重农学派正确的思想观点。但是，由于

他把别的部门排除在生产部门以外，同时又只把生产资本看作是资本，所以，他并不了解农业部门以外如工业部门等的资本也可以划分为固定资本和流动资本，不了解货币资本和商品资本也是资本的具体形态。这又是其理论上的局限性。

亚当·斯密第一次区分了固定资本和流动资本的概念，并将这一对范畴普遍化，即将其运用于一切生产部门。这是亚当·斯密在这一理论上的进步和贡献。但在这一理论上，他的贡献仅限于此，而错误则是主要的。亚当·斯密认为："一个资本可以有两种不同的使用方法，都会给它的所有者提供收入或利润。""如果它（资本）被用来获得未来的利润，那么，要获得这个利润，他（所有者）就必须或者保留它，或者放弃它。在前一个场合，它是固定资本；在后一个场合，它是流动资本。"[①] 为什么保留它，它就成为固定资本呢？亚当·斯密说，保留它，"它（资本）可以用来改良土地，用来购买有用的机器和劳动工具，或者用来购买这一类东西，这些东西不必更换所有者或进一步流通，就可以提供收入或利润。因此，这种资本可以非常恰当地称为固定资本"。为什么放弃它，它就是流动资本呢？亚当·斯密说，放弃它，"卖掉，会更换所有者，会进一步流通"。[②] 亚当·斯密认为，农场主和工厂主的固定资本包括房屋、机器、设备、工具，以及用来改良土地的东西。这些东西，一经投入，它们就不会更换所有者或进一步流通。流动资本包括货币、食品储备、原料和各种半成品、已经制成的产品。这样，在亚当·斯密关于固定资本和流动资本的论述中，我们可以看到：第一，他将一物是否更换所有者看作是区分固定资本和流动资本的标准，不更换所有者的是固定资本，更换所有者的就是流动资本；第二，他将生产要素在生产中是否有物质加入产品中作为区分的标准，有加入的是流动资本，没有加入的是固定资本；第三，他认为货币资本和商品资本是流动资本；第四，他认为任何固定资本都来自流动资本，比如，他说，货币资本是流动资本，凡是资本家从事生产活动，都必须用货币资本去购买机器设备等固定资本，因此，固定资本就来源于流动资本。

亚当·斯密以上的观点是错误的。马克思认为：第一，划分标准是错误的。更换所有者只是买卖过程中发生的事情，买卖过程就是商品和货币的换位运动；而在生产过程中所有者是不可能更换的，在生产过程中的生产资料和劳动力都归资本家所有。即使在流通过程中发生了所有者的更换，但这种更换是不会发生价值增殖的，不会给他的所有者带来利润的。第二，把生产要素在物质上是否加入

---

① 转引自《马克思恩格斯文集》第6卷，人民出版社2009年版，第221页。

② 转引自《马克思恩格斯文集》第6卷，人民出版社2009年版，第216页。

新的产品作为划分的依据也是错误的。因为在这里，亚当·斯密不是从价值运动而是从使用价值的运动上区分的。如果在物质上加入产品中就是流动资本，比如，燃料在生产过程中被烧掉，它没有在物质上加入产品中，就应该算作固定资本，但它实际上不是固定资本，而是流动资本。第三，货币资本和商品资本属于流通资本，流通资本和流动资本是两个完全不同的范畴。马克思说："作为生产资本的要素，生产资本的一切组成部分不断地固定在生产过程中，因为没有它们，生产过程是不能进行的。生产资本的一切要素，无论是固定的或流动的，作为生产资本，同样都与流通资本即商品资本和货币资本相对立。"① 第四，亚当·斯密关于一切固定资本都来自流动资本的观点也是站不住脚的。按照亚当·斯密的说法，用货币购买机器，就说明固定资本来自流动资本，那么用货币购买原料，原料不也就成了固定资本了吗？马克思说："任何固定资本最初都来源于流动资本；亚当·斯密得出这个结论，只是由于他把流通资本和流动资本即非固定资本混同起来。"②

亚当·斯密的错误可以归结为将下面两种区别混为一谈，"一种是由生产资本不同要素价值的不同周转方式产生的固定资本和流动资本的区别，另一种是由同一个资本在生产过程中作为生产资本执行职能，在流通过程中作为流通资本（商品资本和货币资本）执行职能而产生的形式区别"。③

总之，马克思认为，流动资本和流通资本是两个性质完全不同的资本形式。它们的区别主要表现在：

首先，二者含义不同。产业资本循环过程是生产过程和流通过程的统一，相应地，产业资本可以分为生产资本（处在生产过程中的产业资本）和流通资本（处在流通过程中的产业资本）两个部分，流通资本是产业资本的一个组成部分，它是与生产资本相对而言的资本形式；生产资本又可以分为固定资本和流动资本两部分，流动资本是与固定资本相对而言的资本。

其次，二者区分的依据不同。界定流通资本的依据是它在产业资本循环中的作用，即处在购买阶段和出售阶段的资本；界定流动资本的依据是生产资本价值转移方式，即它的使用价值和价值都是一次投入和一次转移的资本。

再次，二者组成不同。作为产业资本中的流通资本，它由货币资本和商品资本两个部分组成；作为生产资本中的流动资本，它由购买劳动对象的原材料、燃

① 《马克思恩格斯文集》第6卷，人民出版社2009年版，第219页。
② 《马克思恩格斯文集》第6卷，人民出版社2009年版，第233页。
③ 《马克思恩格斯文集》第6卷，人民出版社2009年版，第216页。

料、辅助材料等资本和购买劳动力的可变资本组成。

最后，二者作用不同。根据马克思的分析，流动资本是生产资本的一个组成部分，特别是其中的流动可变资本，它是购买劳动力的资本，在生产过程中不仅能把自身的价值再生产出来，而且还能创造剩余价值。流通资本是处在流通领域的资本，它虽然是产业资本循环和周转中必需的，但它不能创造价值和剩余价值。

流通资本和流动资本的区分可做如下概括：

- 产业资本
  - 流通资本
    - 货币资本
    - 商品资本
  - 生产资本
    - 固定资本
    - 流动资本

（二）对大卫·李嘉图把固定资本和流动资本与不变资本和可变资本相混淆的错误的批判

马克思在《资本论》第二卷第11章批判了大卫·李嘉图关于固定资本和流动资本理解上的错误。大卫·李嘉图有固定资本和流动资本的概念，而没有不变资本和可变资本的概念。他关于固定资本和流动资本划分的标准，与亚当·斯密有着明显的不同，是以耐久程度、耐用时间的差别区分固定资本和流动资本的。他说：“工人消费的食物和衣服，他在其中从事劳动的建筑物，他劳动时使用的工具，都是会损坏的。但是这些不同资本的耐用时间却大有差别……有的资本损耗得快，必须经常再生产，有的资本消费得慢，根据这种情况，就有流动资本和固定资本之分。”① 他还说：“酿酒业主的厂房和机器设备是价值昂贵和耐久的，所以便说他所使用的大部分资本是固定资本。反之，制鞋业主的资本主要是用来支付工资，而工资则是用在食物、衣着等比厂房和机器设备更容易被消耗的商品上，所以便说他所使用的资本大部分是流动资本。”② 这样，大卫·李嘉图就把劳动资料叫作固定资本，把投在劳动力上的资本，即将工人消费的食物、衣着等生活资料叫作流动资本，而作为劳动对象的原材料和辅助材料在大卫·李嘉图的视野里不见了。

① 《马克思恩格斯全集》第26卷第2分册，人民出版社1975年版，第195-196页。

② 大卫·李嘉图：《政治经济学及赋税原理》，商务印书馆1962年版，第24页。

大卫·李嘉图所讲的劳动资料和工人的生活资料都是资本。两者只是耐久性的差别。前者经久耐用，列为固定资本；后者容易消失，列为流动资本。在这里，大卫·李嘉图的错误，第一，把劳动资料和生活资料本身看成是资本，资本是物而不是一定的生产关系；第二，工人生活资料中也有耐久性的，比如，工人的住房、家具，等等，那么，这些具有耐久性的东西为什么也归入到流动资本中呢？这与大卫·李嘉图的划分标准是矛盾的；第三，将投在劳动上的资本划为流动资本，而劳动加于其上的东西即劳动对象如原材料、辅助材料等又没有包含在流动资本中，这样大卫·李嘉图所讲的流动资本实际上就相当于马克思所讲的可变资本。但是，马克思是从价值增殖过程考察可变资本的，而大卫·李嘉图则是从流动方式上考察的。从资本价值的流通方式上是不可能得出不变资本和可变资本的区别的。

由于大卫·李嘉图不知道资本家购买的不是劳动而是劳动力，他就不可能发现可变资本，不可能发现可变资本是怎样带来剩余价值的。马克思明确指出：关键的问题是，资本家用一个固定的价值额（作为可变资本的货币数量），同一个创造价值的力（劳动力）、同一个创造剩余价值从而使价值增殖的力相交换，他购买了工人的劳动力。“剩余价值的创造，从而预付价值额的资本化，既不是产生于工资的或投在购买劳动力上的资本的货币形式，也不是产生于它的实物形式。剩余价值的创造是产生于价值同创造价值的力的交换，是产生于一个不变量到一个可变量的转化。”①

总之，大卫·李嘉图的主要错误是把固定资本和流动资本的划分混淆为不变资本和可变资本的划分。马克思认为，虽然固定资本和流动资本是生产资本内部的划分，不变资本和可变资本也是生产资本内部的划分，但是，固定资本不等于不变资本，流动资本也不等于可变资本。这两种划分是完全不同的。

首先，两种划分的标准不同。固定资本和流动资本的划分，是依据生产资本中的不同部分的价值转移方式不同来划分的。在生产资本中，价值逐步转移的是固定资本，价值一次转移的是流动资本；而不变资本和可变资本的划分，是依据资本的不同部分在剩余价值生产过程中的不同作用来划分的。在生产过程中，不能带来剩余价值的是不变资本，能够带来剩余价值的是可变资本。

其次，两种划分的作用不同。固定资本和流动资本的划分，目的是要说明生产资本的不同部分对资本周转速度的影响。固定资本占的比重大，资本周转就较慢；流动资本占的比重大，资本周转就较快。不变资本和可变资本的划分，目的

① 《马克思恩格斯文集》第6卷，人民出版社2009年版，第245页。

是揭示剩余价值的来源，揭示只有购买劳动力的可变资本才带来剩余价值，资本主义生产的实质就是剥削雇佣工人的活的劳动。

最后，两种划分的范围不同。固定资本和流动资本的划分，说明投在机器、设备、厂房、道路等劳动资料上的资本是固定资本，投在原材料和劳动力上的资本是流动资本。不变资本和可变资本的划分，说明投在机器、设备、厂房、道路等劳动资料上的资本和投在原材料等劳动对象上的资本都是不变资本，只有投在劳动力上的资本才是可变资本。

两种划分的关系可做如下概括：

按资本在价值形成中的作用划分　　资本的各种用途　　按资本价值转移方式划分固定资本

不变资本 { 转化为机器设备等劳动资料的资本、 ——→ 固定资本
转化为原材料和劳动对象上的资本

可变资本 ——→ 转化为劳动力的资本 } 流动资本

二、产业资本连续循环的条件与加快资本周转的意义

（一）产业资本连续循环的条件与企业资本运营

马克思关于产业资本正常循环的条件，揭示了现代市场经济中企业资本运营的基本要求和一般规律。产业资本正常循环的条件有两个：一是产业资本必须同时分别并存于资本的三种职能形式上，即通常所讲的各种职能形式资本在空间上的并存性。这个条件的具体要求是，任何一个产业资本必须按照一定的比例分为货币资本、生产资本和商品资本。这三种职能形式的资本必须在空间上并存。例如一个拥有 3 亿元的产业资本家，就要把这 3 亿元分为货币资本 1 亿元、生产资本 1 亿元、商品资本 1 亿元。当 1 亿元货币资本转化为生产资本时，同时就有 1 亿元生产资本转化为商品资本，同时又有 1 亿元的商品资本转化为货币资本。只有这样同时并存，才使资本循环不致中断。二是产业资本的各个职能形式必须顺序地从一种职能形式转变为另一种职能形式，即通常所讲的各种职能形式的资本在时间上的继起性。这个条件的具体要求是，并存的三种职能形式的资本，在时间上要同时进行自己的循环运动，顺序地经历不同的阶段。当一种资本形式转化为另一种形式时，其他两种资本形式也必须相应地向下一个形式转化。无论在哪一种职能形式上发生了中断，整个产业资本循环就必然发生中断。

在产业资本循环中，上述两个条件是互为前提、互为条件的。资本在空间上的并存性才使资本循环具有继起性；同时只有资本在时间上的继起性才使资本具

有不同的形式和职能。如果资本各部分的继起性受到阻碍，不能顺利地由一种形式转化为另一种形式，那么，各种职能形式的并存性也就不能实现。所有这一切都会影响资本的循环。正如马克思所说：“产业资本的连续进行的现实循环，不仅是流通过程和生产过程的统一，而且是它的所有三个循环的统一。但是，它之所以能够成为这种统一，只是由于资本的每个不同部分能够依次经过相继进行的各个循环阶段，从一个阶段转到另一个阶段，从一种职能形式转到另一种职能形式。因而，只是由于产业资本作为这些部分的整体同时处在各个不同的阶段和职能中，从而同时经过所有这三个循环。”①

产业资本正常循环所必须的条件，如果抽象掉其中的资本的特有社会性质，对于社会主义市场经济建设有着重要的现实意义。现实经济中的企业资本的经营过程，也就必须做到购产销的相互衔接和有机统一。如果一个环节受阻，整个企业的资本运营就会中断。这是产业资本循环的一般规律。我国当前一部分企业经营困难，有些甚至处于半瘫痪状态，一个很重要的原因，就是购产销没有做到相互衔接尤其是商品的出卖环节上出了问题，生产的商品与市场需求脱节。市场是企业的生命线。因此，要实现资本正常运营，企业就必须了解市场，开拓市场，把不断推出新产品以扩大市场、提高产品的市场占有率作为企业发展的战略任务。

（二）加速资本周转的意义和途径

资本周转速度是指预付资本在一年时间内周转的次数，资本周转与资本周转一次的时间成反比，资本周转时间越短，一年内资本周转次数就越多，周转速度就越快。资本周转速度对剩余价值生产和实现有重要影响。加快周转，可以节省预付资本总量，可以增加年剩余价值和提高年剩余价值率。加速周转可以在不增加投资的情况下，使同量资本发挥更大的作用，生产出更多的产品。因为，周转越快，同一资本使用的次数就越多，推动的劳动力和生产资料的数量就越多，生产的产品就越多；加速周转可以降低单位产品成本，提高企业的竞争力。因为，周转越快，同量资本生产的产品数量越多，单位商品的价值就越少，成本越低，产品和企业的竞争能力就越强；加速周转可以提高企业的盈利能力。周转越快，同量资本吸收的活劳动就越多，一年内吸收的剩余劳动量和创造的剩余价值就越多，企业的盈利能力就越强。

资本周转是包括生产资本不同部分的平均周转，即固定资本和流动资本的平

① 《马克思恩格斯文集》第6卷，人民出版社2009年版，第119页。

均周转。固定资本往往要比流动资本周转慢得多，所以生产资本中这两种资本的构成比例以及各自的周转速度直接决定着资本周转的快慢。资本周转的时间是由生产时间和流通时间的总和构成的，因此，加速资本周转的前提是缩短资本周转时间。生产时间是指从劳动对象进入生产领域到制成产品的全部时间，其中包括劳动期间、劳动对象受自然力作用时间、劳动过程中断时间、生产资料储备时间。其中最重要的是劳动期间。劳动期间长短一是由产品性质决定，二是由生产技术水平决定。新的科学技术的采用，会使生产同一种产品的劳动期间大大缩短，会使劳动对象受自然力作用时间明显缩短，资本周转明显加快。流通时间即买卖时间。影响流通时间长短的主要是商品的出卖时间。缩短流通时间的关键是创造良好的市场状况和交通运输条件。

上述影响资本周转速度的因素，如果把其中的资本的特定社会性质抽掉，同样适用于我国社会主义市场经济建设。因此，在社会主义市场经济中，企业要加快资本周转，提高经济效益，就必须学习和掌握马克思关于资本周转的有关理论。

三、固定资本折旧基金的使用与扩大再生产

折旧基金，按性质来说，是用于保证简单再生产的。但在固定资产更新之前是可以起积累基金的作用，用于扩大再生产的。马克思也曾指出："固定资本价值中这个转化为货币的部分，可以用来扩大企业，或改良机器以提高机器效率。这样，经过一段或长或短的时间，就有了再生产，并且从社会的观点看，是规模扩大的再生产。如果生产场所扩大了，就是在外延上扩大；如果生产资料效率提高了，就是在内涵上扩大。这种规模扩大的再生产，不是由积累——剩余价值转化为资本——引起的，而是由从固定资本的本体分出来，以货币形式和它分离的价值再转化为追加的或效率更大的同一种固定资本而引起的。"①

由于技术进步的速度加快，固定资本的精神磨损和贬值的加剧，要求提高折旧率以减少精神磨损，这样做，在固定资本的寿命结束以前就要进行实物更新。这又成为加速机器设备更新换代的有力杠杆。因此，提高固定资本的折旧率是推动技术进步的重要条件。但是也必须清楚，由折旧基金引起的扩大再生产要考虑以下因素，"一个企业能够在什么程度上，以多大规模进行这种逐渐的追加，因而也就是说，为了能够以这种方式再投入企业，准备金必须积累到多大数量，这又需要多长时间，所有这些，当然都部分地取决于该企业的特殊性质。另一方

① 《马克思恩格斯文集》第6卷，人民出版社2009年版，第192页。

面，现有机器的局部改良能够达到什么程度，当然取决于改良的性质和机器本身的构造”。①

由于科学技术的快速发展，固定资本更新速度有不断加快的趋势。西方国家的摩尔定律描述了半导体科技的快速变革，其基本内容是：平均 18 个月，半导体芯片的容量就会增长一倍，成本却减少一半。新摩尔定律描述了光纤技术的快速变革，形容网络科技和信息产业的快速发展，即 Internet 的宽带每 9 个月就会增加一倍的容量，其成本同时减少一半，比半导体芯片在 18 个月的变革幅度还大一倍。摩尔定律和新摩尔定律揭示了同样一个道理：科学技术的快速发展使固定资本的无形磨损逐渐呈上升趋势。为了避免承担固定资本无形磨损带来的损失，企业普遍采用提高折旧率的办法。第二次世界大战后，各主要资本主义国家政府利用加快折旧法，从 20 世纪 60 年代到 80 年代，多次补充、修订和重新规定，使折旧率逐步提高。比如，美国在 1942 年规定设备折旧率年限为 20 年，即折旧率 5%，1962 年规定的折旧率年限比 1942 年缩短 30%~40%，1971 年又规定比 1962 年再缩短 20%；日本在 1950 年以前，设备平均折旧年限为 21 年，80 年代初缩短为 7~14 年；法国在 1951 年前规定的折旧年限为 15~20 年，到 80 年代已经缩短到 7 年。加速折旧是科学技术发展的必然结果，而固定资本的加速折旧又反过来推动了生产中的技术进步。

四、关于公共工程（道路、运河）的建设由国家向企业家投资的转变

马克思在《资本论》第二卷研究资本周转时，对劳动期间的长短不仅会影响资本周转速度，而且还会影响预付资本的大小，做了提示性的阐述，而在《1857—1858 年经济学手稿》中有较为详细的分析，这一分析，对于我们认识这些劳动期间很长，属于公共工程建设的事业发展，具有一定的理论和实践意义。马克思在手稿中研究这一问题的要点如下：

第一，流通表现为直接生产过程的要素。没有一个企业是由于考虑到它销售自己的产品比其他企业困难才创办起来的。但是，销售的困难也可能是由于市场距离较远，因而资本回流较迟造成的。例如，某产品是为中国生产的，难道不可以认为只有当该产品到达中国市场时，它的生产过程才算完成吗？实现产品价值的费用可能由于把该产品从英国运往中国的运输费用而增加。产品获得最终的使

① 《马克思恩格斯文集》第 6 卷，人民出版社 2009 年版，第 192 页。

用形式，只有当产品运到预定地点后才开始发生。于是，生产费用就归结为在直接生产过程中物化的劳动时间加上在运输中所包含的劳动时间。如果我们设想，同一资本既从事生产又从事运输，那么这两个行为都属于直接生产。就流通本身要付出费用，它本身需要追加劳动来说，流通本身表现为包含在生产过程内。从这方面来看，流通表现为直接生产过程的要素。

第二，按资本的本性来说，交通运输工具应该由资本家投资。改善交通工具也属于发展一般生产力的范畴。必须进行大规模的交易才能减少运输费用，才能使交通工具有利可图。生产越是以交换价值为基础，因而越是以交换为基础，交换的物质条件——交通运输工具——对生产来说就越是重要。资本按其本性来说，力求超越一切空间界限。因此，创造交换的物质条件——交通运输工具——对资本来说是极其必要的：用时间去消灭空间。既然直接产品只有随着运输费用的减少才能在远方市场大规模实现，既然交通工具和运输本身只有在使必要劳动提到补偿而有余的大规模交换的情况下，才能够成为价值增殖的领域，那么，生产廉价的交通运输工具就是以资本为基础的生产条件，因而这种交通运输工具就由资本创立出来。

第三，道路作为一般的生产条件，一般由国家来投资。当资本家能够从修路中得到剩余价值时，他才会去修路。就一般的生产条件来说，道路的价值不能实现，道路也必须修筑出来，并且必须支付费用——因为必须用道路的生产费用来换取道路。之所以要修筑道路，只是因为它对于共同体是必需的使用价值，因为共同体无论如何都需要它。这是个人在维持其生存所必需的直接劳动之外一定完成的剩余劳动——不管是以徭役形式还是以赋税这种间接形式去完成。如果把整个社会看成是一个人，那么，修筑道路和生产交通工具就是其满足全部需要所付出的总体劳动中的一个必需部分。

第四，要让资本家把修筑道路当作由自己出资经营（如果国家让国家承包商来经营这类事业，那么总是还得借助于徭役劳动或赋税来进行），就需要有各种不同的条件，所有这些条件都归结为一点：以资本为基础的生产方式已经发展到一定高度。首先，必须有大量资本积聚在资本家手中，才能够承担如此规模的并且周转即实现过程如此缓慢的工程。因此，大部分是股份资本。在这种形式下资本达到了它的最后形式，在这里资本不仅按它的实体来说自在地存在着，而且在它的形式上也表现为一种社会力量和社会产物。其次，这样的交换已经达到相当的规模，为建筑道路而支付的费用，对于生产者来说是有利可图的。

第五，在资本主义发展没有达到这样的高度时，修筑道路等公共工程也只能由国家兴建。“公共工程摆脱国家而转入由资本本身经营的工程领域，表明现实共同体在资本形式下成长的程度。一个国家，例如美国，甚至可以在生产方面感到铁路的必要性；但是，修筑铁路对于生产所产生的直接利益可能如此微小，以致投资只能造成亏本。那时，资本就把这些开支转嫁到国家肩上，或者，在国家按照传统对资本仍然占有优势的地方，国家还拥有特权和权力来迫使全体拿出他们的一部分收入而不是一部分资本来兴办这类公共工程，这些工程同时又是一般生产条件，因而不是某些资本家的特殊条件；在资本还没有采取股份公司形式的时候，它总是只寻求自己价值增殖的特殊条件，而把共同的条件作为全国的需要推给整个国家。资本只经营有利的企业，只经营在它看来有利的企业。”

“当社会生产过程的一般条件不是借助于社会收入的扣除，不是借助于国家赋税创造出来，而是借助于作为资本的资本创造出来的时候，资本就达到了最高发展。这一方面表明，资本在多大程度上使一切社会生产条件从属于自己，因此另一方面也表明，社会再生产的财富在多大程度上资本化了，并且一切需要，其中也包括表现为社会需要的个人需要，即个人不是作为社会中的单个人，而是同其他的人共同消费和共同需求的需要（这些需要的消费方式，按事物的本性来说，是一种社会的方式）在多大程度上通过交换的形式得到了满足。还有，这些需要通过交换，通过个人交换，在多大程度上不仅被消费，而且还被生产出来。”①

① 《马克思恩格斯全集》第46卷上册，人民出版社1980年版，第15-27页。

第五章　社会资本再生产和流通理论

（《资本论》第二卷第三篇）

社会资本再生产和流通理论在《资本论》中进而在整个马克思经济理论中具有重要的地位。恩格斯在1895年3月16日给维克多·阿德勒的信中说："第三篇。这是重农学派以后第一次在这里对资本主义社会商品和货币的总循环最出色的阐述。内容很好，形式却难得可怕。"① 列宁也认为，"马克思在《资本论》第二卷中对社会总资本的再生产的分析，也是极其重要的和新颖的。马克思在这里考察的也不是个别现象，而是普遍现象；不是社会经济的零星部分，而是全部社会经济的总和"。② 斯大林在《苏联社会主义经济问题》中指出："马克思的再生产公式决不只限于反映资本主义生产的特点；它同时还包含有对于一切社会形态——特别是对于社会主义社会形态——发生效力的许多关于再生产的基本原理。……马克思的再生产理论的这一切基本原理，不仅对于资本主义社会形态是有效的，而且任何一个社会主义社会在计划国民经济时，不运用这些原理也是不行的。"③

第一节　研究对象和逻辑结构

一、研究对象

在本篇的导言中，马克思首先追述了《资本论》第一卷和第二卷前两篇研究的内容，接着又分析第二卷前两篇与第三篇的关系，即资本循环周转与社会资本再生产和流通的关系，在这种分析中提出了第三篇研究的对象。

马克思讲，《资本论》第一卷研究资本主义生产过程，重点是说明剩余价值的生产和资本本身的生产。为了在纯粹状态下进行研究，马克思运用抽象法，将

---

① 《马克思恩格斯〈资本论〉书信集》，人民出版社1976年版，第581页。

② 《列宁选集》第2卷，人民出版社1972年版，第594页。

③ 《苏联社会主义经济问题》，人民出版社1961年版，第64页。

流通过程假定为已经具备的前提条件而没有加以论述。在那里需要考察的流通领域的唯一行为，是作为资本主义生产的基本条件的劳动力的买和卖。

《资本论》第二卷重点说明资本的流通过程，即运动过程。这个运动过程，既包括生产过程，也包括真正的流通过程。第二卷考察的是包含着资本生产过程的资本的流通过程。“在本册的第一篇，我们考察了资本在它的循环中所采取的不同的形式和这个循环本身的各种形式。除了第一册所考察的劳动时间，现在又加上了流通时间。”① 在第二篇，循环是作为周期的循环，也就是周转来考察的。在这里一方面指出了，资本的不同组成部分（固定资本和流动资本）怎样在不同的时间以不同的方式完成各种形式的循环；另一方面又研究了决定劳动期间和流通期间长短不同的各种情况。我们还指出了，循环期间及其组成部分的不同比例，对生产过程本身的范围和年剩余价值率有怎样的影响。事实上，第一篇主要是考察资本在它的循环中不断依次地采取和抛弃的各种形式，而第二篇研究的，是在各种形式的这种运动和相继更替中，一定量的资本怎样同时（尽管按不同的比例）分成生产资本、货币资本和商品资本这些不同的形式，以致不仅这些形式互相交替，而且总资本价值的不同部分也不断地并存于这些不同的状态中，并执行职能。“在这里揭示了一些规律，按照这些规律，一定量资本的大小不等的组成部分，必须按照周转的条件，不断地以货币资本的形式预付和更新，以便使一个一定规模的生产资本能够不断地执行职能。”② 但是前两篇考察的始终只是单个资本，只是社会资本中一个独立部分的运动。

资本主义社会里存在成千上万个企业，每一个企业的单个资本，都在通过各自的循环和周转，实现自己的价值增殖。但是，所有这些独立的单个资本，并不是相互孤立，彼此隔绝的，而是相互交错、相互作用的。相互交错、相互作用中的各个独立的单个资本便形成了一个有机的整体，各个独立的单个资本的运动便汇合成了一个整体运动。这种相互交错、相互作用的个别资本的总和，就是社会资本或社会总资本；而相互交错的各个单个资本运动的总和，就是社会总资本的运动，即社会总资本的再生产和流通。这就是本卷第三篇研究的对象。

需要注意的是，这里讲的“总和”的含义。它不是各个单个资本的简单相加，而是所有单个资本的相互交错、相互作用的整体。马克思说得很明白：“正

① 《马克思恩格斯文集》第6卷，人民出版社2009年版，第391页。
② 《马克思恩格斯文集》第6卷，人民出版社2009年版，第392页。

如每一单个资本家只是资本家阶级的一个分子一样，每一单个资本只是社会总资本中一个独立的、可以说赋有个体生命的部分。社会资本的运动，由社会资本的各个独立部分的运动的总和，即各个单个资本的周转的总和构成。”① 固然，没有单个资本的存在，就不会有社会资本。但社会资本绝不是所有单个资本的简单相加，而讲的是单个资本之间相互依存的关系。

社会资本的运动，既包含生产消费，也包含个人消费。以前研究个别资本运动时，马克思也谈到过生产消费和个人消费，但只是从抽象的角度来谈的，因为在那里重点是揭示剩余价值的生产和实现问题，对于生产和消费所需要的物质资料从哪里获得，可以作为假定前提而不加以研究。因为，单个企业所需要的外部条件可以通过其他企业来提供，而现在考察社会资本，在社会资本中已经包含着所有单个资本，而且包含的是所有单个资本之间的关系，因此，以前作为假定前提的外部条件，现在却成为必须加以研究的对象，即所有单个资本必须相互为对方提供运动条件的内部关系，或简称为所有单个资本之间的相互关系。在这种研究中，资本家从哪里获得生产资料，资本家和工人从哪里获得生活资料都必须加以考虑。因此，社会资本的运动，既包含生产消费，也包含个人消费。

社会资本的运动，既包含资本流通，也包含一般商品流通。以前研究单个资本的运动，只是研究作为生产条件的资本流通，而把资本家的个人消费和工人的个人消费作为假定条件，相应地，也就把资本家和工人如何购买各自的生活资料的一般商品流通作为假定前提，而不加研究。现在研究社会资本的再生产和流通，就必须加以考虑了。因为，即便不属于单个资本运动中的一般商品流通，也被包含在社会资本的运动之中了。比如，工人出卖劳动力拿到工资后，用工资购买生活资料，它本身属于一般商品流通。在考察单个企业资本运动时，是作为与资本运动无关的工人个人的事情而不加考虑的。现在从社会角度看，工人出卖劳动力的过程，就是资本家购买劳动力的过程，资本家购买劳动力的目的是生产剩余价值；工人用工资去购买生活资料的过程，就是资本家出卖作为生活资料的商品资本的过程，就是剩余价值的实现过程。因此，从社会角度考察，工人用工资购买生活资料的一般商品流通与资本家出售商品资本获取剩余价值的资本流通，实际上是一个过程。一般的商品流通和资本流通是交错在一起的同一个过程。所以，“就社会资本的总体来考察的循环，不仅包括资本的流通，而且也包括一般

---

① 《马克思恩格斯文集》第 6 卷，人民出版社 2009 年版，第 390 页。

的商品流通”。①

由于货币资本是社会总资本的一个重要组成部分，在社会总资本的再生产和流通中起着重要的作用。因此，货币资本的作用就应该包含在导言中单独加以研究。

关于货币资本的作用，马克思讲到，在考察单个资本的周转时，货币资本显示出两个方面：一方面，它是每个单个资本运动的开始形式，因此表现为发动整个过程的第一推动力。另一方面，执行生产资本的资本价值，总是受必须不断以货币形式存在的那部分预付资本的限制。这里把货币资本作为社会总资本的一个组成部分也需要从这两个方面来考察。

关于第一方面。马克思讲，由于“商品生产以商品流通为前提，而商品流通又以商品表现为货币，以货币流通为前提；商品分为商品和货币的这种二重化，是产品表现为商品的规律。同样，资本主义的商品生产——无论是社会地考察还是个别地考察——要求货币形式的资本或货币资本作为每一个新开办的企业的第一推动力和持续动力”。②

但是，生产规模的大小不一定取决于预付货币资本的量。在这里，马克思较为详细地考察了这些不依赖于货币资本投入就能够扩大生产规模的因素。一是延长劳动时间、提高劳动强度等加强对劳动者的剥削；二是加强对生产上利用的自然物的合理使用；三是更加有效地利用劳动资料；四是通过充分利用不花费资本家分文的各种方法和科学进步；五是通过劳动的社会结合和提高劳动力的熟练程度；六是提高劳动生产力；七是通过资本集中；八是加快资本周转。

马克思讲，以上“这一切显然和真正的货币资本问题无关。这只是表明，预付资本……在转化为生产资本之后，包含着生产的潜力，这些潜力的界限，不是由这个预付资本的价值界限规定的，这些潜力能够在一定的活动范围之内，在外延方面或内涵方面按不同程度发挥作用”。③

关于第二方面。马克思讲，从社会总资本的运动来看，社会预付资本在任何时候也必须有一部分采取货币形式，因为只有这样，社会再生产才不会中断，而货币预付量的大小随周转期间的不同而变化。周转期间分为生产时间和流通时间两个部分，由于资本总有一个部分采取货币形式，所以周转期间越长，需要的货

① 《马克思恩格斯文集》第6卷，人民出版社2009年版，第390页。
② 《马克思恩格斯文集》第6卷，人民出版社2009年版，第393页。
③ 《马克思恩格斯文集》第6卷，人民出版社2009年版，第395页。

币资本量就越大。随着资本主义经济的发展，特别是信用制度和股份公司的出现，这种货币资本不再受单个资本家的货币资本量的限制了。

马克思在这里还谈到了将来的社会，在社会公有的生产中实行的是无货币的生产要素社会分配和按劳分配。马克思讲：未来社会，“在社会的生产中，货币资本不再存在了。社会把劳动力和生产资料分配给不同的生产部门。生产者也许会得到纸的凭证，以此从社会的消费品储备中，取走一个与他们的劳动时间相当的量。这些凭证不是纸币。它们是不流通的”。①

二、逻辑结构

《资本论》第二卷第三篇由第 18 章到第 21 章组成。第 18 章《导言》，主要说明本研究对象是社会资本的再生产和流通；第 19 章《前人对这个问题的阐述》，主要评价资产阶级古典政治经济学的再生产理论；第 20 章和第 21 章正面阐明马克思自己的社会资本再生产和流通理论。由于社会资本再生产一般分为简单再生产和扩大再生产两种类型，而且简单再生产是扩大再生产的基础和出发点，所以，第 20 章先考察简单再生产，第 21 章再考察扩大再生产。第三篇阅读的重点是第 18 章、第 20 章和第 21 章。

第三篇的研究方法。一是历史分析法：首先在第 18 章提出要研究的问题；其次在第 19 章评述前人对该问题的研究成果，哪些是可以吸取的，哪些是应该抛弃的；最后在第 20 章和第 21 章详细阐明自己的理论观点。二是抽象法：现实的资本主义再生产是扩大再生产，但是必须从简单再生产分析开始，简单再生产是抽象积累因素在相对纯粹状态下研究的再生产，同时它又是扩大再生产的基础和出发点。在抽象研究了简单再生产之后，进一步研究扩大再生产的内容，体现了马克思由抽象上升到具体的方法。三是平衡法：无论是简单再生产还是扩大再生产，马克思都不仅研究了再生产实现的前提条件，而且研究了再生产的平衡条件和平衡公式，只有达到了平衡，社会再生产才能顺利进行，而资本主义再生产恰恰是难以实现再生产的平衡，因此，危机必然爆发。或者说，资本主义再生产的平衡是通过周期性危机的破坏强制地加以平衡。

---

① 《马克思恩格斯文集》第 6 卷，人民出版社 2009 年版，第 397 页。

第二节　社会资本再生产和流通理论的基本要点

一、社会总产品的构成和社会生产的两大部类

（一）分析的出发点

既然社会资本的运动不仅包括生产消费，而且还包括个人消费，那么，只有从社会总产品出发，即从社会资本每年发挥职能所生产出来的社会总商品资本出发，才能对社会资本的运动进行正确的分析，才可能发现社会资本再生产过程的运行机制，以及再生产过程较之单个资本的再生产过程的不同的特征。社会总产品（社会总商品资本）因此成为整个分析的出发点。值得强调的是：在此对社会资本运动的分析，实质上就是对社会总商品资本运动的分析。社会总商品资本的运动公式可表示为：

$$W'\begin{pmatrix}W\\w\end{pmatrix}—G'\begin{pmatrix}G\\g\end{pmatrix}\begin{matrix}—W\left\langle\begin{matrix}A\\Pm\end{matrix}\right.—P—W'\\ \\—W\end{matrix}$$

由上式可以看出：社会资本的运动是从社会年产品，总商品资本（W'）开始的。其中，相当于（W）的部分用以补偿资本家垫付的资本价值，而（w）的部分则作为被资本家无偿占有的剩余价值。在经过售卖之后，全部商品资本都转化为货币资本（G'）。其中，（G）部分转变生产资本，被资本家用于购买生产资料（Pm）和劳动力（A），并在经过再生产过程之后，又重新变为商品资本（W'），用以完成商品资本的循环；而（g）部分则被资本家用于购买各种消费品，以满足个人的消费。工人出卖劳动力得来的货币，也将用来购买个人消费品用于工人的个人消费。显然，该公式已相当清晰地揭示了社会资本运动的一般形态。

（二）社会资本再生产和流通的核心问题

由于社会总产品在社会资本的再生产和流通过程中，不仅要在价值形态上对已经消耗掉的资本价值进行补偿，而且要在实物形态上对已经在生产和生活中消耗掉的物质资料进行补偿。因此，必须从社会总产品各部分的价值补偿和实物补偿这一双重视角出发，对于社会资本的运动加以考察。事实上，只有当社会总产

品满足了社会在上述两个方面的补偿需要时，社会资本的再生产才可能继续顺利进行。

马克思主义认为：在对社会资本再生产的研究中，产品的实物补偿问题具有特别重要的意义。因为在前述各章对个别资本再生产过程的研究中，对其实物补偿问题是通过假定个别资本再生产所必需的各种物质资料，都能够在市场上买到来解决的。在研究社会资本的再生产时，由于社会资本的范畴已经包括了所有的个别资本，所以，社会资本在再生产过程中所消耗的各种物质资料，只能从其本身的产品中求得补偿。显然，社会总产品能否和如何在实物上补偿当年消耗掉的各种物质资料的问题，在此就成了社会资本再生产能否正常进行的一个十分现实和十分重要的问题。

如果社会总产品的各个部分都能够在价值上和实物形态上找到互相补偿的另一部分产品，则全部社会产品就能顺利地实现，社会资本的再生产过程就能正常地进行。因此，社会总产品各个部分的价值补偿和实物补偿问题，本质上就是社会总产品的实现问题。社会总产品的实现问题也因此成为社会资本再生产的核心问题，社会总产品的实现条件也就是社会资本再生产的实现条件。

(三) 社会总产品的价值构成和社会生产的两大部类

马克思指出：资本主义社会的总产品，在价值上由不变资本（c）、可变资本（v）和剩余价值（m）等三个部分组成；在实物形态上，由生产资料和消费资料这两种经济用途不同的产品组成。同对产品在实物形态上的划分相适应，可以将整个社会生产划分为两大部类：其中，第一部类是用于生产消费的各种生产资料的生产；第二部类是用于个人消费的各种消费资料的生产，并且每个部类都由包含着许多企业的众多的不同的生产部门所组成。

马克思关于社会总产品在价值上划分为三个部分和社会生产划分为两大部类的观点，是马克思再生产理论的两个基本原理，也是对社会生产所有一切部门所做的最概括的分类。在此，某些产品既可以供个人消费又可以用作生产资料的事实，并不会排除这种分类的正确性。

从经济学说史来看，在将近一个世纪的时间内，重农学派的代表人物魁奈基于其“经济表”，英国古典经济学的代表人物亚当·斯密和大卫·李嘉图基于其“亚当·斯密教条”都对再生产问题进行了研究，但都未能取得足够的进展。而马克思则在批判和纠正前人错误的基础上，从价值形态和实物形态的双重视角出发，对社会总产品的构成进行了科学的分析，从理论上确立了上述两个基本原理，从而为其再生产理论奠定了稳固的科学基础。并由此顺利地和彻底地解决了有关社会总产品实现的一系列问题，从而科学地揭示了社会资本再生产和流通的全部规律。

马克思是在以下假定条件下，对社会资本再生产和流通问题进行分析的：

第一，全部的社会生产都是资本主义生产，全部社会产品都是按资本主义方式生产的结果，即社会总商品资本。相应地，社会上只有两个对立的阶级：资产阶级和无产阶级。

第二，商品都按价值购买和出售且价格不发生变动。

第三，生产周期为一年，全部不变资本在一年内消耗，其价值全部转移。

第四，撇开对外贸易，一切产品都在国内流通。

二、简单再生产的实现条件

（一）分析资本主义再生产问题必须从简单再生产开始

所谓简单再生产，是指生产在原有规模上的简单重复。资本主义再生产的特征是扩大再生产而不是简单再生产。那么，为什么在分析资本主义再生产时首先要分析简单再生产呢？这是因为，第一，简单再生产是扩大再生产的现实因素和出发点。任何一个扩大再生产都是在简单再生产的基础上扩大的。要进行扩大再生产，首先要达到原有的生产规模，在保证简单再生产的基础上并以此为出发点，才能扩大生产规模。马克思讲，“只要有积累，简单再生产总是积累的一部分，所以，可以就简单再生产本身进行考察，它是积累的一个现实因素”。① 第二，简单再生产是实现扩大再生产的物质基础。要扩大再生产就必须有一定数量追加的生产资料和生活资料。这些追加的物质要素，只能是上一个生产过程生产出来的，即原来简单再生产积累的结果。对此，马克思明确指出：“扩大再生产的物质基础是在简单再生产内部生产出来的。”② 第三，从简单再生产开始分析体现了从抽象上升到具体的科学方法。“一方面，在资本主义基础上，没有任何积累或规模扩大的再生产，是一种奇怪的假定；另一方面，生产条件在不同的年份不是绝对不变的（而假定它们是不变的），那么，规模不变的简单再生产就只

① 《马克思恩格斯文集》第6卷，人民出版社2009年版，第438页。
② 《马克思恩格斯文集》第6卷，人民出版社2009年版，第559页。

是表现为一个抽象。"① 但这是一个合理的抽象。因为考察扩大再生产的最主要困难不在于积累，而在于社会再生产中的两大部类的比例关系，在于社会总产品的价值补偿和实物补偿。这样，先把积累因素抽象掉，从分析简单再生产开始，集中精力解决了两大部类的补偿问题，就为考察扩大再生产铺平了道路。

（二）简单再生产的三大交换

在资本主义简单再生产条件下：假设第一部类（Ⅰ）的不变资本（c）为4000，可变资本（v）为1000，在剩余价值率（m'）为100%的条件下，所创造的剩余价值（m）为1000；第二部类（Ⅱ）的不变资本（c）为2000，可变资本（v）为500，在剩余价值率（m'）为100%的条件下，所创造的剩余价值（m）为500，则全年的社会总产品可表示为：

$$\text{Ⅰ}\ 4000c+1000v+1000m=6000$$

$$\text{Ⅱ}\ 2000c+500v+500m=3000$$

在上述图式中，第一部类产品在实物上全部为生产资料，价值为6000；第二部类产品在实物上全部为消费资料，价值为3000。全年社会总产品的价值共为9000。

现在，如果我们考察简单再生产基础上（剩余价值全部用于资本家生活消费）的各种必要的交换，并且先不考察作为交换媒介的货币流通，为使第二年的再生产能够照常进行，两大部类产品的各个部分都必须通过交换在价值上得到补偿的同时，在实物形态上也得到替换。那么，我们一开始就会得出三大交换：

（1）第Ⅱ部类工人的工资500v和资本家的剩余价值500m，必须用于消费资料。但是，它们的价值存在于价值1000的消费资料中，这种消费资料掌握在第Ⅱ部类的资本家手里。因此，第Ⅱ部类的以货币形式存在的工资和剩余价值，在第Ⅱ部类内部通过商品交换得到了相应的消费资料。同时，就有（500v+500m）Ⅱ=1000以消费资料的形式从总产品中消失。

（2）第Ⅰ部类的1000v和1000m，在产品中的实物存在形式是生产资料，同样必须换取消费资料，即必须换取第Ⅱ部类的相应的产品。因此，它们必须同第Ⅱ部类产品的其余的、数量与它们相等的不变资本部分2000c交换。为此，第Ⅰ部类会得到工人和资本家所需的生活资料，第Ⅱ部类会得到数额相等的生产资

① 《马克思恩格斯文集》第6卷，人民出版社2009年版，第438页。

料，即得到体现第Ⅰ部类的 $1000v+1000m$ 的价值的第Ⅰ部类的产品。因此，就有 2000Ⅱc 和Ⅰ（$1000v+1000m$）从总产品中消失。

（3）还剩下 4000Ⅰc。它们由生产资料构成，只能用于第Ⅰ部类，以便补偿该部类消费掉的不变资本，因此，要通过第Ⅰ部类的各个资本家之间的相互交换来解决。同样，就有 4000Ⅰc 从总产品中消失。

上述三大交换关系可图示如下：

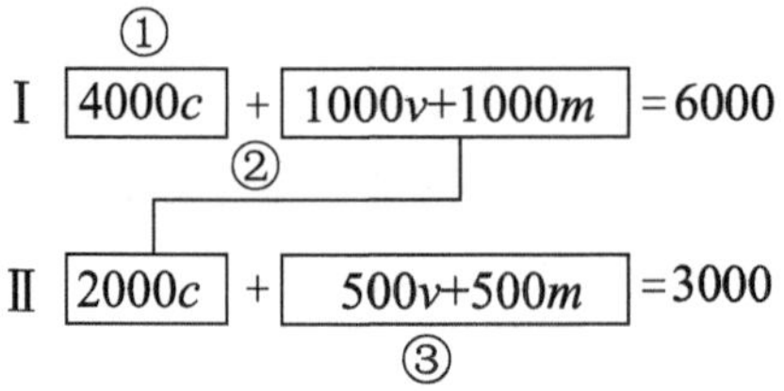

（三）简单再生产的实现条件

社会总产品的实现关键是两大部类之间保持一定的比例关系，以及每个部类内部的不同生产部门、企业之间保持一定的比例关系。其中最关键的是两大部类之间的比例关系，只有如此，社会资本简单再生产才能顺利进行。

社会资本简单再生产最基本的实现条件是：第Ⅰ部类的可变资本价值和剩余价值之和等于第Ⅱ部类的不变资本的价值，用公式表示是：Ⅰ（$v+m$）＝Ⅱc。这个条件表明两大部类之间的最基本关系，它们之间不仅在实物上互为对方提供产品、提供需求，而且在价值量上必须相等。这种相互制约、相互依赖的关系必须得到平衡，否则，简单再生产就无法进行。如果Ⅰ（$v+m$）大于Ⅱc，第Ⅰ部类就会有一部分生产资料不能卖掉；同时，第Ⅰ部类的工人和资本家对消费资料的需求也就不能得到充分的满足。同样，如果Ⅰ（$v+m$）小于Ⅱc，那么，在简单再生产条件下，第Ⅱ部类所消耗的不变资本就不能得到充分的补偿；同时，第Ⅱ部类所生产的消费资料就不能全部卖掉。在这两种情况下，简单再生产的条件都遭到了破坏，社会总产品的实现问题就不能得到解决。

从这个基本条件可以引申出另外两个实现条件。

Ⅰ（$c+v+m$）＝Ⅰc＋Ⅱc，即第Ⅰ部类的全部产品的价值等于两大部类的不变资本价值之和。这个条件表明，生产资料生产（或生产资料的总供给）与两大部类对生产资料的总需求之间保持平衡关系，它反映的是生产资料的生产与消费之间的关系。只有生产资料的供给与对生产资料的需求之间保持平衡，简单再生产才能顺利进行，否则，简单再生产由于生产资料的供求矛盾就会出现中断。如果Ⅰ($c+v+m$)大于Ⅰc+Ⅱc，那么，在简单再生产条件下，就会有一部分生产资料不能实现；如果Ⅰ($c+v+m$)小于Ⅰc+Ⅱc，那么，社会生产中所消耗掉的生产资料就得不到充分的补偿。在这两种情况下，简单再生产就不能正常进行。

Ⅱ($c+v+m$) = Ⅰ($v+m$) +Ⅱ($v+m$)，即第Ⅱ部类的全部产品的价值等于两大部类的可变资本价值和剩余价值之和。这个条件表明，消费资料的生产（或消费资料的总供给）与两大部类对消费资料的需求之间保持平衡关系，它反映的是消费资料的生产与消费之间的关系。只有消费资料的供给与对消费资料的需求之间保持平衡，简单再生产才能顺利进行，否则，简单再生产就会由于消费资料的供求矛盾而导致中断。

以上三个实现条件，从各个侧面表明了简单再生产过程的社会生产与社会消费之间的内在联系，反映了在简单再生产条件下社会生产两大部类之间应遵循的主要比例关系。

再生产要能正常进行，不仅要求社会生产两大部类之间，而且要求隶属于两大部类的各个副类或各个生产部门之间也都应保持一定的比例关系。由于两大部类都是由相当多的副类或具体生产部门组成的，所以，两大部类之间的关系，实质上也就是其所属的副类或部门之间的关系。

现以第Ⅱ部类内部各副类之间的交换为例，来说明再生产所需要的更加具体的比例关系。

第Ⅱ部类由许多部门构成，但按照它们的产品用途的不同，可概括地将它们区分为两个副类：一类（Ⅱa）为生活必需品的生产部门，另一类（Ⅱb）为奢侈品的生产部门。显然，这两个副类之间的比例将取决于资本家对工人的剥削程度以及资本家的浪费程度。设两个副类的剩余价值率相同，若社会总剩余价值1500（Ⅰ 1000m+Ⅱ500m）当中，有40%被资本家用来购买奢侈品，则第Ⅱ部类总共生产出600的奢侈品。因此，第Ⅱ部类内部两个副类的生产结构可图示如下：

$$\left.\begin{array}{ll}\text{Ⅱ}a\text{（生活必需品）} & 1600c+400v+400m=2400 \\ \text{Ⅱ}b\text{（奢侈品）} & 400c+100v+100m=\ \ 600\end{array}\right\}3000$$

上述图式的实现途径如下：

（1）在Ⅱa当中，有400v的产品可在本副类内部通过工人购买实现；Ⅱa的资本家也将花去其剩余价值的60%。因此，在Ⅱa当中，有240m的产品可在本副部类内部通过资本家购买实现。

（2）在Ⅱb当中，资本家将其剩余价值的40%用于奢侈品的消费，即在此有40m的产品在本副类内部实现。

（3）Ⅱa的资本家还有160的剩余价值要支出在购买奢侈品上，Ⅱb的工人和资本家也有100的工资收入和60的剩余价值要用来购买生活必需品。因此，通过Ⅱa和Ⅱb两个副类之间的交换，可以将Ⅱa的160m的产品和Ⅱb的100v+60m的产品得以实现。

（4）其余的Ⅱa的1600c和Ⅱb的400c两部分产品，作为被消耗掉的不变资本的价值部分，必须用相应的生产资料来替换，因此只能通过与第Ⅰ部类的交换来实现。

上述两个副类产品的实现条件可图示如下：

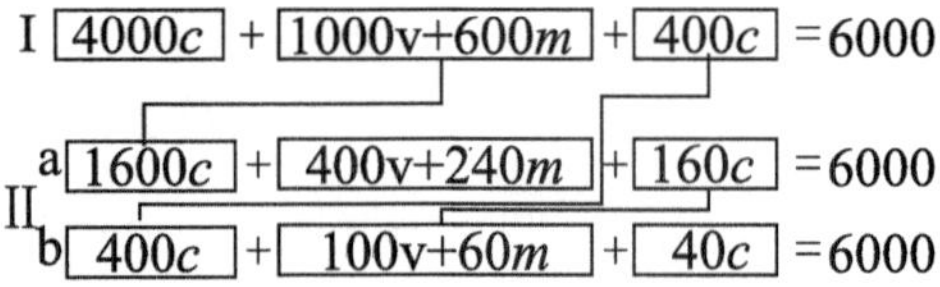

由上可见，第Ⅱ部类两个分部类的实现，仍然是以简单再生产条件下社会总产品的基本实现条件，即Ⅰ（$v+m$）＝Ⅱc为基础；所不同的只是：在这一基础上，更具体地要求第Ⅱ部类的两个副类之间，以及这两个副类同第Ⅰ部类之间也保持一定的比例关系。

由此可以推论：为适应生活必需品生产和奢侈品生产的划分，第Ⅰ部类为第Ⅱ部类制造生产资料的各个部门之间，也必须有相应的划分，才能够分别地满足生活必需品生产部门和奢侈品生产部门对于生产资料的需求。马克思因此指出，生活必需品生产和奢侈品生产之间的"这种分割从根本上影响着生产的性质和数量关系，对生产的总形态来说，是一个本质的决定性的因素"。①

（四）货币流通在交换中的中介作用

在现实的资本主义经济运行中，社会产品的实现是通过货币流通的媒介来进行的。因此，还必须对货币流通在社会产品实现过程中的作用给予说明。在此仅以即Ⅰ（1000v+1000m）对Ⅱ2000c的交换为例，来具体地说明货币流通在两大部类之间的交换中的作用。

① 《马克思恩格斯文集》第6卷，人民出版社2009年版，第457页。

（1）为了购买劳动力，第Ⅰ部类的资本家将1000的货币付给工人。结果使资本家获得了价值1000的劳动力，而工人则得到了价值1000的货币工资。

（2）第Ⅰ部类的工人用货币工资向第Ⅱ部类的资本家购买消费品；结果使第Ⅱ部类用以补偿不变资本的产品1000*c*完成了交换，并得到了实现。其产品转归第Ⅰ部类工人消费，其价值（1000*c*的货币）则转归第Ⅱ部类资本家所有。（3）第Ⅱ部类的资本家以出售产品所获得的1000货币向第Ⅰ部类的资本家购买生产资料；结果使第Ⅰ部类1000*v*的产品得到了实现，原来由第Ⅰ部类的资本家垫付的1000货币得以重新返回其手中。

通过以上三次经由货币作媒介的交换，使第Ⅰ部类1000*v*的产品和第Ⅱ部类1000*c*的产品得到了实现。

（4）假设第Ⅱ部类的资本家垫付了500的货币向第Ⅰ部类购买生产资料，并由此在实物形态上再补偿了500*c*的不变资本。结果使第Ⅰ部类的资本家剩余价值中的500*m*的产品得到了实现。

（5）第Ⅰ部类的资本家则用其获得的500货币，向第Ⅱ部类的资本家购买500的消费品，结果使货币又返回到第Ⅱ部类的资本家手中。

（6）为了个人消费，第Ⅰ部类资本家将收回的1000货币中的500用于向第Ⅱ部类购买消费品。结果使第Ⅱ部类用以补偿不变资本的产品全部得到了实现。

（7）第Ⅱ部类的资本家用其卖得的500的货币，向第Ⅰ部类购买生产资料500*m*，结果使第Ⅰ部类的剩余价值全部得到了实现，并使500的货币重新返回出发点。

通过上述七次交换，使Ⅰ（1000*v*+1000*m*）+Ⅱ2000*c*的商品和价值1000的劳动力完成了交换，所需要的货币总共为1500。显然，上述两大部类产品都是借助于货币流通而实现的。因此，货币流通在两大部类产品的交换中起了媒介的作用。在社会总资本的流通中，“货币作为资本，最终总要返回原来的出发点”则是一个规律。“按照这个规律，商品生产者预付在流通中的货币，在商品流通正常进行的情况下，会回到他自己手里。”①

如果考察到固定资本的具体补偿问题，则在此可以得出一个重要的结论：即一年间更新的固定资本的总额，应等于当年在货币形态上积累的折旧基金的总额。否则，固定资本的补偿就不可能顺利进行。在此情况下，即使社会产品实现

① 《马克思恩格斯文集》第6卷，人民出版社2009年版，第459页。

的基本条件 Ⅰ$(v+m)$ = Ⅱc 都已具备，社会产品也仍将不能完全实现，简单再生产的维持也将因此受到阻碍。

三、扩大再生产条件下社会总产品的实现

资本主义再生产的特征，不是简单再生产，而是扩大再生产。马克思分析资本主义扩大再生产，先研究第Ⅰ部类的积累，再研究第Ⅱ部类的积累，接着用公式说明积累，实际上是分析扩大再生产的前提条件和实现条件。

（一）扩大再生产的前提条件

资本主义的扩大再生产必须以资本的积累为前提，将积累用以扩大再生产必须有追加的生产资料和劳动力。为此，必须具备两个条件：一是要进行货币积累，即资本家必须将其所获得的全部剩余价值中的一部分变成货币积累起来，并且要积累到一定数量，足够在实际上去扩大再生产规模；二是要有进行实际积累的物质条件，即能够在市场上买到追加的生产资料和劳动力，以及维持劳动力所必需的生活资料。由于资本主义产业后备军的存在，作为扩大再生产的必要条件的劳动力的追加问题，则无须多虑；但是，要追加生产资料和消费资料，社会总产品的各个组成部分就不能保持简单再生产时的那种组合，而必须建立新的组合。

社会资本扩大再生产所需要的各种物质要素要由社会总产品来提供，社会总产品各部分因此必须按照扩大再生产的要求重新加以组合。这种组合构成了由简单再生产向扩大再生产过渡的前提。马克思说："我们在这里涉及的是一种特殊的现象，这种现象之所以发生，只是由于第Ⅰ部类的各要素之间（就再生产来说）有了不同的组合，没有这种组合的变化，就根本不可能发生规模扩大的再生产。"① 因此，"规模扩大的再生产所需要的前提只是，既定产品的各种要素已经有了不同的组合，或不同的职能规定"。② 其中，为了能够提供追加的生产资料，第一部类当中代表可变资本和剩余价值的这两部分产品，在价值总量上就必须大于第Ⅱ部类所消耗的不变资本。只有这样，才能在补偿了第Ⅱ部类已消耗的生产资料之后，仍有一部分生产资料用来满足两大部类扩大再生产对追加生产资料的需要。显然，这是社会资本扩大再生产的第一个前提条件，可表示为：

---

① 《马克思恩格斯文集》第 6 卷，人民出版社 2009 年版，第 569 页。

② 《马克思恩格斯文集》第 6 卷，人民出版社 2009 年版，第 569-570 页。

$$\text{I}\ (v+m)\ >\text{II}\,c$$

为了能够提供追加的消费资料，第二部类当中代表不变资本和供积累用的剩余价值这两部分产品，在价值总量上就必须大于第Ⅰ部类的可变资本和供资本家个人消费用的剩余价值的总量。只有这样，才能在补偿了第Ⅰ部类工人和资本家所消耗的消费资料之后，仍有一部分消费资料来满足两大部类扩大再生产对追加消费资料的需要。若以 m/x 表示供资本家个人实际消费的剩余价值，$m-m/x$ 表示实际积累的剩余价值，则扩大再生产的第二个前提条件可表示如下：

$$\text{II}\ \left(c+m-\frac{m}{x}\right)\ >\text{I}\ \left(v+\frac{m}{x}\right)$$

社会资本扩大再生产所需要的两个前提条件反映了扩大再生产两大部类之间互为条件、相互促进、相互制约的辩证关系。因此，要扩大再生产，就必须既要有追加的生产资料，又要有追加的消费资料。这两个方面都得到了满足，扩大再生产就有可能进行，但不一定能顺利进行。要使扩大再生产能够实现，还必须有扩大再生产情况下的社会总产品的实现条件。

（二）扩大再生产的实现条件

根据上述扩大再生产所需要的前提条件，假设社会总产品由下列各个部分组成：

$$\text{I}\ 4000c+1000v+1000m=6000$$

$$\text{II}\ 1500c+750v+750m=3000$$

在上述图式中，假定第Ⅰ部类的资本家将剩余价值的50%用于积累，只将其余的50%用于个人消费，则在1000m中，有500转化为追加资本，500转化为消费基金。若资本原有的4∶1有机构成不变，转化为资本的500剩余价值中将有400用于新增的不变资本，将有100用作新增的可变资本。于是，在进行积累条件下，第Ⅰ部类全部产品将有以下新的生产组合：

$$\text{I}\ 4400c+1100v+500m=6000$$

由社会资本简单再生产的实现条件可知：可作为追加的生产资料，第Ⅰ部类新增的400c可通过第Ⅰ部类内部的交换得到实现。但新增的100v必须通过与第Ⅱ部类相交换才能得到实现。这就要求第Ⅱ部类在补偿了不变资本之后，还必须从剩余价值中取出100作为追加资本，来扩大不变资本的价值，从而使第Ⅰ部类提供的生产资料能得到全部实现。

在此情况下，在第Ⅱ部类扩大不变资本时，若原有的2∶1的有机构成不变，则第Ⅱ部类的可变资本应相应地增加 50。于是，在进行相应的积累的条件下，第Ⅱ部类全部产品将有以下新的生产组合：

$$\text{Ⅱ}\ 1600c+800v+600m=3000$$

在上述第Ⅱ部类的全部产品中，由 800v 和 600m 所代表的部分可通过第Ⅱ部类内部的交换实现，而 1600 的消费资料则在价值上应恰好与第Ⅰ部类 1100v+500m 的生产资料相等，从而可通过两大部类之间的交换得到实现。

在扩大再生产的条件下，上述两大部类之间的三大交换过程，可图示如下：

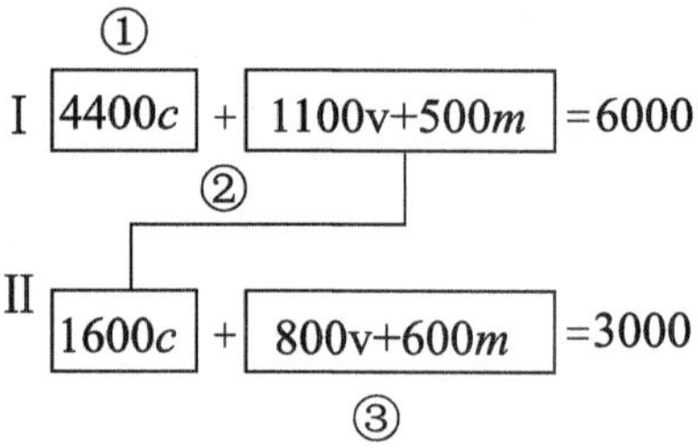

通过上述三大交换过程，使社会总产品全部得到了实现。其中，两大部类的资本家能买到用于扩大生产所需要的追加的生产资料；新增加的工人能买到自己所需要的必要消费品。于是，到第二年，第Ⅰ部类的资本即可由 4000c+1000v=5000 增加到 4400c+1100v=5500；第Ⅱ部类的资本也可以由 1500c+750v=2250 增加到 1600c+800v=2400。社会总资本可由原来的 7250 增加到 7900，从而使得第二年的社会生产在扩大的规模上进行。若剩余价值率不变，到第二年年终，将生产出结构如下的新的社会总产品：

$$\text{Ⅰ}\ 4400c+1100v+1100m=6600$$

$$\text{Ⅱ}\ 1600c+800v+800m=3200$$

在积累率、剩余价值率及有机构成比例不变的情况下，按照上面的方法进行类推，则第三年年底将生产出结构如下的新的社会总产品：

$$\text{Ⅰ}\ 4840c+1210v+1210m=7260$$

$$\text{Ⅱ}\ 1760c+880v+880m=3520$$

到第四年年底将增加为：

$$\text{Ⅰ}\ 5324c+1331v+1331m=7986$$

$$\text{Ⅱ}\ 1936c+968v+968m=3872$$

上述分析表明：在扩大再生产的条件下，两大部类之间必须保持以下比例关系：即第一部类原有的可变资本的价值，加上追加的可变资本的价值，再加上本部类资本家用于个人消费的剩余价值的总和，必须等于第二部类原有不变资本和追加不变资本的价值总和。在此，若以 Δc 表示追加的不变资本，以 Δv 表示追加的可变资本，则上述比例关系可表示为：

$$\text{I}\left(v+\Delta v+\frac{m}{x}\right)=\text{II}\left(c+\Delta c\right)$$

该公式就是扩大再生产条件下社会产品实现的基本条件，或者说是社会资本扩大再生产所需要具备的基本条件。

从上述扩大再生产条件下社会产品的实现的基本条件出发，可以引申出以下两个条件：

$$\text{I}\left(c+v+m\right)=\text{I}\left(c+\Delta c\right)+\text{II}\left(c+\Delta c\right)$$

即第Ⅰ部类全部产品的价值，必须等于两大部类原有的不变资本价值与两大部类追加的不变资本价值的总和。只有这样，第Ⅰ部类的产品才能在全部得到实现的同时，使两大部类已消耗的生产资料得到补偿，并使两大部类扩大再生产所需要追加的生产资料得到满足。

$$\text{II}\left(c+v+m\right)=\text{I}\left(v+\Delta v+\frac{m}{x}\right)+\text{II}\left(v+\Delta v+\frac{m}{x}\right)$$

即第Ⅱ部类全部产品的价值必须等于两大部类原有的可变资本价值、两大部类追加的可变资本价值，以及供两大部类资本家个人消费用的剩余价值三者之和。只有这样，第Ⅱ部类的产品才能在全部实现的同时，使两大部类工人和资本家所消耗的消费资料得到补充，并使两大部类扩大再生产所需要的消费资料得到满足。

以上对扩大再生产条件下社会产品实现条件的分析，使我们得以在对社会资本简单再生产研究的基础上，进一步理解了社会生产两大部类之间的内在联系。由此可见，两大部类之间的积累和生产的扩大，是互为条件、互相依赖的：其中，第Ⅰ部类在为第Ⅱ部类提供可供追加的生产资料的同时，又制约着第Ⅱ部类的积累规模和积累率；反之，第Ⅱ部类在为第Ⅰ部类提供追加的消费资料的同时，也制约着第Ⅰ部类积累规模和积累率。正如马克思所指出的那样：“在以资本的增加为基础的生产中，Ⅰ（$v+m$）必须等于Ⅱc 加上再并入资本的那部分剩余产品，加上第Ⅱ部类扩大生产所必需的不变资本的追加部分；而第Ⅱ部类扩大生产的最低限度，就是第Ⅰ部类本身进行实际积累，即实际扩大生产所不可缺少的最低限度。”①

（三）扩大再生产的两大规律

马克思在《资本论》第二卷中研究社会资本扩大再生产，是在生产技术不变，从而资本有机构成不变的假定下进行的，所以，马克思在这里没有专门论证生产资料生产和消费资料生产的不同增长速度问题。如果考虑到技术进步因素的存在，以及由其所决定的资本有机构成的不断提高，则两大部类的生产将不可能以同样的速度增长。事实上，资本主义生产的扩大总是伴随着技术的不断进步进行的，而由其所决定的资本的有机构成也在不断提高。在这种情况下，在扩大再生产的过程中，第Ⅰ部类生产增长的速度将高于第Ⅱ部类生产增长的速度。因为在有机构成提高的条件下，在所积累的资本中，将有越来越大的部分合并到原来的不变资本中去，从而导致不变资本的增长必然快于可变资本的增长。与上述趋势相适应，社会对生产资料的相应需求，也将较之对消费资料的需求增长得更快。因此，在其他条件不变的情况下，生产资料的生产将会比消费资料的生产增长得更快，即生产资料生产的优先增长将表现为一个规律。

生产资料生产优先增长的原理，是从资本有机构成不断趋于提高的理论中引申出来的一个必然的结论。马克思生前曾明确论述过生产资料生产占优势（生产资料生产优先增长）的问题，如在《资本论》第二卷中，马克思讲道：“为了从简单再生产过渡到扩大再生产，第Ⅰ部类的生产要能够少为第Ⅱ部类制造不变资本的要素，而相应地多为第Ⅰ部类制造不变资本的要素。”② 该原理在列宁的著作中得到了进一步的阐明。列宁指出：“资本发展的规律就是不变资本比可变资本增长得快，也就是说，新形成的资本愈来愈多地转入制造生产资料的社会经济部门。因而，这一部门必然比制造消费品的那个部门增长得快。”③ 列宁还以资本有机构成的提高为前提，补充制定了关于社会资本扩大再生产的图式，并以此详细论证了生产资料生产优先增长的必然性。

列宁认为：由于在技术进步的条件下，生产资料的生产比消费资料的生产增长得快，因此，第Ⅰ部类中为本部类制造生产资料的包括冶金、煤炭、工作母机制造业等基本工业部门在内的各个部门的生产要比为第Ⅱ部类制造生产资料的各

① 《马克思恩格斯文集》第 6 卷，人民出版社 2009 年版，第 583 页。
② 《马克思恩格斯文集》第 6 卷，人民出版社 2009 年版，第 559 页。
③ 《列宁全集》第 2 卷，人民出版社 1961 年版，第 122 页。

部门增长得更快一些。并且只有在这些基本工业部门得到更快发展的条件下，才能保证生产资料的生产得到优先增长。因此，“增长最快的是制造生产资料的生产资料生产，其次是制造消费资料的生产资料生产，而最慢的是消费资料生产”。①

当然，生产资料生产优先的增长本身并不意味着生产资料的生产可以脱离消费资料的生产而孤立地、片面地发展。列宁在《市场问题述评》中指出：“社会产品的第Ⅰ部类（生产资料的制造）能够而且应当比第Ⅱ部类（消费品的制造）发展得快。但是决不能由此得出结论说，生产资料的生产可以完全不依赖消费品的生产而发展，也不能说二者毫无关系。……生产消费（生产资料的消费）归根到底总是同个人消费联系着，总是以个人消费为转移的。”②

所以，在技术进步的扩大再生产条件下，社会再生产应该有两个规律：一是生产资料生产较快增长规律，二是生产资料生产的增长最终要依赖于消费资料生产增长的规律。

（四）结论

马克思关于社会资本再生产的理论表明：①社会总产品的实现问题是再生产的核心问题，而实现问题的实质，就在于“如何为资本主义的每一部分产品按价值（不变资本、可变资本和额外价值）和物质形式（生产资料和消费品，其中包括必需品和奢侈品）在市场上找到代替它的另一部分产品”。③ ②为了实现再生产，社会产品各部分在价值和实物形式方面必须保持一定的，事实上只是作为不断波动的平均值来确定的比例。在任何情况下——无论是在简单再生产还是在扩大再生产的条件下——社会生产的两大部类以及各个部门之间，都必须在客观上保持一定的比例关系。

但在资本主义的经济领域中，由于充满着种种基于资本主义生产方式基本矛盾的不可克服的问题，社会资本再生产所需要的客观的比例关系经常被破坏，而无法自觉地予以保持。“在资本主义社会中，由于为自己所不知道的市场而工作的个别生产者的孤立性，这种比例经常遭到破坏。”④ 因为在资本主义制度下，简单的和扩大的再生产所必需的实现条件“转变为同样多的造成过程失常的条

---

① 《列宁全集》第1卷，人民出版社1961年版，第71页。
② 《列宁全集》第4卷，人民出版社1961年版，第25页。
③ 《列宁全集》第3卷，人民出版社1961年版，第25页。
④ 《列宁全集》第1版第3卷，人民出版社1959年版，第44-45页。

件，转变为同样多的危机的可能性；因为在这种生产的自发形式中，平衡本身就是一种偶然现象”。① 由于过程本身的复杂性，呈现出同样多的造成过程失常的原因，这不仅使得马克思所揭示的上述关于顺利实现社会资本再生产所需要的客观的比例关系成为现实的资本主义经济运行所不可企及的理想状态，而且使资本主义经济运行中的生产和消费、供给和需求、剩余价值生产和实现之间发生一系列的矛盾。随着这些矛盾的积累和深化，以资本主义经济危机的方式，强制性地，然而却是暂时性地解决上述矛盾便具有了现实性。无论以何种形式出现的经济危机，都是通过对社会生产力的极大破坏，来强制性地使资本主义经济发展中的一些矛盾得到缓解。但是，“危机永远只是现有矛盾的暂时的暴力的解决，永远只是使已经破坏的平衡得到瞬间恢复的暴力的爆发”。② 当一个社会的生产力发展，只能依靠对这种生产力本身的暴力破坏才能继续前进时，这一社会肯定无法逃脱最后崩溃的历史命运。

总之，马克思的社会资本再生产理论不仅阐述了资本主义再生产实现条件的复杂性，而且说明了条件异常复杂的资本主义再生产过程遭到破坏的必然性。即：在资本主义再生产中，商品中使用价值和价值的矛盾在更高的基础上，以资本主义基本矛盾（生产的社会性和私人资本主义占有形式的矛盾）的形态得以重新表现，并使得资本主义发展过程本身不可避免地不断破坏其自身再生产得以实现的条件。对再生产过程的周期的破坏，则必然导致社会的动荡和以“生产过剩”为特征的经济危机的不断爆发。

第三节　社会资本再生产和流通理论的思想来源和拓展

一、马克思再生产理论的思想来源

（一）重农学派

再生产问题在重农学派的理论贡献中占有十分重要的地位。这个学派的创始人魁奈先后在 1758 年和 1766 年两度发表和阐释了他的《经济表》，试图说明社会总资本的再生产和流通问题。魁奈《经济表》中提出的一些思想是非常光辉

① 《马克思恩格斯文集》第 6 卷，人民出版社 2009 年版，第 557 页。

② 《马克思恩格斯文集》第 7 卷，人民出版社 2009 年版，第 277 页。

的。例如，魁奈把社会资本简单再生产作为分析的基础，把商品资本作为社会资本再生产的研究对象，即把一年生产出来的总产品作为分析的出发点，把社会总产品的价值补偿和实物补偿作为主要问题，特别是魁奈在《经济表》中把无数个别流通行为或买卖行为，用几根粗线条连接起来综合表述为几种各具特征的社会性经济运动，使之成为各个阶级之间的社会生产品的流通，等等，这些思想都是很有见地的，也是非常难得的。魁奈关于再生产的以上这些贡献，是马克思的社会资本再生产理论的重要思想来源。

然而，由于魁奈没有科学的价值理论和劳动二重性学说，没有不变资本和可变资本的划分，因而就不可能把社会总产品从价值上划分为不变资本、可变资本和剩余价值三个部分，也就不能真正从价值补偿的角度说明社会总产品的实现问题。由于魁奈只把社会生产划分为农业部门和工业部门两个部门，而没有划分生产资料生产和消费资料生产两大部类，因而也就不能真正从使用价值即实物补偿的角度说明社会总产品的实现问题。由于以上两个缺陷，所以魁奈实际上并没有真正解决社会总资本的再生产和流通问题。

尽管如此，马克思和恩格斯对魁奈在再生产方面的贡献给予了高度评价。马克思评价说：魁奈的《经济表》“实际上只有五条线，连结着六个出发点和归宿点。这个尝试是在十八世纪三十至六十年代政治经济学幼年时期做出的，这是一个极有天才的思想，毫无疑问是政治经济学至今所提出的一切思想中最有天才的思想”。① 马克思认为，魁奈“在许多方面比他的后继者更接近真理”。② 恩格斯评价说，魁奈的《经济表》“对整个现代经济学来说，仍然是不可解的斯芬克斯之谜”。③

（二）亚当·斯密

虽然亚当·斯密也研究了再生产问题，但他“在叙述再生产过程从而积累时，与他的前辈特别是重农学派相比，在很多方面不仅没有进步，而且还有决定性的退步”。④ 亚当·斯密再生产理论的最大错误是，他把资本主义制度下的社会总产品的价值由工资、利润和地租三种收入构成，而把不变资本的价值排除掉

① 《马克思恩格斯全集》第26卷第1分册，人民出版社1975年版，第366页。
② 《马克思恩格斯全集》第34卷，人民出版社1972年版，第41页。
③ 《马克思恩格斯全集》第20卷，人民出版社1975年版，第17-18页。
④ 《马克思恩格斯文集》第5卷，人民出版社2009年版，第682页注32。

了，或者说“忘掉了也构成价值一部分的不变资本”。[①] 这就是人们通常所讲的“亚当·斯密教条”。在这里，亚当·斯密实际上是用价值产品（$v+m$）取代了产品价值（$c+v+m$）。造成这种错误的原因之一，是他根本不懂得生产商品的劳动具有二重性，根本不懂得工人如何用抽象劳动从事新价值创造的同时，也就用自己的具体劳动把生产资料的旧价值转移到新产品中去了。因此，他也就根本不懂得不变资本在价值形成中的作用，于是乎不变资本在他的视野中就不见了。这一根本性的错误，使得任何解决社会总资本再生产和流通问题都成为完全不可能的了。正如马克思所说：“没有（劳动产品和新加劳动产品之间的）这种区分，要对问题做出任何科学的解释简直是不可能的。”[②]

由于“亚当·斯密教条”的存在，亚当·斯密在再生产问题上又犯了一个严重的错误，这就是他“把个人消费和生产消费混同起来了，从而混淆或模糊了另一个在实现论中有巨大意义的极重要的区别”。[③] 他实际上把生产消费归结为个人消费，把社会生产全部归结为消费品的生产。造成这种错误的原因，是他在对社会总产品的价值构成进行分析时，忘掉了不变资本，因而他只能从收入的角度来考察社会生产的两大部类。这样，亚当·斯密一方面从产品价值中抛掉了不变资本的价值部分，另一方面又从社会生产中混同了生产消费和个人消费。正是由于这两个错误，他不可能正确地阐明再生产问题。

“亚当·斯密教条”对再生产理论的危害是严重的。正因为“几乎所有的经济学家都接受了亚当·斯密的这种见解”，[④]“教条”成了“以往一切经济学的支柱”。[⑤] 这样，从魁奈算起，在一个多世纪的时间内，经济学家都没有能够在社会资本再生产与流通问题的研究上取得什么像样的进展。

马克思一方面继承了重农学派特别是魁奈在再生产问题上的科学成就，另一方面又批判了古典经济学特别是“亚当·斯密教条”的严重错误，在他自己建立的劳动二重性理论和不变资本与可变资本理论的基础上，从分析社会资本的价值构成和实物构成出发，纠正了亚当·斯密上述的两大错误，从而在新的基础上建立了崭新的科学的再生产理论。马克思的再生产理论不仅揭示了资本主义制度

---

① 《马克思恩格斯全集》第 26 卷第 2 分册，人民出版社 1975 年版，第 165 页。
② 《马克思恩格斯全集》第 26 卷第 2 分册，人民出版社 1975 年版，第 165 页。
③ 列宁：《俄国资本主义的发展》，《列宁全集》第 3 卷，人民出版社 1961 年版，第 29-30 页。
④ 《马克思恩格斯〈资本论〉书信集》，人民出版社 1976 年版，第 182 页。
⑤ 《马克思恩格斯〈资本论〉书信集》，人民出版社 1976 年版，第 269 页。

下社会资本再生产的实质和规律性，而且对于社会主义市场经济建设也具有重要的指导意义。对于资本主义市场经济来说，马克思揭示了资本主义再生产不仅是物质资料的再生产，而且也是资本主义生产关系的再生产；揭示了资本主义再生产必须具备一定的条件，社会总产品得到实物补偿和价值补偿，社会再生产过程才能顺利进行，否则社会生产就会受到严重影响。这是不以人的意志为转移的客观规律。马克思再生产理论还揭示了资本主义再生产所固有的对抗性矛盾，阐明了资本主义在历史上的暂时的性质。对于社会主义市场经济来说，他所创立的再生产理论包含着一切社会形态都适用的许多再生产原理。比如，关于社会生产分为生产资料生产与消费资料生产两大部类的原理，关于两部类平衡发展的原理，关于剩余价值是积累的唯一源泉的原理，等等，对我国社会再生产的正常运行，都具有重要的理论指导意义。

二、马克思的经济危机理论

马克思的经济危机理论与他的再生产理论是紧密结合在一起的。马克思的再生产理论表明，要使社会总产品得以实现，社会生产的两大部类就必须保持一定的比例关系。但是，由于资本主义的对抗性矛盾，社会生产所需要的比例关系，是通过周期性经济危机的破坏和震荡而盲目实现的。马克思在谈到资本主义制度下再生产的条件时指出，这些条件会“转变为同样多的造成过程失常的条件，转变为同样多的危机的可能性；因为在这种生产的自发形式中，平衡本身就是一种偶然现象”。[①] 马克思的再生产理论表明，资本主义发展的进程本身必然要破坏社会再生产的条件，从而引起危机。危机的物质基础就在于资本主义再生产过程的一般条件，在于实现这一过程的资本运动的最一般的形式，在于剩余价值的生产和剩余价值实现之间的矛盾。马克思反复指出，资本主义生产和再生产是剩余价值的生产和再生产，但是，资本家在生产过程中榨取剩余价值以后，还必须在流通过程中加以实现。而生产剩余价值的条件与实现剩余价值的条件是不同的，前者受生产力发展水平的限制，而后者则受不同生产部门的比例性与社会的消费力的限制。因此，剩余价值的实现条件，“既不是取决于绝对的生产力，也不是取决于绝对的消费力，而是取决于以对抗性的分配关系为基础的消费力；这种分

---

① 《马克思恩格斯文集》第6卷，人民出版社2009年版，第557页。

配关系，使社会上大多数人的消费缩小到只能在相当狭小的界限以内变动的最低限度”。[①] 所以，生产力越发展，资本主义积累越增长，它就越是与消费关系所借以建立的狭隘基础发生冲突，因而与市场之间的矛盾就愈加尖锐，其结果是资本主义经济危机的周期性爆发。因此，经济危机根源于资本主义制度本身，是资本主义生产关系与生产力矛盾运动的必然结果。

三、关于两大部类与三次产业分类法

在人类社会经济发展的不同时期，对生产结构的划分曾先后出现过不同的方法。法国重农学派的代表魁奈在其《经济表》中最早把社会生产划分为工业和农业两大部门，又把农业看作是唯一的物质生产部门，然后分析工业和农业两大部门产品的交换。马克思批判地吸取了魁奈《经济表》中的科学因素，首先区分了物质生产部门和非物质生产部门；然后又把物质生产部门的产品按其最终用途区分为两个方面，用于生产的就是生产资料，用于消费的就是消费资料，相应地，把社会生产划分为生产资料生产的第Ⅰ部类和消费资料生产的第Ⅱ部类。接着，马克思又把第Ⅱ部类划分为必要消费品和奢侈品两个分部类。列宁按生产发展的顺序，把物质生产部门划分为农业、采掘业和加工业，以反映产品和劳动力随着社会分工和市场的变化，从一个部门向另一个部门转移的过程。并提出了在技术进步条件下生产资料生产优先增长的原理。斯大林坚持列宁的划分方法，并在此基础上提出了社会主义经济建设应实行优先发展重工业的方针。我国则长期把主要生产部门划分为农业、轻工业、重工业三大部门，并把农轻重的关系作为国民经济中最重要的比例关系来安排社会的再生产。

20 世纪 30 年代，英国经济学家费希尔等提出了三次产业分类法。它把人类全部经济活动划分为三次产业：第一产业包括农业、畜牧业、林业和狩猎业；第二产业包括采矿业、制造业和建筑业；第三产业包括商业、运输业、饮食业、金融业、科学教育文化卫生事业等。这种划分方法，反映了产业结构的演进过程，其最大长处是突出了第三产业在社会经济活动中的地位和作用。同时在统计上，包括第三产业增加值在内而计算的 GDP 指标，能全面反映国民经济的发展速度和规模，有利于研究产业的变化，也便于进行国际间的对比。因此，我国从 20 世纪 80 年代中期开始采用这一方法，并把加快第三产业的发展作为调整产业结

---

① 《马克思恩格斯文集》第 7 卷，人民出版社 2009 年版，第 273 页。

构的主要内容之一。

产业分类仅仅是一种分析手段，它是为其内容服务的。不同的研究目的决定了不同的产业分类法。马克思在研究社会再生产问题时，是以产业资本为对象的，研究产业资本生产出来的社会总产品如何实现，研究两大部类之间以及各自部类内部应当保持的比例关系和协调发展的规律性，说明资本主义社会内部矛盾的对抗性质，而三次产业分类法是以研究经济增长中产业发展的顺序和演化的过程为目的的。我们对任何一种方法都不能简单地给以否定而用另一种方法加以取代。因此，在实际经济活动中，我们既要坚持马克思的两大部类理论，研究我国物质生产部门之间的基本比例关系，做到部门之间的相互协调；又要运用三次产业的分类方法来研究我国一二三次产业之间的比例关系，揭示这三大产业之间的发展演进规律，从而推动经济结构调整，加快经济发展。

当然，就分析方法来讲，两大部类分类法是更为基础性的。因为，物质资料的生产是人类社会生存和发展的基础，只有物质生产部门为社会提供必要的物质资料，各种非物质生产部门才能存在和发展。所以非物质生产部门的发展一定要以物质部门的发展为基础。而且，三次产业划分并没有严格的科学标准，各国分类的依据也不完全一致，适用起来也有难以统一的困难。当然，在现代经济中，物质生产部门的发展也离不开非物质生产部门的发展，因为，非物质生产部门都是直接或间接地为适应生产和消费的需要而形成和发展起来的，它们的发展愈益成为满足人类多方面需要的不可缺少的组成部分。因此，我国在进行经济结构调整时，既要以马克思的两大部类理论为指导，也要借鉴三次产业分类的方法，以较为全面地反映现代经济发展的相互关系，促进经济协调发展。

四、经济结构调整与经济发展方式的转变

调整经济结构，进行供给侧结构性改革，已经成为我国经济迈上新台阶、长期保持平稳较快发展的关键，成为转变经济发展方式、实现科学发展的重点。加快经济结构调整，是中央统筹国内国际经济发展大局，着眼于转变经济发展方式、保持经济平稳较快高质量发展而做出的战略选择。

（一）经济发展与经济结构调整

1. 经济发展与经济增长

经济增长主要指经济活动的投入与产出效率。投入的是生产要素。古典经济

学认为的生产要素主要是土地、资本和劳动，新古典经济学又加上组织与管理，新制度经济学在此基础上又加上制度。产出的是国民生产总值、国内生产总值、国民收入的总量或人均量。产出大于投入即表现经济增长。经济增长方式主要是指经济活动中生产要素投入产生经济效益的具体方式，分为粗放型和集约型，粗放型是指主要靠增加生产要素的数量实现产出量的增长；集约型是指主要靠生产要素活动效率实现产出量的增长。转变经济增长方式主要是指由粗放型向集约型的转变。虽然没有经济增长就没有经济发展，但是，经济发展的含义比经济增长更为丰富和深刻。经济发展不仅包括经济活动产出量的增加，而且包括经济结构的优化和经济质量的提高。经济发展方式主要是指经济活动中生产要素投入引起的经济数量、经济结构、生态环境、生活质量等变化的方式。转变经济发展方式，主要是指由经济发展在集约型经济增长的基础上，逐步实现经济结构优化、生态环境改善、生活质量提高和社会福利增加等。

从经济增长与经济发展的区别上我们可以看出，关键在于在经济增长中是否强调经济结构的优化。强调经济增长中的经济结构优化就意味着经济质量的提高，就意味着在经济活动过程中人与人关系的改善，如收入分配公平合理、医疗卫生条件不断改善、教育文化程度的逐步提高等，就意味着人与自然的关系的和谐，如生态环境的改善等，一句话，就意味着经济、人口、社会、自然的协调可持续发展。从转变经济增长方式到转变经济发展方式，其关键也在于更加强调人类社会经济活动中的经济结构的调整和优化，即主要通过经济结构的调整和优化促进经济的全面协调可持续发展。由此也可以看出，转变经济发展方式的核心内容就在于经济结构的调整。

2. 经济发展的阶段性与经济结构调整的必然性

经济结构是指国民经济各组成部分间的相互联系及其比例关系，主要包括所有制结构、需求结构、产业结构、收入结构、要素结构、地区结构、城乡结构等，其中最主要的是马克思再生产理论中所讲的两大部类之间的比例关系，以及两大部类内部的分部类之间的比例关系。经济结构调整是指它们之间量的比例合理化和质的优化。一个国家的经济发展不仅表现为经济总量的增长，同时必然伴随着经济结构的优化。如果只有产出量的增加而没有经济结构的优化，那么，这种量的增长就只能靠增加消耗能源资源和其他生产要素去实现。靠大量能源资源和其他生产要素消耗实现经济增长的过程必然伴随着污染的增加、生态环境的破坏和生产要素供给的短缺，形成经济社会可持续发展的三重约束。

这就是传统经济增长的代价。为了减轻经济增长约束的压力，人们就必须对原有的经济结构进行调整。在经济增长中尽可能减少能源和资源的消耗，减少污染物的排放，提倡生产要素使用上的节约。这一过程也必然伴随着节能减排技术的创新、新能源新材料的出现和新兴产业的诞生，伴随着劳动者素质的提高和新的生产方式的出现，而这一切都意味着原有经济结构的调整。由此看来，经济结构调整是经济发展的必然要求，甚至可以说，经济结构调整的过程就是经济发展过程。

从一个国家的经济发展实践上看，经济结构调整总是由经济发展的阶段性所要求的。钱纳里在其《工业化和经济增长的比较研究》一书中对经济增长不同阶段的经济结构特征，尤其是随着经济增长的推进引起的整个经济结构的转换过程进行了较为详细的分析。[①] 总的来说，经济结构的形成和调整总是与经济发展的要求相适应的，一定的经济发展战略和发展方式要有相应的经济结构来支撑。一个新的经济发展阶段的到来和一个新的经济发展方式的形成，往往伴随着一次大的经济结构的调整与升级。经济发展的持续性通过经济结构的规律性调整来实现。经济结构不合理，各方面关系不协调，经济发展和社会进步就不可能有效推进，经济发展的目标就难以实现，经济发展方式的转变无异于纸上谈兵。

3. 经济结构形成与发展的规律性在于人类对各种社会产品及服务的不竭需求

人类生存首先要解决吃穿住行等基本生活资料的需求，为了满足人们需求的增加和结构的变化，于是社会就出现了不同的物质产品和服务活动的生产、交换、分配与消费，这些产品和服务活动的不断增长与扩张，便逐渐形成了各种不同的产业，这些不同产业之间也就相继形成了一定的比例关系，于是产业结构就开始形成和发展。随着社会需要的不断变动，产业结构也就不断地调整与升级。社会需求总是在特定的时空范围内存在的，特定的时空范围内的社会需求与产业供给，表现为区域经济结构和城乡经济结构；离开产业结构的变动，就无从分析区域经济结构和城乡经济结构。当然，离开区域经济结构和城乡经济结构，也不可能对产业结构及其变动进行分析。实际上，经济结构是一个包含着需求结构、产业结构、区域经济结构、城乡经济结构等在内的相互联系、相互影响、相互作

---

① H. 钱纳里等：《工业化和经济增长的比较研究》（中译本），上海三联书店 1989 年版，第 58-78 页。

用、互动并进的整体，在这种整体内部不断地互动升级，成为一个国家或地区经济社会发展的不竭动力。经济结构的调整和升级，也就是社会经济的不断发展，而这种不断发展的真正动力源就是人们不断增长和不断变动的需求。因此，经济结构调整应始终坚持以人为本，从人的社会需要和利益出发。

（二）我国加快推进经济结构战略性调整的重要性和紧迫性

1. 国际金融危机使我们调整经济结构更为重要

结构不合理问题是长期困扰我国经济发展的难题。改革开放以来，为了使国民经济快速、稳定发展，我国曾进行过多次经济结构调整。比如，20 世纪 80 年代初期，为了解决轻重工业比例严重失调和消费品市场严重短缺的问题，就进行过以优先发展轻工业和加快服务业为主要内容的结构调整。经过调整，使轻重工业的比例趋于平衡，消费品短缺现象得到缓解。进入 20 世纪 90 年代中后期，为了实现我国经济社会的协调发展，中央决定到 2010 年，完成经济增长方式由粗放型向集约型的根本性转变，相应地提出了经济结构优化升级的战略任务。在 2007 年国际金融危机的冲击下，外需急剧萎缩使我国经济结构存在的问题更加突出。从需求结构上看，在投资、出口、消费中，出口的大幅下降，成为拖累我国经济增长的主要也是首要原因。由于消费没能及时拉起，替代不了出口下降导致的经济下滑，要保增长就不得不大量追加投资，其结果一是内需与外需比例失调，二是投资需求与消费需求比例失调。这种双失调进一步引起了经济结构的失衡。从三次产业结构调整看，我国经济增长长期以来主要是靠第二产业，尤其是重工业拉动，而这次国际金融危机受冲击最大、降幅最深的恰恰就是第二产业，所以保增长也就主要是拉起第二产业。大量投资于第二产业，必然是靠大量的能源资源投入，以高投入、高消耗换来高速度。其结果，一方面造成三次产业之间的比例更不协调，另一方面又造成严重的生态环境问题。再从工业内部来看，在国际金融危机发生前，不少行业就存在产能过剩问题。危机带来的有效需求下降，进一步加剧了供需矛盾，加大对第二产业的投资力度，致使一些在建产能，尤其是近期一些新兴行业逆势盲目扩张势头强劲，产能过剩矛盾更加突出。例如，全国钢铁产能已接近 12 亿吨，已是非常明显的过剩。出口受阻、消费不足、产能过剩、失业增加，所有这些，都要求我们通过结构调整，尽快形成一个更为合理的国民经济结构，为经济社会的稳定持续发展打下更为坚实牢靠的基础。

2. 国际金融危机使我们调整经济结构更为紧迫

从国内看，加快调整经济结构是我们从国际金融危机冲击下尽快摆脱出来的重要手段。只有坚定不移地推进经济结构调整，才能使我国的经济更有后劲，更上层次，更可持续。从国际看，加快调整经济结构是在后危机时期赢得国际竞争新优势的重要途径。在国际金融危机还没有完全走出来的今天，新一轮世界范围内以科技革命为先导的产业革命竞争大幕已经悄然拉开。例如，美国前总统奥巴马上任之初就提出，过去 25 年，美国的科技创新落伍了，新政府将致力重振美国科技辉煌。为此，他许诺把研发投入提高到超过 GDP3% 这一历史最高水平，并力图在新能源、基础科学、干细胞研究和航天等科技领域有所作为。欧盟也把推动科技创新作为提升竞争力的关键。欧盟宣布通过大量投资支持本地区的“绿色经济”，保持在“绿色技术”领域的世界领先地位。日本正在重点开发能源和环境技术。俄罗斯提出开发纳米和核能技术，并努力保持在航天领域的强国地位。当别的国家都在抢占未来经济发展制高点的时候，我们如果仍停留在原有的经济结构和发展模式上，仍靠低水平扩张维持一时的高增长、高速度，而不在新能源、生物医药、绿色经济、物联网等新兴产业上尽快实现突破，抢占新一轮大发展的制高点，那么，就必然会在新一轮的科技革命和产业革命的竞争中败下阵来。从短期看，经济结构不合理是我国经济发展方式难以发生根本性转变的症结所在，加快经济结构调整是推动经济发展方式转变的重要抓手，抓住了经济结构调整，就抓住了转变经济发展方式的“牛鼻子”。从长期看，经济结构与经济发展方式内在联系，互为因果、互相推动，经济发展方式的转变有赖于经济结构的调整与优化，而经济结构的调整与优化，也有赖于经济发展方式的根本性转变。经济结构是经济发展方式的主要载体，没有经济结构的调整和提升，就无法实现经济发展方式的转变。从根本上看，加快调整经济结构，不断扩大居民消费需求，是贯彻落实以人为本实现科学高质量发展的根本要求。我国是社会主义国家，经济发展的最终目的是不断满足人民群众日益增长的美好生活需要，促进人的全面自由发展。这在客观上要求不断调整经济结构以适应人民群众不断增长的消费需求，不断美化环境以实现人与自然的和谐相处，不断调整资源结构以实现经济的可持续发展，保证全体社会成员共享发展成果。

3. 国际金融危机为我国加快调整经济结构带来了难得的机遇

国际金融危机虽然对我国经济造成冲击，但也给我们带来了大规模、多层次进行经济结构调整的机遇。从企业的角度来看，由于在国际金融危机中有些企业经营困难，这就为企业间低成本兼并重组提供了机会和条件；同时，由于世界上的一些资源国家受危机冲击较大，他们的资金短缺，这也就为我国的企业跨国并购提供了良机；由于市场的急剧变化，企业为了生存和发展，必须加快进行新技术新产品的研制开发，这就为产品结构的调整带来了机遇。从区域经济来看，由于沿海地区受金融危机冲击最大，这些地区就会加快进行产业的区域转移，这就为中西部地区的产业承接，从而为区域经济结构的调整带来了机遇。从全国范围来看，这次金融危机对我国加快经济结构调整形成了“倒逼机制”。由于外需大量萎缩，为保持经济稳定持续增长，一方面靠扩大内需来弥补外需下降带来的影响，这就为调整内外需的比例关系带来了机遇；另一方面靠增加投资来促进经济发展，这就为从投资源头上调整经济结构提供了机遇。

但是，正如一枚硬币总有两面，国际金融危机并非只有有利于结构调整的一面。如果理解失误，把握不当，也会把结构调整的机遇变成进行落后产能扩张的借口。例如，有些地方简单地用增加投资这种见效快的方式，盲目扩大产能，造成新的产能过剩。一些投资虽然带动了 GDP，但不能带动就业，不能形成新的消费需求，造成低水平重复性扩张和资源浪费。又如，一些地方只考虑政府投资，而不去吸引社会投资和民间投资，致使公共财政变成投资财政，不仅使得公共产品提供不足，反而对消费增长和经济发展产生抑制作用。再如，一些地方投资规模远超财政实力，地方债务大大超出地方财政收入，财政“信贷化”严重，加大金融风险，并孕育着更大的财政风险，等等。这些做法，最大的危害就是使我们的经济结构调整走形变样，结构失衡被进一步强化，轻则降低投资配置的效率，形成无用和重复建设，影响保增长的效果；重则出现重大投资损失，留下难以收拾的“烂摊子”和“后遗症”。对此，我们也不能掉以轻心。

第六章　平均利润和生产价格理论

（《资本论》第三卷第一篇至第三篇）

本章以产业资本为对象，考察剩余价值转化为利润，利润转化为平均利润和价值转化为生产价格，揭示剩余价值在产业资本之间分配的规律。

第一节　研究对象和逻辑结构

一、《资本论》第三卷的研究对象和逻辑结构

（一）《资本论》第三卷的研究对象

《资本论》第三卷一开头，马克思将《资本论》第三卷与前两卷相对比，指出了本卷的研究对象。马克思指出："在第一册中，我们研究的是资本主义生产过程本身作为直接生产过程考察时呈现的各种现象，而撇开了这个过程以外的各种情况引起的一切次要影响。但是，这个直接的生产过程并没有结束资本的生活过程。在现实世界里，它还要由流通过程来补充，而流通过程则是第二册研究的对象。在第二册中，特别是在把流通过程作为社会再生产过程的中介的第三篇中指出：资本主义生产过程，就整体来看，是生产过程和流通过程的统一。至少这个第三册的内容，它不能是对于这个统一的一般的考察。相反地，这一册要揭示和说明资本运动过程作为整体考察时所产生的各种具体形式。资本在其现实运动中就是以这些具体形式互相对立的，对这些具体形式来说，资本在直接生产过程中采取的形态和在流通过程中采取的形态，只是表现为特殊的要素。因此，我们在本册中将阐明的资本的各种形态，同资本在社会表面上，在各种资本的互相作用中，在竞争中，以及在生产当事人自己的通常意识中所表现出来的形式，是一步一步地接近了。"①

由上可知，第三卷的研究对象是"要揭示和说明资本运动过程作为整体考察

① 《马克思恩格斯文集》第7卷，人民出版社2009年版，第29-30页。

时所产生的各种具体形式”。现在的问题是：第一，什么是资本运动过程的整体？第二，资本运动过程作为整体考察时都产生哪些具体形式？第三，怎样从资本运动过程的整体来研究资本的各种具体形式？

关于资本运动过程的整体。整体是相对于局部而言的。《资本论》第三卷作为整体是相对于前两卷作为局部而言的。《资本论》第一卷研究资本的直接生产过程，流通被限制在必要的限度内；《资本论》第二卷研究资本的流通过程，生产被当作流通过程的一个必经阶段和必要环节来对待；《资本论》第三卷则从生产过程和流通过程统一的角度，即从整体的角度分析资本主义生产的总过程，把前两卷分析的资本的直接生产过程和流通过程当作总过程的要素来看待。从这个意义上说，资本运动过程的整体，就是资本的直接生产过程和流通过程的统一，也就是第三卷的标题：“资本主义生产的总过程”。

资本是带来剩余价值的价值，是资本主义的生产关系，即资本剥削雇佣劳动的关系。资本的这种内涵要在它的运动中通过它的各种形式表现出来。从资本在其运动中的表现形式来看，可以随划分方法的不同而采取各种不同的具体形式。从资本的不同部分在剩余价值生产中的作用来看，可以区分为不变资本和可变资本；从资本的不同部分的价值周转方式来看，可以区分为固定资本和流通资本；从资本执行职能的具体形式来看，又可以区分为货币资本、生产资本和商品资本。以上都是从单个资本运动的抽象的角度划分的，在现实中，我们将资本运动过程作为整体考察，它是多种复杂的具体形式的统一、同一，而这些多种复杂的资本的具体形式在资本的现实运动中都分别在社会生产的各个特殊部门进行着特定的运动。这样，从资本运动过程的整体考察资本所采取的各种具体形式，也就是把资本所依附的物质形态和它的价值形态统一起来，从在现实运动中对不同资本家集团所占有的在不同部门起着不同作用、进行着不同的运动的资本进行划分。从这个角度即从整体的角度划分，资本的具体形式可分为产业资本、商业资本、生息资本，以及资本化的大土地所有权。

关于怎样从资本运动过程的整体来考察资本的各种具体形式。这里包含两层意思：一是为什么要从资本运动过程的整体来考察资本的各种具体形式？二是怎样从资本运动过程的整体来考察资本的各种具体形式？

从抽象的本质的角度来讲，考察资本运动的目的在于揭露资本如何在运动中榨取工人剩余劳动所创造的剩余价值，从而揭示资本家阶级和工人阶级的根本对立关系。资本和剩余价值是对立的统一。资本是资本家用来剥削工人创造的剩余价值的手段，剩余价值是雇佣工人剩余劳动的单纯凝结。二者既对立又统一，正是因为生产条件成为剥削他人的手段，成为资本，剩余劳动才凝结为剩余价值；同时，也正因为剩余价值的出现，才生产了资本。资本和剩余价值作为一对范畴一旦出现，它们就在资本主义生产的轨道上不停地运动，在不停的运动中保存自已，扩大自己。在资本和剩余价值的对立统一中，资本是主动的，它的人格化——资本家在前台演出，而它的演出总是出于一个动机和目的——赚钱！它是一个吸血鬼，吸吮的正是工人血汗凝结而成的剩余价值。与抽象地研究资本的本质和内容不同，从资本运动过程的整体来研究资本的各种具体形式，目的是说明不同的资本形式与不同的剩余价值形式的对应关系，以及不同资本形式之间的相互关系，从整体上揭示资本主义社会的全部现实基础——整个资本家阶级与整个工人阶级的对立。

那么，怎样去研究资本的各种具体形式呢？正如前面所分析的，正是由于资本具有各种不同的具体形式，它所带来的剩余价值也就相应地表现为转化为利润的各种不同的具体形式，例如，产业资本和商业资本将取得的剩余价值转化为平均利润，生息资本将取得的剩余价值转化为利息，土地所有者凭借土地所有权，将取得平均利润以上的超额利润部分转化为地租。这样，剩余价值与各种资本的不同的具体形式相适应，也转化为利润、利息和地租等不同的具体形式。因此，考察资本的各种具体形式，也就要考察与它相适应的剩余价值的各种具体形式，而且这两种具体形式又处在对立统一的关系之中。例如，产业资本与产业利润是对立的，它的实质是产业资本对产业工人的剥削。但从形式上看，二者又是统一的，有产业资本就必然会产生产业利润。这种对立统一是资本和雇佣劳动的对立统一，是产业资本家和产业工人的对立统一，是资本对雇佣劳动剥削基础上的以资本为主导的对立统一。同样，资本的不同形式之间也存在着对立统一关系。可见，从对资本的各种具体形式的分析中，不仅可以揭示资产阶级和工人阶级的矛盾，而且可以揭示资产阶级内部各个剥削集团之间的矛盾。当然，前者是主要的。

从资本运动过程的整体来考察资本的各种具体形式，中心是剩余价值的分割，关键是马克思的转化理论。恩格斯曾指出：“剩余价值的分配就像一根红线一样贯穿着整个第三卷。”①

---

① 《马克思恩格斯全集》第22卷，人民出版社1965年版，第513页。

（二）《资本论》第三卷的逻辑结构

研究资本的各种具体形式，就是要揭示资本各种具体形式之间的相互关系。在资本的各种具体形式中，产业资本真正标志着资本主义生产方式的特征，是资本的典型的一般形式。其他形式都是在产业资本这一一般形式的基础上派生出来的。马克思把它叫作资本主义的“普照的光”。马克思说：“在一切社会形式中都有一种一定的生产决定其他一切生产的地位和影响，因而它的关系也决定其他一切关系的地位和影响。这是一种普照的光，它掩盖了一切其他色彩，改变着它们的特点。这是一种特殊的以太，它决定着它里面显露出来的一切存在的比重。”① 这种决定其他一切生产的地位的影响的生产就是产业资本通过雇佣产业工人进行的剩余价值生产，这种产业资本剥削产业工人的关系决定和影响着资本主义社会中的其他一切关系。因此，研究资本的各种具体形式，就要从产业资本出发揭示产业资本的实质以及其他形式的资本是怎样从产业资本中产生出来，并进而研究所有资本形式之间的相互关系。可见，分析资本的各种具体形式，就是以产业资本为基础和出发点。在分析产业资本的基础上，进而分析其他资本形式是怎样从产业资本运动中产生并转化过来的。在这里，理解问题的关键是马克思的转化理论。

在《资本论》中讲“转化”的地方很多，大致可分为两种情况：一种是不同事物的转化，如货币转化为资本，即作为一般等价物的货币转化为能够带来剩余价值的价值；另一种是同一事物本质到现象的转化，即形态的转化，并且现象正好将其本质加以掩盖，例如，劳动力的价值或价格转化为工资，剩余价值转化为利润，等等。第三卷讲的是后一种转化。

《资本论》第三卷对资本的各种具体形式的分析，从逻辑结构上讲，是通过五层转化完成的。

第一层转化：剩余价值转化为利润，即由剩余价值本质转化为它的现象形态。在这一层次的转化中，表明直接生产者和职能资本家之间的关系，马克思据此建立起他的利润理论。

第二层转化：利润转化为平均利润，即由剩余价值的现象形态——利润转化为平均利润。在这一层次的转化中，表明工业资本家之间的关系，马克思据此建立起他的平均利润理论。

---

① 《马克思恩格斯文集》第8卷，人民出版社2009年版，第31页。

第三层转化：平均利润的一部分转化为商业利润，即由剩余价值的这一现象形态转化为另一现象形态。在这一层次的转化中，表明产业资本家与商业资本家共同剥削工人的关系，马克思据此建立起他的商业利润理论。

第四层转化：平均利润分解为利息和企业主收入，也是由剩余价值的这一现象形态向较远的现象形态的转化。在这一层次转化中，表明在资本的所有权和使用权分离的基础上形成的职能资本家和借贷资本家之间的关系，马克思据此建立起他的生息资本和利息理论。

第五层转化：平均利润以上的超额利润转化为地租，这也是由剩余价值的这一现象形态向更远的现象形态的转化。在这一层次转化中，表明资本的权力与土地的权力的较量，农业资本家与土地所有者之间的关系，即农业资本家通过雇佣农业工人并将其创造的超额剩余价值以地租形式转给土地所有者，从而共同剥削农业工人的关系，马克思据此建立起他的地租理论。

当然，在这五层转化中，又包含着更具体的转化。这留待后面再作具体分析。

在这五层转化中，第一层是直接转化，第二层、第三层、第四层是间接转化，第五层是特殊转化。通过这些转化，使得资本的各种具体形式之间的相互关系得到了明确的、科学的说明。同时，通过这些转化，使得资本的各种具体形式，同资本在社会表面上，在各种资本的互相作用中，在竞争中，以及在生产当事人自己的通常意识中所表现出来的形式，一步一步地接近了。

根据以上思路，《资本论》第三卷可大致分为五个部分：第一篇至第三篇分析产业资本和平均利润；第四篇分析商业资本和商业利润；第五篇分析生息资本和利息；第六篇分析资本主义地租；第七篇为全卷总结，分析资本主义社会的各阶级关系。

二、《资本论》第三卷第一篇至第三篇的研究对象和逻辑结构

《资本论》第三卷第一篇至第三篇研究对象是产业资本，主要分析剩余价值转化为利润、利润转化为平均利润、价值转化为生产价格的客观必然性。

第一篇《剩余价值转化为利润和剩余价值率转化为利润率》，主要是分析利润的形成以及决定和影响利润率的各种因素。这一篇重点分析三层具体的转化：产品价值中的不变资本和可变资本转化为成本价格，也就是劳动耗费转化为资本耗费；剩余价值转化为利润，也就是资本对剩余劳动的无偿占有转化为资本自身

的自行增殖；剩余价值率转化为利润率，也就是资本家对工人的剥削程度转化为资本自身的增殖程度。通过这三层具体转化形式，把资本主义的剥削关系转化为资本自身产生利润并占有利润的关系。具体来说，这一篇共有7章：第1章“成本价格和利润”讲前两个转化，第2章“利润率”讲第三个转化，第3章“利润率和剩余价值率的关系”从量上讲剩余价值与利润的相对关系，第4章至第6章主要讲决定和影响利润率的因素，包括资本周转快慢、不变资本使用上的节约和价格变动等因素对利润率的影响，第7章是补充说明。第一篇的重点是前两章。

第二篇《利润转化为平均利润》，主要是分析平均利润和生产价格的形成。这一篇重点分析的也是三层具体的转化：利润率转化为平均利润率，利润转化为平均利润，价值转化为生产价格。具体来说，这一篇共有5章：第8章《不同生产部门的资本的不同构成和由此引起的利润率的差别》，这是提出问题；第9章《一般利润率（平均利润率）的形成和商品价值转化为生产价格》，是回答第8章提出的问题，具体分析各部门不同的利润率怎样平均化为平均利润率，利润怎样转化为平均利润，价值如何转化为生产价格；第10章《一般利润率通过竞争而平均化，市场价格和市场价值，超额利润》，是在上一章分析的基础上，进一步对第9章的内容进行的展开分析；第11章《工资的一般变动对生产价格的影响》和第12章《补充说明》，都是对平均利润和生产价格的补充，强调平均利润是由剩余价值决定，生产价格是由商品价值决定的。本篇的重点是第8章、第9章、第10章。

第三篇《利润率趋向下降的规律》，主要是分析利润率的发展趋势。在资本主义社会，利润变动的趋势是：利润率下降但利润总量增加。因此，利润率趋向下降规律也叫二重性规律。具体来说，这一篇由3章组成，第13章《规律本身》，主要分析资本主义社会存在利润率下降趋向的规律的原因以及这一规律的表现形式；第14章《起反作用的各种原因》，主要讲阻碍利润率下降的各种因素；第15章《规律的内部矛盾的展开》，主要分析利润率下降规律使资本主义各种内在矛盾不断激化，说明资本主义制度的历史局限性。本篇的重点是第13章和第15章。

第二节　平均利润和生产价格理论的基本要点

一、剩余价值转化为利润

(一) 所费资本转化为成本价格

1. 成本价格的形成

资本主义企业生产的商品价值包括三个部分：不变资本价值（c）、可变资本价值（v）和剩余价值（m）。用公式表示就是 $W=c+v+m$。其中不变资本（c）和可变资本（v）是用来补偿在商品生产中耗费的资本价值，即所费资本。所以，商品价值中的 $c+v$ 部分，只是补偿商品使资本家自身耗费的东西，故对资本家来说，这就是商品的成本价格（用 k 表示）。

这里，要区别两对概念：①所用资本和所费资本。两者的区别在资本积累理论中已经提及。所用资本是指投入生产的全部资本，所费资本是指生产中耗费掉的资本。投入生产中的资本并不是在一次生产过程中全部消耗掉，如机器等劳动资料全部用于生产过程，但他们是逐步被消耗掉的，其价值是逐步转移到产品中去的，故在所用资本和所费资本之间存在着一个差额。这里，转化为成本价格的是所费资本，而不是所用资本。②劳动耗费和资本耗费。劳动耗费是商品生产实际耗费的劳动量，包括商品生产中全部物化劳动和活劳动的耗费，它形成商品价值。资本耗费是商品生产使资本家所耗费的费用。但是，商品生产所耗费的劳动量和商品生产使资本家耗费的劳动量，是两个完全不同的量。对资本家来说，他在生产该商品时所耗费的费用只是不变资本（c）和可变资本（v）；至于剩余价值（m），资本家并没有支付任何费用，是无偿占有的。可见，成本价格反映的只是资本的耗费，而不是劳动的耗费。

2. 成本价格在资本主义经济中的作用

对于资本主义经济来说，成本价格是资本家经营企业赚钱或亏损的标志。这一部分价值代表的是商品中所包含的资本的耗费，因而它必须通过流通过程从商品的售卖价格中回收。在资本主义经济活动中，成本价格是商品售卖价格的最低界限。如果商品出售价格低于成本价格，资本家就会亏本；如果商品出售价格等于成本价格，资本家就只能保本而不会盈利；如果商品出售价格高于成本价格，资本家就能赚钱。超过成本越多，资本家赚钱就越多。

同时，成本价格决定资本家竞争能力的大小，反映着资本主义竞争的规律。成本价格只是商品价值的一部分，因此在成本价格与商品价值之间有一个差额。假定商品价值为1000元，成本价格为800元。假定商品按850元、900元、950元的价格出售，它就分别低于它价值的150元、100元、50元出售，但从它的出售中仍然可以分别得到150元、100元、50元的利润。马克思指出："在商品的价值和它的成本价格之间，显然会有无数的出售价格。商品价值中由剩余价值构成的要素越大，这些中间价格的实际活动余地也就越大。"① "资本主义竞争的基本规律，即调节一般利润率和由它决定的所谓生产价格的规律，就是建立在商品价值和商品成本价格之间的这种差别之上的，建立在由此引起的商品低于价值出售也能获得利润这样一种可能性之上的。"② 因此，成本价格与资本家的经营有着密切的关系，每一个资本家都要竭力设法降低自己商品的成本。

3. 成本价格掩盖了资本主义的剥削关系

成本价格这一范畴掩盖了不变资本和可变资本的根本区别，掩盖了它们在价值增殖过程中所起的不同作用。在价值增殖过程中，资本家投在生产资料上的资本是不变资本，它不创造价值，只是转移原有的价值。资本家投在劳动力上的资本是可变资本，它不仅转移价值，而且还创造新的价值。但是在成本价格这个形态上，不论是不变资本，还是可变资本，都表现为资本的支出。这样一来，不变资本和可变资本在价值增殖过程中所起的不同作用就被掩盖了。"这样，资本的增殖过程的神秘化也就完成了。"③

（二）剩余价值转化为利润

1. 利润是剩余价值的转化形式

剩余价值的形成，只是可变资本价值变动的结果。可变资本购买的是劳动力，劳动力的使用即劳动是价值和剩余价值的唯一源泉。但是，由于所消耗的不变资本和可变资本转变为成本价格，这就造成一种假象，似乎剩余价值是由成本价格产生的，是成本价格的一个价值增加额。原来的公式 $W=c+(v+m)$ 现在就表示为 $W=k+m$。剩余价值就表现为成本价格的一个增加额，即资本家所费资本

① 《马克思恩格斯文集》第7卷，人民出版社2009年版，第45页。
② 《马克思恩格斯文集》第7卷，人民出版社2009年版，第45页。
③ 《马克思恩格斯文集》第7卷，人民出版社2009年版，第40-41页。

的产物，而不是工人活劳动的产物。

对资本家来说，剩余价值不仅是他所耗费资本的一个增加额，而且也是他的那些未曾耗费的预付资本的一个增加额。也就是说，剩余价值是他的全部所用资本的一个增加额。因为在他看来，那些未曾耗费的资本虽然不形成商品的生产成本，但作为生产的物质要素，它们同样参加了剩余价值的生产过程，因此也被资本家看作是剩余价值的源泉。“剩余价值，作为全部预付资本的这样一种观念上的产物，取得了利润这个转化形式。”①

剩余价值转化为利润，商品价值就等于成本价格加利润。用 k 代表成本价格，p 代表利润，商品价值的公式就由 $W=c+v+m$ 转化为 $W=k+p$。所以，$p=W-k$，即利润等于商品价值减去成本价格。

2. 剩余价值转化为利润的原因

剩余价值转化为利润具有客观必然性。这是因为：第一，由于成本价格的形成，抹杀了不变资本和可变资本在生产剩余价值上的区别，剩余价值好像不是由可变资本创造的，而是由全部预付总资本产生的。“因为在成本价格的表面的形成上，不变资本和可变资本之间的区别看不出来了，所以在生产过程中发生的价值变化的起源，必然从可变资本部分转移到总资本上面。”②

第二，由于工资形式将劳动力的价格或价值歪曲地表现为劳动的价值或价格，好像工人的全部劳动都得到了报酬，这样，剩余价值就不再是工人无偿劳动的成果，而是预付总资本的产物。“因为在一极上，劳动力的价格表现为工资这个转化形式，所以在另一极上，剩余价值表现为利润这个转化形式。”③

3. 利润和剩余价值的关系

利润和剩余价值实际上是一个东西，而且在量上也是相等的。所不同的是剩余价值是对可变资本而言的，利润是对全部预付资本而言的。剩余价值和利润的关系，实际上是本质和现象的关系。剩余价值是利润的本质，利润是剩余价值的现象形态。正因为利润本质上只是剩余价值，只是在观念上表现为整个预付资本的产物，所以马克思把利润称为剩余价值的转化形式。

但是，剩余价值转化为利润以后，却掩盖了资本主义的剥削关系。在利润形

① 《马克思恩格斯文集》第 7 卷，人民出版社 2009 年版，第 43-44 页。
② 《马克思恩格斯文集》第 7 卷，人民出版社 2009 年版，第 44 页。
③ 《马克思恩格斯文集》第 7 卷，人民出版社 2009 年版，第 44 页。

式上，利润表现为全部预付资本的产物，而它的真正来源，即剩余价值是由工人的无酬劳动创造的真相却被掩盖了。因此，在利润形式上，资本主义剥削关系就被掩盖起来。

（三）剩余价值率转化为利润率

1. 利润率是剩余价值率的转化形式

剩余价值与全部预付资本的比率，叫利润率。马克思指出："用总资本来计算的剩余价值的比率，叫作利润率"① 用 p'代表利润率，C 代表全部预付资本，利润率的公式是 $p'=\frac{m}{C}$。剩余价值率是剩余价值与可变资本的比率，其公式是 $m'=\frac{m}{v}$。可见，剩余价值率与利润率是同一剩余价值与不同资本量对比所得出的不同比率。因此，利润率是剩余价值率的转化形式。

剩余价值转化为利润，是以剩余价值率转化为利润率为前提的。这是因为，利润这个范畴实际上就是剩余价值与预付总资本比较的结果，这时剩余价值率已经转化为利润率了，同时，计算利润量大小，也是以利润率的存在为前提的。所以，逻辑上是先有剩余价值率转化为利润率，然后才有剩余价值转化为利润。从历史上看，利润率也是出发点。因为，相对来说，剩余价值和剩余价值率是看不见的东西，只有通过理论上的抽象，才能发现并揭示其本质，而利润率却会在现象上直接表现出来。

剩余价值率与利润率是两个不同的范畴。从质的角度讲，剩余价值率表示资本家对工人的剥削程度，利润率表示全部预付资本的增殖程度。就量的角度而言，由于预付总资本总是大于可变资本，故利润率总是小于剩余价值率。由于利润率总是小于剩余价值率，所以利润率就降低了资本家对工人的剥削程度，从而进一步掩盖了剩余价值的源泉。

2. 决定和影响利润率变动的因素

利润率是剩余价值与总资本的比率，用公式表示 $p'=m/C$，假设 $C=c+v$（所用资本=所费资本），则利润率实际上有两个公式：$p'=m/(c+v)$

由于 $m'=m/v$，剩余价值 $m=m'v$，则

$p'=m/(c+v)=m'v/(c+v)$。

① 《马克思恩格斯文集》第7卷，人民出版社2009年版，第51页。

由此公式可以得出决定利润率的基础因素有三个：剩余价值率（m'）、可变资本（v）、不变资本（c）。在其他条件不变的情况下，利润率（p'）的高低与剩余价值率（m'）的高低按同一方向变化；利润率（p'）的高低与可变资本（v）的大小按同一方向变化；利润率（p'）的高低与不变资本（c）的大小按相反方向变化。

如果上述三个因素出现了不同的组合，利润率的变化也会更加复杂。比如，这三个因素同时变和不同时变，按同方向变和按不同方向变，按同一程度变和不按同一程度变，等等。并且，不同因素的变化的相互制约，对利润率的影响也可以相互抵消。例如，剩余价值率的提高会引起利润率的提高，但同时由于不变资本的增加，又会导致利润率的下降。所以，利润率的实际变化，是上述各种因素综合作用的结果。

以上三个因素，其中不变资本和可变资本的大小，又可以通过资本的价值构成来体现。所以，马克思指出："利润率取决于两个主要因素：剩余价值率和资本的价值构成。"① 由此，可以将决定利润率变化的基本规律表述为：利润率（p'）的高低与剩余价值率（m'）的高低同向变化，与资本有机构成（$v/(c+v)$）的高低（不变资本（c）在总资本（$c+v$）所占比重）反向变化。

3. 资本周转与年利润率

资本周转对年利润率的影响，是《资本论》第三卷第4章的内容。这一章全是恩格斯补写的。恩格斯指出："周转时间或它的两个部分（生产时间和流通时间）中的任何一个部分的缩短，都会增加所生产的剩余价值量。但是，因为利润率表示的，只是所生产的剩余价值量和参加剩余价值量生产的总资本的比率，所以，很清楚，每一次这样的缩短，都会提高利润率。我们以前在第二册第二篇对剩余价值的阐述，同样适用于利润和利润率。"② 关于资本周转与利润率的关系，恩格斯指出："在资本百分比构成相等，剩余价值率相等，工作日相等的时候，两个资本的利润率和它们的周转时间成反比。"③

假定有两个企业A和B，它们的资本有机构成、剩余价值率、工作日长度都相同，只是资本周转时间不同，A资本一次周转要12个月，一年周转1次；B

① 《马克思恩格斯文集》第7卷，人民出版社2009年版，第81页。
② 《马克思恩格斯文集》第7卷，人民出版社2009年版，第83页。
③ 《马克思恩格斯文集》第7卷，人民出版社2009年版，第85页。

资本周转一次时间 6 个月，一年周转 2 次。则 B 企业的年利润率就是 A 企业的 2 倍。

年利润率的公式：

$$p'=n\cdot m'\cdot v/(c+v)$$

这里的 n 是指资本一年周转次数。

从年利润率公式可以看出，年利润率的高低与以下几个因素有关：

第一，剩余价值率。在其他条件不变的情况下，剩余价值率越高，剩余价值量就越多，从而年利润率也就越高；否则相反。剩余价值率与年利润率呈正方向变化。

第二，资本有机构成。在其他条件不变的情况下，资本有机构成高，同量资本所使用的劳动力就少，生产出来的剩余价值量就少，年利润率就低；反之，资本有机构成低，年利润率就高。两者呈相反的方向变动。

第三，不变资本使用上的节约（c）。从公式中可以看出，在可变资本（v）和剩余价值率（m'）已定的条件下，不变资本使用上的节约，使同量剩余价值与较小的预付总资本相比，利润率就高；反之，就低。因此，在其他条件不变的情况下，不变资本使用上的节约与利润率的提高成正比。

节约不变资本的途径是：就一个企业内部而言，生产领域内，通过延长劳动时间来相对节省固定资本和非生产费用；生产资料的集中及其大规模应用，这种由生产资料的集中及其大规模应用所产生的节约，是以工人的聚集和协作，即劳动的社会结合为前提条件的；利用生产的排泄物；机器的不断改良引起的节约；牺牲工人的健康和安全来节省劳动条件的费用；流通领域内，流通时间的缩短在不变资本支出上造成的节约。

从宏观上说，一些部门生产率的提高，就会使那些采用这些部门产品的另一些部门的生产资料价值减少。因此，不变资本使用上的节约，部分地只是生产资料作为结合工人的共同生产资料执行职能和被消费的结果，所以这种节约本身表现为直接生产劳动的社会性质的产物；部分地又是那些为资本提供生产资料的部门的劳动生产率发展的结果。

第四，原料价格的变动。原料价格提高，生产成本提高，预付总资本增加（C），利润率下降；反之，上升。两者按相反的方向变动。

第五，资本周转速度。资本周转速度影响年利润率。年利润率的计算公式为：

$$p'=m'n\frac{v}{C}$$

这里，p'表示年利润率，m'表示剩余价值率，n 为年周转次数，C 为预付总资本。因此，在其他条件不变的情况下，资本周转速度快，同量资本所带来的剩余价值量就越多，年利润率就越高；反之，资本周转速度慢，年利润率越低。两者按相同的方向变动。缩短周转时间，包括缩短生产时间和缩短流通时间。缩短生产时间主要靠提高劳动生产率，缩短流通时间主要靠改进交通条件。

第六，预付资本的变化。预付资本的变化在下列两种情况下不会引起利润率的变化：一是所用资本只是表面上发生量的变化。例如，总资本=100 元，利润=20 元，因此，利润率为 20%。假设发生通货膨胀或通货紧缩，同一个资本原来价值 100 元，现在价值 200 元或 50 元，则相应的利润也变为 40 元或 10 元，而利润率不变。第二种情况是价值发生实际的变化，但在剩余价值率保持不变的条件下，资本有机构成不变，则利润率不变。除此之外，预付资本的变化会导致利润率发生变化。假设剩余价值不变，则预付资本与利润率成反比。

二、利润转化为平均利润

前面的分析，是把产业资本当作一个总体来分析的，没有涉及不同资本之间的竞争。在分析利润转化为平均利润时，就要分析不同资本特别是不同部门资本之间的竞争了。这里的核心问题是平均利润的形成。在分析这一核心时，马克思重点是分析三层具体的转化：利润率转化为平均利润率，利润转化为平均利润，价值转化为生产价格。

（一）平均利润率的形成

1. 利润率的差别与等量资本获取等量利润的矛盾

由于利润转化为平均利润是以利润率转化为平均利润率为前提的，所以，要分析平均利润，首先就要了解什么是平均利润率；而利润率的平均化，是由于不同部门利润率存在着差别。所以，要研究平均利润率，就要从研究不同部门利润率的差别开始。

在资本主义社会，各个不同部门的利润率是不一样的，造成利润率差别的原因也是多方面的。一般来说，影响利润率高低的主要因素是资本的有机构成和资本周转速度。

利润率的高低与资本有机构成成反比。投在资本有机构成较高部门的同量资本，由于可变资本较少，在剩余价值率不变的条件下，同一时间内获得的剩余价值就较少，因此利润率就较低；相反，投在资本有机构成较低部门的同量资本，由于可变资本较多，在剩余价值率不变的条件下，同一时间内获得的剩余价值就较多，因此利润率就较高。各部门利润率与资本有机构成之间的关系，实质上是由可变资本推动的剩余价值决定的。可变资本占的比重大，推动的剩余劳动就多，剩余价值率和利润率就高。

利润率的高低与资本周转速度成正比。在资本有机构成相同、其他条件也相同时，利润率与资本周转速度成正比。也就是说，周转速度慢的资本利润率低，周转速度快的资本利润率高。“周转时间的差别，是等量资本在不同生产部门在相等时间内生产出不等量利润的另一个原因，因而也是这些不同生产部门利润率不等的另一个原因。”①

由上可见，各生产部门资本有机构成不同和周转速度不等，会有不同的利润率。但是，现实的运动却是等量资本在相同时间内得到等量利润。对资本家来说，资本“是一种社会权力，每个资本家都按照他在社会总资本中占有的份额而分享这种权力”。② 在这里，价值理论好像与资本主义的现实发生矛盾。

但是，“不管所生产的价值和剩余价值多么不同，成本价格对投在不同部门的等量资本来说总是一样的。成本价格的这种等同性，形成各个投资竞争的基础，而平均利润就是通过这种竞争确定的”。③

2. 平均利润率的形成

由于不同部门的资本有机构成不同和资本周转速度不同，就会有各不相同的利润率。但竞争会使不同的利润率平均化为一般利润率。“这些不同的利润率，通过竞争而平均化为一般利润率，而一般利润率就是所有这些不同利润率的平均数。”④

那么，竞争是怎样造成利润率的平均化的呢？在不同生产部门的利润率有极大差别的情况下，唯利是图的资本家必然不断地把自己的资本从利润率低的部门转向利润率高的部门。利润率高的部门由于投资增加，生产规模扩大，达到一定

① 《马克思恩格斯文集》第7卷，人民出版社2009年版，第169页。
② 《马克思恩格斯文集》第7卷，人民出版社2009年版，第217页。
③ 《马克思恩格斯文集》第7卷，人民出版社2009年版，第172页。
④ 《马克思恩格斯文集》第7卷，人民出版社2009年版，第177页。

程度便会出现商品供过于求，引起价格下跌，利润率下降；而利润率低的部门由于投资减少，生产规模缩小，达到一定程度便会出现商品供不应求，引起价格上涨，利润率上升。其结果，就会使各个部门的等量资本大体获得平均利润。

我们假定有食品、纺织、机械这三个生产部门，它们的剩余价值率和工作日不变，资本周转速度相同，各部门商品的不变资本全部一次周转完毕，商品按价值出售。在这些假定条件下，由于每个部门的资本有机构成不同，因而等量的预付资本会形成不同的利润率。如下表：

生产部门	资本	剩余价值率（%）	剩余价值	商品价值	利润率（%）
食　品	$70c+30v$	100	30	130	30
纺　织	$80c+20v$	100	20	120	20
机　械	$90c+10v$	100	10	110	10

从上表可以看出，在满足上述假设条件的情况下，同样的 100 单位预付资本，投入资本有机构成低的食品部门，利润率为 30%；投入资本有机构成高的机械部门，利润率为 10%；投入中等资本有机构成的纺织部门，利润率为 20%。因此，同样的预付资本投入不同资本有机构成的部门，利润率是不相同的。通过竞争和资本的转移而形成的平均利润率，等于上述总资本除以总剩余价值，即：

$$平均利润率=（30+20+10）m/300c=20\%$$

马克思指出：“在一般利润率的形成上，问题不仅在于不同生产部门利润率的差别，求出它们的简单平均数，而且还在于这些不同利润率在平均数形成上所占的比重，而这取决于投在每个特殊部门的资本的相对量，也就是取决于投在每个特殊生产部门的资本在社会总资本中占多大的部分。”①

我们还以上例说明。假定食品、纺织和机械各部门的资本分别为 100、300、800，社会总资本等于 1200，它们分别按照各自的利润率获得的利润量分别为 30、60、80，社会总利润量等于 170，社会资本的平均利润率 = 170/1200 = 14.1%，所以，平均利润率的公式是：

$$平均利润率=\frac{社会剩余价值总量}{社会预付资本总量}$$

由此可见，所谓利润转化为平均利润，就是通过部门之间的资本竞争而实现的利润率的平均化。平均利润率是不同生产部门的特殊利润率的加权平均数，又

---

① 《马克思恩格斯文集》第 7 卷，人民出版社 2009 年版，第 182 页。

称一般利润率。按照这个一般利润率归于一定量资本（不管它的有机构成如何）的利润，就是平均利润。

3. 平均利润率形成的条件

利润率的平均化，不仅是资本主义经济发展的客观要求和内在规律，而且需要具备两个必要的条件。马克思讲："那种在不断的不平衡中不断实现的平均化，在下述两个条件下会进行得更快：①资本有更大的灵活性，也就是说，更容易从一个部门和一个地点转移到另一个部门和另一个地点；②劳动力能够更迅速地从一个部门转移到另一个部门，从一个生产地点转移到另一个生产地点。第一个条件的前提是：社会内部已有完全的自由贸易，消除了自然垄断以外的一切垄断，即消除了资本主义生产方式本身造成的垄断；其次，信用制度的发展已经把大量分散的可供支配的社会资本在各个资本家面前集中起来；最后，不同的生产部门都受资本家支配。""最后还必须有很高的人口密度。——第二个条件的前提是：废除了一切妨碍工人从一个生产部门转移到另一个生产部门，或者从一个生产地点转移到另一个生产地点的法律；工人对于自己劳动的内容是不关心的；一切生产部门的劳动都已尽可能地化为简单劳动；工人抛弃了一切职业的偏见；最后，特别是：工人受资本主义生产方式的支配。"①

利润率平均化的必要条件，概括起来就是资本和劳动力的自由流动。这两个条件在资本主义发展中有一个不断完善的过程。只有资本主义发展达到一定高度以后才会完全具备。所以，马克思讲："资本主义在一国社会内越是发展，也就是说，该国的条件越是适应资本主义生产方式，资本就越能够实现这种平均化。"②

4. 平均利润率规律是一个趋势的规律

平均利润率的形成在资本主义社会具有客观必然性，但不能把这个规律简单地理解为利润率的绝对平均化。事实上，在平均利润率起作用的地方，各个部门的利润率仍然可以存在差别，甚至会有较大的差别。但从一个较长时期来看，各个部门利润率的差别又会相互抵消而表现为一种平均化趋势。平均利润率的形成也并不排斥各部门中少数先进企业可以获得超额利润。只要同一部门的企业之间存在着资本有机构成和资本周转的差别，利润率的差别就必然存在。因此，各个资本家并不会由于平均利润率的出现，而放弃对超额利润的追求。但尽管如此，如果从部门之间的关系来看，不同部门的利润率大体还是平均的。因为，在每个

① 《马克思恩格斯文集》第7卷，人民出版社2009年版，第218-219页。

② 《马克思恩格斯文集》第7卷，人民出版社2009年版，第218页。

部门中，中等条件的企业显然占多数，这种由中等条件决定的企业利润率一般代表着该部门利润率的水平。部门之间的竞争，首先会使各部门的中等企业即大多数企业的利润率趋于平均化。所以，“总的来说，在整个资本主义生产中，一般规律作为一种占统治地位的趋势，始终只是以一种极其错综复杂和近似的方式，作为从不断波动中得出的，但永远不能确定的平均数来发生作用”。①

利润转化为平均利润后，资本主义的剥削关系进一步被掩盖了。本来，剩余价值转化为利润已经掩盖了剩余价值的起源，但这时各部门的利润量和剩余价值量还是相等的。利润转化为平均利润后，许多部门所得到的利润量和本部门工人所创造的剩余价值量不相等了，利润和剩余价值在量上的联系也被割断了。不同生产部门投入等量资本获得等量利润，这造成一种假象，似乎利润的多少只和投入的资本量有关，似乎资本是利润的源泉。这样，利润的实质和来源便完全被掩盖了。

（二）价值转化为生产价格

随着利润转化为平均利润，商品的价值就转化为生产价格。生产价格是价值的转化形式，它在数量上等于成本价格加平均利润。

生产价格的形成和平均利润的形成实际上是同一个过程的两个层次。不同生产部门之间的资本通过自由竞争形成平均利润的过程，也就是价值转化为生产价格的过程。商品价值转化为生产价格的过程可以用下表表示：

生产部门	资本	剩余价值率（%）	剩余价值	平均利润率（%）	平均利润	价值	生产价格	生产价格与价值的差额
食品	$70c+30v$	100	30	20	20	130	120	-10
纺织	$80c+20v$	100	20	20	20	120	120	0
机械	$90c+10v$	100	10	20	20	110	120	+10

假定有食品、纺织、机械这三个生产部门，它们的剩余价值率和工作日不变，资本周转速度相同，各部门商品的不变资本全部一次周转完毕，商品按价值出售。在这些假定条件下，由于每个部门的资本有机构成不同，因而等量的预付资本会形成不同的利润率。但是，经过它们之间的竞争和资本的自由转移，这些不同的利润率转化为平均利润率。平均利润率的形成，使剩余价值转化为平均利润，从而使价值转化为生产价格。

---

① 《马克思恩格斯文集》第7卷，人民出版社2009年版，第181页。

从上表可以看出：

第一，生产价格等于成本价格和平均利润。

第二，生产价格的形成是以平均利润率的形成为前提的，它是平均利润率的必然结果。

第三，生产价格是价值的转化形式。一方面，由于生产价格中成本价格由商品价值中包含的不变资本和可变资本转化而来，平均利润是由剩余价值转化而来，因此，生产价格与商品价值实质上是一致的。另一方面，生产价格又与商品价值不完全相同。在商品按价值出售的场合，不同生产部门的成本价格和利润都是不同的；商品按生产价格出售的场合，只有成本具有部门的特殊性，而利润则是不同部门剩余价值平均化的结果，具有均等性。这就出现了商品的价值与生产价格相矛盾的现象。

价值转化为生产价格后，商品不再是按照价值而是按照生产价格进行交换了，也就是说，市场价格的变动不再是以价值为中心，而是以生产价格为中心了。这不是对价值规律的否定，只是价值规律作用的形式发生了变化。这是因为：

（1）从个别部门看，虽然一些部门的资本家所得到的平均利润低于本部门工人所创造的剩余价值，另一些则低于本部门工人所创造的剩余价值，但是，从整个社会来看，整个资产阶级所得到的平均利润总额和整个无产阶级所创造的剩余价值总额仍然是相等的（从表中可以看出剩余价值总额等于平均利润总额，即都等于 60）。

（2）从个别部门看，虽然一些部门的商品的生产价格低于其价值，另一些高于其价值，但从全社会来看，生产价格总额和价值总额仍然是相等的（都等于 360）。因此，商品按照生产价格出售，实际上仍然是按照价值出售。

（3）生产价格的变动，归根到底取决于价值的变动。因为，资本主义社会的商品价值由不变资本价值、可变资本价值和剩余价值三部分构成，既然生产价格中的成本价格根源于商品价值中的不变资本价值和可变资本价值，平均利润根源于商品价值中的剩余价值，那么，商品价值中无论哪一部分发生变化，最终都会反映到生产价格的变化上。正如马克思所说："生产价格的变化显然总是要由商品的实际的价值变动来说明，也就是说，要由生产商品所必需的劳动时间的总和的变动来说明。"①

关于平均利润和生产价格与剩余价值和价值的关系，马克思在《资本论》

① 《马克思恩格斯文集》第 7 卷，人民出版社 2009 年版，第 186 页。

第四卷（“剩余价值理论”）中做了更深刻的分析。他说：“一切商品的这些费用价格加在一起，其总和将等于这一切商品的价值。同样，总利润将等于这些资本加在一起比如说在一年内提供的总剩余价值。如果我们不以价值规定为基础，那么，平均利润，从而费用价格，就都成了纯粹想象的、没有依据的东西。各个不同生产部门的剩余价值的平均化丝毫不改变这个总剩余价值的绝对量，它所改变的只是剩余价值在不同生产部门中的分配。但是，这个剩余价值本身的规定，只有来自价值决定于劳动时间这一规定。没有这一规定，平均利润就是无中生有的平均，就是纯粹的幻想。”①

由于每一个商品的生产价格中的平均利润不仅由这个商品的价值决定，而且由社会平均利润率所决定，所以，虽然生产价格的变动最终取决于商品价值的变动，但并非一个商品价值的任何变动都一定会引起生产价格的变动。价值转化为生产价格毕竟是资本主义生产发展到一定高度的产物，是资本主义社会化大生产和发达商品经济条件下价值规律的具体表现形式。

马克思的平均利润和生产价格理论，首先，科学地解决了劳动价值论和等量资本获得等量利润之间的矛盾。它表明，生产价格只是价值的转化形式，它的基础仍然是价值。因此，只有在劳动价值论的基础上，才能说明平均利润和生产价格变动的规律。其次，这一理论也揭示了整个资产阶级和整个无产阶级之间的对立。整个资产阶级都参加了社会总剩余价值的瓜分。每个资本家得到多少利润，不仅取决于他对本企业工人的剥削程度，而且取决于全体资本家对全体雇佣工人的剥削程度。因此，资本家之间虽然在瓜分剩余价值上存在矛盾，但在剥削工人这个根本问题上，其利益是完全一致的。对此，马克思曾深刻地指出：“我们在这里得到了一个像数学一样精确的证明：为什么资本家在他们的竞争中表现出彼此都是假兄弟，但面对整个工人阶级却结成真正的共济会团体。”② 因此，无产阶级要摆脱剥削和压迫，不能仅限于反对个别资本家，而是要联合起来反对整个资产阶级，推翻资本主义剥削制度。

三、平均利润率趋向下降的规律

这里所说的利润率指的不是单个企业的个别利润率，而是从全社会来看的平均利润率；这里所说的利润率的下降不是不断的直线下降，而是一种下降趋势；这里所说的利润率下降不是利润量的下降，而是在利润率趋向下降的过程中，随

---

① 《马克思恩格斯全集》第 26 卷第 2 分册，人民出版社 1975 年版，第 210 页。

② 《马克思恩格斯文集》第 7 卷，人民出版社 2009 年版，第 220 页。

着社会资本总量的不断增加，利润总量也在不断增加，因此，利润率趋向下降的规律表现为利润率下降而利润总量增加的二重规律。

（一）规律本身

如前所述，资本主义社会各部门之间的竞争，导致平均利润率的形成。平均利润率形成后，由于受各种因素的影响，会不断发生变动，其变动的一般趋势是下降的。

引起平均利润率下降的基本因素是社会资本平均有机构成的提高。在资本主义制度下，资本家一方面为追逐超额利润的动机所推动，另一方面为外在的竞争规律所强制，必然要不断改进技术，提高劳动生产率，降低生产费用。改进技术的结果，使可变资本同不变资本相比日益相对减少，使社会资本有机构成的平均水平不断提高，在剩余价值率不变或资本对劳动的剥削程度不变的条件下，一般利润率会逐渐下降。因此，平均利润率的下降是资本主义制度下劳动生产率提高的必然结果，是生产力发展在资本主义生产方式下的特有表现。马克思指出："一般利润率日益下降的趋势，只是劳动的社会生产力的日益发展在资本主义生产方式下所特有的表现。"①

利润率趋向下降并不意味着资本家得到的利润量减少。相反，利润总量还会增加。利润量的多少，取决于两个因素：一个是利润率，另一个是资本量。如果资本总额不变，则利润率下降，利润量减少。但是，资本主义社会的实际情况是资本总量在不断增加。因此，尽管平均利润率有下降的趋势，利润总量仍然会不断增大。

举个例子，假设原来的资本量为 100，资本有机构成为 $80c:20v$，剩余价值率为 100%，则利润率为 20%，利润量为 20；现在技术进步使资本有机构成变为 $90c:10v$，同时资本量增加到 400，剩余价值率仍为 100%，则利润率下降为 10%，利润量为 40。因此，利润率的下降与利润量的增加是并行不悖的。

这种利润率下降和利润量增加的二重性现象，是资本积累规律作用的必然结果。一方面，资本积累提高了社会资本有机构成，从而引起利润率下降；另一方面，资本积累又使资本总量增大。伴随着资本总量的增大，可变资本的相对量虽然会有所减少，但它的绝对量却会增大，从而引起利润量的增加。因此，利润率的下降和利润量的增加，二者是相伴而生的，是同一过程的两个方面。所以马克思把利润率趋向下降的规律有时也叫作利润率下降。

---

① 《马克思恩格斯文集》第 7 卷，人民出版社 2009 年版，第 237 页。

（二）阻碍利润率下降的因素

在资本主义社会，利润率的下降是很缓慢的，只是从长期看存在着下降的趋势。这是因为有一系列起反作用的因素阻碍着它的下降。这些因素是：

（1）剥削程度的提高。剥削程度的提高可以提高剩余价值率，从而提高利润率，延缓利润率的下降。资本家提高剥削程度的方法包括延长工作日、提高劳动强度、降低工资等。

（2）不变资本各要素变得便宜。劳动生产率的提高，使不变资本各要素的价值减少，从而使资本有机构成提高放慢，从而延缓利润率的下降。

（3）相对过剩人口的存在。这一方面使劳动力商品供大于求，资本家借此可以把工资压低到劳动力价值以下；另一方面，工资的下降可以引起某些生产部门更多地采用手工劳动代替机器劳动，从而增加剩余价值量，阻碍平均利润率的下降。马克思指出："可供支配的或被游离的雇佣工人价格低廉和数量众多，一些生产部门出于其本性而更加强烈地反对由手工劳动转化为机器劳动。另一方面，出现了新的生产部门，特别是生产奢侈品的部门，这些生产部门把其他生产部门中常常由于不变资本占优势而被游离的上述相对过剩人口作为基础，而这些生产部门本身又建立在活劳动要素占优势的基础之上，只是逐渐地走上其他生产部门所走过的路。在这两个场合，可变资本在总资本中占有相当大的比重，工资则低于平均水平，结果这些生产部门的剩余价值率和剩余价值量都非常高。"①

（4）对外贸易的发展。一方面，资本家可以利用对外贸易廉价输入原材料和必要生活资料，从而使不变资本和可变资本变得便宜。另一方面，资本家还可以通过对外贸易，取得高额利润。所有这些，都可以阻碍本国平均利润率的下降。

（5）股份资本的增加。随着资本主义的发展，股份资本日益增加，但股份资本作为两权分离的资本，它只是凭股票取得一定的股息。平均利润=利息（股息）+产业利润+地租。因此，利息（股息）作为平均利润的一部分，只是与产业利润和地租一起分割平均利润，而与平均利润率的高低无关。

由于有以上这些因素阻碍和延缓利润率的下降，所以，尽管平均利润率的下降是一种确定不移的趋势，但它的下降速度是非常缓慢的，它的作用要经过一段较长的时期才能表现出来。马克思指出："因此，一般说来，我们已经看到，引起一般利润率下降的同一些原因，又会产生反作用，阻碍、延缓并且部分地抵消

① 《马克思恩格斯文集》第7卷，人民出版社2009年版，第263页。

这种下降。这些原因不会取消这个规律，但是会减弱它的作用。否则，不能理解的就不是一般利润率的下降，反而是这种下降的相对缓慢了。所以，这个规律只是作为一种趋势发生作用；它的作用，只有在一定情况下，并且经过一个长的时期，才会清楚地显示出来。”①

（三）规律的内部矛盾的展开

资本家做梦都想提高利润率，但提高利润率的结果却与他的主观愿望相反，出现了利润率趋向下降的规律。这个规律引起了资本主义的一系列矛盾。

1. 剩余价值生产与剩余价值实现的矛盾

剩余价值是资本主义生产的直接目的和决定性动机。进行剩余价值生产需要具备一定的条件，包括需要有足够的生产资料、必要的劳动人口和一定高度的剥削率。这三个条件总起来看，说明剩余价值生产只受社会生产力的限制。然而，剩余价值生产出来以后必须卖掉才能变成货币形式得以实现，而剩余价值实现的条件与剩余价值生产的条件是不一致的。它们不仅在时间上不一致（一般来说，生产在前，实现在后）、空间上不一致（就地点而言，生产的地点是工厂，实现的地点是市场）、概念上不一致（在产业资本循环过程中，剩余价值生产是循环的第二阶段，实现是循环的第三阶段），而且所受的约束条件也有明显的不同，剩余价值生产只受社会生产力的限制，而剩余价值实现要受不同生产部门之间的比例和社会消费力的限制。这一方面取决于以对抗性的分配关系为基础的消费力，这种分配关系，使社会上大多数人的消费缩小到只能在相当狭小的界限以内变动的最低限度。另一方面，这个消费力还受到追求积累的欲望，扩大资本和扩大剩余价值生产规模的欲望的限制。

剩余价值生产与剩余价值实现的矛盾由于利润率趋向下降规律的作用日益激化。一方面，在利润率下降的情况下，资本家要增加利润总量，就必须增加积累，扩大生产规模，从而造成生产力的巨大发展；但另一方面，资本家为了阻碍利润率下降，就必须加强剥削，导致劳动人民有支付能力的需求相对缩小，市场相对萎缩，剩余价值的实现受到了社会消费力的限制。在资本主义剩余价值生产和实现过程中，生产无限扩大的趋势与劳动人民有支付能力的需求相对缩小之间的矛盾会不断加剧。要解决这两者之间的矛盾，只能靠不断扩大市场。也就是说，这种内部矛盾是通过扩大生产的外部范围来解决的。但是，随着市场的扩大，市场的联系和调节这种联系的条件，越来越取得一种不以生产者为转移的自

① 《马克思恩格斯文集》第7卷，人民出版社2009年版，第266页。

然规律的形式，越来越无法控制。因此，靠扩大生产的外部范围解决矛盾的方法只是在一定程度上缓和了矛盾，它不能从根本上解决矛盾。

2. 生产扩大和价值增殖的矛盾

利润率下降不仅会造成剩余价值生产和现实之间的矛盾，而且还会引起生产扩大与价值增殖之间的矛盾。

资本主义生产的唯一动机和直接目的就是追求剩余价值。为达到这一目的，资本家便尽量改进技术，提高劳动生产率，扩大生产规模，从而使生产有无限扩大的趋势。可是，随着生产力的发展和资本有机构成的不断提高，却带来了利润率的下降。同时，生产力的发展，也引起现有生产资料价值无形磨损的增加，从而使资本贬值。本来，资本家的目的是保存现有的资本价值，并以此为基础取得最大限度的利润，可是在生产扩大的过程中却发生了相反的结果：扩大生产的手段与价值增殖的目的发生了矛盾，生产力发展的无限性与价值增殖的有限性发生了冲突。

要解决目的和手段之间的矛盾，只能靠现有资本的贬值，靠牺牲已经生产出来的生产力来发展劳动生产力。这是因为，劳动生产力的发展使资本有机构成提高，从而导致利润率的下降；但同时，劳动生产力的发展使加入劳动力再生产或不变资本要素的那些商品由此便宜，因此，这实际上是包含现有资本的贬值，从而延缓利润率的下降，甚至在一定条件下，利润率还会有所提高。利润率在一定条件下的提高又会刺激资本加速积累，积累的后果是资本有机构成的进一步提高，从而导致利润率的再次下降。为延缓利润率下降，只有使现有资本再贬值，这又加速了资本积累。可见，生产力的发展，一方面可以增加资本积累，提高资本有机构成，使利润率下降；另一方面又使现有资本贬值，延缓利润率下降。这些不同的影响，时而在空间上并行，时而在时间上相继起作用，这就导致资本主义矛盾表现为矛盾加剧—缓和—再加剧的状态。

3. 资本过剩与人口过剩的矛盾

资本积累导致利润率趋向下降，在利润率下降的情况下，资本主义生产需要由利润量的增加来维持。当有一些资本不能由于利润量的增加而得到补偿时，就不愿意再进行循环过程而沉淀下来，这就会引起资本过剩。资本过剩，资本雇佣劳动力的数量就会减少，这又会引起劳动人口过剩。所以，资本积累一方面引起资本过剩，大量的过剩资本游离于生产之外，另一方面又引起人口过剩，有大批的劳动力不能进入劳动过程。

资本过剩与人口过剩的矛盾不断激化，必然导致经济危机。资本过剩会激化资本家内部的矛盾。在分享利润时，资本家之间都是兄弟；但在分享损失时，资本家之间都是仇人。马克思指出："在一切都顺利的时候，正如我们在研究一般利润率平均化时已经指出的那样，竞争实际上表现为资本家阶级的兄弟情谊，使他们按照各自的投资比例，共同分配共同的赃物。但是，一旦问题不再是分配利润，而是分配损失，每一个人就力图尽量缩小自己的损失量，而把它推给别人。对整个阶级来说，损失是不可避免的。但是每个资本家要分担多少，要分担到什么程度，这就取决于力量的大小和狡猾的程度了，在这种情况下，竞争也就变为敌对的兄弟之间的斗争了。"①

资本过剩会引起资本主义生产过程的混乱和危机。马克思指出："资本的生产过剩，从来仅仅是指能够作为资本执行职能，即能够用来按一定剥削程度剥削劳动的生产资料——劳动资料和生活资料——的生产过剩；而这个剥削程度下降到一定点以下，就会引起资本主义生产过程的混乱和停滞、危机、资本的破坏。"② 但是，危机永远只是现有矛盾的暂时的暴力的解决，永远只是使已经破坏的平衡得到瞬间恢复的暴力的爆发。

可见，由于利润率下降规律的作用所引发的剩余价值生产和实现的矛盾、资本主义生产目的和手段的矛盾，以及资本过剩和人口过剩的矛盾，充分暴露了资本主义生产方式的局限性和历史过渡性，表明了"资本主义生产不是绝对的生产方式，而只是一种历史的、和物质生产条件的某个有限的发展时期相适应的生产方式"。③ 正如恩格斯所说：资本主义生产方式的"历史使命是无所顾忌地按照几何级数推动人类劳动的生产率的发展。如果它像这里所说的那样，阻碍生产率的发展，它就背叛了这个使命。它由此只是再一次证明，它正在衰老，越来越过时了"。④ 由利润率下降规律所引起的上述这些矛盾，在资本主义生产方式范围内是不可能得到解决的，只有通过革命性变革，以社会主义制度代替资本主义制度，才能打破资本主义生产关系给生产力发展带来的种种限制，从而推动人类社会在新的生产关系基础上不断发展。

---

① 《马克思恩格斯文集》第 7 卷，人民出版社 2009 年版，第 281-282 页。
② 《马克思恩格斯文集》第 7 卷，人民出版社 2009 年版，第 284-285 页。
③ 《马克思恩格斯文集》第 7 卷，人民出版社 2009 年版，第 289 页。
④ 《马克思恩格斯文集》第 7 卷，人民出版社 2009 年版，第 292 页。

第三节　平均利润和生产价格理论的思想来源和拓展

一、古典经济学将价值与生产价格相混同产生的后果

生产价格是商品价值的转化形式。古典经济学把价值和生产价格混为一谈，使他们的经济学体系遇到了不能解决的难题，从而导致了古典经济学的破产。古典经济学的集大成者大卫·李嘉图坚持了劳动价值论，但是，他又将劳动创造的价值与他的自然价格，即商品获得一般利润率的价值，实际上是生产价格相等同。大卫·李嘉图讲：“当我们把劳动当成商品价值的基础，并把商品生产所必需的相对劳动量当成决定各种财货在互相交换中各自所需赋予量的标准尺度时，读者幸勿以为这是否认商品的实际价格或市场价格跟这一尺度——它们的原始价格与自然价格——可以有偶然和暂时的背离。”① 在这里，大卫·李嘉图认为，自然价格就是商品的价值。市场价格可以与自然价格发生偏离。接着，大卫·李嘉图又说：“假定一切商品都按照它们的自然价格出卖，因之一切行业的资本利润率都恰好相同，如有差额，也只是在当事人的评价中相当于他们所享有或已放弃的现实或设想的利益。”② 在这里，大卫·李嘉图又认为，自然价格就是生产价格。所以，大卫·李嘉图一方面认为自然价格就是价值，另一方面又认为自然价格就是生产价格。

这一混同，必然产生该理论不能解决等量资本获得等量利润与价值规律相矛盾的难题。比如说，有两个等量资本，其资本有机构成分别是 $80c:20v$ 和 $70c:30v$，在剩余价值率相同的情况下，前一个资本获得的剩余价值是 20，后一个资本获得的剩余价值是 30。这就发生了与价值规律的矛盾：按照价值规律的要求，前者得到的利润就是 20，后者得到的利润就是 30；但是，这两个资本在现实生活中却得到了同样的利润。这就出现了价值规律与等量资本获得等量利润的矛盾。

大卫·李嘉图发现了这一矛盾并想去解决它。他说：“所有使用资本的人都希望放弃比较不利的行业而趋向于比较有利的行业。这和孜孜不息的要求具有一种强烈的趋势，使得大家的利润率都平均化，或者使之成为一种比例，以致在有

① 大卫·李嘉图：《政治经济学及赋税原理》，商务印书馆 1981 年版，第 73 页。

② 大卫·李嘉图：《政治经济学及赋税原理》，商务印书馆 1981 年版，第 75 页。

关方面的估计中，可以抵消这一方面所具有，或看来会具有的超过另一方面的利益。”① 在这里，他实际上是想用资本转移解释利润率的平均化。但他同时认为，这种转移是很难解释的。他说：“要追溯出实现这种变化的步骤也许是非常困难的。”② 为什么非常困难，大卫·李嘉图既没有给出答案，也没有进一步加以探讨。马克思认为，困难的原因在于他不了解价值与生产价格、剩余价值与平均利润的关系，在于他不懂利润率平均化和价值转化为生产价格的过程。马克思指出：“一切商品的这些费用价格加在一起，其总和将等于这一切商品的价值。同样，总利润将等于这些资本加在一起比如说在一年内提供的总剩余价值。如果我们不以价值规律为基础，那么，平均利润，从而费用价格，就都成了纯粹想象的、没有依据的东西。各个不同生产部门的剩余价值的平均化丝毫不改变这个总剩余价值的绝对量，它所改变的只是剩余价值在不同生产部门中的分配。但是，这个剩余价值本身的规定，只有来自价值决定于劳动时间这一规定。没有这一规定，平均利润就是无中生有的平均，就是纯粹的幻想。那样的话，平均利润率就既可以是10%，也可以是1000%。”③

因此，正是由于大卫·李嘉图未能区分剩余价值和利润，而是把一般利润率作为既定的前提，而不去探讨一般利润率的形成过程，才导致他将生产价格与商品价值直接等同，从而无法解决等量资本获得等量利润和价值规律之间的矛盾。马克思通过自己的转化理论，“在《资本论》第三卷里，解决了在价值规律的基础上形成平均利润率的问题。……这样，价格离开价值而使利润率平均化这件众所周知的、无可置辩的事实，就被马克思根据价值规律所充分说明了，因为一切商品的价值总量是和生产价格总和相等的”。④ 所以，在价值规律的基础上说明生产价格的形成不是对价值规律的违背，而正是价值规律在资本主义社会得以贯彻的形式。

价值转化为生产价格是历史发展到一定阶段的必然产物。在历史上，商品价值先于生产价格出现。在简单商品生产条件下，商品交换以价值为基础；在资本主义发展的初期阶段，商品经济在整个社会中还不占统治地位，行会制度的束缚还没有破除，资本和劳动力还不可能在各生产部门之间自由转移，利润没有转化为平均利润，商品价值也就不可能转化为生产价格。随着资本主义的发展，特别是机器大工业的出现，商品经济在整个社会中占据了统治地位，行会制度已经废

---

① 大卫·李嘉图：《政治经济学及赋税原理》，商务印书馆1981年版，第73-74页。

② 大卫·李嘉图：《政治经济学及赋税原理》，商务印书馆1981年版，第74页。

③ 《马克思恩格斯全集》第26卷第2分册，人民出版社1975年版，第210页。

④ 《列宁全集》第21卷，人民出版社1960年版，第46-47页。

除，自由贸易和信用制度发展起来，资本和劳动力已经能够在各生产部门之间自由转移，平均利润已经出现，商品价值也就转化为生产价格。马克思指出："商品按照它们的价值或接近于它们的价值进行的交换，比那种按照它们的生产价格进行的交换，所要求的发展阶段要低得多。按照它们的生产价格进行的交换，则需要资本主义的发展达到一定的高度。"①

为什么大卫·李嘉图会把一般利润率作为既定前提呢？是因为他把资本主义社会看成是一个既定的社会，而没有把它看作是一个历史发展过程，是人类社会发展的一个特定阶段。同时在方法上，他没有对剩余价值进行一般形式的研究，不是从剩余价值的一般形式到它的各种特殊形式的演变中去研究利润率的平均化，而是把一般利润率作为直接前提加以研究的。所以，马克思指出："所有经济学家都犯了一个错误：他们不是就剩余价值的纯粹形式，不是就剩余价值本身，而是就利润和地租这些特殊形式来考察剩余价值。由此必然产生那些理论谬误，这将在第三章中得到更充分的揭示，那里要分析以利润形式出现的剩余价值所采取的完全转化了的形式。"② 事实上，一方面由于资产阶级经济学家缺乏抽象力，他们不能够从利润、利息和地租这些剩余价值的特殊形式中抽象出剩余价值的一般形式；另一方面又由于他们缺乏由剩余价值向利润和平均利润的转化理论，不能从剩余价值的一般形式上升到对剩余价值的各种特殊形式的分析。资产阶级经济学家由于其历史的局限和理论的局限，使得他们因不可能解决价值规律与等量资本获得等量利润这一矛盾而难以摆脱其理论破产的结局。

二、关于价值转型中的市场机制

在价值向生产价格转型的过程中，马克思非常重视市场机制及其作用的研究。马克思的研究集中体现在《资本论》第三卷第 10 章关于供求、价格、竞争及其相互作用关系上。

（一）竞争的含义

竞争是商品经济的必然产物，它反映了同一市场从事生产经营活动的人们之间的利益比较关系。作为一种市场经济机制，竞争通过物与物的相互作用反映人与人之间的关系。竞争关系根源于人与人之间的经济利益差别。每个人作为独立的个体，都有自己的利益追求，正是对利益最大化的追求才导致竞争行为的产

① 《马克思恩格斯文集》第 7 卷，人民出版社 2009 年版，第 197 页。

② 《马克思恩格斯全集》第 26 卷第 1 分册，人民出版社 1979 年版，第 7 页。

生。商品经济中的竞争实际上是以商品为媒介来反映人与人之间的经济利益比较关系。

竞争作为一种经济运行调节机制，要发挥其作用，有两个前提条件：第一，竞争主体必须要有自己独立的利益要求，这是竞争机制发挥作用的前提条件；第二，商品所有者之间的地位是平等的。这里的平等是指在承认竞争起点不平等的条件下，参与竞争的机会均等，竞争规则的统一，竞争过程的透明和竞争结果的有效。具体说来，参与竞争的机会均等是指每个微观主体都有根据自身的条件自主选择参与竞争的权利。马克思指出“商品是天生的平等派”，独立的商品生产者“不承认任何别的权威，只承认竞争的权威，只承认他们互相利益的压力加在他们身上的强制”。①

竞争作为一种经济运行调节机制，不是单独地发挥作用，而是与供求、价格机制联合发挥作用。在《资本论》第三卷第 10 章中，马克思在分析价值、价格与供求三者之间的关系时，用的是市场价值、市场价格和市场供求的概念。

（二）市场价值的决定

马克思指出：“市场价值，一方面，应看作一个部门所生产的商品的平均价值，另一方面，又应看作是在这个部门的平均条件下生产的并构成该部门的产品很大数量的那种商品的个别价值。”② 具体来说，市场价值的决定可以分为以下 4 种情况：

（1）如果中等生产条件生产的商品量占很大数量，市场价值就按中等生产条件下的商品的个别价值决定；

（2）如果最坏生产条件下的商品量占很大数量，市场价值就按最坏生产条件下的商品的个别价值决定；

（3）如果最好生产条件下生产的商品量占很大数量，市场价值就按最好生产条件下的商品的个别价值决定；

（4）严格来说，市场价值是按各个生产条件下生产的商品总量的总价值除以商品总量决定。这里，举两个例子：

第一例：棉纱厂生产 1000 件棉纱，假定其他条件相同，优等条件下生产 150 件，每件棉纱的生产时间为 2 小时；中等条件下生产 700 件，每件棉纱的生产时间为 4 小时；劣等条件下生产 150 件，每件棉纱的生产时间为 6 小时，则每件棉纱的平均价值为（150×2+700×4+150×6）/1000＝4 小时。

---

①《马克思恩格斯全集》第 2 版第 44 卷，人民出版社 2006 年版，第 412 页。

②《马克思恩格斯全集》第 2 版第 46 卷，人民出版社 2006 年版，第 199 页。

在这种情况下，市场价值就等于中等条件下棉纱生产的个别价值。

第二例：棉纱厂生产1000件棉纱，假定其他条件相同，优等条件下生产200件，每件棉纱的生产时间为2小时；中等条件下生产750件，每件棉纱的生产时间为4小时；劣等条件下生产50件，每件棉纱的生产时间为6小时，则每件纱的平均价值为（200×2+750×4+50×6）/1000=3.7小时。

在这种情况下，中等生产条件虽然占很大数量，但它的个别价值也只是接近于平均价值，而不等于平均价值。这时的市场价值就是按各个生产条件下生产的商品总量的总价值除以商品总量决定。

严格来说，市场价值是由各个生产条件下生产的商品总量的总价值除以商品总量决定的。前面的三种市场价值的决定方法只是一种近似。

（三）供求关系与价值决定

供给和需求这两个概念都是质与量的统一。从质的角度来讲，关于供给，“这就是处在市场上的产品，或者能提供给市场的产品”。[①] 关于需求，就是指生产者和消费者对生产资料和生活资料的需求。供求关系是商品经济的基本关系，因为在商品经济中，市场的主体就是商品所有者即卖者和货币所有者即买者。市场所反映的商品生产者之间的关系，实际上就是买者和卖者之间的关系。因此，马克思指出：“在商品的供求关系上再现了下列关系：第一，使用价值和交换价值的关系，商品和货币的关系，买者和卖者的关系；第二，生产者和消费者的关系，尽管二者可以由第三者即商人来代表。”[②] 进一步说，在资本主义社会中，“供求以资本主义生产过程为前提，因而以和单纯的商品买卖完全不同的复杂化了的关系为前提”。[③] 在简单的买和卖上，只要有商品生产者自身互相对立就行了。但是在资本主义社会，“供求还以不同的阶级和阶层的存在为前提，这些阶级和阶层在自己中间分配社会的总收入，把它当作收入来消费，因而造成那种由收入形成的需求；另一方面，为了理解那种由生产者自身互相造成的供求，就需要弄清资本主义生产过程的全貌”。[④]

供给和需求除了具有质的含义外，还有量的规定。

第一，商品的供给量就是年再生产总量，也表现为一定的价值量；商品的需求量就是社会需要量，因而也表现为一定的价值量。从理论上说，应该假定，

---

① 《马克思恩格斯文集》第7卷，人民出版社2009年版，第207页。

② 《马克思恩格斯文集》第7卷，人民出版社2009年版，第214页。

③ 《马克思恩格斯文集》第7卷，人民出版社2009年版，第216-217页。

④ 《马克思恩格斯文集》第7卷，人民出版社2009年版，第217页。

“在需求方面有一定量的社会需要，而在供给方面则有不同生产部门的一定量的社会生产与之相适应”。① 商品的社会需要量具有很大的伸缩性和变动性。“市场上出现的对商品的需要，即需求，和实际的社会需要之间存在着数量上的差别，这种差别的界限，对不同的商品说来当然是极不相同的。”②

第二，供给和需求还是一个总量概念。“说到供给和需求，那么供给等于某种商品的卖者或生产者的总和，需求等于这同一种商品的买者或消费者（包括个人消费和生产消费）的总和。而且，这两个总和是作为两个统一体，两个集合力量来互相发生作用的。个人在这里不过是作为社会力量的一个部分，作为总体的一个原子来发生作用，并且也就是在这个形式上，竞争显示出生产和消费的社会性质。”③

市场价值由平均价值决定，是以供给和需求一致或趋于一致为前提的。各种条件下的商品的个别价值，所以都能够参加个别价值均衡化为平均价值的过程，只是由于它们都是社会所需要的产品。实际上，供给和需求经常是不一致的。“供求实际上从来不会一致；如果它们达到一致，那也只是偶然现象，所以在科学上等于零，可以看作没有发生过的事情。”④

供求关系作为调节市场价值的机制，是通过供求关系与价格、竞争的相互作用实现的。在《资本论》第三卷第 10 章，马克思首先从市场供求变动对市场价格的影响的角度分析市场价值的决定。这里又分四种情况：第一种情况，假定商品的供给量和需求量都不变，即供求一致，商品按与市场价值相一致的市场价格销售，该生产部门生产的商品的市场价值可以全部实现。第二种情况，假定商品的供给量发生变化，需求量不变，即供过于求或供不应求，就会产生相对生产过剩或生产不足的情况，市场价格就会和市场价值发生偏离，即市场价格或价格低于市场价值，或高于市场价值。第三种情况，假定商品的需求量发生变化，供给量不变，即供不应求或供过于求，市场价格也会和市场价值发生偏离，即市场价格或高于市场价值，或低于市场价值。第四种情况，假定商品的供求都发生变化，变化的方向相反或相同，变化的程度一致或不一致，就可能分别发生以上所提到的三种情况。

供求影响价格但不决定价格。因为一旦假设供求一致，互相抵消，就无从解释为什么商品正好表现为这个价格，而不表现为另外一个价格。比如，假设供求

---

① 《马克思恩格斯文集》第 7 卷，人民出版社 2009 年版，第 209 页。
② 《马克思恩格斯文集》第 7 卷，人民出版社 2009 年版，第 210 页。
③ 《马克思恩格斯文集》第 7 卷，人民出版社 2009 年版，第 215 页。
④ 《马克思恩格斯文集》第 7 卷，人民出版社 2009 年版，第 211 页。

一致，为什么汽车的价格一定要比自行车高？这是用供求无法解释的。因此，供求不决定价格，决定价格的是价值。但是，供求影响价格。一般来说，供大于求，价格降低，供小于求，价格升高。另外，价格影响供求。一般来说，价格升高，供给增加，需求减少；价格降低，供给减少，需求增加。

在假设价值不变的条件下，供求关系的变动抵消价值与价格的偏离。这有三层含义：

第一，可以用供求关系说明市场价格和市场价值的偏离。如果供求一致，市场价格与市场价值就相符合；如果不一致，市场价格与市场价值就会相偏离。具体来说，可以分为三种情况：第一种情况是如果供求一致，那么商品就按照符合市场价格的市场价值出卖；第二种情况是如果商品的供给量大于或小于需求量，市场价格就会偏离市场价值；第三种情况是如果需求量和供给量之间的差额更大，市场价格就会偏离市场价值更远，或更高于市场价值，或更低于市场价值。

第二，供求关系的变动还抵消市场价格与市场价值的偏离。如果供过于求，市场价格低于市场价值，生产者就会减少供给，同时消费者增加需求，从而使市场价格逐渐接近市场价值；反之，如果供不应求，市场价格高于市场价值，生产者就会增加供给，同时消费者减少需求，从而使市场价格逐渐接近市场价值。因此，“供求关系一方面只是说明市场价格同市场价值的偏离，另一方面是说明抵消这种偏离的趋势，也就是抵消供求关系的作用的趋势”。①

第三，由供求不一致引起的市场价格同市场价值的偏离，会平均化为市场价值。这是因为，虽然就一定场合来看，供求一般是不一致的，但从一个较长时期，从一个整体来看，这种偏离又会互相抵消，市场价格的平均数同市场价值又是一致的，即市场价格会平均化为市场价值。

这三者的关系是靠竞争机制调节的。也就是通过商品生产者之间的竞争或货币所有者之间的竞争调节供求、价值与价格的关系。

商品生产者之间的竞争是导致价值变动的外在压力。商品生产者追求利润最大化的内在动机和相互之间的竞争所导致的外在压力，促使商品生产者不断提高技术水平，从而导致价值的变动。价值的变动导致价格的变动，进而引起供求关系的变动。

价格的变动导致供求的变动，这种变动也是靠商品生产者和货币所有者之间的竞争实现的。价格升高导致供大于求，从而使商品生产者之间的竞争加剧；价格降低导致供不应求，从而使货币所有者之间的竞争加剧。

---

① 《马克思恩格斯文集》第7卷，人民出版社2009年版，第212页。

供求变动抵消价格与价值的偏离也是靠商品生产者和货币所有者之间的竞争实现的。供大于求，商品生产者之间展开竞争，导致商品价格下跌，抵消价格与价值的偏离。供不应求，货币所有者之间展开竞争，导致商品价格上涨，抵消价格与价值的偏离。因此，正是通过商品生产者和货币所有者之间的竞争，才调节价值、价格与供求三者之间的关系。

（四）部门内部竞争形成市场价值

部门内部竞争是指同一生产部门内的各个企业之间的竞争，竞争的目的是更有利地销售商品以获取超额利润。竞争首先是在同一部门内部展开，以使同类商品的无数不同的个别价值均衡化为一个统一的社会价值或市场价值。

部门内部的竞争是这样展开的。当对某种商品的需求超过了供给时，买者就会高价抢购，因而使商品的市场价格上升，而这时卖者就会集体行动，以便抬价出售商品；相反，当某种商品供过于求时，卖者就会压低价格出售商品，而买者则会共同行动，以便把价格尽量压低。因此，在这里行动的准则是，优势一方总是共同行动，而劣势一方总是自谋出路。而且，在竞争中，只要一个人能用较便宜的生产成本把商品生产出来，他就会以低于市场价值的价格把商品抛到市场上，并以此价格占领市场，这就迫使别人也采取更便宜的方法来生产，提高生产技术水平，从而把生产商品的社会必要劳动时间减少到一个新的水平。通过生产者之间在流通领域和生产领域进行的这种竞争，就使得同类商品的无数个别价值平均化为一个统一的市场价值。

（五）部门之间竞争形成平均利润

部门内部竞争是部门之间竞争的基础。部门之间的竞争只有在资本主义条件下，才得以展开。因此，要了解部门之间竞争是怎样展开的，就需要弄清资本主义生产过程的全貌。在资本主义生产中，预付资本不管在哪一个生产部门都要取得与资本的大小成比例的一份剩余价值或利润。因此，最低限度的价格也是能够提供平均利润的价格。在这种形式上，资本就成为一种社会权力，每个资本都要按照它在社会总资本中占的份额分享这种权力。在这里，资本主义生产并不关心它生产的是什么商品，而关心的只是剩余价值或利润；劳动也是如此，并不关心是在哪一个生产部门，只要资本需要，它就可以从一个生产部门转移到另一个生产部门。只要能得到相同的利润，资本和劳动力存在于哪一个生产部门都无关紧要。在这样的情况下，部门之间为争夺更好的投资场所必然展开竞争。

部门之间的竞争是这样展开的：如果商品按照它们的市场价值出卖，不同生产部门由于有机构成和周转时间的不同，在剩余价值率相同的情况下，就会有不同的利润率。但资本只在乎利润率的高低，而不在乎是在哪一个生产部门。资本必然地从利润率低的部门转移到利润率高的部门。“通过这种不断地流出和流入，总之，通过资本在不同部门之间根据利润率的升降进行的分配，供求之间就会形成这样一种比例，使不同的生产部门都有相同的平均利润，因而价值也就转化为生产价格。”① 这就是部门之间的竞争形成平均利润率，使商品价值转化为生产价格的运动。在生产价格形成以后，市场价格就围绕生产价格而波动。

通过以上分析可以看出：同一生产部门内部的竞争，是使商品的不同的个别价值平均化为一个统一的市场价值，从而为不同的生产部门造成不同的利润率；部门之间的竞争再使不同的利润率平均化，形成各部门相等的平均利润率，从而使商品的价值转化为生产价格。

三、平均利润和生产价格理论对发展社会主义市场经济的指导意义

平均利润和生产价格理论，对于我国社会主义市场经济具有重要的指导意义。其积极作用表现在：

(1) 有利于实现资源的优化配置。平均利润率作用的发挥，有赖于资金、技术、劳动力的自由流动，这涉及经济环境的改善。因此，要创造条件，着力排除地区封锁、城乡分割、行业垄断等阻碍生产要素流动的因素，加快完善金融、科技、产权市场，使生产要素在全社会范围内自由流动。因此，利润率平均化的过程，也是资源优化配置的过程。

(2) 有利于促进行业竞争。在其他条件不变的情况下，不同生产部门的资本有机构成有高、中、低之分，因而其商品的价值有低、中、高之分。如果企业按价值出售其产品，则企业资本有机构成越高，其出售商品的价格就越低，那么，企业就不会有积极性去改进生产技术，提高资本有机构成。生产价格的形成是部门之间竞争的结果。因此，要积极创造条件，在不同部门之间形成公平竞争的环境，促进部门之间的竞争，使生产要素能够在不同部门之间自由流动，形成以生产价格为基础的行业定价机制，解决各类商品之间比价不合理的问题。

(3) 有利于产业结构的调整。长期以来，我国基础设施、基础工业发展滞

① 《马克思恩格斯文集》第7卷，人民出版社2009年版，第218页。

后，一个重要的原因就是其产品与劳务的价格低于生产价格，等量资本得不到等量回报，留给企业的利润少，企业长期处于亏损和吃国家补贴的状态，最终成为国民经济发展的瓶颈产业。因此，在产业结构调整中，应适时理顺价格体系，按生产价格定价，使利润率低于社会平均利润率的基础设施和基础工业能够获得平均利润，引导生产要素向这些部门流动，从而从根本上消除瓶颈现象，促进国民经济各部门协调发展。

第七章　商业资本和商业利润理论

（《资本论》第三卷第四篇）

古典经济学的代表人物亚当·斯密和大卫·李嘉图等，都没有区分商业资本和产业资本，而是把二者直接混同。马克思根据资本主义社会发展的现实，创造性地区分了产业资本和商业资本，探索了资本主义的商业资本怎样从产业资本运动中转化而来，深刻地揭示了商业资本的性质以及它在剩余价值实现中的特殊作用，并在此基础上进一步研究了商业劳动的性质和特点。马克思商业资本理论的形成，一方面标志着平均利润理论的完成，另一方面又丰富了他的生产劳动理论。

第一节　研究对象和逻辑结构

一、研究对象

《资本论》第三卷第四篇的标题是“商品资本和货币资本转化为商品经营资本和货币经营资本（商人资本）”。从标题就可以看出，第一，马克思这里讲的商人资本就是商业资本。第二，这里的商业资本是从产业资本循环运动中分离并独立出来的一个相对独立的经济部门，所以，这里的商业资本指的是资本主义的商业资本，而不是资本主义以前的商业资本。第三，资本主义商业资本包括商品经营资本和货币经营资本两个部分，其中主要的部分是商品经营资本，这里的货币经营资本不是借贷资本，而是从事货币流通的技术性的服务，如运送货币、保管货币、从事汇兑业务等的资本，它是为商品经营活动服务的，它的职能与商品经营资本的职能基本类似，但又十分接近借贷资本和银行资本，而且往往和它们结合在一起。由于在商业活动中，作为纯粹从事货币流通的技术性业务的货币经营资本占的数量极为有限，所以，通常所说的商业资本往往指的就是商品经营资本。第四，在流通领域实现剩余价值的商业资本是一种职能资本，与产业资本、工业资本一样，也要参加利润的平均化。资本的本性是赚钱，商业资本活动的唯一目的也是赚取商业利润。对资本家来讲，资本又是一种平等的社会权力，每个资本家都想利用这个权力从社会总剩余价值当中获取与自己的资本数量相当的一部分。因此，商业资本家按照等量资本得到等量利润的原则，参与利润率的平均化，从社会总剩余价值中获取相当的一份商业利润，所以，只有分析商业利润后才能够使平均利润和生产价格理论得以完成。

二、逻辑结构

在历史上，商业资本是古老的资本之一，远在资本主义以前的奴隶社会的早期就已经出现了。但是在理论上，马克思研究资本的具体形式时，是先分析产业资本然后才分析商业资本的，原因是什么呢？原因是：在这里作为研究对象的不是资本主义以前的商业资本，而是资本主义的商业资本，资本主义社会的商业资本和前资本主义社会的商业资本有很大的不同。前资本主义社会的商业资本是从事手工业的小商品生产处于支配地位，商业资本家是主宰者。比如，古代生产的盐、铁器、丝绸、瓷器，这些手工业作坊都是受某一个大商人支配。马克思在这里分析的资本主义商业资本是产业资本的转化形式，是产业资本的派生形态，是先有产业资本然后从产业资本当中分离出的一种资本形态。

资本主义商业资本无论是在理论上还是在历史上都是从产业资本运动中派生出来并从属于产业资本的。所以，研究商业资本的逻辑是：首先，在第 16 章研究商业资本是怎样从产业资本运动中分离出来的，分析商品经营资本独立化的条件、特征和作用；其次，第 17 章分析作为剩余价值的特殊形式的商业利润的来源和纯粹流通费用的补偿；再次，第 18 章分析商业资本周转的特点及其对商品价格的影响，也就是说，前 3 章集中研究的是商业资本的产生、商业利润的来源和商品价格的变动；又次，第 19 章简要地分析作为商业资本的一种次要形式的货币经营资本及其特点；最后，第 20 章分析商业资本的历史，说明资本主义的商业资本与资本主义以前的商业资本的联系和区别。

第二节　商业资本和商业利润理论的基本要点

一、商业资本

（一）商业资本是产业资本循环过程中的商品资本的独立化形式

马克思在《资本论》第二卷分析产业资本循环时指出，商品资本只是产业资本循环过程中处在流通领域这个阶段上所采取的一种职能形式。“资本在它执行流通资本的这种职能时，同它作为生产资本的自身区别开来。这是同一资本的两种特殊的、互相区别的存在形式。”正是由于产业资本循环过程中的生产资本和商品资本各自执行着不同的职能，因而随着资本主义生产和流通的发展，这种职能的差别就有可能产生资本家之间的分工，产业资本家主要从事商品的生产和剩余价值生产，而商品的买卖和剩余价值的实现，则由商业资本家来完成。

不仅就单个资本循环运动来看是如此，就社会总资本的运动来看也是如此。在社会总资本运动中，总会有一部分资本不断地作为流通资本处在市场上，以商品资本和货币资本的形式发挥作用。马克思讲：“就社会总资本来说，它的一部分总是作为商品处在市场上，以便转化为货币，虽然这部分的构成要素不断改变，甚至数量也在变化；另一部分则以货币形式处在市场上，以便转化为商品。社会总资本总是处在这种转化即这种形态变化的运动中。只要处在流通过程中的资本的这种职能作为一种特殊资本的特殊职能独立起来，作为一种由分工赋予特殊一类资本家的职能固定下来，商品资本就成为商品经营资本或商业资本。”①由此可见，商业资本就是产业资本在其循环过程中的商品资本的独立化形式。

从历史上看，商业资本的出现也具有必然性。首先，随着资本主义工业的发展和产品的大量增加，随着市场规模的不断扩大和销售地域的不断拓展，致使大量的产业资本滞留在流通领域的买卖环节中，严重地限制了生产规模的进一步扩大和资本家对剩余价值增长的无限欲望，因而，商品资本从产业资本循环运动中独立出来就具有客观要求。其次，商品数量和品种的增加，导致流通业务的专业化和复杂化，要完成大量复杂的商品经营业务，需要大量的专门人才进行深入的市场调研和繁杂的销售活动，而由产业资本独自承担商品出卖的职能，既不经济也不可能。最后，社会上有一部分资本家积累了一定量的资本，愿意经营商业活动，通过商品的买卖来获利。于是，商品资本的职能就逐渐地从产业资本的运动中分离出来，固定地由另外一部分资本家来完成。这样，商品资本也就转化为商业资本。

（二）商业资本的职能和运动特点

商业资本是产业资本循环运动过程中的商品资本的独立化形式，这就规定了商业资本的运动形式实际上就是一种独立执行商品资本职能的形式。马克思指出：“商品经营资本无非是生产者的商品资本，这种商品资本必须经历它转化为货币的过程，必须在市场上完成它作为商品资本的职能；不过这种职能已经不是

① 《马克思恩格斯文集》第7卷，人民出版社2009年版，第297-298页。

表现为生产者的附带活动，而是表现为一类特殊资本家即商品经营者的专门活动，它已经作为一种特殊投资的业务而独立起来。”① 商业资本的职能就是商品资本的职能，就是出卖商品实现价值和剩余价值的职能，只不过它以前是产业资本家的一种附带完成的非独立的职能，而现在则成为由一些人专门完成的独立的职能罢了。

商业资本的职能是通过自己特有的资本运动形式实现的。这就是，先用货币资本向产业资本家购买商品，然后再把商品卖掉，收回投资并且赚取商业利润。马克思明确指出了这一点：“商人预付货币资本，这种资本所以能作为资本自行增殖，能执行资本的职能，是因为它专门从事这样一种活动，即作为中介实现商品资本的形态变化，实现这一资本作为商品资本的职能，也就是实现它向货币的转化，并且这一点是通过商品不断地买和卖来实现的。”② 由此可见，商业资本的运动形式就是 $G—W—G'$，即先投入一定量的货币资本购买商品，然后再出售商品，通过买卖来获取更多的货币（$G+\Delta G$）。

商业资本的这个运动公式有如下两个特点：

第一，运动只在流通领域中进行。由于商业资本家不生产商品，只是买卖商品，因而，它的整个经营活动都处在流通领域中。整个运动过程也分为买和卖两个阶段，即以一定量的货币购买产业资本家的商品，即 $G—W$，然后再将商品出售，以获取利润，即 $W—G'$。马克思讲，实现商品向货币的转化，是商业资本的唯一活动；替产业资本家实现商品的价值和剩余价值，是商人使用的货币资本的唯一职能。③

第二，运动的直接目的和动机是追求利润。因此，商业资本的运动是从预付一定量货币资本开始、以实现货币资本增殖结束，商品买卖只是商业资本家获利的方式和手段，即为卖而买，买卖的目的仅仅是赚钱。

（三）商业资本的作用

商业资本的形成，对资本主义生产的发展起着重要的促进作用。

第一，节约流通领域的资本。“由于分工，专门用于买卖的资本（在这里，除了购买商品的货币以外，还包括在经营商业所必要的劳动方面和在商人的不变资本即仓库、运输等等方面必须支出的货币）小于产业资本家在必须亲自从事他

---

① 《马克思恩格斯文集》第 7 卷，人民出版社 2009 年版，第 301 页。
② 《马克思恩格斯文集》第 7 卷，人民出版社 2009 年版，第 305 页。
③ 《马克思恩格斯文集》第 7 卷，人民出版社 2009 年版，第 305 页。

的企业的全部商业活动时所需要的这种资本。”①

第二，缩短了资本的流通时间，加快了产业资本的周转速度。商业资本专门从事商品买卖，“所以，不仅生产者可以把他的商品较早地转化为货币，而且商品资本本身也会比它处在生产者手中的时候更快地完成它的形态变化”。所以，“就全部商人资本同产业资本的关系来看，商人资本的一次周转，不仅可以代表一个生产部门许多资本的周转，而且可以代表不同生产部门若干资本的周转”。②同一个商业资本可以为某一个产业部门许多资本服务，也可以为不同生产部门的产业资本服务。商业资本的周转不受某一生产部门再生产的限制。因此，商业资本的独立化，加速了整个社会资本的周转。

第三，有助于扩大剩余价值的生产。马克思讲，既然商业资本“有助于流通时间的缩短，它就能间接地有助于产业资本家所生产的剩余价值的增加。既然它有助于市场的扩大，并对资本之间的分工起中介作用，因而使资本能够按更大的规模来经营，它的职能就会提高产业资本的生产效率和促进产业资本的积累。既然它会缩短流通时间，它就会提高剩余价值和预付资本的比率，也就是提高利润率。既然它把资本的一个较小部分作为货币资本束缚在流通领域中，它就增大了直接用于生产的那部分资本”。③ 所有这一切，都会有助于直接生产过程中剩余价值生产规模的扩大。

当然，商业资本发挥作用是有前提限制的，那就是商业资本的数量必须保持在社会再生产需要的范围内。如果商业资本数量和规模超过了社会生产所需要的比例和限度，就会造成商业机构臃肿，流通环节过多，商品超储积压，那就不仅会阻碍商业的发展，而且还会阻碍社会再生产的顺利进行。

商业资本在实现自己职能的过程中，对资本主义经济的发展有积极的作用，同时也会产生消极的影响。因为商业资本会造成虚假的市场需求和虚假的商业繁荣，从而引起经济危机的爆发。商业资本家在从一些产业资本家那里购买的商品还没有销售出去的情况下，他还可以继续向其他产业资本家购买商品，这会促使产业资本家盲目扩大生产，一旦流通领域内积压的商品过多，造成销售困难，生产和实际需要之间的矛盾就会明显地暴露出来，便会导致经济危机的爆发。

① 《马克思恩格斯文集》第7卷，人民出版社2009年版，第307页。
② 《马克思恩格斯文集》第7卷，人民出版社2009年版，第307页。
③ 《马克思恩格斯文集》第7卷，人民出版社2009年版，第312页。

二、商业利润

商业资本家从事商品买卖，不仅要投资建商场、仓库，还要投资一部分用于购买商品和流通费用，如雇佣店员、购买账簿等。这些投资既要获得利润，也要得到补偿。因为商业资本专门从事商品流通，它的投资是在流通领域，所以，它的盈利和补偿方式，自然与产业资本不同。

（一）商业利润的来源及其实现形式

商业资本家通过商品买卖所获得的利润，叫作商业利润，它直接来自商品的购买价格与出售价格的差额，但这并不是因为商品的出售价格高于其价值，而是因为商品的购买价格低于其价值。例如，某商品的价值是 10 元，而商人从产业资本家那里购买这个商品的价格是 9 元，然后他按商品的价值 10 元的价格将商品卖出，赚了 1 元，这 1 元商业利润好像是贱买贵卖的结果。从这个意义上说，贱买贵卖是商业的基本规律。但是纯粹的商品买卖活动，不创造价值和剩余价值，贱买贵卖只能说明商业资本家取得利润的方法，而不能说明商业利润的来源。

实际上，商业利润和产业利润一样，是来自生产领域，来自雇佣工人在生产过程中创造的剩余价值。“因为商人资本本身不生产剩余价值，所以很清楚，以平均利润的形式归商人资本所有的剩余价值，是总生产资本所生产的剩余价值的一部分。”①

那么，产业资本家为什么要让渡剩余价值给商业资本家呢？这是因为，商业资本家虽然不创造剩余价值，但它替产业资本家完成了商品出卖的职能，如果没有商业资本家专门组织商品的出售，产业资本家就得亲自完成这一职能，甚至还要花费更多的投入用于商品流通，所以，产业资本家愿意让渡部分剩余价值给商业资本家。

那么，产业资本家让渡给商业资本家多少利润呢？既然商业资本完成了剩余价值实现的职能，作为职能资本，它就与产业资本一样，应该得到平均利润。“因为产业资本的流通阶段和生产一样，形成再生产过程的一个阶段，所以在流通过程中独立地执行职能的资本，也必须和在各不同生产部门中执行职能的资本一样，提供年平均利润。”② 这种利润的平均化也是通过竞争实现的。如果商业

① 《马克思恩格斯文集》第 7 卷，人民出版社 2009 年版，第 314 页。

② 《马克思恩格斯文集》第 7 卷，人民出版社 2009 年版，第 314 页。

利润总是低于产业利润，那么，商业资本就会转移到产业资本中去，就没人去经营商业了。另外，如果商业利润总是高于产业利润，同样，产业资本就会转移到商业资本中来。商业资本和产业资本是生产和实现剩余价值的两种职能资本形式，在较为发达的市场经济中是不可或缺的。通过竞争和资本的转移，使它们都能得到大体上相等的利润。

由于商业不创造剩余价值但要按平均利润率参加剩余价值的分配，这就要求在产业资本之间通过竞争实现的平均利润的基础上对平均利润率进行再平均，从而使整个社会资本的平均利润率降低。因此，使直接从事剥削的产业资本家的平均利润率所表现的利润率小于实际的利润率。假定，在商业资本没有独立化时，一年中预付的总产业资本 $=720c+180v=900$，剩余价值率 $M'=100\%$，因而商品价值 $=720c+180v+180m=1080$，平均利润率 $P'=180\div900=20\%$。现在商业资本作为一种职能资本出现了，为了实现商品的销售，商业资本投资 100，这样社会总资本为 1000，社会平均利润率 $P'=180\div1000=18\%$。按照社会平均利润率，产业资本获得的平均利润为 $900\times18\%=162$，商业资本分得的平均利润为 $100\times18\%=18$。于是，产业资本家出售给商业资本家的商品出厂价格 $=720c+180v+162m=1062$，商业资本家再按照 $1062+18=1080$ 的商品生产价格或价值销售商品，从而获得了平均利润。

可见，商业利润在本质上仍然是剩余价值，它是产业工人在生产过程中创造的剩余价值的一部分，通过产业资本家之手转给商业资本家的，是剩余价值在转化为产业利润之后的又一转化形式，体现着商业资本家和产业资本家共同剥削产业工人的关系。

（二）商业纯粹流通费用及其补偿

商业资本从事商品买卖活动，必然要发生一定的费用，这种费用叫作商业流通费用。商业流通费用是商业资本家的追加资本，它既要得到补偿，也要得到利润。

在商业流通费用中，由于商品使用价值的保存和位置移动发生的费用，包括保管费、包装费、运输费等，它们是生产过程在流通领域的继续，属于生产性费用，生产性流通费用的获利和补偿，与产业资本垫付的费用是一样的，直接打入产品的成本，并获得相应的利润。问题是纯粹由商品买卖而花费的流通费用，即纯粹流通费用怎么得到补偿和盈利。纯粹流通费用包括广告费、纸张、邮资、商业工人的工资等，这些费用也是商业资本家的追加资本，其不仅要得到补偿，而且也要得到利润。但是，这些费用纯粹是由价值存在形态的变化所引起的，它们不创造价值和剩余价值。那么，它们如何得到补偿和盈利呢？

既然纯粹流通费用不能创造价值和剩余价值，那么就不能直接从商品价值中得到补偿，它的补偿和盈利只能从产业资本占有的剩余价值中扣除。我们知道，商品的总价值包括不变资本、可变资本和剩余价值三个部分。不变资本必须用来补偿已经消耗掉的生产资料的价值，可变资本必须用来补偿劳动力的价值，二者不能用来补偿商业纯粹流通费用。所以，商业纯粹流通费用只能从剩余价值中扣除出一部分来进行补偿。扣除以后，利润率就有一个再平均化的过程，并根据新的平均利润率在产业资本家和商业资本家之间分割利润。

举例说明，假定产业资本 900，总剩余价值是 180，商业资本垫支购买商品的资本是 100B，纯粹流通费用中的不变资本部分 K 是 30，可变部分 b 是 20，首先在社会总剩余价值中扣除纯粹流通费用部分 50 后，剩余价值 130 按产业资本和商业资本的总和形成的平均利润率在产业资本和商业资本之间进行分配。新的平均利润率是：

$$P'=\frac{180-（30K+20b）}{900+100B+30K+20b}=12.38\%$$

按照平均利润率计算，产业资本得到的平均利润 $=900\times12.38\%=111.43$；商业资本获得的平均利润 $=100B\times12.38\%+30K\times12.38\%+20b\times12.38\%=18.57$。

综上所述，商品的最终出售价格为 900（产业资本）+100（商业资本）+180（剩余价值）= 1180；在 180 剩余价值中扣除纯粹流通费用 50 后，可分配的利润是 130，平均利润率是 12.38%，产业资本家出售给商业资本家的价格 900+111.43（900×12.38%）= 1011.43，产业资本家得到的平均利润是 111.43，商业资本家得到平均利润是 18.57。

可见，商业纯粹流通费用的补偿来源，归根到底是剩余价值的扣除。马克思说："一般的规律是，一切只是由商品的形式转化而产生的流通费用，都不会把价值追加到商品上。这仅仅是实现价值或价值由一种形式转变为另一种形式所需的费用。投在这种费用上的资本（包括它所支配的劳动），属于资本主义生产上的非生产费用。这种费用必须从剩余产品中得到补偿，对整个资本家阶级来说，是剩余价值或剩余产品的一种扣除。"① 商业资本家预付的三部分资本，是通过商品的销售，得到了补偿，并获得了平均利润。其中 K 和 b 都是通过扣除社会剩余价值的一部分来降低商品的购买价格，通过将其加入商品销售价格中的形式获得补偿，并按平均利润率得到盈利。可见，商业资本垫支的纯粹流通费用的补偿

① 《马克思恩格斯文集》第 6 卷，人民出版社 2009 年版，第 167 页。

和获利，也是来自产业工人创造的剩余价值的一部分。

这里会产生一个问题：商业资本家给商业店员发的工资即商业可变资本也是由剩余价值来补偿，这是否意味着商业店员也参与对产业工人的剩余价值的剥削呢？关于这一问题在后面的分析中会加以解决。

（三）商业劳动和商业剥削的特点

在资本主义社会中，商业工人与产业工人一样，都是雇佣劳动者。商业资本家雇佣商业工人的目的，也是获取剩余价值。同样，商业工人也只获得劳动力的价值。但是，商业工人的劳动与产业工人的劳动却有本质上的区别。

第一，产业工人的劳动是直接为资本家生产剩余价值的，是生产劳动。商业工人的劳动，除了一部分生产性劳动，如保管、包装、运输等外，绝大部分是从事商品价值和剩余价值实现活动的劳动，这些劳动虽然对全社会来说是必要劳动，但它们并不能增加商品的价值和剩余价值，所以，是非生产劳动。“这些活动所花费的劳动时间，是用在资本的再生产过程的必要活动上的，但它不会加进任何价值。”①

第二，产业工人的劳动为资本家创造剩余价值，商业工人为资本家实现剩余价值。商业工人的无酬劳动虽然不创造剩余价值，但它会让商业资本家占有剩余价值。所以，对商业资本家来说，商业工人的剩余劳动就是他的利润来源。“正如工人的无酬劳动为生产资本直接创造剩余价值一样，商业雇佣工人的无酬劳动，也为商业资本在那个剩余价值中创造出一个份额。”②

第三，马克思说：“真正的商业工人是属于报酬比较优厚的那一类雇佣工人，他们的劳动是熟练劳动，高于平均劳动。”③ 商业劳动本来要求工人有一定的文化程度，能说会辩，属于较为复杂的劳动，应该得到较高的工资。但随着资本主义的发展，他们的工资也有下降的趋势。究其原因：一是由于商业内部分工越来越细，劳动能力只需要得到片面的发展，其培养训练费用就会下降，劳动力价值下降，工资下降；二是由于科学技术的发展，商业知识可以更迅速更容易地得到获取，商业劳动力价值下降引起工资下降；三是由于国民教育的普及，增加了商业工人的供给，商业资本家“就可以从那些以前受不到教育并且习惯于较差的生活方式的阶级中招收这种工人”，④ 从而使商业工人的工资下降；四是由于商业

---

① 《马克思恩格斯文集》第 7 卷，人民出版社 2009 年版，第 323 页。
② 《马克思恩格斯文集》第 7 卷，人民出版社 2009 年版，第 327 页。
③ 《马克思恩格斯文集》第 7 卷，人民出版社 2009 年版，第 335 页。
④ 《马克思恩格斯文集》第 7 卷，人民出版社 2009 年版，第 335 页。

资本家千方百计通过延长劳动时间、提高劳动强度、克扣工资等办法加强剥削，从而使相对工资下降。

从以上分析可以看出，商业利润不仅体现了商业资本家对商业工人的直接剥削，也体现了商业资本家对产业工人的间接剥削。

三、商业资本的周转

由于商业利润是分摊在每个商品上，通过商品的出卖价格来实现的，而每个商品分摊多少商业利润，又取决于商业资本的周转速度。所以，在考察了商业利润之后，马克思接着在第 18 章分析了商业资本的周转以及这种周转对商品价格的影响。

（一）商业资本周转的特点

商业资本的周转是“商人先是买，把他的货币转化为商品，然后是卖，把同一商品再转化为货币；并且这样反复不断地进行下去”。① 所以，与产业资本周转相比，商业资本周转有以下特点：

第一，周转过程不同。产业资本周转是生产过程和流通过程的统一，是生产时间和流通时间的统一；而商业资本周转完全在流通过程中，只有流通时间。“商品经营资本的反复周转，始终只是表示买和卖的反复；而产业资本的反复周转，则表示总再生产过程（其中包括消费过程）的周期性和更新。”②

第二，流通中的形态变化不同。产业资本在流通中的形态变化，总是表现为 $W'—G—W$，同一货币换手两次，在不同商品交换中起媒介作用；而商业资本在流通中的形态变化，则表现为 $G—W—G'$，同一商品被换手两次，在货币的预付和回收之间起媒介作用。

第三，商业资本的周转与货币充当流通手段发挥的作用不同。作为流通手段的货币是充当商品流通的中介，在不同人之间不断转手，并不会发生价值增殖；而作为商业资本的货币，在经过周转后，必须带来利润，即投入的是 G，流回的是 $G+\Delta G$。这是作为货币的货币，与作为资本的货币的本质区别。正如马克思所说：“这就是它的周转作为资本的周转所具有的特征。”③

（二）商业资本的周转与社会再生产的关系

商业资本的周转受社会再生产的限制。马克思指出：“商人预付的货币资本

① 《马克思恩格斯文集》第 7 卷，人民出版社 2009 年版，第 337 页。
② 《马克思恩格斯文集》第 7 卷，人民出版社 2009 年版，第 338 页。
③ 《马克思恩格斯文集》第 7 卷，人民出版社 2009 年版，第 338 页。

的流通速度取决于：①生产过程更新的速度和不同生产过程互相衔接的速度；②消费的速度。”[①] 但是，社会生产和消费的上述限制，“对商人资本来说，只表现为外部条件”。[②]

商业资本的周转具有相对独立性。商业资本的周转一方面会受到社会生产和消费的限制，另一方面又具有自己的独立性。马克思指出：“由于商人资本的独立化，它的运动在一定界限内就不再受生产过程的限制，因此，甚至还会驱使再生产过程越出它的各种限制。”[③] 商人资本周转的这种相对独立性会由于以下几种原因而加强。一是商人资本会缩短产业资本运动的 *W—G* 阶段，加速社会再生产过程。产业资本家的商品只要转到商业资本家手中就可以实现再生产，尽管这些商品还没有经商人之手卖出。二是“一个商人总是把同一商品卖给另一个商人，在投机时期，这种流通会显得非常旺盛”。[④] 三是“在现代信用制度下，商人资本支配着社会总货币资本的一个很大的部分，因此，它可以在已购买的物品最终卖掉以前反复进行购买。……因此，由于商品性质造成的 *W—G* 和 *G—W* 的分离以外，这里将会创造出一种虚假的需求”，[⑤] 从而加剧生产与消费之间的矛盾。

由上可见，商业资本一方面要依赖于社会生产和消费，另一方面又具有自己的独立性，商业资本的这种与社会生产和消费的相互依赖性和自我独立性必然发生矛盾。商业资本周转的独立性，能够摆脱社会生产和消费的限制，起到一个加速器的作用。只要这个加速器保持在一个必要的限度内，对市场经济的发展是起促进作用的。但是，一旦超过了这个限度，就会对社会生产带来阻碍甚至起破坏作用。这时，商业资本对社会生产和消费的矛盾就会爆发，商业资本与社会生产和消费之间的“内部联系要通过暴力即通过一次危机来恢复”。[⑥]

（三）商业资本的周转对商品价格和利润率的影响

商人出售商品的价格，一般来说取决于两个因素：一是商品的生产价格，二是平均利润率。这两者商人是做不了主的，“他能够决定的只有一件事情，就是他愿意经营昂贵的商品还是经营便宜的商品；但即使在这件事情上，他可以支配的资本量和其他一些情况也在起作用。因此，商人怎么干，完全取决于资本主义

① 《马克思恩格斯文集》第 7 卷，人民出版社 2009 年版，第 309 页。
② 《马克思恩格斯文集》第 7 卷，人民出版社 2009 年版，第 338 页。
③ 《马克思恩格斯文集》第 7 卷，人民出版社 2009 年版，第 339 页。
④ 《马克思恩格斯文集》第 7 卷，人民出版社 2009 年版，第 339 页。
⑤ 《马克思恩格斯文集》第 7 卷，人民出版社 2009 年版，第 339 页。
⑥ 《马克思恩格斯文集》第 7 卷，人民出版社 2009 年版，第 339 页。

生产方式的发展程度，而不是取决于商人的愿望”。①

这说明，商人的商品出售价格，最终是由商品的生产价格和平均利润率决定，但是就一个商业部门来说，各个商业资本周转对单位商品的销售价格具有直接的重大影响。商业资本周转得越快，它销售的商品数量就越多，单位商品所分摊的商业利润就越少，从而商品销售价格就越低，这样，商人既能实现薄利多销赚取较多利润，又能以较低的价格打败对手。因此，加快资本周转，使之超过本部门商业资本的平均周转速度，“这对单个商人或零售商人来说却有决定意义。在这种情况下，他会赚到超额利润，正像在比平均条件更有利的条件下进行生产的产业资本家会赚到超额利润一样”。②

尽管单个商业资本周转对他自己得到的利润率有直接影响，但就整个商业部门来说，无论它的资本周转的快慢如何，都不可能决定平均利润率。这是由部门之间的竞争和平均利润率规律所决定的。“如果情况不是这样，商人资本就会随着它的周转次数的增加，比产业资本提供高得多的利润，而这是和一般利润率的规律相矛盾的。”③ 同量的商业资本得到较多的利润，就会吸引更多的产业资本转移到商品买卖中来，从而使商业利润率下降。由于不同部门资本的竞争引起的资本的转移，会把商业资本的利润率拉回到产业资本同样的水平，平均利润率既支配着产业资本的运动，也支配着商业资本的运动。

第三节　商业资本和商业利润理论的思想来源和拓展

一、马克思商业资本理论的形成

对商业资本进行最先研究的是重商主义，它从商业资本流通公式 $G—W—G'$ 出发，断定货币资本在流通领域实现了价值增殖。英国古典经济学将研究对象转移到生产领域，它将商业资本看作是产业资本的一种形式。马克思指出：“最荒唐的看法莫过于把商人资本——不管它以商品经营资本的形式或货币经营资本的形式出现——看作是产业资本的一个特殊种类，就像采矿业、农业、畜牧业、制造业、运输业等等是由社会分工造成的产业资本的分支部门，从而是产业资本的

① 《马克思恩格斯文集》第7卷，人民出版社2009年版，第342页。
② 《马克思恩格斯文集》第7卷，人民出版社2009年版，第350页。
③ 《马克思恩格斯文集》第7卷，人民出版社2009年版，第347页。

特殊投资领域一样。”① 在历史上，“不仅商业，而且商业资本也比资本主义生产方式古老，实际上它是资本在历史上最古老的自由的存在方式”。② 因为商业资本是专门对商品交换起媒介作用的，所以，只要产品作为商品投入流通，不管这些产品是在什么生产方式的基础上生产的，它们都要经历交换过程，商业资本就在买卖之间充当媒介。可见，简单商品流通存在的条件也就是商业资本存在的条件。

资本主义以前的商业资本对社会发展曾起过一定的促进作用。首先，它扩大了商品生产的范围，对旧的生产方式起了一定的解体作用。但是，商业资本“对旧生产方式究竟在多大程度上起着解体作用，这首先取决于这些生产方式的坚固性和内部结构。并且，这个解体过程会导向何处，换句话说，什么样的新生产方式会代替旧生产方式，这不取决于商业，而是取决于旧生产方式本身的性质”。③ 其次，它在一定程度上促进了封建生产方式向资本主义生产方式的过渡。从历史上看，商业资本对城市以及城市工业的发展起到了一定的作用，进而也就促进了资本主义生产方式的产生与发展。但是，商业的突然扩大以及新的世界市场的形成，都是在已经形成的资本主义生产方式的基础上发生的，不是商业使工业发生革命，而是工业革命不断使商业发生革命。

商业资本的独立存在和发展，与前资本主义的简单商品流通相适应。商业在从封建生产方式向资本主义生产方式的过渡中曾起过一定的促进作用，但它又反过来阻碍旧的生产方式的变革和资本主义生产方式的发展。马克思考察了从封建生产方式向资本主义生产方式过渡过程中商人的作用。他说，从封建生产方式变成资本主义生产方式有两条道路：一条是生产者直接变成商人和资本家，与农业的自然经济和中世纪的城市行会手工业相对立，从而彻底改变旧的生产方式。这是真正革命化的道路。另一条是商人直接支配生产。这条道路不变革旧的生产方式，只是使直接生产者的状况恶化，把他们变成单纯的雇佣工人。商人在旧的生产方式的基础上占有他们的剩余劳动。因此，它“到处都成了真正的资本主义生产方式的障碍，它随着资本主义生产方式的发展而消灭”。④ 可见，只是由于资本主义的发展，才把旧的生产方式最终消灭。一旦资本主义生产方式成为占统治地位的生产方式，商业资本就会失去从前的独立性，作为产业资本中的流通资本的独立化形式而从属于产业资本。资本主义生产是商品生产的最高形式，商品流

---

① 《马克思恩格斯文集》第 7 卷，人民出版社 2009 年版，第 360 页。
② 《马克思恩格斯文集》第 7 卷，人民出版社 2009 年版，第 362 页。
③ 《马克思恩格斯文集》第 7 卷，人民出版社 2009 年版，第 370 页。
④ 《马克思恩格斯文集》第 7 卷，人民出版社 2009 年版，第 373 页。

通的规模也达到了自己的最大限度。

马克思在批判重商主义和古典经济学的商业资本理论的基础上形成了自己的科学的商业资本的理论。马克思在《1857—1858年经济学手稿》中，对商业资本做了初步研究。他认为，“货币是资本表现为资本的最初形式。*G—W—W—G*；即货币同商品交换和商品同货币交换；这种为卖而买的运动，即构成商业的形式规定的运动，作为商业资本的资本，出现在经济发展的最早的状态中”。[①]“商业资本不过是流通资本，而流通资本是资本的最初形式，*W—G—G—W*……这一形式本身就是上述商业资本最初出现的前提。”[②] 在这时，马克思已经将商业资本界定在流通领域属于流通资本的性质了。但是，商业资本到底是如何增殖的，商业利润的来源在哪里，此时，马克思还没有分析。

马克思在《1861—1863年经济学手稿》中，对商业资本进行了比较全面和科学的研究。马克思认为，资本主义生产过程完全建立在流通之上，而流通只是生产的要素，只是作为商品生产出来后产品的实现。商业资本是生产过程的媒介，是资本在生产过程中实现价值增殖所决定的一种形式。

商业资本得到的利润不是“让渡利润”，而是平均利润。马克思指出，所谓“让渡利润”的提法是从商人资本的观念中抽象出来的，商业利润实际上“是由平均利润的一般规律决定的”。[③] 对个别商人来说，资本周转次数快慢会影响他的利润数量，资本周转越快，他从总的营业中能得到比他的同行大得多的利润。但是，从总资本的运动来看，商业资本带来的利润只是总生产资本所创造的剩余价值的一部分，是剩余价值中按照平均利润率归商业资本所得的相应部分。

马克思在这里还分析了商业资本周转的特点，分析了商业流通费用，特别是分析了商业中的雇佣劳动的性质及其他相关问题。由此可见，马克思的商业资本理论是在1863年前后形成的。

二、关于商业和服务业劳动的性质问题

马克思在分析商业工人的性质时曾经指出过，[④] 第一，商业工人和别的工人一样，是雇佣工人；第二，商业工人的劳动力价值是由生产和再生产这种劳动力的生产费用和再生产费用决定的，而不是由劳动的产物决定的。商业工人的性质

---

① 《马克思恩格斯全集》第46卷（上），人民出版社1979年版，第206页。
② 《马克思恩格斯全集》第46卷（上），人民出版社1979年版，第207页。
③ 《马克思恩格斯全集》第48卷，人民出版社2007年版，第385页。
④ 《马克思恩格斯文集》第7卷，人民出版社2009年版，第326页。

是被资本家雇佣并为其赚钱的雇佣工人。对此，大家没有歧义。但对于商业劳动是否是生产劳动这个问题是有分歧的。有人持否定的观点，有人持肯定的观点。否定观点的依据是马克思关于生产劳动的一般定义。马克思在《资本论》第一卷第5章从一般劳动过程的角度考察了生产劳动，明确指出："如果整个过程从其结果的角度，从产品的角度加以考察，那么劳动资料和劳动对象表现为生产资料，劳动本身则表现为生产劳动。"虽然在该卷的第14章分析资本主义生产劳动时又引入了总体劳动和总体工人的概念，对生产劳动的定义又有所修正，但马克思也明确指出：前面"从物质生产性质本身中得出的关于生产劳动的最初的定义，对于作为整体来看的总体工人始终是正确的"。[①] 在这里，马克思将生产劳动定义为物质生产领域的劳动，或生产满足人们需要的物质产品的劳动（注意，这里的定义是从劳动过程作为物质生产一般过程考察的生产劳动）。肯定观点的依据是马克思关于资本主义生产劳动的定义。马克思首先肯定，资本主义劳动过程并不消除劳动过程的一般规定，但是，如果从资本主义生产过程的观点出发，则要加上更切近的规定，只有为资本家生产剩余价值的劳动才是生产劳动。这个资本主义生产劳动的具体定义，同劳动的具体形式没有任何直接关系，而是反映资本主义经济关系，即资本家剥削雇佣工人的关系。因此，只要反映一个社会特定生产关系的劳动，不论它是不是物质生产领域的劳动都可以成为生产劳动。对此，马克思还特意举了在物质生产领域以外的教师等劳动是生产劳动的例子。他认为，教员的劳动并不创造物质产品，但它能够给校董带来剩余价值，因而也是生产劳动。马克思得出结论说："生产工人的概念决不只包含活动和效果之间的关系，工人和劳动产品之间的关系，而且还包含一种特殊社会的、历史地产生的生产关系。"[②]

那么，究竟该从哪个角度来认识商业劳动的性质呢？显然，如果从存在于一切社会的劳动过程一般的角度看，即从物质生产领域的角度看，商业劳动是不生产物质产品的劳动，因而是非生产劳动；而如果从资本主义劳动过程的角度看，只要商业工人能为他的雇主带来剩余价值，不论他是否生产物质产品，他的劳动就是生产劳动。除此以外，生产劳动还有没有第三种含义呢？

关于这个问题，马克思在他的《资本论》手稿中有更详细的考察。在那里，马克思提出了一个既不是从一般劳动过程角度也不是从资本主义劳动过程的角度，而是从商品生产一般的角度来考察的生产劳动的概念。马克思指出："只要

---

① 《马克思恩格斯文集》第7卷，人民出版社2009年版，第211、582页。

② 《马克思恩格斯文集》第5卷，人民出版社2009年版，第582页。

劳动物化在商品即使用价值与交换价值的统一中，这种劳动就始终是生产劳动。”① 马克思又说：“总之，以某种成果为结果的一切劳动，都是生产劳动。”② 在对物质商品分析之后，马克思还特地考察了生产服务形态的商品的劳动的性质。他指出：“任何时候，在消费品中，除了以商品形式存在的消费品以外，还包括一定量的以服务形式存在的消费品。”③ “这种劳动的特殊使用价值在这里取得了‘服务’这个特殊名称，是因为劳动不是作为物，而是作为活动提供服务的，可是，这一点并不使它例如同某种机器（如钟表）有什么区别。”④ “对于提供这些服务的生产者来说，服务就是商品。服务有一定的使用价值（想象的或现实的）和一定的交换价值。”⑤ 从这里可以看出，马克思实际上认为，提供特殊使用价值和交换价值的服务劳动是生产劳动。当然，现实经济生活中，没有一个超越特定社会阶段的商品生产的社会。所以，马克思从商品生产一般角度考察的生产劳动是包含在资本主义生产方式中的生产劳动。马克思把其中包含的资本主义社会性质剥离出来，把它叫作第二定义。马克思说：“在考察资本主义生产的本质关系时，可以假定，整个商品世界，物质生产即物质财富的一切领域，都从属于资本主义生产方式。……在这种情况下，可以认为，生产工人即生产资本的工人的特点，是他们的劳动物化在商品中，物化在物质财富中。这样一来，生产劳动，除了它那个与劳动内容完全无关、不以劳动内容为转移的具有决定意义的特征之外，又得到了与这个特征不同的第二个定义，补充定义。”⑥

从以上关于生产劳动的三个定义中，笔者认为应侧重于从商品生产一般的角度来考察作为服务劳动的商业劳动是否是创造价值的生产劳动。因为，在这里作为我们研究的对象的经济社会不是一般的社会，而是商品经济社会；我们考察的不是商品经济的资本主义形式，而是商品经济一般所体现的生产劳动的规定性。如果从这个意义上说，那么只要是提供用作交换的社会需要的使用价值的劳动就是生产劳动。

三、马克思商业资本理论的现实意义

100 多年前，马克思创立商业资本理论时，商业和服务业还是“微不足道”

① 《马克思恩格斯全集》第 49 卷，人民出版社 1982 年版，第 100 页。
② 《马克思恩格斯全集》第 49 卷，人民出版社 1982 年版，第 100 页。
③ 《马克思恩格斯全集》第 26 卷，人民出版社 1975 年版，第 160 页。
④ 《马克思恩格斯全集》第 26 卷，人民出版社 1975 年版，第 435 页。
⑤ 《马克思恩格斯全集》第 26 卷，人民出版社 1975 年版，第 149 页。
⑥ 《马克思恩格斯全集》第 26 卷，人民出版社 1975 年版，第 442 页。

的，而现在已经成为较大的经济部门之一，马克思的商业资本理论的实践意义更大。当然，这一理论本身也需要进一步丰富和充实。

（一）商业和服务业的发展要与社会再生产的客观要求相适应

商业和服务业与社会再生产的客观要求相适应，主要体现在总量和结构两个方面：从总量上看，社会再生产包括三大产业，商业和服务业是第三产业，第三产业要与第一产业和第二产业发展相适应；从结构上看，社会再生产包括两大部类，即生产资料生产的第一部类和消费资料生产的第二部类，相应社会再生产就包括两大需求，即生产需求和消费需求。所以，从结构上看，商业和服务业要与社会再生产的生产需求和消费需求相适应。满足生产需求的服务业称为生产性服务业，满足消费需求的服务业称为生活性服务业。因此，社会再生产的结构就决定了商业和服务业内部的结构，即生产性服务业与生活性服务业的发展也要相互适应。

就当前来讲，除了传统的商业之外，我国的服务业可分为四个层次：流通部门，包括交通运输业、邮电通信业、商业饮食业、物质供销和仓储业；为生产和生活服务的部门，包括金融业、保险业、公用事业、居民服务业、旅游业、咨询信息服务业和各类技术服务；为科学文化水平和居民素质服务的部门，包括教育、文化、广播电视事业、科研事业、生活福利事业等；为社会公共需要服务的部门，包括国家机关、社会团体、军队警察等。在这四个层次中，前三个层次可以称作是为生产和生活提供服务的部门，属于生产劳动部门，第四个层次属于非生产部门。我国大力发展第三产业主要指的是发展前三个层次的部门和领域。在前三个层次中，我们更应该强调的是快速发展包括电子商务、现代物流、数字医疗、数字内容、数字社区、数字教育、数字旅游、电子金融等现代服务业。

我国仍将处于重要的战略机遇期，应对国际产业科技竞争，保证经济社会平稳较快发展，加快经济发展方式转变和产业结构调整，明显改善人民物质文化生活，都对现代服务业发展提出了更加明确的要求。经过多年的发展，我国已经成为世界“制造大国”，但离“制造强国”还有很大的距离，在全球产业链分工中还处于低端位置。大力发展电子商务、现代物流、业务外包等生产性服务业，可以有效推动我国制造业向产业链高端转移，极大提高产品附加值，有效带动制造业的转型升级。加快产业结构调整和改善人民生活迫切需要发展新兴服务业。随着科技进步和经济发展方式的演变，以知识密集、技术密集、人力资源密集、高成长性为特征的现代服务业新业态，在推进产业结构调整中发挥着越来越重要的作用。同时，改善人民物质文化生活，提高人民生活质量和水平，也迫切需要大力培育和发展数字文化、数字旅游、数字医疗与健康、数字社区等依托信息与网络技术，从传统公共服务业衍生出来的新业态。

（二）商业和服务业的发展要以产业聚集和人口城市化发展为基础

从商业资本周转的特点中我们可知，商业可以同时为一个产业中多个部门的资本服务，也可以为不同产业的资本服务。这种周转的特点就要求不同产业以及同一产业的不同部门要相对集中，形成规模需求才能提高商业和服务业的运动效率。实践证明，产业越是集中，形成的规模需求越大，为产业发展提供服务的生产性商业和服务业就越发展，运行效率就越高。产业聚集必然形成人口的聚集，促进人口城市化。人口的聚集形成规模化的生活服务的需求，生活性服务业也就会快速发展起来。产业聚集和人口城市化是我国今后一个时期经济结构调整和社会发展过程的必然趋势，这一趋势预示着我国的商业和服务业发展的一个新时期的到来。

第八章　生息资本和信用理论

（《资本论》第三卷第五篇）

《资本论》第三卷第五篇阐述了生息资本和信用理论，本篇主要研究资本主义经济中的生息资本，即借贷资本，说明借贷资本不仅是产业资本的派生形式，而且也是商业资本的派生形式，揭示了这种资本的运动和参与剩余价值分割的独特之处。同时，还研究了与借贷资本相关的一系列复杂问题。

第一节　研究对象和逻辑结构

一、研究对象

生息资本是为得到利息而贷放给他人使用的货币资本，包括高利贷资本和借贷资本（生息资本的资本主义形式）两种形式，后者是马克思集中研究的对象。借贷资本不是职能资本①，它是职能资本中的部分货币资本的独立化形式。所以，对借贷资本的分析只能在职能资本运动的基础上展开。

由于生息资本独特的运动形式，好像它本身就能带来利息，其实它得到的利息是从职能资本的利润中分离出来的一部分。本章就是揭示生息资本是怎样从职能资本运动中产生出来，生息资本运动形式有哪些特点，以及生息资本怎样以利息形式占有平均利润的一部分的。在此基础上，进一步分析银行资本和信用制度、虚拟资本和股份公司等问题。

这一篇是整个《资本论》中篇幅最大、内容最复杂、问题最难的理论。篇幅最大：本篇分为上下两篇包括16章316页23万多字，占《资本论》第三卷的1/3，比第一卷最长的第七篇（5章16万多字）多出了11章7万多字，比第二卷最长的第二篇（11章16万多字）多出了5章7万多字。内容最复杂：本篇涉及与资本相关的有高利贷资本、借贷资本、银行资本、股份资本、虚拟资本等，与利息相关的有利息、利息率、企业主收入、银行利润等，与信用相关的有商业信用、银行信用、国家信用、消费信用、期票、汇票、汇兑率等，与股份公司相

① 职能资本是生产和实现剩余价值的资本，包括产业资本和商业资本。

关的有股票、股息、股票价格等。问题最难：恩格斯在《资本论》第三卷序言中说得很明白："主要的困难在第五篇。那里讨论的也是整个这一册最复杂的问题。正当马克思写这一篇时，上面提到的重病又突然发作了。因此，这一篇不但没有现成的草稿，甚至没有一个可以按照其轮廓来加以充实的纲要，只不过是开了一个头，不少地方只是一堆未经整理的笔记、评述和摘录的材料。"①

二、逻辑结构

本篇从第 21 章到第 36 章共 16 章，分为上篇和下篇。上篇主要考察生息资本的实质和信用制度，下篇主要考察信用及其对生息资本的影响。这 16 章大体上分为 5 个部分：

第一部分包括第 21 章到第 24 章，即《生息资本》《利润的分割、利息、利息率、自然利息率》《利息和企业主收入》《资本关系在生息资本形式上的外表化》。此部分暂时撇开信用机构，假定资产阶级只由职能资本家和货币资本家两个集团组成，货币资本家直接把货币资本贷给职能资本家使用。在这个前提下，研究什么是生息资本，什么是利息，如何从量和质两方面把利润分割为利息和企业收入，以及这种分割如何进一步掩盖资本关系的实质等一系列问题。其中第 21 章分析生息资本和利息的形成和本质；第 22 章分析利息率；第 23 章分析平均利润怎样分割为利息和企业主收入；第 24 章分析资本关系在生息资本形式上产生的拜物教性质。

第二部分包括第 25 章到第 28 章，即《信用和虚拟资本》《货币资本的积累，它对利息率的影响》《信用在资本主义生产中的作用》《流通手段和资本，图克和富拉顿的见解》。这里出现了银行资本，它具有代表货币资本家和职能资本家的双重人格。随着银行业的发展，银行资本可以到工商企业中进行直接的投资，同时，它也可以把钱贷借给工商企业。这样，客观上形成了信用和信用制度。所以，马克思在第二部分中，用四章的内容分析了资本主义信用制度的产生、形成及其特点，分析了信用在资本主义经济中的作用。在信用基础上，马克思还分析了股份经济的一些问题，比较集中地阐述了包括股份公司、股票、证券市场等问题。其中第 25 章分析资本主义信用的两种主要形式，即商业信用和银行信用；第 26 章批判维护银行利益的通货学派的错误观点；第 27 章分析信用在资本主义生产中的作用；第 28 章批判银行学派的错误观点。

第三部分包括第 29 章到第 32 章，即《银行资本的组成部分》《货币资本和

① 《马克思恩格斯文集》第 7 卷，人民出版社 2009 年版，第 8–9 页。

现实资本Ⅰ》《货币资本和现实资本Ⅱ》《货币资本和现实资本Ⅲ》，此部分进一步展开对生息资本和信用制度的分析，分析信用制度对生息资本的影响和虚拟资本的产生，分析生息资本的运动和职能资本的运动之间的关系，还分析了商业信用和银行信用的区别和联系，等等。这一部分是对第二部分的进一步展开。其中第 29 章分析银行资本的不同组成部分，指出银行资本的最大部分是虚拟资本；第 30 章至第 32 章分析货币资本与现实资本的关系。

第四部分包括第 33 章到第 35 章，即《信用制度下的流通手段》《通货原理和 1844 年英国的银行立法》《贵金属和汇兑率》，此部分从国内到国际两个方面考察信用制度与货币流通的关系，阐明了信用制度下的货币流通原理。其中第 33 章分析信用对于流通中所需要的货币量的影响；第 34 章批判 1844 年英国的银行立法；第 35 章分析国与国之间的信用关系以及贵金属货币的流通问题。

第五部分即第 36 章《资本主义以前的状态》，考察生息资本的发展史，主要分析借贷资本和高利贷资本的本质区别，指出这种本质区别的根本原因在于生产方式的不同性质，并进一步揭示借贷资本的性质和特点。

本篇学习的重点包括第 21 章、第 22 章、第 23 章、第 27 章、第 29 章、第 36 章。

第二节　生息资本和信用理论的基本要点

一、借贷资本和利息

（一）借贷资本的形成

借贷资本的形成与资本主义的再生产过程有着密切的联系，它是适应产业资本和商业资本的需要而产生和发展起来的。

借贷资本的主要来源是产业资本和商业资本在其循环和周转过程中由于各种原因而必然出现的暂时闲置的货币资本。首先，在资本周转过程中，固定资本的损耗部分，会不断地以货币形式暂时闲置起来。由于固定资本的价值是按其损耗程度一部分一部分地转移到商品中，并随着商品出售分批回到资本家手中；而固定资本的更新，却是在它被完全消耗以后才进行的。因此，在固定资本的折旧费已经开始提取，而它的物质形态还没到更新的期间，这种折旧费就会在资本家手中沉淀下来。其次，在资本周转过程中，还会有一部分流动资本成为暂时闲置的货币资本。由于商品的销售和原材料的购买在时间上的不一致，即商品已经卖出但还不需要购买原材料的期间，因此会有一部分流动资本以货币形式在资本家手中沉淀下来。最后，资本家用于扩大再生产部分的剩余价值，只有当它积累到一定数量才能实际上变成追加资本。在它还没有达到一定数量的期间，也会有一部分以货币形式在资本家手中沉淀下来。总之，出于多种原因，在资本主义再生产过程中总会有一部分货币资本从职能资本的运动中暂时闲置起来，处于闲置状态的资本是不能带来剩余价值的，这就与资本的性质产生了矛盾。要使这部分资本带来剩余价值，就必须为它们的增殖寻找出路。

另外，在资本主义再生产过程中必然会出现对货币资本的现实需求。因为，在资本主义再生产过程中，个别资本的运动是相互交错地进行的。当一些资本家已经完成了卖的过程，他的商品资本已经变成了货币资本，而另一些资本家可能正处于买的过程中，他们急需要货币资本购买生产要素。这样，当一些资本家出于各种原因手中沉淀了大量的货币资本要寻找出路时，而另一些资本家则会出于相反的原因急需要补充货币资本。前者会把货币资本贷放给后者，让其去使用并在他们手里发挥职能资本的作用，即投入生产或流通，生产或实现剩余价值。这样一来，从职能资本的再生产运动中游离出来的货币资本就变成了借贷资本。当然，使用借贷资本的职能资本家必须按期归还并将剩余价值的一部分支付给借贷资本家。职能资本家支付给借贷资本家的这部分剩余价值，就是利息。可见，所谓借贷资本，不外是借贷资本家为了取得一定的利息而暂时借贷给职能资本家的货币资本，它体现了借贷资本家和职能资本家共同剥削雇佣工人的特征。

（二）借贷资本的特点

首先，借贷资本是一种作为商品的资本，即资本商品。在资本主义社会，一定量的货币如果被当作资本来使用，就会给它的所有者带来利润。这样，作为资本的货币就比一般货币多了一种使用价值，它不仅可以用来充当一般等价物，而且还可以用来生产利润。借贷资本家把他的借贷资本借贷给职能资本家，实际上就是把货币这种作为资本的使用价值，即生产利润的能力，让渡给了职能资本家。因此，马克思讲：“这样，货币除了作为货币具有的使用价值以外，又取得一种追加的使用价值，即作为资本来执行职能的使用价值。在这里，它的使用价值正在于它转化为资本而生产的利润。就它作为可能的资本，作为生产利润的手段的这种属性来说，它变成了商品，不过是一种特殊的商品。或者换一种说法，资本作为资本，变成了商品。”①

---

① 《马克思恩格斯文集》第7卷，人民出版社2009年版，第378页。

借贷资本作为资本商品，不同于一般的商品。第一，虽然借贷资本作为商品与一般商品一样，让渡的都是使用价值，但这种使用价值和一般商品的使用价值不同，一般商品的使用价值的使用过程就是消费过程，而作为资本商品的使用价值是生产利润的能力，它的使用过程就是价值和剩余价值的生产过程。第二，一般商品的买卖实行的是等价交换原则，商品的价值，对买卖双方都是一样的，只是在交换过程中发生了形态变化。在买者那里，价值由货币形态变为商品形态；在卖者那里，价值由商品形态变为货币形态。借贷资本的贷放则是把一定价值额单方面让出，由未来偿还的方式来保存并增殖此价值。第三，一般商品买卖之后，商品的所有权发生了转移，即卖者放弃了对商品的所有权，取得了一个与商品价值相等的货币数额，而借贷资本家将货币资本贷出之后，所有权没有转移，转移的只是资本在一定时期内的使用权。当借贷期满时，职能资本家必须将原本货币归还给贷方，并支付一定的利息。利息虽然在形式上表现为借贷资本的价格，但实际上它并不表现借贷资本的价值，利息的数额也不等于借贷资本的价值。马克思指出："如果我们把利息叫作货币资本的价格，那就是价格的不合理的形式，与商品价格的概念完全相矛盾。"① 所以，利息并不是借贷资本价值的货币表现，而只是这种资本商品的使用价值的报酬。

其次，借贷资本是一种所有权资本。借贷资本只有当它转到职能资本家手里，才能发挥资本的职能。因此，作为资本的本性它必须贷出，否则它就会丧失资本的特性。但将其贷出后，借贷资本家并没有放弃对它的所有权，借贷资本家虽然不直接从事生产经营活动，但他单凭资本的所有权，就可以从职能资本家那里获得利息收入。在这里我们就可以看出，同一个资本取得了两重存在：对于借贷资本家来说，它是所有权资本；对于职能资本家来说，它是使用权资本。

最后，借贷资本的运动形式是双重支出和双重回流。借贷资本的运动公式为：

$$\overset{A}{G}—\overset{B}{G}—W\cdots P\cdots W—\overset{B}{G'}—\overset{A}{G'}\ (G+AG)$$

A 代表货币资本家；B 代表职能资本家；AG 代表利息；第二个 G' 数量上少于第一个 G'，其差额是企业主收入。

仅就借贷资本的第一次支出（$G—G$）或最后的回流（$G'—G'$）来看，借贷资本的流通既不是商品形态变化的要素，也不是现实再生产的要素，它的运动是处于再生产过程的外部，表现为一种法律行为，反映了货币资本所有权和使用权

① 《马克思恩格斯文集》第 7 卷，人民出版社 2009 年版，第 396 页。

的分离。借贷资本运动的特点，可以概括为：一是价值单方面转移；二是到期归还本金；三是收取一定的利息。

在借贷资本的运动形式（$G'—G'$）上，仿佛货币天然就能生出货币。马克思指出："货币现在'害了相思病'。只要它被贷放出去，……那就无论是它睡着，还是醒着，是在家里，还是在旅途中，利息都会日夜长到它身上来。"[①] 在这里，资本主义的剥削关系完全不见了，货币拜物教和资本拜物教已经达到了它的顶点，借贷资本表现出钱生钱的活动，"创造价值，提供利息，成为货币的属性，就像梨树的属性是结梨一样"。[②]

（三）利息和企业主收入

职能资本家向借贷资本家借到货币资本以后，就开始运用所借资本从事商品生产或商品买卖活动。但是，不论他从事何种经营，由于他用的是别人的钱，所以便不能独自占有由运用所借资本而得到的全部利润，他必须把利润的一部分以利息的形式交给货币资本的所有者。当然，职能资本家也不会把全部利润都交出来，如果这样，他的经营活动就无利可图了，他也就不会再去借入资本从事经营活动了。因此，利息只能是平均利润的一部分，而不能是其全部。利润是剩余价值的转化形式，利息则不过是剩余价值的特殊转化形式，是借贷资本家凭借资本所有权通过贷出资本而取得的一部分剩余价值。在这里，借贷资本家虽然不直接和雇佣工人发生关系，但他是通过职能资本家间接地同雇佣工人发生关系，他是凭借资本所有权，与职能资本家一起瓜分雇佣工人在生产过程中所创造的剩余价值。马克思指出："在再生产过程中，执行职能的资本家作为别人所有的资本的代表，同雇佣工人相对立，而货币资本家则由执行职能的资本家来代表，参与对劳动的剥削。"[③]

由于资本所有权和使用权的分离，就造成平均利润在量上被分成两个部分：一部分是归借贷资本家（贷款人）所有的利息，另一部分是归职能资本家（借款人）所有的企业利润。企业利润是存在利息条件下产业利润和商业利润的统称，它是原产业利润或商业利润减去利息以后的剩余部分。

平均利润的量的分割进一步表现为质的分割，"即利息是资本自身的果实，是撇开了生产过程的资本所有权的果实，而企业主收入则是处在过程中的、在生产过程中发挥作用的资本的果实，因而是资本使用者在再生产过程中所起的能动

① 《马克思恩格斯文集》第 7 卷，人民出版社 2009 年版，第 443 页。
② 《马克思恩格斯文集》第 7 卷，人民出版社 2009 年版，第 441 页。
③ 《马克思恩格斯文集》第 7 卷，人民出版社 2009 年版，第 427 页。

作用的果实，这种质的区分绝不仅仅是货币资本家和产业资本家的主观见解。这种区分以客观事实为基础，因为利息归货币资本家所有，归资本的单纯所有者，也就是在生产过程之前和生产过程之外单纯代表资本所有权的贷出者所有；企业主收入则归单纯的职能资本家所有，归资本的非所有者所有”。①

利息和企业主收入本来是剩余价值内部的分割，现在表现得与剩余价值无关，好像只是它们之间的关系。企业主收入也表现得与雇佣劳动无关，而只与利息相对立。利息是资本所有权的果实，企业主收入则是监督劳动的工资，而且监督劳动是复杂劳动，其工资也应该比工人的工资更高。

事实上，正像利息不是货币本身产生的一样，企业主收入也根本不是什么“监督工资”。利息和企业主收入“二者不过是剩余价值的不同部分，并且它的分割丝毫不能改变剩余价值的性质、它的起源和它的存在条件”。②

借贷资本家在一定时期内得到利息的多少取决于利息率。利息率是一定时间内的利息量与借出的货币资本量之间的比率。由于利息是平均利润中的一部分，利息率一般不会等于更不会超过平均利润率。在平均利润率一定的条件下，利息率取决于借贷资本的供求状况。当借贷资本供大于求时，利息率就低；当借贷资本供不应求时，利息率就高。货币市场上的利息率是经常波动的，但从资本主义总的发展过程来看，它有一个下降的趋势。因为，第一，平均利润率有一个下降的趋势；第二，食利者人数在增加，货币资本的供给在增加；第三，信用制度在发展，社会各阶层的零散资金日益被信用机构集中起来，用于借贷资本来贷放。马克思指出：“因为我们已经知道，利润率的高低和资本主义生产的发展成反比，所以由此可以得出结论，如果利息率的差别实际上表示利润率的差别，一个国家的利息率的高低就同样会和产业发展的水平成反比。”③

二、资本主义信用

马克思在《资本论》第二卷第 132 页谈到交换经济、货币经济和信用经济是社会生产的三个具有特征的经济运动形式，在这三个经济运动形式中，马克思又强调，信用经济本身只是货币经济的一种形式。在发达的资本主义生产中，货币经济只表现为信用经济的基础。④ 在《资本论》第三卷第 25 章至第 28 章又集中

---

① 《马克思恩格斯文集》第 7 卷，人民出版社 2009 年版，第 420 页。
② 《马克思恩格斯文集》第 7 卷，人民出版社 2009 年版，第 427 页。
③ 《马克思恩格斯文集》第 7 卷，人民出版社 2009 年版，第 403 页。
④ 《马克思恩格斯文集》第 6 卷，人民出版社 2009 年版，第 132−133 页。

考察了资本主义的信用问题。所谓信用就是以偿还为条件的价值的独立运动形式，也就是资本的借贷关系。信用制度是资本借贷关系的实现形式。由于借贷对象一般分为商品和货币两种形式，所以信用主要有商业信用和银行信用两种基本形式。

（一）商业信用

商业信用是职能资本家之间以赊销商品的方式提供的信用，即延期付款行为。这种信用的对象是商品资本，它没有脱离再生产过程。提供商业信用的主要目的在于实现商品的价值，而不是提供信贷和收取利息。

商业信用产生于货币的支付手段，只要存在以货币为媒介的商品流通，就会存在商业信用。但是，只有在资本主义社会，商业信用才得到了广泛的发展。这是因为，资本主义各企业各部门资本周转时间不同，有些企业的商品资本需要卖出，而另一些企业需要这些商品但没有现金支付。在这种情况下，以赊销为特点的商业信用就会大量出现。

商业信用加速了商品资本的实现，促进了资本主义再生产的发展，但商业信用却存在着很大的局限性。首先，商业信用受到方向性的限制。商业信用的对象是商品资本，受商品使用价值的限制，只能由商品的供给方面向需求方提供信用，不能反过来。其次，商业信用的规模受到职能资本家手中的资本量的限制。比如一个资本家手中只有 10 万元的商品资本，他提供的信用就不会超过 10 万元。最后，商业信用受到商业票据流通范围的限制。商业信用只是卖方给买方以商品形式提供的信用，它不能完全代替现金支付，如支付工资和税款等。为此，商业信用有赖于银行信用的帮助，才能克服自身的局限性。

资本主义商业信用的工具是汇票，即延期支付的凭证。“大体说来，货币在这里只是充当支付手段，也就是说，商品不是为取得货币而卖，而是为取得定期支付的凭证而卖。为了简便起见，我们可以把这种支付凭证概括为票据这个总的范畴。这种票据直到它们期满，支付日到来之前，本身又会作为支付手段来流通；它们形成真正的商业货币。”①

把商业信用和银行信用联结起来的环节是贴现。所谓贴现，就是商业票据的持票人，向银行去贴利息换现款。银行通过贴现向职能资本家支付的贷款，并不是金银货币，而是银行券。银行券是在贴现基础上发行的信用货币。当银行券的发行得到国家信誉保证时，它就可以在社会上广泛流通。所以马克思说，商业票

① 《马克思恩格斯文集》第 7 卷，人民出版社 2009 年版，第 450 页。

据是“形成真正的信用货币如银行券等等的基础”。①

(二)银行信用

银行信用就是银行贷款给职能资本家所发生的借贷关系。银行的主要业务就是货币的借入和贷出。银行一方面代表货币资本的集中，贷者的集中；另一方面又代表着借者的集中。“银行家成了货币资本的总管理人”，② 成了债权人和债务人的信用中介。从这个意义上来讲，银行资本与单个私人资本比较，具有社会资本的性质。“银行制度同时也提供了社会范围的公共簿记和生产资料的公共分配的形式，但只是形式而已。……资本的这种社会性质，只是在信用制度和银行有了充分发展时才表现出来并完全实现。……因此，信用制度和银行制度扬弃了资本的私人性质，从而自在地，但也仅仅是自在地包含着资本本身的扬弃。”③ “银行制度，就其形式的组织和集中来说，……是资本主义生产方式造成的最人为的和最发达的产物。”④ “中央银行是信用制度的枢纽。”⑤

银行信用作为借贷中介人的特点，从银行拥有的借贷资本来源和贷放上可以得到进一步的说明。一方面，“银行拥有的借贷资本，是通过多种途径流到银行那里的。首先，因为银行是产业资本家的出纳业者，每个生产者和商人作为准备金保存的或在支付中得到的货币资本，都会集中到银行手中。这样，这种基金就转化为借贷货币资本。商业界的准备金，由于作为共同的准备金集中起来，就可以限制到必要的最低限度，而本来要作为准备金闲置起来的一部分货币资本也就会贷放出去，作为生息资本执行职能。第二，银行的借贷资本还包括可由银行贷放的货币资本家的存款。此外，随着银行制度的发展，特别是自从银行对存款支付利息以来，一切阶级的货币积蓄和暂时不用的货币，都会存入银行。小的金额是不能单纯作为货币资本发挥作用的，但它们结合成为巨额，就形成一个货币力量。这种收集小金额的活动是银行制度的特殊作用。……最后，各种只是逐渐花费的收入也会存入银行”。⑥

另一方面，银行又通过多种途径把这些货币贷放出去。贷放是通过各种不同的贷款，即以个人信用为基础的直接贷款，以有息证券、国家证券、各种股票作抵押的贷款，特别是以提单、栈单及其他各种证明商品所有权的单据作抵押的贷

---

① 《马克思恩格斯文集》第7卷，人民出版社2009年版，第451页。
② 《马克思恩格斯文集》第7卷，人民出版社2009年版，第453页。
③ 《马克思恩格斯文集》第7卷，人民出版社2009年版，第686页。
④ 《马克思恩格斯文集》第7卷，人民出版社2009年版，第685-686页。
⑤ 《马克思恩格斯文集》第7卷，人民出版社2009年版，第648页。
⑥ 《马克思恩格斯文集》第7卷，人民出版社2009年版，第453-454页。

款来进行的。因此，“现代银行制度，一方面把一切闲置的货币准备金集中起来，并把它投入货币市场，从而剥夺了高利贷资本的垄断，另一方面又建立信用货币，从而限制了贵金属本身的垄断”。①

通过以上分析可以看出，银行信用的存在则是为了克服资本循环和周转中货币资本分配在时间上和空间上的不平衡性的需要，从而加速资金周转，提高平均利润率。银行还可以把社会上闲散的、准备用于消费的货币集中起来，转化为货币资本投入生产过程，扩大经济规模，充分利用资源。因此，银行信用的产生和不断扩大是有其客观必然性的。

银行信用制度是在货币经营业的基础上产生的。马克思在《资本论》第三卷第 19 章对货币经营资本做了全面的分析，指出货币经营业是负责货币执行职能过程中所必需的技术性的业务。例如，货币作为流通手段，就有出纳、簿记业务；货币作为贮藏手段，就引起保管业务；货币作为国际货币就引起汇兑业务；等等。货币经营业在执行上述职能的过程中，手中集中了越来越多的货币，货币资本的借与贷的活动逐渐地成为货币经营的主要业务时，货币经营资本的性质就发生了变化，它不再是货币经营资本，而变成了银行借贷资本，这时的货币经营业也就变成银行了。

那么，货币经营业与银行区别在哪里呢？主要表现在以下三个方面。第一，二者的种属关系不同。货币经营资本是商业资本的一个亚种，而银行资本是借贷资本的具体形式；第二，二者经营的商品的性质不同。货币经营业经营的是货币商品，银行经营的是资本商品；第三，反映的经济关系不同。货币经营业者要收取保管费，而银行要向存款人支付利息。尽管货币经营业和银行在性质上有上述区别，但二者又是有联系的。从历史发展的进程来看，早期是以货币经营业为主，结合从事一些借贷活动和信用贸易，待信用关系发展起来以后，信贷职能就成了银行业务的基本职能，结合经办出纳、汇兑、保管等技术性的业务。

（三）资本主义信用的二重作用

马克思在第 27 章详细分析了资本主义信用的二重作用，他指出：“信用制度固有的二重性质是：一方面，把资本主义生产的动力——用剥削他人劳动的办法来发财致富——发展成为最纯粹最巨大的赌博欺诈制度，并且使剥削社会财富的少数人的人数越来越减少；另一方面，造成转到一种新生产方式的过渡形式。”②

信用制度对资本主义经济的促进作用表现在：第一，促进了资本的自由转移

① 《马克思恩格斯文集》第 7 卷，人民出版社 2009 年版，第 682 页。
② 《马克思恩格斯文集》第 7 卷，人民出版社 2009 年版，第 500 页。

和利润率的平均化。整个资本主义经济是建立在利润率平均化运动的基础上的，而利润率的平均化是通过资本的自由转移实现的。信用可以帮助资本在各部门之间自由转移，从而促进利润率的平均化。第二，加速商品周转，减少流通费用。信用制度使商品可以赊销，从而加速商品的出卖，缩短流通时间，相应减少流通费用。第三，促进生产和资本的集中。一方面，信用推动着闲置货币资本和闲置货币集中于银行，特别是在信用制度的基础上促进了股份公司的形成和发展；另一方面，信用作为资本集中的有力杠杆，有利于中小资本合并为大资本，也有利于大资本吞并中小资本，形成资本和生产的快速集中。

信用制度加深了资本主义社会的各种矛盾。第一，加深了资本主义的基本矛盾。一方面由于信用促进了资本和生产的集中，生产规模不断扩大，生产社会化程度不断提高；另一方面又由于信用促使社会财富越来越集中于少数大资本手中，从而使得资本主义的生产社会化与资本主义私人占有之间的矛盾不断加深。第二，加剧了竞争和生产的无政府状态。信用制度有利于资本的自由转移，助长投机的扩张，制造虚假的需求，加剧了竞争和生产的无政府状态，加深了生产和消费的矛盾。总之，“毫无疑问，在由资本主义的生产方式向联合起来劳动的生产方式过渡时，信用制度会作为有力的杠杆发生作用；但是，它仅仅是和生产方式本身的其他重大的有机变革联系的一个要素”。① “信用制度以社会生产资料（以资本和土地所有权的形式）在私人手里的垄断为前提，所以，一方面，它本身是资本主义生产方式固有的形式，另一方面，它又是促使资本主义生产方式发展到它所能达到的最高和最后形式的动力。”②

三、股份公司和虚拟资本

马克思在分析信用制度的基础上，对资本主义股份公司和虚拟资本问题进行了精辟的研究。所谓股份公司，是指通过发行股票的方式合资经营的企业。它又分为股份有限公司、有限责任公司等多种形式。最为典型的形式是股份有限公司，其特征包括：第一，两权分离，即资本的所有权和经营权相分离；第二，股权多元，即投资主体是多元的；第三，有限责任，即清偿债务的责任以公司资产为限；第四，利益制衡，即股东、董事、监事和经理权责分工、利益制衡。

（一）信用制度与股份公司

随着资本主义生产的发展，企业规模的不断扩大，创办一个大型企业所需要

---

① 《马克思恩格斯文集》第7卷，人民出版社2009年版，第686-687页。

② 《马克思恩格斯文集》第7卷，人民出版社2009年版，第685页。

的最低限额投资往往超出单个资本家所拥有的数量。在这种情况下，出现了单个资本的有限性与创办企业大规模投资之间的矛盾，为了解决这个矛盾，就需要借助信用的力量，通过发行股票的方式筹集资本建立大规模的企业。同时，在竞争的驱使下，各个资本作为单个资本在保证自己利益的前提下也需要联合起来，成为社会资本以适应社会化生产力发展的要求。马克思指出："猛烈增长着的生产力对它的资本属性的这种反抗，要求承认它的社会本性的这种日益增长的必要性，迫使资本家阶级本身在资本关系内部可能的限度内愈来愈把生产力当作社会生产力看待。无论是信用无限膨胀的工业高涨时期，还是由大资本主义企业的破产造成的崩溃本身，都把大量生产资料推向如我们在各种股份公司中所遇见的那种社会化形式。"① "假如必须等待积累使某些单个资本增长到能够修建铁路的程度，那么恐怕直到今天世界上还没有铁路。但是，集中通过股份公司转瞬之间就把这件事完成了。"②

信用制度是股份公司发展的主要基础。马克思指出："信用制度是资本主义的私人企业逐渐转化为资本主义的股份公司的主要基础，同样，它又是按或大或小的国家规模逐渐扩大合作企业的手段。"③ 在信用制度的作用下，"生产规模惊人地扩大了，个别资本不可能建立的企业出现了。同时，以前曾经是政府企业的那些企业，变成了社会的企业"。④

"由于信用制度，股份公司等等的发展以及由此引起的结果，即自己不成为产业资本家，也很容易把货币转化为资本。"⑤

（二）股份公司的历史作用

从生产力方面看，股份公司是现代社会生产力发展的强大杠杆。马克思指出，"这些制度——它们对国民经济的迅速增长的影响恐怕估计再高也不为过"，"它们是发展现代社会生产力的强大杠杆"。⑥ "在工业上运用股份公司的形式，标志着现代各国经济生活中的新时代。……它显示出过去料想不到的联合的生产能力，并且使工业企业具有单个资本家力所不能及的规模。"⑦

从生产关系方面看，股份公司是对私人资本的扬弃。马克思指出："股份制

① 《马克思恩格斯全集》第 19 卷，人民出版社 1963 年版，第 238 页。
② 《马克思恩格斯文集》第 5 卷，人民出版社 2009 年版，第 724 页。
③ 《马克思恩格斯文集》第 7 卷，人民出版社 2009 年版，第 499 页。
④ 《马克思恩格斯文集》第 7 卷，人民出版社 2009 年版，第 494 页，并参见该页注 1。
⑤ 《马克思恩格斯文集》第 7 卷，人民出版社 2017 年版，第 295 页。
⑥ 《马克思恩格斯全集》第 12 卷，人民出版社 1962 年版，第 609-610 页。
⑦ 《马克思恩格斯全集》第 12 卷，人民出版社 1962 年版，第 37 页。

度——它是在资本主义体系本身的基础上对资本主义的私人产业的扬弃；随着它的扩大和侵入新的生产部门，它也在同样的程度上消灭着私人产业。”① 马克思又指出：“那种本身建立在社会生产方式的基础上并以生产资料和劳动力的社会集中为前提的资本，在这里直接取得了社会资本（即那些直接联合起来的个人的资本）的形式，而与私人资本相对立，并且它的企业也表现为社会企业，而与私人企业相对立。这是作为私人财产的资本在资本主义生产方式本身范围内的扬弃。”② 恩格斯也指出：“由股份公司经营的资本主义生产，已不再是私人生产，而是为许多结合在一起的人谋利的生产。如果我们从股份公司进而来看那支配着和垄断着整个工业部门的托拉斯，那么，那里不仅私人生产停止了，而且无计划性也没有了。”③

股份公司是通向新社会的过渡点。“资本主义生产极度发展的这个结果，是资本再转化为生产者的财产所必需的过渡点，不过这种财产不再是各个互相分离的生产者的私有财产，而是联合起来的生产者的财产，即直接的社会财产。另一方面，这是再生产过程中所有那些直到今天还和资本所有权结合在一起的职能转化为联合起来的生产者的单纯职能，转化为社会职能的过渡点。”④ 接着，马克思又说：“这是资本主义生产方式在资本主义生产方式本身范围内的扬弃，因而是一个自行扬弃的矛盾，这个矛盾明显地表现为通向一种新的生产形式的单纯过渡点。它作为这样的矛盾在现象上也会表现出来。它在一定部门中造成了垄断，因而引起国家的干涉。它再生产出了一种新的金融贵族，一种新的寄生虫，发起人、创业人和徒有其名的董事；并在创立公司、发行股票和进行股票交易方面再生产出了一整套投机和欺诈活动。这是一种没有私有财产控制的私人生产。”⑤ 恩格斯对此进一步指出：“自从马克思写了上面这些话以来，大家知道，一些新的产业经营的形式发展起来了。这些形式代表着股份公司的二次方和三次方。……竞争已经为垄断所代替，并且已经最令人鼓舞地为将来由整个社会即全民族来实行剥夺做好了准备。”⑥ 恩格斯还说：“把为个人或股份公司谋利的现代资本主义生产转变成为全社会谋利和按预先拟定的计划进行的社会主义生产，这个转变所需要的……创造出来，并且唯有通过这样一个转变，工人阶级的解放，

① 《马克思恩格斯文集》第 7 卷，人民出版社 2009 年版，第 497 页。
② 《马克思恩格斯文集》第 7 卷，人民出版社 2009 年版，第 494-495 页。
③ 《马克思恩格斯全集》第 22 卷，人民出版社 1965 年版，第 270 页。
④ 《马克思恩格斯文集》第 7 卷，人民出版社 2009 年版，第 495 页。
⑤ 《马克思恩格斯文集》第 7 卷，人民出版社 2009 年版，第 497 页。
⑥ 《马克思恩格斯文集》第 7 卷，人民出版社 2009 年版，第 496—497 页。

从而没有例外的一切社会成员的解放，才得以实现。”①

从管理方面看，股份公司的产生，使资本的所有权与资本职能完全分开了。“实际执行职能的资本家转化为单纯的经理，别人的资本的管理人，而资本所有者则转化为单纯的所有者，单纯的货币资本家。……这个资本所有权这样一来就同实现再生产过程中的职能相分离，正像这种职能在经理身上同资本所有权完全分离一样。”② 在资本所有权和经营权分离的基础上出现了职业经理人，由专门的职业经理经营管理企业，是传统企业管理的一次重大变革，它有利于调动和发挥经营管理者的积极性和创造性，有利于实现经营管理的专业化和社会化，从而促进社会生产的发展。

（三）虚拟资本

资本主义信用制度的发展，产生了债券、股票、汇票等以有价证券形式存在并能给其所有者定期带来收入的虚拟资本。虚拟资本范畴是马克思对信用制度下复杂的金融关系做出的深刻而形象的概括，是“现实资本的纸制复本”，它本身没有价值，当把它作为商品买卖时，可以按其价格得到资本的补偿。

马克思说：“人们把虚拟资本的形成叫作资本化。”③ 这句话的意思是，在发达的信用制度下，人们会把每一笔定期的有规则的收入，看作利息，然后倒算出这部分利息相当于多少借贷资本带来的。这个倒算出来的数额就叫虚拟资本。例如，年收入 100 元，利息率是 5%，100÷5%＝2000 元。这就是说，100 元收入在年利率 5%的情况下，相当于由 2000 元银行存款带来的利息。所以，借贷资本的存在和利息范畴的普遍化，是虚拟资本存在的客观基础。

马克思在《资本论》第三卷第 29 章中详细分析了虚拟资本的两种形式。首先分析了国债券。这是国家发行的公共债券，它的特点是：第一，债权人因购买国债而得到的书面凭证；第二，靠这个凭证可以从国家收入中得到一定的利息；第三，债权人不能随时索要现金，但可以转让或出卖证券。这里要说明的是，国家发行公债得到的货币收入，不是作为资本支出，而是作为政务开支用掉了。利息也不是现实资本带来的利润的一部分，而是从各种税收中支付的。所以国债券这种虚拟资本是消灭了的资本的“纸制复本”，与现实资本没有关系。

其次分析了股票。股票与国债券相比，具有不同的特点：第一，股票代表股份公司的现实资本的相应部分，是现实资本的“纸制复本”；第二，股票持有者

---

① 《马克思恩格斯全集》第 22 卷，人民出版社 1965 年版，第 271 页。

② 《马克思恩格斯文集》第 7 卷，人民出版社 2009 年版，第 495 页。

③ 《马克思恩格斯文集》第 7 卷，人民出版社 2009 年版，第 528 页。

是股东，他是股份公司的所有者；第三，股票持有者不能随时把股票退还公司抽回货币，只能转让。

上述两种虚拟资本，是通常意义上的典型的虚拟资本。除了国债、股票这两种虚拟资本以外，马克思还分析了以下几种形式的虚拟资本。第一，银行发行的没有准备金的银行券。马克思曾明确指出："按没有准备金的银行券的票面总额，形成了追加的——虽然是虚的——资本。"① 第二，银行保存的商业票据。第三，没有现实货币资本的银行账面存款。例如，银行吸收的存款一般不会留在银行的保险柜里，而是作为借贷资本贷出去，但银行账面上却记有存款。此外，当存款人由于相互提供贷款，他们的存款已经彼此抵消，但银行账面上还保留有存款，也属这种情况。总之，当存款转化为借贷资本，"并且同一货币反复代表借贷资本时，很清楚，它只是在一点上作为金属货币存在，而在其他所有点上，它只是以资本索取权的形式存在"。② 由于银行信用对存款的放大作用，"一切资本好像都会增加一倍，有时甚至增加两倍，……这种'货币资本'的最大部分纯粹是虚拟的"。③ 第四，有名无实的银行准备金。

（四）虚拟资本与现实资本

马克思在《资本论》第三卷里有 3 章专门论述虚拟资本与现实资本的关系。概括地说，虚拟资本由现实资本决定，同时引导或影响现实资本的发展，这是其积极的也是主要的方面。具体表现为：

第一，为企业筹集资金，降低集资成本。企业通过发售股票的办法在市场上直接筹资，可以把零散的闲置资金变成生产资本，推动现实资本发展增值。金融市场就像由水坝、涡轮机和渠道组成的灌溉系统，它把原始的甚至破坏性的自然力量汇集到生产领域中来，推动经济的发展。

第二，监督企业加强管理，提高经济效益。投资者购买股票，是为了索取相应的收益，如果企业经营得好，股息高，投资者不仅会稳定持有股票，还会增加资金投入。如果企业业绩欠佳，股息下滑，股东不仅可在股东大会提出建议，还可在市场上抛售股票即所谓用脚投票，促使股票价格下跌，从而发挥股东对企业经营的监督作用。

第三，引导资金流向，优化资源配置。在资本市场上，资金自然流向经营效益好的企业，以及产品和服务需求量大又供给不足的产业和行业。凡是这些企业

① 《马克思恩格斯文集》第 7 卷，人民出版社 2009 年版，第 614 页。

② 《马克思恩格斯文集》第 7 卷，人民出版社 2009 年版，第 575 页。

③ 《马克思恩格斯文集》第 7 卷，人民出版社 2009 年版，第 533 页。

和部门，收益预期高，股票受投资者青睐，能够吸引更多资金流入，从而发挥市场配置资源的基础作用。

第四，资本市场是中央银行通过公开市场业务，进行宏观调控的平台。中央银行保有的准备金，一般不是现金而是各种有价证券。当市场流通中货币数量过多可能引发通货膨胀时，为了稳定物价，中央银行可以抛售有价证券，回笼正在市场流通的货币。如果市场货币流通量少了，经济发展迟滞，物价下跌，呈现出通货紧缩时，中央银行则可以在市场上购买有价证券，增加货币流通量。这是一种比较温和的对经济震动较小的宏观总量调控手段。

当然，虚拟资本市场一旦相对独立运行，又可能脱离现实资本自我复制，迅速膨胀，出现泡沫经济，并对整个经济发展产生巨大的负面影响。

四、信用制度下的货币流通

马克思在《资本论》第三卷第33章到第35章主要分析信用制度与货币流通的关系。大致上分为三个层面：一是分析信用对国内流通中的货币量的影响，二是分析信用对国际流通中货币量的影响，三是分析贵金属与汇兑率问题。

（一）信用对国内流通中的货币量的影响

马克思讲，“一切节省流通手段的方法都以信用为基础”。[①] 也就是说，信用制度可以节约流通手段。

1. 商业信用代替了部分货币流通手段

货币支付手段的职能产生商业信用。商业信用的主要形式是汇票，汇票实际上就是商业货币。通过汇票进行商品买卖，使得商品交易过程中以现金为媒介在相当大的程度上转变为以商业汇票为媒介的债务结算关系，纸币只是用于支付债务抵销或平衡后的差额，这就极大地减少了现金的流通量。通过汇票结算有两种情况：一是由同一个银行（例如工行）结算，只是把债务从一个户头划到另一个户头。如A在银行有存款100元，A向B购买商品，要将这100元付给B，B又要向C支付到期的欠款100元，C又要向银行归还贷款100元。由于A和C的存款和欠款都在一个银行，通过A、B、C的一系列划拨转账，彼此间的债务可以全部抵销，不需要使用现实的货币。二是由不同的银行互相之间进行结算。如上例，如果C欠另一家银行（农行）的钱，那么，A、B、C之间的划拨转账，就要通过工行和农行两个银行来进行了。但不论是哪一种情况，都会减少现金的

① 《马克思恩格斯文集》第7卷，人民出版社2009年版，第589页。

流通量。马克思指出："流通手段的单纯节约，在票据交换所里，在到期汇票的单纯交换上发展到了最高点，这时货币作为支付手段的主要职能只是结清余额。但这种汇票的存在本身又是以工商业者互相提供的信用为基础的。"①

2. 信用通过加快货币的流通速度从而减少货币流通量

在信用制度下，企业或个人手中的闲置货币一般会及时存入银行，存入银行的货币又会不断地贷放出去，这样，必然会加快货币流通速度，从而减少货币流通量。马克思讲："作为流通手段的货币的流通速度（流通速度又节约流通手段），完全取决于买卖的顺畅进行，在支付依次以货币进行时，也取决于各种支付的衔接。但信用会作为中介促进并从而提高流通速度。"② 这就是说，由于信用的作用，促使商品交换加快，作为商品交换媒介的货币流通速度也就会加快，从而节约了流通中所需要的货币量。不仅如此，在信用加快货币流通速度，从而节约货币流通量的同时，银行的存款和贷款的数量也就增加，银行的借贷资本总量也会增加。

在银行券可以自由兑换黄金的情况下，流通中所需要的货币量调节着流通中所需要的银行券的总量。既然信用可以减少货币流通量，那么，同样它也就可以减少流通中所需要的银行券的量。当然，只要银行券可以随时兑换黄金，发行银行券的银行就不能任意增加流通的银行券的数量，如果一旦银行券过剩，多余的部分就会向银行兑换黄金，从而返回银行，脱离流通领域。因此，流通中银行券的数量，不依发行银行券的银行的意志为转移，也不依银行为保证兑换所储存的黄金的量为转移，只有商品交换的实际需要量，才会决定流通中的货币量和流通中的银行券的量。

当银行券不能自由兑换黄金后，流通中的银行券就会泛滥，这种银行券的流通就直接受纸币流通所支配。对此，恩格斯指出："不能兑现的银行券，只有在它实际上得到国家信用支持的地方，……才会成为一般的流通手段。因此，这种银行券受不能兑现的国家纸币的规律的支配。"③

在银行创造流通手段和虚拟资本的过程中，大银行处于明显的优势。它不仅能够通过信用创造资本，进而创造利润；而且还能够在货币紧急的时候，操纵货币市场以牟取暴利；它还可以通过资本的积聚和集中控制中小银行，形成银行网络，进而控制商业和工业。在此基础上，银行就从商品交换的中介人变成了万能

① 《马克思恩格斯文集》第 7 卷，人民出版社 2009 年版，第 589 页。
② 《马克思恩格斯文集》第 7 卷，人民出版社 2009 年版，第 590 页。
③ 《马克思恩格斯文集》第 7 卷，人民出版社 2009 年版，第 593 页。

的垄断者。

（二）信用对国际流通中的货币量的影响

在金本位制的条件下，国际货币流通主要表现为贵金属在不同国家之间流入和流出的运动。马克思在第35章的第一部分分析了贵金属在不同国家之间的流入和流出，也就是研究国际流通中的货币量问题。这里分四种情况：

第一，决定一国贵金属是流入还是流出的主要因素。这主要有：国际贸易的顺差和逆差；资本的输出和输入；其他方面，包括军事、政务、旅游等的国际收入状况。

第二，贵金属的流入和流出与中央银行贵金属准备的关系。中央银行的贵金属准备，一般说来有三个方面的用途：一是作为国际支付的准备金，它会受到国际支付差额的影响；二是作为时而扩大时而收缩的国内金属流通的准备金，会受到流通的扩大或收缩的影响；三是作为支付存款和兑换银行券的准备金，必须保持最低限额的金属贮藏。

第三，贵金属的流入和流出与经济危机的关系。马克思认为，经济危机，往往是在贵金属输入的时候爆发的；贵金属的流出，在大多数情况下，总是由对外贸易的变化引起的，而这种变化，又是再次接近危机的先兆；普遍的经济危机结束后，贵金属就会依照在正常条件下各国形成的贮藏比例进行再分配。作为贵金属的世界货币的流入和流出，直接影响到国内市场流通的货币量和贵金属准备，影响到借贷资本的供求，从而也影响到利率的高低和信用关系的变化。马克思指出："正是这种发达的信用制度和银行制度，引起了整个机体的这种过敏现象。"① "它的作用，像加到天平秤盘上的一根羽毛的作用一样，足以决定这个上下摆动的天平最后向哪一方面下坠；它发生作用，是由于它处在这样一种情况下，这时加在这边或那边的任何一点东西，都会具有决定性意义。"② 这是由于信用制度的发展，虚拟资本日益代替金属货币，中央银行的贵金属准备降低到最少限度，在这种情况下，一旦经济进入危机状态，一切虚拟资本都会急于兑现，这时，贵金属的少量流入或流出，就会通过银行准备金的变动对整个经济生活产生重大影响。正是在这种意义上，马克思说："中央银行是信用制度的枢纽，而金属准备又是银行的枢纽。"③

第四，关于国际支付差额。国际之间收入和支出平衡后的差额，叫作国际收

① 《马克思恩格斯文集》第7卷，人民出版社2009年版，第648页。

② 《马克思恩格斯文集》第7卷，人民出版社2009年版，第647页。

③ 《马克思恩格斯文集》第7卷，人民出版社2009年版，第648页。

支差额。收入大于支出叫顺差；支出大于收入叫逆差；收支相等叫国际收支平衡。支付差额是国与国之间进行国际收支结算后，必须用货币偿付的金额。

(三) 汇兑率

外汇是以外国货币表示的用于国际结算的一种支付凭证。汇兑率也称汇价，或外汇行市，是以本国货币表示的外国货币的价格，或者说是两国货币间的兑换比率或比价。由两国货币的含金量决定的汇兑率叫汇兑率平价，它有两种表示方法：一是直接标价，即一定单位的外国货币折合多少本国货币，如 1 美元相当于 6 元人民币；另一种是间接标价，即一定单位本国货币折合多少外国货币，如 1 元人民币相当于 0.1667 美元。汇兑率随着外汇供求关系的变化而变化，正如恩格斯所说："汇兑率是货币金属的国际运动的晴雨计。"①

汇兑率的变化由以下几个原因引起：一是支付差额引起对外的现金支付；二是一国货币的贬值；三是由货币本位不同，即一国用金，一国用银作"货币"，在这种情况下，汇兑率就由以下两个因素决定：一是两国单位货币所含的纯金量或纯银量，二是黄金和白银在世界市场上的比价。

五、高利贷资本

《资本论》第三卷第 36 章的标题是《资本主义以前的状态》，实际上讲的是高利贷资本。马克思说："我们可以把古老形式的生息资本叫作高利贷资本，……它在资本主义生产方式以前很早已经产生，并且出现在极不相同的经济社会形态中。"②

资本主义以前的高利贷资本，其贷款对象主要是地主、农民和小手工业者。由于高利贷的利率很高，它不仅会占有全部剩余产品，而且还会夺去小生产者的土地和房屋，所以，小生产者只能在萎缩的状态下进行再生产。高利贷资本一方面瓦解和破坏奴隶的和封建的生产关系，另一方面又破坏和毁灭小生产者，"富余地主因高利贷而遭到破产，小生产者被敲骨吸髓，这二者造成了大货币资本的形成和集中"。③ 高利贷资本对旧生产方式的破坏和新生产方式的形成不起决定作用，"只有在资本主义生产方式的其他条件已经具备的地方和时候，高利贷才表现为形成新生产方式的手段之一，这一方面是由于封建主和小生产遭到毁灭，

---

① 《马克思恩格斯文集》第 7 卷，人民出版社 2009 年版，第 651 页。
② 《马克思恩格斯文集》第 7 卷，人民出版社 2009 年版，第 671 页。
③ 《马克思恩格斯文集》第 7 卷，人民出版社 2009 年版，第 672 页。

另一方面是由于劳动条件集中为资本”。①

资本主义的信用制度是从反对高利贷资本的斗争中产生和发展起来的。资本主义市场经济的发展，需要建立与其相适应的信用制度，而高利贷则与资本家的利益相矛盾，因此，必须把高利贷资本改造成为资本主义性质的借贷资本。借贷资本与高利贷资本的区别在于，这种资本执行职能的条件已经变化，从而和贷款人相对立的借款人的面貌已经完全改变，它们是职能资本家，他们贷款的目的不是用于个人挥霍，而是用于剩余价值生产。

在资本主义信用机构发展的基础上，形成了近代银行制度。银行制度，一方面把一切闲置的货币准备金集中起来，并把它投入货币市场，剥夺了高利贷资本的垄断；另一方面又建立起信用货币，限制了贵金属的流通。银行制度作为资本主义生产方式最精巧和最发达的产物，它造成了社会范围的公共簿记和生产资料公共分配的形式，它已经包含着资本作为私人资本本身的扬弃。马克思说：“信用制度和银行制度把社会上一切可用的，甚至可能的、尚未积极发挥作用的资本交给产业资本家和商业资本家支配，以致这个资本的贷放者和使用者，都不是这个资本的所有者或生产者。因此，信用制度和银行制度扬弃了资本的私人性质，从而自在地，但也仅仅是自在地包含着资本本身的扬弃。”②

第三节　借贷资本和信用理论的思想来源和拓展

一、马克思的借贷资本和信用理论的思想来源

在19世纪三四十年代，英国的通货学派和银行学派围绕危机与通货和信用的关系问题展开了一场论战，马克思通过对这两个学派的批判（见《资本论》第三卷第28章和第34章）阐发了自己的借贷资本和信用理论。

（一）马克思对通货学派的批判(《资本论》第三卷第34章)

通货学派的主要代表是奥维尔斯顿和诺曼，他们认为，银行券过量发行会引起物价上涨，因此，他们建议，银行券的发行要随贵金属的流入和流出相应地收缩和扩张。这种见解的理论根据是大卫·李嘉图关于通货自动调节理论，即当一国货币由贵金属组成时，在国内如果通货量过大，通货的价值便下跌，贵金属便

① 《马克思恩格斯文集》第7卷，人民出版社2009年版，第675页。
② 《马克思恩格斯文集》第7卷，人民出版社2009年版，第686页。

流向高价流通的他国，或者在相反的情况下引起相反的结果。只要银行券的发行与贵金属流入流出相适应，就不会引起通货价值的大的波动。这种主张被英国政府采纳并于 1844 年颁布了皮尔银行法。但这一银行法一实施，就相继引发了 1847 年和 1857 年两次危机。通货学派面对这种实践上的失败，提出了危机时期利率急剧上升的原因不是通货不足，而是资本短缺。马克思批判了这种错误观点，指出，危机时期对货币的需要是指支付手段的需要，而不是对资本的需要。接着，马克思又分析了皮尔银行法失败的真正原因是将银行券的发行与贵金属的流入流出相适应的理论法制化了。在这种法制下，英格兰银行分成发行部和银行部两个部分，贵金属被封存，专门用于发行部的兑换。这就使得对整个信用制度的流动性起保证作用的银行部的准备金，只能存在于很小的界限之内。这样，由于支付手段缩小，流动性不足，造成市场利率异常提高，结果导致了危机。

（二）马克思对银行学派的批判(《资本论》第三卷第 28 章)

银行学派的主要代表是图克和富拉顿。他们认为，物价不会因通货过剩而上涨，因此，与贵金属流入流出相适应的银行券发行是错误的。这种见解来自亚当·斯密所说的通货与资本的区别。在《国民财富的性质和原因的研究》一书的第二篇第 2 章中，亚当·斯密指出："国内货币的流通应分作两个不同部门，一个是商人彼此之间的流通，另一个是商人同消费者之间的流通。"图克认为，前者是资本的流通，后者才是通货的流通。他更进一步指出，银行向小商贩贷款是通货贷款，向巨商贷款是资本行为。

马克思认为这种观点是错误的。因为，第一，不管是现实收入还是转移资本，货币都是作为通货执行职能的。支出的货币是作为收入还是作为资本，是由另外的因素决定的。第二，流通的货币量是由流通的商品的价格总额、流通速度和支付差额决定的，流通的货币与代表收入还是代表资本无关。

二、马克思关于市场经济发展与所有制形式变革的理论与现实

（一）市场经济与所有制关系新解

在笔者看来，市场经济不同于别的经济形式，它具有以下几个特点：

（1）通过市场引起商品的使用价值和价值的对立运动。作为商品，它有使用价值，然而，商品的使用价值不是为商品生产者自己而是为他人、为社会的使用价值；作为商品，它有价值，而商品的价值只有通过其使用价值得到社会承认，即通过交换才能实现。随着商品内在的价值独立化为货币，商品的两个因素

的对立运动就表现为商品和货币的相对运动。商品和货币的相对运动形成商品流通，即市场。可见，所谓市场经济，就是通过市场引起商品使用价值和价值的相对运动，从而调节社会资源配置的一种经济形式。

（2）以生产当事人的独立的或相对独立的经济利益为基础并通过外部的强制力量即竞争发挥调节作用。马克思说："只有独立的互不依赖的私人劳动的产品，才作为商品互相对立。"① 马克思又说："为使这种让渡成为相互的让渡，人们只需默默地彼此当作那些可以让渡的物的私有者，从而彼此当作独立的人相对立就行了。"② 这也就是说，不同的商品生产者和经营者的相对独立的经济利益是市场经济存在的最深厚的基础。每一个商品生产者和经营者都是一个具有自己经济利益的经济实体，各个不同的经济实体的独立的经济利益只有通过交换才能得以实现。在交换过程中，各个经济实体所具有的独立经济利益原则通过以平等身份进行商品交换的当事人之间的竞争行为加以强制地贯彻。对于平等的商品经济当事人来说，他们不承认任何别的权威，只承认竞争的权威，只承认他们互相利益的压力和加在他们身上的强制。正是各个经济实体所具有的独立经济利益和这种经济利益通过外部的强制力量即竞争的双重机制，才推动着市场经济的不断发展。

（3）通过物的形式来表现人们之间相互交换劳动的关系。马克思指出："在商品生产者的社会里，一般的社会生产关系是这样的：生产者把他们的产品当作商品，从而当作价值来对待，而且通过这种物的形式，把他们的私人劳动当作等同的人类劳动来互相发生关系。"③ 只有当每一个人的劳动，从一开始就成为直接的社会劳动，因而生产者并不交换自己的产品的时候，为交换而生产商品并通过市场而运行的市场经济才会退出历史舞台。

综上所述，市场经济是在人们还存在着独立或相对独立的经济利益，人们的个人劳动还不是直接的社会劳动，人们的经济利益只有通过平等的商品交换才能实现的条件下，社会经济发展所必然采取的一种经济形式。

既然市场经济作为社会经济发展的一种经济形式，而每一种经济形式的发展都是在一定的所有制形式当中并通过生产当事人的经济行为来运行的，那么，在社会经济发展的市场经济阶段，市场经济的存在和发展与一定的所有制形式就发生必然的联系。这种联系一般来说表现为以下三个方面：

---

① 《马克思恩格斯文集》第 5 卷，人民出版社 2009 年版，第 55 页。

② 《马克思恩格斯文集》第 5 卷，人民出版社 2009 年版，第 107 页。

③ 《马克思恩格斯文集》第 5 卷，人民出版社 2009 年版，第 97 页。

第一，当市场经济的发展与社会生产力的提高相一致时，这时的社会生产力就表现为生产商品的能力，生产力越提高，生产商品的能力越大，市场经济就越发展，反之亦然。所有制形式作为一种生产关系，它是社会生产力的社会关系或形式。有什么样的生产力，就要求有什么样的生产关系；生产力发生了变化，也要求生产关系或迟或早地发生变革。从这个意义上说，市场经济的发展对所有制形式以及所有制形式的变革起着基础的促进作用。

第二，市场经济的特定形式又反映着一种特定的社会生产关系，即通过商品生产者相互交换其产品而实现相互交换劳动的关系的特殊表现。这种反映出来的特殊的社会关系的性质是由其基础即生产资料的所有制形式决定的。因而，同是市场经济，由于不同社会占统治地位的所有制形式不同，也就决定了市场经济的不同的社会性质。例如，以生产资料私有和个体劳动为基础的小私有制决定的是为了满足自身需要的小商品经济，以生产资料私有和雇佣劳动为基础的资本主义所有制决定的是为了满足资本家赚钱欲望的资本主义市场经济，而以生产资料公有制为主体的多种所有制并存与联合劳动为基础的社会主义所有制结构决定的是为了满足劳动者自身需要和社会共同需要的社会主义市场经济。因此，所有制形式又决定了市场经济的社会性质并对市场经济的发展起着推动或制约的作用。

第三，二者的这种一般关系是存在于具体形式之中的。这种具体形式可以大体归为两类：一类是市场经济的发展与私有制形式变革的关系，这时的市场经济也就表现为私有制市场经济；另一类是市场经济的发展与社会主义公有制实现形式的变革的关系，这时的市场经济也就表现为与公有制相结合的市场经济即社会主义市场经济。

（二）市场经济的发展与私有制实现形式的变革

最初的商品交换加速了原始公有制形式的解体和私有制关系的产生。商品交换产生于原始社会末期，“商品交换是在共同体的尽头，在它们与别的共同体或其成员接触的地方开始的。但是物一旦对外成为商品，由于反作用，它们在共同体内部生活中也成为商品”。[①] 自从原始社会末期出现商品交换和为交换而进行的商品生产，商品经济这一社会经济发展的形式也就应运而生。商品生产是生产力发展到一定阶段即出现了剩余产品和人们之间的社会分工的产物。随着生产力的进一步发展，社会劳动组织形式发生了改变，即由原来必须集中在一起才能从事的集体劳动改变为每一个劳动者家庭也能从事的家庭劳动或个体劳动，从而剩

① 《马克思恩格斯文集》第5卷，人民出版社2009年版，第107页。

余产品增多，交换的产品的种类和数量也就扩大了，一部分公社首领利用公社成员赋予自己的权力去占有交换得到的剩余产品，从而脱离了劳动。由此，对生产组织管理的权力就变成了特权，社会公仆变成了社会主人，私有制关系开始出现。

市场经济的发展对私有制的具体形式的转换和变革起着不可忽视的推动作用。由于在奴隶社会和封建社会里，自然经济占统治地位，商品经济在自然经济的缝隙中生存着，并顽强地冲破自然经济的束缚而逐渐发展。那时，商品经济的发展相当缓慢，它对私有制形式的变革所起的作用还不十分明显。但是，一旦资本主义制度确立，商品生产成为社会生产的普遍形式，商品经济也就发展到它的高级阶段，即市场经济。市场经济由于获得了它得以发展的最适当的形式，从而就迅速地在社会经济的各个领域取代自然经济而占据统治地位。这时，市场经济的发展对于整个社会经济的发展，对于资本主义私有制所采取的具体形式及其变革起着直接的巨大的推动作用。

商品是资本主义经济的细胞，“资本主义占统治地位的社会的财富，表现为‘庞大的商品堆积’，单个的商品表现为这种财富的元素形式”。[①] 商品生产在资本主义社会表现为剩余价值的生产，市场经济就表现为资本主义经济。马克思指出：“作为劳动过程和价值形成过程的统一，生产过程是商品生产过程；作为劳动过程和价值增殖过程的统一，生产过程是资本主义生产过程，是商品生产的资本主义形式。”[②] 资本主义生产的唯一目的和动机就是赚钱，“生产剩余价值或赚钱，是这个生产方式的绝对规律”。[③] 然而，资本主义为了实现这个目的，就必须生产出更多的商品。这时，商品的内在矛盾就表现为资本主义的劳动过程和价值增殖过程的矛盾；市场经济所要求的生产当事人的独立的经济利益就表现为资本家的私人利益，这种利益通过资本家之间在市场上的尔虞我诈的生死搏斗的竞争强制地加以实现。资本主义商品，这种“用头倒立着的怪物”，这种“怪物”内部深藏着的剩余价值或利润的赚钱的“幽灵”，[④] 统治着社会的一切，人们的一切关系都被商品、货币等金钱关系所笼罩、所取代。

市场经济的发展推动着资本主义私有制具体形式的变革。这种变革包括两方面的内容：一方面是资本主义社会资本发挥职能的形式发生了改变，即由最初的产业资本的单一形式发展为产业资本和商业资本同时并存，并在此基础上产生出

---

① 《马克思恩格斯文集》第 5 卷，人民出版社 2009 年版，第 47 页。

② 《马克思恩格斯文集》第 5 卷，人民出版社 2009 年版，第 229-230 页。

③ 《马克思恩格斯文集》第 5 卷，人民出版社 2009 年版，第 714 页。

④ 《马克思恩格斯文集》第 5 卷，人民出版社 2009 年版，第 88 页。

借贷资本形式，从而形成了多种资本形式同时并存、相互依赖的资本主义私有制形式的多重结构；另一方面是资本主义形式自身发生了某种“质变”即“扬弃”。这种“质变”，又可分为两种形式：第一，由资本家的独资经营发展为资本家之间、资本家和资本主义国家之间以及其他形式合资经营，即资本主义股份公司的出现；第二，由资本家的自由资本即可以自由转移的资本发展为垄断资本。

市场经济是通过自身的运行机制的作用发展的，这一机制又是通过商品生产者和经营者的经济活动才能发挥作用。商品生产者和经营者的生产经营行为与市场经济运行机制的方向相一致就能推动市场经济的发展，否则，就会阻碍其发展。市场经济在资本主义社会之所以能够得到迅速发展，正是因为市场经济的运行机制与资本家的生产经营行为的一致性得以实现。市场经济要通过市场来运行，市场经济的运行机制就表现为市场机制，即在供求关系的作用下，通过商品生产者之间的竞争使商品的价格围绕其价值波动。在资本主义社会，资本家本身就是商品生产的组织者和指挥者，即市场经济活动的当事人。市场经济所要求的生产当事人的独立经济利益就表现为资本家的私人利益，因而，追求每个人利益，追求剩余价值或利润，就成为资本家经济行为的内部动力。这种作为企业经济行为的内部动力机制与市场机制的外部竞争压力相结合，驱使着每个资本家要尽力发展本企业的生产规模，扩张其生产能力，从而去大力发展商品生产和商品交换。市场经济的发展又要求资本职能形式的改变，要求资本由单一的产业资本向产业资本和商业资本的双重职能形式转变。因为资本采取单一的产业资本形式，资本家身兼二任，既要组织商品生产，又要从事商品的交换；既要掌握生产技术和管理方法，又要洞悉市场行情。同时，资本家手中的资本也必须一分为二，即一部分用于生产，另一部分用于流通。这样，资本家获取利润的多少，一方面会受到资本家经营管理的限制，另一方面又会受到资本周转速度的限制。由此就必然产生一种专业分工：产业资本家把商品出售即 $W'—G'$ 这种商品资本职能交给一个特殊的资本家集团，即专门从事商品经营的商业资本家，由他们在流通中执行商品资本的职能。商业资本的出现，一方面可以极大缩短商品的流通时间，减少流通费用，从而增加直接用于生产领域中的资本数量以有利于剩余价值的生产；另一方面又可以扩大市场，促使产业资本以更大的规模组织商品的生产和经营。同样，职能资本形式的发展必然要求非职能资本形式的借贷资本的出现，以利于商品交换和商品生产的发展。

资本的这种多重形式的并存，既是资本主义市场经济发展的必然产物，又成为资本主义市场经济进一步发展的必要条件。无论哪种形式的资本运动一旦中断，整个资本主义生产的链条就要中断，资本主义市场经济就会处于混乱之中。因而，资本主义市场经济的发展受到了资本主义私有制关系的巨大限制。为了加强资本主义私有制在直接的经济利益上的相互依赖关系，同时也由于商品生产规模惊人地扩大，使得个别资本不可能建立的企业即股份公司出现了。

股份公司是资本集中的重要形式，它打破了个人私有资本数量上的限制，促进了巨大企业的建立和发展，加速了最新科技成果的采用，同时也扩大了企业间的联系，使每个参加者都能从自身直接的经济利益上去关心生产和经营。马克思指出："那种本身建立在社会生产方式的基础上并以生产资料和劳动力的社会集中为前提的资本，在这里直接取得了社会资本（即那些直接联合起来的个人的资本）的形式，而与私人资本相对立，并且它的企业也表现为社会企业，而与私人企业相对立。这是作为私人财产的资本在资本主义生产方式本身范围内的扬弃，……是再生产过程中所有那些直到今天还和资本所有权结合在一起的职能转化为联合起来的生产者的单纯职能，转化为社会职能的过渡点。"① "股份制度——它是在资本主义体系本身的基础上对资本主义的私人产业的扬弃；随着它的扩大和侵入新的生产部门，它也在同样的程度上消灭着私人产业。"② 因此，作为私人资本的对立物，股份公司更能够适合大规模的、存在着普遍联系的市场经济发展的要求，因而能在更大程度上推动市场经济的发展。但是，正如马克思指出的："在股份制度内，已经存在着社会生产资料借以表现为个人财产的旧形式的对立面；但是，这种向股份形式的转化本身，还是局限在资本主义界限之内；因此，这种转化并没有克服财富作为社会财富的性质和作为私人财富的性质之间的对立，而只是在新的形态上发展了这种对立。"③ 正是在这种意义上，马克思认为，资本主义股份制度，作为"资本主义生产极度发展的这个结果，是资本再转化为生产者的财产所必需的过渡点，不过这种财产不再是各个互相分离的生产者的私有财产，而是联合起来的生产者的财产，即直接的社会财产"。④

（三）市场经济的发展与公有制实现形式的变革

马克思恩格斯曾经设想，社会主义公有制实现形式首先应在生产力高度发展的资本主义国家同时出现，这些国家无产阶级夺取政权后，全部生产资料将为全社会所占有，劳动者的个人劳动就直接表现为社会劳动，人们之间的劳动交换关

① 《马克思恩格斯文集》第 7 卷，人民出版社 2009 年版，第 495 页。
② 《马克思恩格斯文集》第 7 卷，人民出版社 2009 年版，第 497 页。
③ 《马克思恩格斯文集》第 7 卷，人民出版社 2009 年版，第 498–499 页。
④ 《马克思恩格斯文集》第 7 卷，人民出版社 2009 年版，第 495 页。

系将是直接的劳动分工协作关系，它不再通过物的形式迂回曲折地表现，因此，市场经济将随着资本主义私有制的灭亡而消亡。马克思指出：“在一个集体的以共同占有生产资料为基础的社会里，生产者并不交换自己的产品；消耗在产品生产上的劳动，在这里也不表现为这些产品的价值，不表现为它们所具有的某种物的属性，因为这时和资本主义社会相反，个人的劳动不再经过迂回曲折的道路，而是直接地作为总劳动的构成部分存在着。”① 马克思在这里显然是把公有制形式的出现与市场经济的消亡看作是同一过程的两个方面了。

马克思对未来社会的预见，是以劳动者的个人劳动直接就是社会总劳动的组成部分，生产资料归全社会所共同占有为基础的。马克思本人没有社会主义的具体实践，现实社会主义与马克思预见的社会主义并非完全相合。因此，我们既不能根据当代社会主义经济的现实去强求、去否定马克思主义的基本原理，也不能用马克思主义的个别论断作为社会主义经济的固定模式去硬套今天活生生的社会主义实践。市场经济的存在和发展是一个客观的、历史的自然过程，它有着不以人们的意志为转移的发展规律。显然，社会主义社会并不具备使市场经济归于消亡的经济条件。在我国社会主义现阶段，甚至在整个社会主义历史时期，整个社会劳动还会是被旧的分工所固定的不同性质的劳动，人们的劳动还不可能是完全直接的社会劳动。在不同生产单位之间，甚至可能在同一个生产单位内部，劳动者相互交换劳动的关系，还要通过物的形式来表现，因此，社会个人之间、个人与集体之间、个人与国家之间、集体与国家之间的经济关系在一定程度上还是以商品等价交换的纽带彼此联结着，它们之间的劳动交换关系就必然要通过商品交换关系的形式来实现。以公有制为基础的整个社会主义历史时期还依然是市场经济社会，只不过这种市场经济是与公有制的具体实现形式相结合的市场经济。

公有制的实现形式是指公有财产在经济运行过程中的具体经营方式和组织形式。公有制经济和非公有制经济都存在于具体的企业财产组织形式和经营方式之中，并通过这种财产的组织形式和经营方式实现各自的规定性。因此，公有制是就所有制的性质而言的，公有制实现形式则是指公有财产的具体组织形式和经营方式。任何一种所有制都必须通过某种实现形式才能构成一定社会条件下的具体的生产经营活动，从而实现生产资料所有者的经济利益。至于所有制采取何种形式去实现则是无关紧要的。在现实的经济生活中，同一种所有制可以有不同的实现形式，而不同的所有制也可以采取相同的实现形式。我国经济体制改革的一个重要内容就是要努力寻找能够极大促进生产力发展的公有制实现形式，其目的是

① 马克思：《哥达纲领批判》，人民出版社 1997 年版，第 12 页。

寻求公有制与市场经济相结合的有效途径，进一步解放和发展社会生产力。

我国不同地区、不同行业存在着生产力发展阶段上的显著差异。选择公有制实现形式，必须考虑实际的生产力水平和所处的阶段特征。如在我国沿海发达地区和内陆不发达地区，在已经机械化、自动化的城市工业和半机械化甚至手工劳动的农村农牧业，所要求的公有制的实现形式就应当是多样化的。与市场经济相结合的公有制的实现形式具有多样性。江泽民在中共十五大报告中指出：在社会主义市场经济中，“公有制实现形式可以而且应当多样化”。究其原因，在于以下几个方面：

第一，随着市场经济的发展，一方面，投资主体趋向多元化，投资方式多样化，公有制经济通过债权、股权等形式，广泛吸收社会资本，必然形成具有不同组织形式和经营方式的企业；另一方面，由于多种所有制经济的存在和在市场上的相互渗透，产权关系日益复杂。生产要素的所有权、占有权、支配权、使用权和处置权等不同权能在经济运行中不断进行排列组合，也使得公有制实现形式日益多样化。

第二，随着中国加入世界贸易组织，国际市场国内化，国内市场国际化，国际资本与国内资本在企业组织中的相互融合和相互渗透，也必然不断产生新的所有制实现形式，公有制实现形式自然日趋多样化。

第三，公有制自身也要随着经济条件的变化不断进行调整和重组。恩格斯曾经说过：“社会制度中的任何变化，所有制关系中的每一次变革，都是同旧的所有制关系不再相适应的新的生产力发展的必然结果。”① 我们不能把公有制实现形式看成是一成不变的，要不断解放思想，大胆实践，努力寻找新的多样化的公有制实现形式。

能否找到好的公有制实现形式，关系到公有制优越性的发挥及其存在的历史命运。中共十一届三中全会以后，从农村推行家庭联产承包责任制，到企业进行股份制、股份合作制改造，常常遇到一些思想疑虑，甚至误认为寻找公有制实现形式就是搞私有化，走资本主义道路。其重要原因，就是没有区分公有制与公有制实现形式，没有认识到同一种所有制可以有多种实现形式，不同的所有制可以有同一种实现形式。在社会主义市场经济中，公有制可以而且必然有各不相同的多样化的实现形式。判断一种具体的实现形式的优劣，不能以人们的主观好恶为标准，只能以“三个有利于”为标准。只要是符合“三个有利于”标准，反映社会化生产规律的组织形式和经营方式，我们都可以大胆地试，大胆地用。

---

① 《马克思恩格斯选集》第1卷，人民出版社1972年版，第218页。

在公有制多种实现形式中，股份制和股份合作制可以成为具有普遍意义的重要形式。股份制是一种适应现代市场经济要求的企业资本组织形式，它实行了出资者所有权和企业法人财产权的分离。资本主义企业曾利用股份制这一新的实现形式，大量募集资金，迅速扩大资本，加强大资本对社会经济的统治。社会主义公有制经济，尤其是国有经济，也可以而且应该运用这种现代企业形式，发挥其独具的优势，通过募股、合资、融资等方式，利用公有制的不同实现形式，跨越所有制界限，广泛吸收社会资本，以壮大自己实力，增强对国民经济的控制力和支配力，同时改变国有财产的组织形式，转换企业经营机制，增强内部活力。实践证明，这是加强国有经济主导作用的重要的有效途径。今后应继续加快国有大中型企业改革重组步伐，尽快实现国有大中型企业的规范的公司制改造。

我国广大城乡出现的多种多样的股份合作制经济，是基层干部和群众在实践中的新创造，是改革中出现的崭新事物。它把股份制与合作制相结合，兼有股份制和合作制的优点，以劳动合作为基础，职工共同占有和使用生产资料，利益共享，风险共担。同时，职工又是出资人，一方面为劳动合作提供了资本条件，另一方面也为闲置的资金找到了增值的机会。劳动合作与资本联合的统一，调动了职工的积极性，强化了职工对企业资产经营的关心程度和风险意识，提高了企业经济效益。股份合作制已经成为国有小企业和集体企业重要的资本组织形式和经营方式。这种企业财产组织形式中包含的积极因素，也有可能为国有大中型企业改革提供借鉴。

在选择公有制实现形式时，应坚持一切从实际出发，因地因企制宜的原则。检验所选择的公有制实现形式是否正确的根本标准只能是：看其是否有利于公有资本的保值增值，是否有利于调动生产者和经营者的积极性和创造性，是否有利于企业经济效益的提高和社会生产力的发展。

三、马克思关于金融危机的理论

马克思金融危机理论是他的经济危机理论的一个组成部分，金融危机是经济危机的一种特殊形式。经济危机产生于货币危机，而无论是经济危机、金融危机还是货币危机，实质上都是信用危机。

（一）马克思关于货币危机的论述

货币危机的可能性产生于货币的流通手段和支付手段的职能。流通手段是货币充当商品交换媒介的职能。以货币为媒介的商品交换的总和构成商品流通。商品流通实际上是商品价值存在形态的变化，即由商品形式变成货币形式，即卖，再由货币形式变成商品形式，即买，这样就使得一个完整的商品交换过程（在物物交换过程中的买和卖是同一个过程）区分为买和卖两个过程，于是商品交换的买和卖就出现了空间上和时间上的分离。买卖在空间上的分离，在一个地点买，到另一个地点卖，就有可能出现买卖脱节而导致的交换过程的中断。买卖在时间上的分离，卖了不急于买或者买了不急于卖，或者以赊购方式先把商品卖出，等一定时期后再把货币收回，这种先赊购后偿还的行为就产生了货币的支付手段。支付手段使得商品买卖双方当事人成为债权人和债务人，进而形成整个商品社会相互交织的债务支付链条，一旦有一个环节出现支付困难，整个链条就有可能中断。因此，货币的流通手段和支付手段就包含着货币危机的可能性。马克思指出："如果货币执行流通手段的职能，危机的可能性就包含在买和卖的分离中。如果货币执行支付手段的职能，货币在两个不同的时刻分别起价值尺度和价值实现的作用——危机的可能性就包含在这两个时刻的分离中。如果价值在这两个时刻之间有了变动，如果商品在它卖出的时刻的价值低于它以前在货币执行价值尺度的职能，因而也执行相互债务尺度的职能的时刻的价值，那么，用出卖商品的进款就不能清偿债务，因而，再往上推，以这笔债务为转移的一系列交易，都不能结算。即使商品的价值没有变动，只要商品在一定时期内不能卖出，单单由于这一笔债务，货币就不能执行支付手段的职能。但是，因为同一笔货币是对一系列的相互交易和债务执行这种职能，所以无力支付的情况就不止在一点上而是在许多点上出现，由此就发生危机。这就是危机的两种形式上的可能性。在没有第二种可能性的情况下，第一种可能性也可能出现，就是说，在没有信用的情况下，在没有货币执行支付手段的职能的情况下，也可能发生危机。但是，在没有第一种可能性的情况下，即在没有买和卖彼此分离的情况下，却不可能出现第二种可能性。但是，在第二种场合所以发生危机，不仅是因为商品一般地卖不出去，而且是因为商品不能在一定时期内卖出去，在这里危机所以发生，危机所以具有这样的性质，不仅由于商品卖不出去，而且由于以这一定商品在这一定期限内卖出为基础的一系列支付都不能实现。这就是本来意义上的货币危机形式。"①

马克思指出，货币作为流通手段和支付手段，产生了货币危机的可能性，马克思将它称作经济危机的一般可能性，而这种一般可能性要变成经济危机的现实可能性，需要具备一定的条件。

（二）货币危机的可能性是导致金融危机的条件

马克思认为，在商品流通和货币流通中发展起来的矛盾，包含危机的可能

① 《马克思恩格斯全集》第 26 卷，人民出版社 1975 年版，第 587 页。

性，必然会在资本主义生产中表现为现实的可能性。因为，只有在资本主义条件下，商品生产才成为社会生产的普遍化形式，才会有发达的商品流通和货币流通。所以，经济危机只能从资本主义生产的现实运动中、从资本主义的再生产过程中、从竞争和信用中引出。马克思指出："资本的总流通过程或总再生产过程是资本的生产阶段和资本的流通阶段的统一，也就是把上述两个过程作为自己的不同阶段来通过的过程。这里包含着得到进一步发展的危机的可能性，或者说，包含着得到进一步发展的危机的抽象形式。"① 在发达的商品生产中，不同的商品的形态变化是相互联系的。一种商品转化为货币是因为另一种商品的价值从货币形态再转化为商品形态。因此，买和卖的分离在这里进一步表现为：一笔资本从商品形态转化为货币形式，相应地，另一笔资本就必须从货币形式再转化为商品形式；一笔资本离开生产过程，相应地，另一笔资本就必须回到生产过程；一笔资本离开流通过程，相应地，另一笔资本就必须回到流通过程。不同资本的生产过程和流通过程的相互联结和相互作用一旦中断，货币回流受阻，整个社会生产就会中断，危机就会爆发。

（三）资本主义信用危机与金融危机

在马克思看来，信用是一种以偿还为条件的借贷行为。由于借贷对象分为商品形态和货币形态，相应的信用也可分为商业信用和银行信用两种基本形式。马克思在肯定信用在资本主义经济发展中的巨大作用的同时，对信用的负面影响，特别是对信用与危机的关系也进行了全面深入的研究。马克思认为，信用与危机的关系主要有以下几个方面：

第一，信用关系包含危机的可能性。货币的支付手段职能是信用关系的基本形式，在货币支付手段形成的债权债务关系链中包含着货币危机的可能性。在现代社会，信用关系已经渗透到社会经济生活的各个方面和各种层次，信用中包含的危机的可能性对危机的传播和破坏力量也在放大。

第二，信用对危机的爆发具有强烈的推动作用。在生产领域，信用提供了各个资本家不是按照他们自有资本的数量而是按照他们生产的需要去支配整个社会的资本，这就为资本主义生产的盲目扩张提供了条件；在流通领域，信用促成商人资本的独立化，甚至会造成虚假的需求。

第三，信用投机是金融危机的基础。有意制造名义价值与实际价值的差额，然后从中牟取暴利，是一种最常见的投机行为。这种投机行为往往人为地使再生

① 《马克思恩格斯全集》第26卷，人民出版社1975年版，第586页。

产过程猛烈地扩大，又猛烈地缩小，投机者在巨大的经济波动中坐收渔利。马克思指出："在再生产过程的全部联系都是以信用为基础的生产制度中，只要信用突然停止，只有现金支付才有效，危机显然就会发生，对支付手段的激烈追求必然会出现。所以乍看起来，好像整个危机只表现为信用危机和货币危机。而且，事实上问题只是在于汇票能否兑换为货币。但是这种汇票多是代表现实买卖的，而这种现实买卖的扩大远远超过社会需要的限度这一事实，归根到底是整个危机的基础。"①

（四）虚拟资本与金融危机

马克思认为，虚拟资本是在生息资本的基础上形成的，其实质是收入的资本化。马克思指出："生息资本的形式造成这样的结果：每一个确定的和有规则的货币收入都表现为一个资本的利息，而不论这种收入是不是由一个资本生出。货币收入首先转化为利息，有了利息，然后得出产生这个货币收入的资本。"② 所以，虚拟资本是一种纯粹幻想的资本。

虚拟资本的主要形式是有价证券。有价证券的价格本质上是收入的资本化。"它的价值始终只是资本化的收益，也就是一个幻想的资本按现有利息率计算可得的收益。"③ 有价证券特别是股票的市场价值或价格的独特运动和决定方式使它们成为投机活动的主要对象。利用有价证券进行投机的主要目的是赚取行市差额。投机的目的之所以能够实现，是因为有价证券的市场价值"不是由现实的收入决定的，而是由预期得到的、预先计算的收入决定的"。④ 有价证券的价格被投机者所操纵，证券交易所就成为赌博的场所。马克思指出："在这种赌博中，小鱼为鲨鱼所吞掉，羊为交易所的狼所吞掉。"⑤

马克思指出，银行资本的大部分是虚拟资本。银行资本的虚拟性还明显地表现在存款上。存款人将现金存入银行后，银行即刻将这些存款转化为生息资本贷放出去，形成职能资本家的现实资本，而存款人的存款就成了记在银行账簿上的资本，而且银行的派生存款功能能够创造出数倍于原始存款的只是记在银行账户上的存款。所以，银行资本的大部分都是虚拟的。虚拟资本价格的过度膨胀和银行信贷的过度增长是金融危机发生的基础和条件。由于信用和信用货币不是真正的货币，不是真实的财富，与普通商品一样最终都要向货币转化；由于虚拟资本

① 《马克思恩格斯文集》第7卷，人民出版社2009年版，第555页。
② 《马克思恩格斯文集》第7卷，人民出版社2009年版，第526页。
③ 《马克思恩格斯文集》第7卷，人民出版社2009年版，第530页。
④ 《马克思恩格斯文集》第7卷，人民出版社2009年版，第530页。
⑤ 《马克思恩格斯文集》第7卷，人民出版社2009年版，第498页。

严重背离实体资本，使得货币作为一般价值形式同虚拟资本的市场价值和信用货币的面额价值的矛盾不断积累，最后只有通过一次强制性的回归，即金融危机，才能重新实现统一和重合。

总的来看，马克思认为，第一，金融危机本质上是货币危机，对货币的强烈追求是金融危机最基本的特征，而它的表现则是企业和银行的流动性危机和债务支付危机；第二，生产过剩是金融危机爆发的根本原因，虚拟资本过度膨胀是金融危机爆发的直接原因，虚拟资本的自我膨胀机理和对其放任是金融危机形成的主要机制；第三，金融危机既可以因生产过剩在经济危机中的前期爆发，也可以在以虚拟资本为代表的金融系统超常无序发展的失衡中爆发。

第九章　超额利润转化为地租理论

（《资本论》第三卷第六篇）

本书的第七章、第八章我们研究了马克思关于平均利润是如何在产业资本家、商业资本家和借贷资本家之间分割为产业利润、商业利润和利息的理论，本章是研究马克思关于资本主义土地所有权和地租的理论，“考察资本投入农业而产生的一定的生产关系和交往关系”，[①] 分析土地所有者是如何以地租的形式，从农业资本家手中攫取超过平均利润的超额利润，揭示资本主义地租中所体现的特定的资本主义生产关系，即资本主义大土地所有者是如何通过地租的形式瓜分剩余价值的。

第一节　研究对象和逻辑结构

一、研究对象

从一般意义上讲，“地租是土地所有权在经济上的实现”。[②] 马克思的地租理论研究的对象，是资本主义土地所有权在经济上的实现，即资本主义地租。马克思为了便于在纯粹的状态下进行研究，他把资本主义社会存在的非资本主义经济成分抽象掉，假定农业完全受资本主义生产方式的支配。马克思指出：“我们只是在资本所产生的剩余价值的一部分归土地所有者的范围内，研究土地所有权问题。因此，我们假定，农业和制造业完全一样受资本主义生产方式的统治，也就是说，农业是由资本家经营。”[③] 同时，假定“资本的自由竞争、资本由一个生产部门向另一个生产部门转移的可能性、同行水平的平均利润等等，都已经完全成熟”。[④] 由此可见，马克思对资本主义地租的研究，是在他的平均利润和生产价格理论的基础上进行的。

---

① 《马克思恩格斯文集》第 7 卷，人民出版社 2009 年版，第 694 页。

② 《马克思恩格斯文集》第 7 卷，人民出版社 2009 年版，第 715 页。

③ 《马克思恩格斯文集》第 7 卷，人民出版社 2009 年版，第 693 页。

④ 《马克思恩格斯文集》第 7 卷，人民出版社 2009 年版，第 693 页。

马克思的地租理论在《资本论》中占有重要的地位。在这一篇之前，整个《资本论》分析的资本与雇佣劳动的关系，还没有涉及农业中资本和土地所有权的关系，以及土地所有权在分配上的实现形式问题。如果“不做这种考察，对资本的分析就是不完全的”。[①] 也就是说，只有分析了资本主义土地所有权和地租，马克思的资本和剩余价值理论，乃至他的价值理论，才得以完成。

二、逻辑结构

马克思在《资本论》第三卷第六篇集中阐述了他的地租理论。这一篇从第37章到第47章，按照从一般到特殊的逻辑方法和先论后史的原则，大体上分为五个部分：

第一部分，第37章《导论》。主要考察了土地所有权与资本主义地租的一般原理；

第二部分，第38章到第44章，主要考察级差地租，包括第38章《级差地租：概论》，本章是对级差地租的总的分析，着重考察级差地租的形成过程和一般特点，第39章《级差地租的第一种形式（级差地租Ⅰ）》，第40章《级差地租的第二形式（级差地租Ⅱ）》，第41章《级差地租Ⅱ——第一种情况：生产价格不变》，第42章《级差地租Ⅱ——第二种情况：生产价格下降》，第43章《级差地租Ⅱ——第三种情况：生产价格上涨·结论》，第44章《最坏耕地也有级差地租》；

第三部分，第45章《绝对地租》，主要考察绝对地租的形成、量的规定以及发展趋势等问题；

第四部分，第46章《建筑地段的地租，矿山地租，土地价格》，主要考察这几种特殊形式的地租和土地价格等有关问题；

第五部分，第47章《资本主义地租的产生》，主要考察资本主义以前的地租和资本主义地租产生的历史。

---

① 《马克思恩格斯文集》第7卷，人民出版社2009年版，第694页。

第二节　地租理论的基本要点

一、土地所有权与资本主义地租

（一）地租是土地所有权在经济上的实现

马克思指出："地租是土地所有权在经济上借以实现的形式，即增殖价值的形式。"[①] 一切形式的地租都以土地所有权的存在为前提。"土地所有权的前提是，一些人垄断一定量的土地，把它当作排斥其他一切人的、只服从自己私人意志的领域。"[②] 这就是说，土地的所有者具有完全按自己的意志支配、处置土地的权利，任何人无权干涉。当然，这种土地所有权既受法律的保护，也受法律的约束。

土地所有权具有历史性，它是不断变化的。不同的土地所有权，产生不同形式的地租。马克思在这里"所考察的土地所有权形式，是土地所有权的一个独特的历史形式，是封建的土地所有权或小农维持生计的农业受资本和资本主义生产方式的影响而转化成的形式"，[③] 即资本主义的土地所有权形式。

（二）资本主义土地所有权的主要特点

第一，土地的所有权与使用权相分离，成为纯经济的形式。

马克思指出：资本主义农业的生产方式，"一方面是直接生产者从土地的单纯附属物（在依附农、农奴、奴隶等形式上）的地位中解放出来，另一方面是人民群众的土地被剥夺。……它一方面使土地所有权从统治和从属的关系下完全解脱出来，另一方面又使作为劳动条件的土地同土地所有权和土地所有者完全分离。……这样，土地所有权就取得了纯粹经济的形式"。[④] 在封建社会，土地所有权和封建特权紧密结合，土地的使用权直接掌握在土地所有者及其代理人手里。资本主义的土地所有权是一种单纯的财产所有权，土地所有者一般不经营土地，而且把土地租给农业资本家经营，按租约收取地租。

第二，劳动者摆脱了封建的依附关系，但是，他们的土地被剥夺，成为农业

---

① 《马克思恩格斯文集》第 7 卷，人民出版社 2009 年版，第 698 页。
② 《马克思恩格斯文集》第 7 卷，人民出版社 2009 年版，第 695 页。
③ 《马克思恩格斯文集》第 7 卷，人民出版社 2009 年版，第 693-694 页。
④ 《马克思恩格斯文集》第 7 卷，人民出版社 2009 年版，第 696-697 页。

资本家的雇佣劳动者。在封建土地制度下，农民被束缚在土地上，没有人身自由；在资本主义条件下，农民有了人身自由，但被剥夺了土地，为了生活，只得出卖劳动力，“并从属于一个为利润而经营农业的资本家”。① 总之，资本主义的农业土地制度中，包含着“三个并存的而又互相对立的阶级……雇佣工人、产业资本家、土地所有者”。② “一方面使农业合理化，从而才使农业有可能按社会化的方式经营，另一方面，把土地所有权变成荒谬的东西——这是资本主义生产方式的巨大功绩。资本主义生产方式的这种进步，同它的所有其他历史进步一样，首先也是以直接生产者的完全贫困化为代价而取得的。”③

(三) 资本主义地租的特殊性质

资本主义地租与封建地租相比，具有以下主要特点：

第一，两种地租存在的基础和体现的经济关系不同。封建地租存在的基础是封建土地私有制，体现的是封建地主剥削农民或农奴的关系；而资本主义地租存在的基础是资本主义土地私有制，体现的是地主阶级和农业资本家共同瓜分农业雇佣工人所创造的剩余价值的关系。

第二，两种地租的数量不同。封建地租在数量上通常要包含农民的全部剩余劳动或剩余产品，甚至有时还会包含一部分必要劳动或必要劳动产品；而资本主义地租在数量上通常并不包含农业工人创造的全部剩余价值，而只是其中的一部分，是超过农业资本家所得平均利润以上的超额利润。

第三，两种地租获取的手段不同。封建地主获取地租，除依靠土地所有权外，还依靠“超经济的强制”，即凭借封建特权，强迫农民进行各种形式的剩余劳动；资本主义地租则是建立在雇佣劳动的基础上，通过劳动力的自由买卖进入剩余价值的生产过程，然后再将剩余价值的一部分以地租形式交给地主，它表现为一种在法律上平等的纯经济的契约关系。

第四，两种地租在社会经济中的地位和作用不同。封建地租是封建社会中占支配地位的分配关系；而资本主义社会占支配地位的分配关系是利润形式，地租只是利润的一部分即超额利润的转化形式。

通过以上的对比，我们可以看出，资本主义地租的特殊性质在于，它是由农业雇佣工人创造的超过平均利润的超额利润转化而来的，是资本主义土地所有权在经济上借以实现的形式，它既体现着大土地所有者和农业资本家共同剥削农业雇佣

---

① 《马克思恩格斯文集》第7卷，人民出版社2009年版，第694页。

② 《马克思恩格斯文集》第7卷，人民出版社2009年版，第698页。

③ 《马克思恩格斯文集》第7卷，人民出版社2009年版，第697页。

工人的关系，同时又体现着大土地所有者和农业资本家分割剩余价值的关系。

（四）地租和租金

农业资本家向土地所有者支付的全部货币额，表现为广义地租，即租金。马克思讲：“租地农场主为了获得经营土地的许可而以租金形式支付给土地所有者的一切，实际上都表现为地租。”① 狭义地租，即为了使用土地本身而支付的地租，是真正意义上的地租。租金除包括狭义地租外，还包括以下一些内容：

第一，土地资本的折旧和它所带来的利息。马克思把为耕作和改良土地而投入的固定资本，称为“土地资本”，它的折旧和利息，成为租金的重要组成部分。土地资本虽然由租地农场主投入，但是租期一满，尚未收回的投资连同土地都被地主收回。在重新签约时，地主就会将这部分资本的折旧及其利息加到地租中，从而引起地租和地价不断上涨。马克思说：“这就是随着经济发展的进程，土地所有者日益富裕，他们的地租不断上涨，他们土地的货币价值不断增大的秘密之一。这样，他们就把不费他们一点气力的社会发展的成果，装进他们的私人腰包——他们是为享受果实而生的。但这同时是合理农业的最大障碍之一，因为租地农场主避免进行一切不能期望在自己的租约期内完全收回的改良和支出。”②

第二，平均利润和部分工资。“在租金里面还可能有一部分，是来自平均利润中的扣除，或来自正常工资中的扣除，或同时是来自这二者中的扣除。”③

第三，某些特殊条件造成的垄断价格的收入。这里所说的特殊条件是指某些土地具有特殊优越的条件（如埋藏有珍贵矿石等），能够生产特殊品质的产品并能以垄断价格出售。这种土地的租金就非常高。但部分租金不是由土地所有权决定，而是由特殊条件下的垄断价格决定。

二、级差地租

（一）级差地租的形成和特征

资本主义地租根据它产生的原因和条件的不同，区分为两种基本形式：级差地租和绝对地租。所谓级差地租，就是等量资本投在不同地块上或等量资本连续投在同一地块上，劳动生产率较高的投资所形成的、由农产品的个别生产价格和社会生产价格的差额所构成的超额利润转化而成的地租。

---

① 《马克思恩格斯文集》第7卷，人民出版社2009年版，第704-705页。

② 《马克思恩格斯文集》第7卷，人民出版社2009年版，第699-700页。

③ 《马克思恩格斯文集》第7卷，人民出版社2009年版，第705页。

1. 级差地租形成的条件和原因

马克思分析地租形成的前提是:“土地和矿山的产品,像一切其他商品一样,是按照它们的生产价格出售的。”[①] 生产价格等于成本价格加平均利润。农业资本家投资于农业必须获得平均利润,否则,他就不投资于农业而去经营其他产业了。因此,级差地租只能是超过平均利润的超额利润。“在这个前提下,地租怎么能够发展起来,就是说,利润的一部分怎么能够转化为地租,因而商品价格的一部分怎么能够落到土地所有者手中。”也就是说,形成级差地租的超额利润是怎么来的,它又怎么能够作为地租转到土地所有者手中?

马克思指出,这种超额利润,“它来自和一种自然力的利用结合在一起的劳动的较大的自然生产力,但这种自然力不像蒸汽的压力那样,在同一生产部门可供一切资本自由支配,所以并不是凡有资本投入这个部门,这种自然力的利用就会成为不言而喻的事情。这种自然力是一种可以垄断的自然力,就像瀑布那样,只有那些支配着特殊地段及其附属物的人才能够支配它。……能够这样被人垄断的这种自然力,总是和土地分不开的。……他们不许别人把资本投在瀑布上,不许别人通过资本利用它。……因此,利用瀑布而产生的超额利润,不是产生于资本,而是产生于资本对一种能够被人垄断并且已经被人垄断的自然力的利用。在这种情况下,超额利润就转化为地租,也就是说,它落入瀑布的所有者手中”。[②]

马克思以上的分析,大体上分为三层意思:

第一层意思,级差地租形成的条件是利用特别有利的生产条件产生的超额利润,即利用特别有利的生产条件的个别资本的个别生产价格与投入该部门的一般资本的一般生产价格之间的差额。以工业用地为例:假如一个国家中绝大多数工厂以蒸汽为动力,少数工厂以自然“瀑布”为动力。那么,由于以蒸汽为动力生产的产品占绝大多数,因而这种生产价格就成为社会生产价格。以“瀑布”为动力的工厂由于生产成本低,于是获得超额利润。

第二层意思,级差地租形成的原因是土地的资本主义经营垄断。利用特殊生产条件所获得的超额利润,是可以垄断的,是与土地分不开的,只有那些支配着特殊地段及其附属物的人才能够支配它。也就是说,由这种自然力带来的超额利润产生于土地的资本主义经营垄断。

第三层意思,土地所有权使这种超额利润转化为地租。如果“瀑布”连同它所在的土地都属于土地所有者,那么,这种超额利润就以地租的形式落到土地

① 《马克思恩格斯文集》第7卷,人民出版社2009年版,第721页。

② 《马克思恩格斯文集》第7卷,人民出版社2009年版,第726-727页。

所有者手中。正如马克思所说：“土地所有权并不创造那个转化为超额利润的价值部分，而只是使土地所有者，即瀑布的所有者，能够把这个超额利润从工厂主的口袋里拿过来装进自己的口袋。它不是使这个超额利润创造出来的原因，而是使它转化为地租形式的原因。”①

2. 级差地租的主要特征

第一，级差地租是以生产价格的存在为前提，但它不参加商品的一般生产价格的形成过程。

第二，级差地租与土地的等级相联系，产生于相对较高的自然生产力。

第三，自然力不是超额利润的源泉，只是超额利润形成的自然基础。良好的自然条件可以提高劳动效率，但它本身并不创造价值和剩余价值。构成级差地租实体的超额利润，只能来自农业雇佣工人的剩余劳动。

第四，土地所有权不会创造价值和剩余价值，它不是转化为地租的超额利润产生的原因，而是使这种超额利润转化为地租的原因。

第五，地租能够资本化并产生土地价格。土地和一切自然力一样，没有价值，因为它本身并没有任何物化劳动，但土地所有权使地主有可能把个别利润和平均利润之间的差额占为已有。这样获得的逐年更新的利润能够资本化，并表现为土地本身的价格。因此，土地价格不外是地租的资本化。

（二）级差地租的第一形式（级差地租Ⅰ）

级差地租可以分为级差地租的第一形式，简称级差地租Ⅰ和级差地租的第二形式，简称级差地租Ⅱ。

1. 级差地租Ⅰ的形成条件

级差地租Ⅰ是等量资本投在等量面积的不同地块上，产生的不同生产率而形成的级差地租。级差地租Ⅰ与土地本身的差别有关。土地本身的差别表现为两种情况，一是土地肥沃程度的差别，二是地理位置的差别。因此，级差地租Ⅰ是等量资本投在肥力和位置不同的等量土地上产生的超额利润所形成的地租。

土地的肥力首先是自然肥力。马克思说：“撇开气候等要素不说，自然肥力的差别是由表层土壤的化学成分的差别，也就是由表层土壤所含植物养分的差别形成的。”不过，“在自然肥力相同的各块土地上，同样的自然肥力能被利用到什么程度，一方面取决于农业中化学的发展，一方面取决于农业中机械的发展。这就是说，肥力虽然是土地的客体属性，但从经济方面说，总是同农业中化学和

① 《马克思恩格斯文集》第7卷，人民出版社2009年版，第729页。

机械的发展水平有关系，因而也随着这种发展水平的变化而变化。”① 土地的位置，就是土地离市场的远近。一般来说，土地的位置决定各级土地耕种的顺序。

马克思指出：“很明显，级差地租的这两个不同的原因，肥力和位置，其作用可以是彼此相反的。一块土地可能位置很好，但肥力很差；或者情况相反。”② 所以，土地的耕作顺序可以先从肥沃土地向贫瘠土地，也可以先从贫瘠土地向肥沃土地推进。当然，其作用也可以是相同的。土地的肥力和位置这两个因素都会随着经济和交通条件的变化而发生变化。一方面，由于地方市场的建立，交通运输条件的改善，对形成级差地租的位置发生拉平的作用；另一方面，农业和工业的分离，大的生产中心的形成，又会使土地位置的差别扩大。

2. 级差地租Ⅰ的形成过程

级差地租Ⅰ的形成过程可举例分析如下：三个农业资本家各用 10000 元资本，分别投入劣等、中等和优等三块面积相等的土地上，其生产的农产品分别为 80 担、100 担和 120 担。若假定社会平均资本利润率为 20%，则这三个农业资本家获得的平均利润均为 2000 元。按照生产价格等于成本价格加平均利润的规定，在这三块地上分别生产的农产品的个别生产价格的总和都是 12000 元。但是，单位（每担）农产品的个别生产价格却是不同的：劣等地为 150 元（12000 元÷80），中等地为 120 元（12000 元÷100），优等地为 100 元（12000 元÷120）。由于农产品的社会生产价格是由劣等地产品的个别生产价格来决定的，即每担农产品的社会生产价格为 150 元，所以，按这个社会生产价格出卖的结果，中等地每担农产品获得超额利润 30 元，100 担共获得 3000 元；优等地每担农产品获得超额利润 50 元，120 担共获得 6000 元。这些超额利润就构成级差地租Ⅰ，如下表所示：

土地等级	投资（元）	平均利润（元）	产量（担）	个别生产价格（元）		社会生产价格（元）		级差地租Ⅰ（元）
				全部产品	每担	每担	全部产品	
劣等地	10000	2000	80	12000	150	150	12000	0
中等地	10000	2000	100	12000	120	150	15000	3000
优等地	10000	2000	120	12000	100	150	18000	6000

对于以上关于级差地租Ⅰ形成的分析，马克思得出了如下几点结论：

① 《马克思恩格斯文集》第 7 卷，人民出版社 2009 年版，第 733 页。

② 《马克思恩格斯文集》第 7 卷，人民出版社 2009 年版，第 733 页。

第一，序列在完成时（不管它的形成过程如何）总好像是一个下降的序列，因为人们在考察地租时，总是先从提供最高地租的土地出发，最后才谈到不提供地租的土地。

第二，不提供地租的最坏土地的生产价格，总是起调节市场价格的作用。

第三，“级差地租是由于农耕发展各个阶段的各级土地自然肥力的差别而产生的（这里还是把土地的位置撇开不说），就是说，它的产生是由于最好土地面积有限，是由于等量资本必须投在对等量资本提供不等量产品的不同的各级土地上”。①

第四，级差地租与农产品价格的变动趋向没有必然的关系。马克思说：“按照级差地租的形成方式，级差地租在土地产品价格不变，上涨和下降时都可以形成。……当价格因耕作普遍改进而下降，以致最坏土地的产量和产品价格降低时，一部分较好土地的地租可以保持不变或者减少，但最好土地的地租可以增长。……但在价格已定时，级差地租就取决于产量差额的大小，而在一切土地的绝对肥力都增进时，如果较好土地的肥力比较坏土地的肥力相对提高得更多，这个差额就会随着增大。”② 总之，“无论价格不变，还是价格上涨，无论由较坏土地不断推进到较好土地，还是由较好土地不断退向较坏土地，级差地租总是同样发展和增加”。③

第五，由劣等条件决定的农产品的社会生产价格与个别生产价格之间的差额构成的超额利润（级差地租），是一种“虚假的社会价值”。马克思指出：“关于级差地租，一般应当指出：市场价值始终超过产品总量的总生产价格……”“这是由在资本主义生产方式基础上通过竞争而实现的市场价值所决定的；这种决定产生了一个虚假的社会价值。这种情况是由市场价值规律造成的。土地产品受这个规律支配。产品（也包括土地产品）市场价值的决定，是一种社会行为，虽然这是一种不自觉的、无意的行为。这种行为必然是以产品的交换价值为依据，而不是以土地及其肥力的差别为依据。”④ 也就是说，只要是商品经济社会，价值规律就必然发生作用。在农业这个特殊生产部门，因其生产所依赖的土地有限、较优等的土地更是有限，所以在较优等的土地被某些资本家垄断经营、劣等地也必须投入使用、进而农产品的社会生产价格由劣等地的个别生产价格决定的情况下，“虚假的社会价值”就必然存在。

---

① 《马克思恩格斯文集》第7卷，人民出版社2009年版，第742页。

② 《马克思恩格斯文集》第7卷，人民出版社2009年版，第742–743页。

③ 《马克思恩格斯文集》第7卷，人民出版社2009年版，第737页。

④ 《马克思恩格斯文集》第7卷，人民出版社2009年版，第744–745页。

虚假的社会价值，对消费者的社会来讲，是对土地产品支付过多的东西，即对社会劳动时间在农业生产上的实现来说是负数的东西，但对土地所有者来说，则是他的实实在在的作为级差地租的正数收入。只有在“社会的资本主义形式已被扬弃，社会已被组成为一个自觉的、有计划的联合体”① 之后，商品货币关系消亡了，虚假的社会价值也就消失了。

（三）级差地租Ⅱ

由于农产品的市场价格由劣等地的个别生产价格决定，所以，只要等量资本在同一土地上的连续投资的生产率高于劣等地的生产率，就会产生一个超额利润，由这个超额利润转化而来的地租，就是级差地租Ⅱ。

举例来讲。如下表所示，假定经营劣等地的农业资本家投资 10000 元所生产的农产品为 80 担；另外的农业资本家在一块优等土地上，连续三次投资，每次投资 10000 元，每次投资所生产的农产品分别为：第一次 120 担、第二次 100 担、第三次 80 担。若假定社会平均资本利润率为 20%，则经营优等地的农业资本家第一次投资的产量高于劣等地 40 担，形成的级差地租Ⅱ为 6000 元；第二次投资的产量高于劣等地 20 担，形成的级差地租Ⅱ为 3000 元；第三次投资的产量与劣等地相等，因而只提供平均利润，没有超额利润，从而也不形成级差地租。

土地等级	投入资本（元）	平均利润（元）	产量（担）	个别生产价格（元）		社会生产价格（元）		级差地租Ⅱ
				每担	全部产品	每担	全部产品	
劣等地	10000	2000	80	150	12000	150	12000	
优等地	第 1 次投入资本 10000	2000	120	100	12000	150	18000	6000
	第 2 次投入资本 10000	2000	100	120	12000	150	15000	3000
	第 3 次投入资本 10000	2000	80	150	12000	150	12000	

（四）级差地租Ⅱ和级差地租Ⅰ的共同点、区别和联系

1. 二者的共同点

第一，二者都是等量资本投在土地上产生的不同生产率带来的结果。这种不

① 《马克思恩格斯文集》第 7 卷，人民出版社 2009 年版，第 745 页。

同的生产率，体现在不同的地块上，形成的是级差地租Ⅰ；体现在同一地块上，形成的是级差地租Ⅱ。

第二，二者的源泉都是超额利润的表现形式，都是农业雇佣工人创造的剩余价值的一部分。级差地租Ⅱ只是级差地租Ⅰ的不同表现，而实质上二者是一致的。

2. 二者的区别

第一，级差地租Ⅰ以土地的肥沃程度和位置不同为基础，而级差地租Ⅱ以连续投资具有不同的生产率为基础。

第二，级差地租Ⅰ反映农业的粗放经营，即以土地扩张为发展农业生产的主要手段；而级差地租Ⅱ反映农业的集约经营，这时投资扩张成为发展农业生产的主要手段。

第三，级差地租Ⅰ中，大土地所有者与租地农场主之间的关系比较简单，土地的肥沃程度和位置一目了然；而级差地租Ⅱ，由于租约期长短的确定问题，使得大土地所有者与租地农场主之间的关系较为复杂。租地农场主总是力争签订长期租约，而大土地所有者总想每年都更换租约。在这种情况下，超额利润向级差地租的转化，就具有不稳定性。

3. 二者的联系

级差地租Ⅰ是级差地租Ⅱ的基础和出发点。马克思指出："级差地租Ⅱ的基础和出发点，不仅从历史上来说，而且就级差地租Ⅱ在任何一定时期内的运动来说，都是级差地租Ⅰ。"① 从历史上说，级差地租Ⅰ和级差地租Ⅱ反映着资本主义农业发展的两个不同阶段。在资本主义发展初期，农业以粗放经营为主，土地的肥沃程度和位置的差别，是形成超额利润的主要来源，所以在那时，级差地租主要是第一种形式。随着资本主义的发展，土地日益稀缺，农业开始转向集约经营为主，投资量的多少成为超额利润的主要来源，级差地租主要是第二种形式。从现实来说，级差地租Ⅰ也是形成级差地租Ⅱ的基础。因为，只有在追加资本的生产率高于劣等地的生产率时，才能形成级差地租Ⅱ。所以，马克思强调："一开始就要记住：级差地租Ⅰ是作为出发点的历史基础。"②

（五）最坏耕地也有级差地租

根据以上分析，好像只有较好耕地才能提供级差地租，而最坏的耕地则不能

① 《马克思恩格斯文集》第7卷，人民出版社2009年版，第761页。
② 《马克思恩格斯文集》第7卷，人民出版社2009年版，第762页。

提供地租。实际上，如果把级差地租Ⅰ和级差地租Ⅱ联系起来看，即使是最坏的耕地也能提供级差地租。这是第44章马克思分析得出的结论。马克思说："只要级差地租Ⅱ通过连续的投资而产生出来，上涨的生产价格的界限，就能够由较好土地来调节；这时，构成级差地租Ⅰ的基础的最坏土地也能够提供地租。因此，单纯就级差地租来说，所有的已耕地都会提供地租。"①

最坏耕地提供级差地租有以下三种情况：

第一，由于农产品的需求不断增加，要求对较好耕地进行连续投资，其生产率下降到最坏耕地的生产率时，最坏耕地也就会形成级差地租。

第二，在最坏耕地上追加投资的生产率提高，农产品的产量提高，但农产品的价格并没有发生变化，最坏耕地也就会形成级差地租。

第三，在最坏耕地上追加投资的生产率下降，但由于农产品的价格提高超过农产品产量下降的幅度，最坏耕地也会形成级差地租。

所有以上情况，都有一个前提，即农产品的需求量的不断增加。但不管哪种情况，都是以投资具有不同的生产率为条件的。

三、绝对地租

绝对地租理论是马克思对地租理论的一大贡献。英国古典经济学的集大成者大卫·李嘉图，只承认有级差地租，而不承认有绝对地租。他认为，如果有绝对地租，就是承认农产品是按照价值以上的价格出售的，这就会违背价值规律。马克思指出："我必须从理论上证明的唯一的一点，是绝对地租在不违反价值规律的情况下的可能性。这是从重农学派起直到现在的理论论战的中心点。大卫·李嘉图否认这种可能性；我断定有这种可能性。"② 马克思在《资本论》第三卷第45章对此进行了专门研究。

(一) 绝对地租形成的原因

土地所有者将土地出租，就是为了收取地租，如果得不到地租，他宁可让土地荒芜，也不会让别人使用。所以，只要有土地所有权的存在，使用土地就得支付地租。这种由于土地所有权而得到的地租，就是绝对地租。只有最坏耕地也能产生一个超额利润，从而为土地所有者提供绝对地租的时候，土地所有者才能把土地租给农业资本家。那么，这个形成绝对地租的超额利润是从哪里产生的呢？

---

① 《马克思恩格斯文集》第7卷，人民出版社2009年版，第836页。

② 《马克思恩格斯〈资本论〉书信集》，人民出版社1976年版，第167页。

（二）绝对地租形成的条件

在农产品按照生产价格出售，使农业资本家得到平均利润以后，还能提供超额利润作为绝对地租转给土地所有者。这一结果要能够产生，就必须具备这样一个条件，即农产品的价值大于农产品的生产价格，按农产品的价值出售，农业资本家既可以得到平均利润，又能够将农产品价值大于生产价格的超额利润作为绝对地租交给土地所有者。

农产品价值要大于生产价格，就要求，一是农业部门不参与利润的平均化，二是农业资本的有机构成低于社会资本平均构成。

马克思在这里是按以下层次分析的：第一，商品的价值和生产价格的关系取决于资本的有机构成。资本有机构成低，价值就大于生产价格；资本有机构成高，价值就小于生产价格。“如果一个生产部门中的资本构成低于社会平均资本的构成，也就是说，如果该资本中投在工资上的可变资本，和投在物质劳动条件上的不变部分的比率，大于社会平均资本中可变部分和不变部分的比率，那么，它的产品的价值就必然会高于它的生产价格。”①

第二，农业资本有机构成为什么会低于社会平均资本有机构成，是因为农业落后于工业。这一点是资本主义早期的普遍现象。“真正农业上的资本构成如果低于社会平均资本的构成，那么，这首先表示，在生产发达的各国，农业的发展程度没有达到加工工业的水平。”②

第三，基于以上原因，农产品的价值就大于生产价格，投在农业上的资本除了得到一个平均利润外，还可以提供一个超额利润。“无论如何，在理论上已经确定的是：农产品的价值只有在这个前提下才能高于它的生产价格；也就是说，农业上一定量的资本，同有社会平均构成的同等数量的资本相比，会生产较多的剩余价值。”③

第四，由于土地所有权的垄断阻碍了资本的自由转移，这就使得农业中的剩余价值不参与利润的平均化。“当资本投在土地上时，土地所有权或者说土地所有者，就作为这样一种外力和限制，出现在资本或资本家面前。在这里，土地所有权就是障碍。因此，不纳税，也就是说，不交地租，就不能对从前未耕种或未出租的土地投入任何新的资本。”④

① 《马克思恩格斯文集》第7卷，人民出版社2009年版，第858页。

② 《马克思恩格斯文集》第7卷，人民出版社2009年版，第859页。

③ 《马克思恩格斯文集》第7卷，人民出版社2009年版，第860页。

④ 《马克思恩格斯文集》第7卷，人民出版社2009年版，第862页。

第五，形成绝对地租的超额利润是农产品价格等于价值但高于生产价格的差额。“无论这个绝对地租是等于价值超过生产价格而形成的全部余额，还是只等于其中的一部分，农产品总是按垄断价格出售，这并不是因为它们的价格高于它们的价值，而是因为它们的价格等于它们的价值，或者，是因为它们的价格低于它们的价值，但又高于它们的生产价格。”①

总之，由于农业的资本有机构成低于社会平均资本构成，造成农产品价值高于它的生产价格，产生一个超额利润；又由于土地所有权的垄断限制了这个超额利润的平均化，将其固定在农业中，转化为土地所有者的绝对地租。所以，“绝对地租的本质在于：不同生产部门内的各等量资本，在剩余价值率相等或劳动的剥削程度相等时，会按它们的不同的平均构成，生产出不等量的剩余价值。在工业上，这些不同的剩余价值量，会平均化为平均利润，平均分配在作为社会资本的相应部分的各个资本上。在生产上要用土地时，不论是用在农业上还是用在原料的开采上，土地所有权都会阻碍投在土地上面的各个资本的这种平均化过程，并攫取剩余价值的一部分。……这样，地租就成了商品价值的一部分，更确切地说，成了商品剩余价值的一部分，不过它不是落入从工人那里把它榨取出来的资本家阶级手中，而是落入从资本家那里把它榨取出来的土地所有者手中”。②

(三) 绝对地租的发展趋势

绝对地租是一个历史范畴，它是在土地所有权和农业资本构成低于社会平均资本构成的条件下存在的。随着资本主义的发展，农业的资本有机构成在不断提高，绝对地租会出现逐步缩小甚至消失的趋势。马克思指出：“如果农业资本的平均构成等于或高于社会平均资本的构成，那么，上述意义上的绝对地租，也就是既和级差地租不同，又和以真正垄断价格为基础的地租不同的地租，就会消失。”③

那么，农业资本构成高于社会平均资本构成后，绝对地租是否就必然不存在了呢？不能。因为，绝对地租是土地所有权本身产生的。只要土地所有权存在，它对耕种土地的垄断权和要求租种任何土地都必须支付地租的绝对剩余索取权还存在，绝对地租就不可能消失。当然，这时存在的是另外一种形式的绝对地租，它的来源不再是农产品价值超过生产价格的余额，而是由土地所有权产生的农产品的垄断价格。对此，马克思曾经指出：在农业资本有机构成低于社会资本平均

① 《马克思恩格斯文集》第7卷，人民出版社2009年版，第862页。
② 《马克思恩格斯文集》第7卷，人民出版社2009年版，第872页。
③ 《马克思恩格斯文集》第7卷，人民出版社2009年版，第865页。

构成的条件消失之后，绝对地租“只能来自市场价格超过价值和生产价格的余额，简单地说，只能来自产品的垄断价格”。① 不过，这种垄断价格主要是由土地所有权的垄断形成的。马克思指出：“如果由于土地所有权对在未耕地上进行不付地租的投资造成限制，以致谷物不仅要高于它的生产价格出售，而且还要高于它的价值出售，那么，地租就会造成垄断价格。”② 当然，“只要真正的农业地租单纯是垄断价格，那么，这种垄断价格只能是微小的”。③

四、非农业地租和土地价格

（一）非农业地租

马克思在第46章讲的是非农业地租，包括建筑地段的地租和矿山地租。

1. 建筑地段地租

建筑地段地租由农业地租调节，但它又区别于农业地租。首先是位置具有决定性的影响。位置优越的土地，如在商业中心和交通枢纽，可谓寸土寸金，地租会非常昂贵。其次是垄断价格占优势。如适宜于建造码头、车站、机场的特殊地段，或者有瀑布、温泉、地热、名胜古迹的特殊地段等，由于这些地方容易产生垄断性收入，由垄断价格形成的地租占明显优势。最后是具有不断上涨的趋势。由于人口的增加，以及随之而来的住宅需求的增加等，都会提高建筑地段的地租。

建筑地段地租的增长，会滋生房地产投机。马克思讲：“在迅速发展的城市内，特别是在像伦敦那样按工厂大规模生产方式从事建筑的地方，建筑投机的真正主要对象是地租，而不是房屋。”④ 在这里，房地产商的主要目的不是通过建造房屋赚钱，而是要在地租的不断上涨进而地价的不断上涨中发财。建筑地段地租的不断上涨，必然影响建筑业和城市建设的健康发展，引起地价和房租的不断攀升，影响人民群众的生活居住条件。

2. 矿山地租

矿山地租是矿山的承租人向矿山的所有者支付的地租。矿山地租包括级差地租，即由矿山的蕴藏丰度差异、距离市场远近和交换条件的不同，劣等条件的单

① 《马克思恩格斯文集》第7卷，人民出版社2009年版，第865页。
② 《马克思恩格斯文集》第7卷，人民出版社2009年版，第877页。
③ 《马克思恩格斯文集》第7卷，人民出版社2009年版，第872页。
④ 《马克思恩格斯文集》第7卷，人民出版社2009年版，第875-876页。

位产品的个别生产价格决定其社会生产价格，这样，较好矿山的开采就可以得到超额利润，形成级差地租交给矿山的所有者。矿山地租也包括绝对地租，由于矿山资本有机构成通常低于工业部门，这就使得矿产品的价值高于它的生产价格，又由于土地私有权的垄断，阻碍了对矿山的自由投资和竞争，从而使矿产品能够按高于生产价格的价值出卖，形成绝对地租。矿山地租还包括垄断地租，有些稀有矿产品，如金矿、银矿、宝石矿等特殊矿藏的存在，使得这些产品按真正的垄断价格出卖，从而形成高额的垄断地租。

（二）土地价格

1. 土地价格是资本化的地租

关于土地价格的含义，马克思有几个提法。一是“土地价格无非是出租土地的资本化的收入”;[①] 二是“资本化的地租形成土地的购买价格或价值”;[②] 三是“资本化的地租表现为土地价格或土地价值”。[③] 这几种提法意思基本上是相同的，即土地价格是资本化的地租。什么是资本化？马克思指出：“任何一定的货币收入都可以资本化，也就是说，都可以看作一个想象资本的利息。例如，假定平均利息率是5%，那么一个每年200镑的地租就可以看作一个4000镑的资本的利息。”[④] 或者换句话说，一块能每年提供200镑地租的土地价格就是4000镑。以前有土地而没货币，凭借土地出租每年得到200镑收入；现在将土地卖掉得到4000镑货币，将其存入银行，按5%的利息率每年也同样可以得到200镑收入，这4000镑就叫地租的资本化。

土地价格同一切非劳动产品的价格一样，是一个不合理的范畴。然而，在这个不合理的形式背后，即隐藏着一种现实的生产关系，这就是土地所有权的存在。土地所有者能够稳定地获得地租收入，同时，他也有权将土地卖掉，转让这种获得地租的权利，而转让所得到的货币额就是土地价格。

2. 决定土地价格的主要因素

土地价格等于地租除以利息率，它与地租成正比，与利息率成反比。在资本主义社会，由于利润率有下降的趋势，而借贷资本的不断扩大，也促使了利息率下降的趋势；另一方面，随着工业化和城市化的不断推进，土地资源日益稀缺，地租也有上涨的趋势。因此，土地价格呈现出不断提高的趋势。

---

① 《马克思恩格斯文集》第7卷，人民出版社2009年版，第705页。
② 《马克思恩格斯文集》第7卷，人民出版社2009年版，第702页。
③ 《马克思恩格斯文集》第7卷，人民出版社2009年版，第704页。
④ 《马克思恩格斯文集》第7卷，人民出版社2009年版，第702页。

五、资本主义以前的地租向资本主义地租的过渡

按照先论后史、史论结合的方法，马克思在说明了资本主义地租以后，在地租篇的最后一章，即第 47 章，专门研究了资本主义地租产生的历史过程。

（一）资本主义以前的地租

资本主义以前的地租，经历了一个从劳役地租到实物地租再到货币地租的演变过程。劳役地租是地租的最原始也是最简单的形式。说它原始，是因为它是在生产力不发达，劳动方式原始的基础上出现的；说它简单，是因为这种地租的形式是一目了然的，劳动者一部分时间在自己土地上耕作，另一部分时间无偿地在地主的土地上为地主耕作。在这里，劳动者为自己的劳动和为地主的劳动，在时间上和空间上都是明显分离的。

实物地租也叫产品地租，是指地主把土地租给农民耕种，农民定期向地主交纳一定数量的实物。实物地租的出现，要求直接生产者已经有较高的文明状态，从而他的劳动以及整个社会处于较高的发展阶段。具体表现是：第一，剩余劳动已经不是在地主的监督和强制下进行，而是由直接生产者自己负责来进行了，在这里，是法律的规定，而不是鞭子。第二，直接生产者为自己的劳动和为地主的劳动，已经不再明显分离。农民可以有更多的时间为自己劳动，因此，会使各个直接生产者的经济状况出现明显的差别，发展到一定程度，必然产生两极分化。

货币地租是以货币形式向地主交纳的地租。这时，农民必须把作为地租的产品转化为商品卖掉，因而这部分产品的生产也就成为商品生产；商业和货币流通都有了明显发展，产品已经有了市场价格，并且或多或少地接近价值出售；农民从事生产的条件，除土地以外，其他都是农民自己所有的。这都说明，货币地租是在生产力有了一定程度的发展后才出现的。货币地租的发展，一方面促使封建生产方式的解体，另一方面又促使资本主义生产方式因素的产生，从而为向资本主义地租的过渡创造条件。

（二）资本主义以前的地租向资本主义地租的过渡

由资本主义以前的地租向资本主义地租的过渡，主要有两种形式，一是分成制，二是农民的小块土地所有制。

分成制是土地所有者和租地农民共同经营土地，共同分配土地产品。在这种形式下，地主不仅提供土地，还提供一部分经营资本；租地农民既提供劳动，也提供一部分经营资本，产品按照一定比例，在地主和农民之间进行分配。在这

里，地主不仅根据他对土地的所有权，而且同时作为资本的投入者要求得到自己的一份。地租已不再是纯粹的封建地租，而是增加了资本主义地租的因素，其中已经包含着利润的成分。

农民的小块土地所有制是独立的个体农民经济的基础。在这里，“土地的所有权是个人独立性发展的基础。它是农业本身发展的一个必要的过渡点”。[①] 为什么是向一种新的生产方式的过渡点？马克思讲了这样几层意思：第一，“小块土地所有制按其性质来说排斥社会劳动生产力的发展、劳动的社会形式、资本的社会积聚、大规模的畜牧和对科学的累进的应用”。[②] 第二，“生产资料无止境地分散，生产者本身无止境地互相分离。人力发生巨大的浪费。生产条件越来越恶化和生产资料越来越昂贵是小块土地所有制的必然规律”。[③] 第三，个体农民为了购买土地要支付大量的货币。本来他们的货币很有限，除了购买土地所剩无几，无力用更多的钱投入农业耕种，“这相应地减少了他们的生产资料的数量，从而缩小了再生产的经济基础”。[④] 所有这些都说明，小土地所有制是社会生产力发展的一种障碍，同时也决定了它是一种过渡性的土地制度。

第三节　地租理论的思想来源和拓展

一、马克思地租理论的思想来源

马克思研究地租问题，是从批判古典政治经济学尤其是大卫·李嘉图的地租理论开始的。地租理论是大卫·李嘉图经济理论中最重要的组成部分。

在大卫·李嘉图之前，威廉·配第和亚当·斯密都曾对地租问题进行过研究。威廉·配第在研究地租时，把地租与剩余价值直接等同，他所讲的地租实际上是全部剩余价值，他的地租理论实际上是以地租形式表现出来的剩余价值的理论。亚当·斯密虽然把地租同利润加以区别，并且把地租和利润都看成是剩余价值的转化形式，但他的地租理论前后不一，混乱不堪。因此，马克思指出：“确实，大卫·李嘉图不是地租理论的发明者。……但是，大卫·李嘉图的特点是他的地租理论和他的价值理论是相互联系。”[⑤] 由于大卫·李嘉图直接地有意识地

① 《马克思恩格斯文集》第7卷，人民出版社2009年版，第912页。
② 《马克思恩格斯文集》第7卷，人民出版社2009年版，第912页。
③ 《马克思恩格斯文集》第7卷，人民出版社2009年版，第912页。
④ 《马克思恩格斯文集》第7卷，人民出版社2009年版，第916页。
⑤ 《马克思恩格斯全集》第26卷Ⅱ，人民出版社1975年版，第27页。

把地租问题与劳动价值理论相联系，从而给地租理论第一次提供了科学基础，这是他的地租理论中最可宝贵的因素。他在价值规律基础上具体说明了级差地租的形成，指出了在中等地和优等地上取得的超额利润是怎样转化为级差地租的。他认为，地租的存在不仅不与劳动价值论相矛盾，而正是在劳动价值论的基础上才能得到说明，在他看来，价值规律就是地租形成的规律。大卫·李嘉图在运用价值规律研究地租问题时，已经发现级差地租来源于投入土地的各个等量资本有不同的劳动生产率，而农产品又由劣等地决定，所以，级差地租的多少会随着各个土地投资生产率的高低而变动。这就是大卫·李嘉图在地租问题上的最主要贡献。

但是，由于大卫·李嘉图没有考察剩余价值的来源问题，加之他出于资产阶级的立场，也就不可能建立真正科学完整的级差地租理论。不仅如此，他在地租问题上还存在着以下一些错误：

第一，他没有发现资本主义地租反映的资本主义社会中资本家和地主共同剥削农业雇佣工人的关系。马克思早在 1847 年的《哲学的贫困》中已经发现这一问题。马克思指出："尽管大卫·李嘉图已经假定资产阶级的生产是地租存在的必要条件，但是他仍然把他的地租概念用于一切时代和一切国家的土地所有权。这就是把资产阶级的生产关系当作永恒范畴的一切经济学家的通病。"①

第二，他把自己的地租理论与臭名昭著的"土地肥力递减规律"联系起来，并把这一所谓的"规律"看成是级差地租产生的原因。马克思早在 19 世纪 50 年代就从根本上否定了"土地肥力递减规律"的存在，从而把地租理论从这条所谓的"规律"的桎梏中解放了出来。

第三，大卫·李嘉图没有绝对地租理论。由于他混同了价值与生产价格，因而不可能在价值规律的基础上解释绝对地租的形成问题。在他看来，承认绝对地租就必然否定价值规律。"如果存在绝对地租（即与各类土地的肥沃程度无关的地租），那么农产品等等的出售价格就会由于高于费用价格（预付资本+平均利润）而经常高于价值。这就会推翻基本规律。所以，他否认绝对地租，只承认级差地租。"② 由此，大卫·李嘉图并不能解决价值规律与等量资本带来等量利润规律的矛盾，因而同样不能解决价值规律与绝对地租现实存在的矛盾。

马克思批判地吸取了大卫·李嘉图地租理论中的科学成分，并对其进行了根本的改造，在此基础上建立了自己的完全科学的地租理论。

---

① 《马克思恩格斯全集》第 4 卷，人民出版社 2009 年版，第 186 页。

② 《马克思恩格斯〈资本论〉书信集》，人民出版社 1976 年版，第 164 页。

二、中国农村土地产权制度改革

中国是一个人多地少的国家，在占有世界不足15%的土地上养活了超过22%的人口，这是对人类社会的一大贡献。但是，人多地少的矛盾随着现代化进程的加快却显得日益突出。目前，全国人均耕地仅为0.1公顷，是世界人均耕地的11.5%。合理利用每一寸土地，切实保护耕地，正确调整各部门、各单位以及个人在土地上的产权关系，是中国的一项基本国策，对于搞好人民生活和全国的经济建设具有重要作用。

(一) 中国农村土地产权制度的变革和当前存在的主要问题

中国的土地产权制度源远流长。早在奴隶制社会早期的夏、商时代就建立了“井田制”，进入封建社会后，原来的以井田制为主体的土地国有制转变为可以买卖、典当、抵押的封建土地国有制。这种土地制度在中国长达2000多年。其中虽有隋唐的“均田制”、太平天国的“天朝田亩制度”以及孙中山的“耕者有其田”的主张，但都没有很好地解决中国的土地问题。

土地制度改革是新民主主义革命的主要任务之一，其主要内容是废除封建土地制度，实现耕者有其田。新中国成立后，1950年6月制定了《土地改革法》，规定废除地主阶级封建剥削的土地所有制，实行农民土地所有制。土改后，由政府发土地证，承认一切土地所有者有自由经营、买卖及出租土地等权利。1956年以后的人民公社时期，我国实行的是“三级所有，队为基础”的土地集体所有制，即农村的土地和其他财产归公社、生产大队和生产队三级所有，以生产队为基本核算单位，逐步向公社一级所有过渡，最终成为土地的全民（国家）所有制。中共十一届三中全会以后，对农村土地又规定实行家庭联产承包经营的制度。1986年6月通过了中华人民共和国成立后的第一部土地大法——《土地管理法》，该法对中国的土地所有制、土地的所有权和使用权、土地的利用和保护、国家建设用地和乡（镇）村建设用地以及违法应负的法律责任都做了明确规定。如“中华人民共和国实行土地的社会主义公有制，即全民所有制和劳动群众集体所有制”“国家为了公共利益的需要，可以依法对集体所有的土地实行征用”“宅基地和自留地、自留山，属于集体所有”“集体所有的土地，可以由集体或个人承包经营”等。

以土地集体所有、家庭承包经营，取代生产队对土地的高度集中统一经营，是中国农村体制改革和产权变革的突破口，其目标在于重建农村微观经营主体，以适应计划经济向市场经济转轨的需要。在我国实行市场化改革过程中，农村实行家庭联产承包责任制后，经营主体开始由生产队形式向农民家庭转变。土地所有权与经营权发生了分离，所有权仍归集体，但所有权的实现形式发生了新的变化，集体通过收取承包费的方式来体现所有者权益；生产经营方式发生了新的变化，农民有了生产经营的自主权，开始成为生产经营的主体；产品分配方式发生了新的变化，实行“交够国家的、留足集体的、剩下都是自己的”分配办法。这种以土地农户承包为主要特点的经营体制，于 2002 年 8 月 29 日经全国人大通过以《农村土地承包法》的形式确定下来。

《农村土地承包法》的颁布实施，是一个巨大的历史贡献。它有效地调动了广大农民的生产经营积极性，促进了农村社会生产力的不断发展。但是，我们也应清醒地看到，虽然《农村土地承包法》（以下简称《土地承包法》）对农村土地承包的原则和程序、承包期限、发包方和承包方所有的权益和责任、承包地流转的方式等做了比较细致的规定，但它不仅没有从法律上明确土地承包经营权的法律性质，而且还对农民交易土地的权利做了部分限制，给基层政府和其他势力侵占农民财产权利仍然留有空间。第一，尽管《土地承包法》规定对集体经济组织或村民委员会须公平、公正地发包土地，不能单方面撕毁承包合同，不能干预承包者的经营活动等，但是，在监督成本高昂的情况下，村集体经济组织或村民委员会以权谋私、侵占村民利益的现象注定无法避免。据不少地方反映，现在在各地农村，还有不断调整土地的，有的地方的乡、村干部背着农民把土地卖了，农民还不知道。由此引发的土地纠纷事件时有发生。第二，《土地承包法》虽然考虑到了村集体经济组织或村民委员会可能损害农民利益的问题，但完全忽视了村以外政治组织和势力侵占农民权利的可能性。《土地承包法》规定土地由农民集体所有，而集体组织在照看财产上显然不如个人用心。再加上村集体组织或村民委员会的行政偏向，土地的转让权实际上掌握在政府手中，一是农用地转为非农用地，各级政府以国家的名义实施，农民集体只获得征地补偿费，而征地补偿费不是由市场形成的土地价格，而是官定价格；二是承包地在农户之间的转让，虽说现行法律是允许的，但具体办法由政府规定，实质上也并不是农户之间的市场化合约。因此，乡镇及其上级政府或其他势力剥夺农民土地是完全有可能的。第三，《土地承包法》对农民交易土地的严格限制降低了土地资产的价值，并使农民完全失去了土地的市场增值收益；根据我们的调查发现，近些年在土地问题上有“三只手”伸向农村，形成三股圈地风潮。一是有些地方政府以“工业开发区”“大学城”“高科技园区”等形式进行圈地；二是以形象工程和政绩工程等形式进行圈地，如建“城市广场”“花园绿地”等；三是以经营城市、经营土地为名大搞圈地，有些地方提出要把农民的土地资源变成土地资本，变为地方的“第二财政”。在大量圈占农地的过程中，很多地方出现了严重侵犯农民权益的现象。按现行法规，土地归集体所有，土地发包者是村民委员会，一些基层干部以土地所有者身份行使权力，操纵土地流转，如果受到群众阻拦，往往以警力相挟。农村土地产权制度上的缺陷，带来的严重后果是：大量耕地流失，国家粮食安全受到威胁，失地农民不断增加，特殊贫困阶层不断扩大，加剧了城乡差别和贫富差距，影响社会安定，同时，由于土地流转中的行政强制和暗箱操作，滋生贪污腐败，影响党风廉政建设。

（二）农村土地产权制度改革的两种不同观点剖析

针对中国农村土地制度存在的缺陷，一个时期以来，进一步改革农村土地产权制度的呼声鹊起。代表性的观点有二：一是主张农村土地私有化，二是提出变农村土地的集体所有为国家所有。

持土地私有化的人认为，目前农村实行土地集体所有制基础上的家庭承包经营责任制，没有解决人民公社制度遗留下来的土地产权不清问题。在以前，农村土地归生产队、生产大队和人民公社三级所有，到底谁来行使所有权说不清楚。现在，代表集体的则是村民小组、村委会、乡镇政府，农民与他们的关系同改革前同生产队、生产大队和人民公社之间的产权关系并没有实质性的改变，只是换了个牌子而已。这种产权关系不清的土地制度与市场经济发展要求之间存在的矛盾，只有通过产权明晰到农民个人，即进行彻底的土地私有化改革，才能得到解决。应当说，持这种观点的人发现的问题是存在的，但是，土地私有化改革的路是走不通的。从理论上讲，高度分散的小土地私有制与社会化生产的要求是矛盾的，或者说，在高度分散的小土地私有制的基础上是难以实行农业机械化和社会化生产的，这一矛盾在当前实行的家庭承包制中已经显露出来。实行土地私有制后，农民被紧紧地束缚在狭小的土地上，农村劳动生产力无法得到较大程度的提高，小生产与现代市场经济的矛盾难以得到解决，农村现代化难以实现。从实践上看，土地私有制也难以解决中国的经济发展和社会稳定问题。第一，中国几千年的封建社会实行的就是土地私有制，在这样的土地制度下，中国的市场经济不但没有发展起来，就连人们的基本生活问题都不可能得到解决；第二，根据印度等国的经验，实行土地私有制，中国会付出沉重的“社会代价”。私有制意味着土地可以进入市场自由买卖，而首先卖掉土地的农民可能就是因病致穷或因学致穷的农民，这些农民一旦卖掉手中仅有的土地，进城又找不到工作机会，就会沦为衣着无靠的赤贫者。这就是印度首都新德里和孟买存在几十万、上百万人的“贫民窟”的基本“制度原因”。之所以日本、韩国和中国台湾的农村土地实行了私有化而没有出现大的社会动荡，是因为他们是以大量的农民进城务工为条件的。如果工业化和城市化的进程满足不了卖掉土地的农民的绝大多数都能在城市找到工作并有切实的社会保障的话，那么，土地私有化的结果是难以想象的。更何况中国现在每年流动于城乡之间的农民工就有 2 亿人以上，这些人在城市找不到工作，回到家乡最起码还有土地作为他们的生活保障，如果这一亩三分地都没有了，他们怎能保障生活！社会又怎能安定！因此，我们认为，当前保护农民最基本的权益首先表现为有效地保护农民在自己承包土地上的权益。在中国，土地是最稀缺的资源，它既是农民从事农业劳动的基本生产资料，又是农民基本的生存保障。对大多数农民，尤其是贫困地区的农民而言，一旦失去了土地，就等于切断了他们的生活来源。

土地私有制行不通，实行土地的国有化行不行？越南在改革的过程中实行的就是农地国有制。他们认为，由于土地归集体所有，离农民较近，容易出现各种侵犯农民利益的行为，比如类似中国出现的“三提五统”等现象。如果将农村土地收归国家所有，国家把土地租给农民耕种，就可以切断集体与农户在土地上的产权关系和农民对集体的依赖，集体不容易再像以前那样去“折腾”农民，更有利于稳定农户对土地的投入和经营预期，从而增加农民在土地上的收益。对于现存的“集体组织”，他们采取与其他农村专业合作组织一样重新登记的办法加以解决。结果，绝大多数“集体组织”都没有登记，即实现了原来的“集体组织”的自然灭亡。越南实行农村土地国有化的措施是耐人寻味的，但对中国来讲未必合适。从中国的国情和体制现实出发，实行农村土地国有化，很有可能给中国已经十分严重的滥征滥占耕地打开方便之门。

由此可见，以上两种观点都是与中国现实国情相脱离的，因而也是不可取的。

（三）以农户拥有产权为基础的土地股份合作制是中国面临的重大选择

我们认为，中国农村传统的土地集体所有制产生了很多难以解决的与社会化生产和市场经济要求相矛盾的现实问题，而土地私有化和国有化两条道路又走不通，那么，现实选择的可能性就在于对传统的集体所有制进行产权制度而不是土地所有制的根本变革上，寻找农村土地集体所有制新的实现形式。在这里，我们不是一般地否定土地的集体所有制，而是努力把那种人人都有、人人都没有感觉到的抽象的集体所有制改革为农民可以实实在在地感知到的、具体的、人格化的集体所有制。在这种所有制里，农民个人作为集体的一分子成为土地的现实的所有者。集体所有的土地通过股权化，折股量化到农民个人头上，农民既切身感受到自己是集体土地的真正所有者，是集体土地的真正的股东，其股权可以出卖、可以继承、可以抵押，同时农民个人又不能完全与集体相脱离，农民集体是土地股份制的董事会，它由股东构成同时又可以决定单个股东对土地所拥有的产权的流转和最终处置权。这实际上是一种由农民自己组织起来的高度自治的农村集体经济组织，农民之间既是具有独立经济利益的土地股东与股东的关系，又是一种土地合作关系，即土地股份合作制。在这种新的土地集体所有制的实现形式中，其集体已经不再是原来的以行政村委会或自然村民小组为代表的最基层的政权组织，农民在土地上的切身利益不再是由村主任或村支书说了算，而是真正交给农民集体讨论投票决定；其农民也已经不再是原来的仅仅是在土地承包关系上的生产经营者，而是拥有土地股权、对自己所拥有的土地股权可以在一定范围和一定程度上进行自由处置的股民，是自己土地的真正的所有者。由此看来，我们原来实行的土地集体所有制本身可能并没有错，错的是我们原来实行的集体所有制的实现形式，即它是一种“事实上剥夺了农民所有权”的集体所有制。在这里，农民对自己拥有的土地享有包括经营权、抵押权、入股权、转让权、处置权和收益权在内的一组权利，我们把它叫作土地准物权，其与集体所拥有的土地最终所有权一样，是一种不可侵犯的权利，法律予以保护。

一般来说，土地物权制度，是指社会对土地资源内含的种种权利的设置以及关于这些权利的分配、享有和转让的规则。有保障的土地物权应该是：第一，土地物权主体对其体现其权利的土地具有排他性的使用权，即土地权利主体在被许可的范围内，对其持有的土地具有不受限制的使用选择权，他可以采取任何方式使用他所持有的土地，并能依法排除他人对其持有土地的使用和限制；第二，土地物权主体享有其持有土地使用后所产生的收益，即土地物权主体通过合法方式使用土地所获得的收益，政府及其他组织或个人不仅不能通过强制手段攫取，而且也不能通过其他手段进行侵蚀；第三，土地物权主体对其所持有的土地具有在一定范围内的自由转让权，即土地拥有者有权决定土地是否转让，转让给谁，以及采取什么方式转让。土地物权制度作为一系列权利的总称，其中每一种权利都可以看作是独立的物，或可以占有，占有它可以取得相应的利润；或可以转让，转让它可以获得等价的补偿（地租）；或可以抵押，作为财产抵押就应有资产抵押的价格；或可以买卖，其买卖价格完全由市场决定。我们所说的土地准物权制度，实际上指的是作为买卖对象的是在土地集体所有制基础上的土地产权，而并非完全意义上的土地私有权。因为，农民作为集体当中的一分子，如将属于集体的土地化整为零出卖，一块一块地私有化，最终就不可能存在土地集体所有制。

第十章　各种收入及其源泉理论

（《资本论》第三卷第七篇）

这一理论是《资本论》第三卷第七篇阐述的，它是第三卷的总结，也可以说是对《资本论》全书理论部分的总结。这一篇非常重要，遗憾的是，这个总结最后没有写完。恩格斯在1895年3月6日给阿德勒的信中谈道："第七篇很精彩，遗憾的是只有一个骨架，而且叙述还带有失眠症的明显痕迹。"①

第一节　研究对象和逻辑结构

一、研究对象

在资本主义社会的表面上，资本主义社会的经济关系是以各种收入的形式呈现出来的，所以马克思在《资本论》的最后一篇，将其研究对象就确定为资本主义社会的"各种收入及其源泉"。在这一篇中，马克思首先对把社会生产过程的一切秘密都包括在内的庸俗经济学的"三位一体公式"，即资本创造利润、土地创造地租、劳动创造工资进行了深刻批判，接着对作为"三位一体公式"理论来源的"亚当·斯密教条"，即商品价值最终分解为工资、利润和地租进行批判，在此基础上阐明了资本主义社会的各种收入的真正来源只能是雇佣工人活劳动创造的新价值，阐明了资本主义的分配关系是由生产关系所决定的，资本主义分配关系的不合理性只能从资本主义生产关系中得到说明，资本主义生产关系和由它决定的分配关系都具有历史的暂时的性质，资本主义必然灭亡和社会主义必然胜利是客观的不以人们的意志为转移的历史规律。

二、逻辑结构

这一篇从第48章到第52章，由5章构成，按照逻辑顺序，大致分为两个部分：

---

① 《马克思恩格斯〈资本论〉书信集》，人民出版社1976年版，第582页。

第一部分，从第48章到第50章。其中，第48章《三位一体公式》，马克思首先指出，“三位一体公式”掩盖了新创造价值的源泉，接着分析了各种收入的真正源泉只能是工人劳动创造的新价值，最后揭露了“三位一体公式”是庸俗经济学家根据资本主义经济关系的表面现象编造出来的骗人说教。第49章《关于生产过程的分析》，马克思首先通过对社会总资本再生产的进一步分析，深入批判了“亚当·斯密教条”，接着批判了庸俗经济学把总产品、总收入和纯收入相混同的错误，从而进一步批判了“三位一体公式”。第50章《竞争的假象》，马克思指出，“亚当·斯密教条”错误的原因与竞争的假象有关。所以这一章首先分析了新价值不会因为它分解为利润、地租和工资的比例变化而变化，反而，新价值本身是利润、地租和工资三者总和的绝对界限；接着，马克思分析了亚当·斯密关于利润、地租和工资构成商品价值的错误的原因。

第二部分，从第51章到第52章。其中，第51章《分配关系和生产关系》，马克思首先分析了资本主义分配关系是由生产关系决定的，它本身属于生产关系的范畴，是生产关系的一个方面；接着重点分析了资本主义生产方式的两个主要特征：一是劳动力成为商品，二是资本主义生产的直接目的和决定动机是生产剩余价值或赚钱；最后得出了一定的分配关系只是历史规定的生产关系的表现，资本主义分配关系和资本主义生产关系一样，并随着资本主义生产关系的灭亡而灭亡。

第52章《阶级》，是马克思对资本主义生产关系进行分析得出的总的结论，可惜没有写完。在这一章中，马克思讲了三个观点：第一，资本主义社会由三大阶级构成，即雇佣工人、资本家和大土地所有者；第二，在一个社会里的阶级结构不可能是纯而又纯的；第三，关于阶级的形成。

第二节　收入及其源泉理论的基本要点

在社会表面上和资本家的通常意识中，资本主义经济关系是以各种收入及其源泉的形式表现出来的。那么，如何认识资本主义制度下各种收入及其源泉？对此，资产阶级经济学家提出了资本创造利润、土地创造地租、劳动创造工资的“三位一体公式”。马克思对“三位一体公式”进行了批判，进而说明了资本主义各种收入的真正来源，剖析了资本主义分配关系的实质，揭示了资本主义社会的基本阶级结构。

一、马克思对“三位一体公式”的批判

（一）“三位一体公式”是对资本主义现实关系进行表面描述产生的错觉

“三位一体公式”，是法国庸俗经济学家萨伊（1767—1832）首先提出来的。他从资本主义经济的表面现象出发，认为资本创造利润、土地创造地租、劳动创造工资，即“资本—利润（企业主收入加上利息），土地—地租，劳动—工资”，“这就是把社会生产过程的一切秘密都包括在内的三位一体的形式”。①

更进一步讲，如在本卷第 23 章马克思已经指出的那样，对于资本家，“利息对他来说只是表现为资本所有权的果实，表现为抽掉了资本再生产过程的资本自身的果实，即不进行‘劳动’，不执行职能的资本的果实；而企业主收入对他来说则只是表现为他用资本所执行职能的果实，表现为资本的运动和过程的果实”。② 对于企业主来说，“只要资本还在再生产过程中执行职能……，产业资本家以私人资格支配的，就不是资本本身，而只是他可以作为收入来花费的利润”。③ 所以，“利息表现为资本所固有的、独特的产物，与此相反，企业主收入则表现为不以资本为转移的工资，所以，上述三位一体的形式可以进一步归结为：资本—利息，土地—地租，劳动—工资；在这个形式中，利润，这个体现资本主义生产方式的独特特征的剩余价值形式，就幸运地被排除了”。④ 这样，资本主义的生产实质就被掩蔽起来了。

资本、土地和劳动，如果脱离开生产的社会形式来讲，彼此是毫无关系，没有共同之处的。“每年可供支配的财富的各种所谓源泉，属于完全不同的领域，彼此之间毫无共同之处。它们互相之间的关系，就像公证人的手续费、甜菜和音乐之间的关系一样。”⑤

马克思接着说明了资本、土地和劳动三个概念。资本是什么，“资本不是物，而是一定的、社会的、属于一定历史社会形态的生产关系，后者体现在一个物上，并赋予这个物以独特的社会性质”。⑥ 土地什么，是“无机的自然界本身”，是“完全处在原始状态中的‘粗糙的混沌一团的天然物’”。⑦ 劳动是什么，是

---

① 《马克思恩格斯文集》第 7 卷，人民出版社 2009 年版，第 921 页。
② 《马克思恩格斯文集》第 7 卷，人民出版社 2009 年版，第 420 页。
③ 《马克思恩格斯文集》第 7 卷，人民出版社 2009 年版，第 415-416 页。
④ 《马克思恩格斯文集》第 7 卷，人民出版社 2009 年版，第 921-922 页。
⑤ 《马克思恩格斯文集》第 7 卷，人民出版社 2009 年版，第 922 页。
⑥ 《马克思恩格斯文集》第 7 卷，人民出版社 2009 年版，第 922 页。
⑦ 《马克思恩格斯文集》第 7 卷，人民出版社 2009 年版，第 922 页。

人类共同具有的活动，即“如果我们就它在这里所表示的意思来说，只是指人借以实现人和自然之间的物质变换的人类一般的生产活动，它不仅已经摆脱一切社会形式和性质规定，而且甚至在它的单纯的自然存在上，不以社会为转移，超越一切社会之上，并且作为生命的表现和证实，是尚属非社会的人和已经有某种社会规定的人所共同具有的”。① 显然，资本、土地和劳动，分别作为社会关系、自然界本身及人类劳动，这三者之间的关系是风马牛不相及的。

(二)“三位一体公式”的矛盾

马克思接着对“三位一体公式”批评道：“在资本旁边，在一个生产要素的属于一定生产方式、属于社会生产过程一定历史形态的这个形式旁边，在一个与一定社会形式结合在一起，并且表现在这个社会形式上的生产要素旁边，一方面直接排上土地，另一方面直接排上劳动，即直接排上现实劳动过程的两个要素，而这二者在这种物质形式上，是一切生产方式共同具有的，是每一个生产过程的物质要素，而与生产过程的社会形式无关。”②

“三位一体公式”中的收入和所谓的源泉之间，不可能综合在一起。

首先看“土地—地租”公式。土地是一种自然的使用价值，而地租却是一种交换价值，二者是不能通约的。在“土地—地租”的公式中，“我们看到的是没有价值的使用价值土地和交换价值地租：于是，一种当作物来理解的社会关系，竟被安置在一种和自然的比例关系上；也就是说，让两个不能通约的量互相保持一种比例”。③

其次看“资本—利息”公式。“如果资本被理解为一定的、在货币上取得独立表现的价值额，那么，说一个价值是比它的所值更大的价值，显然是无稽之谈。”④ 如果把资本理解为作为生产条件的使用价值，那么，一方面是物，一方面是社会关系，二者间又成为一个不可通约的关系。

最后看一下“劳动—工资”公式。“劳动的价格……这种说法显然是和价值的概念相矛盾的，也是和价格的概念相矛盾的，因为一般说来，价格只是价值的一定表现；而‘劳动的价格’是和‘黄色的对数’一样不合理的。”⑤

总之，资本—利息，土地—地租，劳动—工资或劳动价格，是三个显然不可能综合在一起的自相矛盾的东西。

---

① 《马克思恩格斯文集》第 7 卷，人民出版社 2009 年版，第 923 页。
② 《马克思恩格斯文集》第 7 卷，人民出版社 2009 年版，第 924 页。
③ 《马克思恩格斯文集》第 7 卷，人民出版社 2009 年版，第 925 页。
④ 《马克思恩格斯文集》第 7 卷，人民出版社 2009 年版，第 925 页。
⑤ 《马克思恩格斯文集》第 7 卷，人民出版社 2009 年版，第 926 页。

（三）“三位一体公式”混淆了收入的源泉和价值的源泉之间的区别

马克思指出，收入的源泉是生产要素的所有权，而价值的源泉是劳动。他说：“资本家的资本，土地所有者的土地，工人的劳动力或者不如说他的劳动本身……它们从下述意义上讲确实是收入的源泉：对资本家来说，资本是一台汲取剩余劳动的永久的抽水机；对土地所有者来说，土地是一块永久的磁石，它会把资本所汲取的剩余价值的一部分吸引过来；最后，劳动则是一个不断更新的条件和不断更新的手段，使工人在工资的名义下取得他所创造的一部分价值，从而取得社会产品中由这部分价值来计量的一部分，即必要生活资料。其次，它们从下述意义上讲是收入的源泉：资本会把价值的一部分，从而把年劳动产品的一部分固定在利润的形式上，土地所有权会把另一部分固定在地租的形式上，雇佣劳动会把第三部分固定在工资的形式上，并且正是由于这种转化，使它们变成了资本家的收入、土地所有者的收入和工人的收入，但是并没有创造转化为这几个不同范畴的实体本身。相反，这种分配是以这种实体已经存在为前提的，也就是说，是以年产品的总价值为前提的，而这个总价值不外就是对象化的社会劳动。但在生产当事人面前，在生产过程的不同职能的承担者面前，事情却不是以这种形式表现出来的，而是相反地以一种颠倒的形式表现出来的。”①

事实上，作为收入实体的价值部分是由雇佣工人的劳动创造的。雇佣工人的劳动，分为必要劳动时间和剩余劳动时间两个部分，必要劳动时间是工资的来源，而剩余劳动时间创造了利润（利息）和地租。作为剩余价值的一部分的利润或利息，是雇佣工人在生产过程中创造出来的，而不是资本产生的；作为剩余价值的另一部分的地租，也只能是劳动的产物，而不可能是土地创造的。只不过由于土地的自然肥力不同，同量劳动在不同肥力的土地上可以取得不等量的产品，这些产品就会有不同的个别价值，这些个别价值平均化为市场价值，就使得自然肥力较好的土地的经营者可以取得超额利润，并转化为地租，归土地所有者所有。剩余价值的一部分作为地租被地主占有的原因是土地私有权，而剩余价值产生的源泉则只能是雇佣工人的剩余劳动。马克思指出：“商品中代表工人在一天或一年内所追加的总劳动的总价值部分，即年产品中由这个劳动所创造的总价值，分为工资价值、利润和地租。因为，这个总劳动分为必要劳动和无酬的剩余劳动，工人通过必要劳动创造出作为报酬支付给自己的产品价值部分即工资，通过无酬的剩余劳动创造出代表剩余价值的产品价值部分，而这一部分后来又分为

① 《马克思恩格斯文集》第7卷，人民出版社2009年版，第930-931页。

利润和地租。……年产品中体现工人在一年内新追加的劳动的价值，等于工资（或可变资本的价值）加上剩余价值，这个剩余价值又分为利润和地租的形式。因此，年产品中由工人在一年内创造的总价值部分，表现为三种收入的年价值总额，也就是表现为工资价值、利润和地租。”①

（四）“三位一体公式”的实质在于掩盖资本主义剥削

马克思指出：“如果仅从资本生产剩余价值这方面来说，也就是，从资本对工人的关系，即资本通过它对劳动力即对雇佣工人的强制来榨取剩余劳动的关系来说，那么，这个剩余价值，除了包括利润（企业主收入加上利息）之外，还包括地租，总之，包括全部没有分割的剩余价值。相反，在这里，资本作为收入的源泉，只和归资本家所有的那部分有关。这不是资本榨取的全部剩余价值，而只是资本为资本家榨取的那部分剩余价值。一旦这个公式转化为‘资本—利息’的公式，一切联系就更看不出来了。”②

其实，利润、利息和地租，本来都是资本家和大土地所有者无偿占有雇佣工人创造的剩余价值的具体形式，但“三位一体公式”却把它们看成是资本和土地这些物本身的产物，于是便形成了一个完全颠倒了的世界：由雇佣工人的剩余劳动创造的、被资本家和大土地所有者无偿占有的利润（利息）和地租，表现为资本和土地的产物；资本主义的社会关系完全表现为物的关系，而工人的劳动只表现为工资。于是，整个资本主义的剥削关系被分割为相互独立的、毫不相干的物的关系。这集中地表现了资本主义剥削制度的拜物教特征。正如马克思所说：“在资本—利润（或者，更好的形式是资本—利息），土地—地租，劳动—工资中，在这个表示价值和财富的各个组成部分同财富的各种源泉的联系的经济三位一体中，资本主义生产方式的神秘化，社会关系的物化，物质的生产关系和它们的历史社会规定性的直接融合已经完成：这是一个着了魔的、颠倒的、倒立着的世界。在这个世界里，资本先生和土地太太，作为社会的人物，同时又直接作为单纯的物，在兴妖作怪。”③

“三位一体公式”实际上是为资本主义制度辩护的理论。它是存在于资本主义经济生活中的一种假象，一种错觉，一种“异化的不合理的形式”。“实际的生产当事人对资本—利息，土地—地租，劳动—工资这些异化的不合理的形式，感到很自在，这也同样是自然的事情，因为他们就是在这些假象的形态中活动

---

① 《马克思恩格斯文集》第7卷，人民出版社2009年版，第945页。
② 《马克思恩格斯文集》第7卷，人民出版社2009年版，第932-933页。
③ 《马克思恩格斯文集》第7卷，人民出版社2009年版，第940页。

的，他们每天都要和这些形态打交道。庸俗经济学无非是对实际的生产当事人的日常观念进行教学式的、或多或少教义式的翻译，把这些观念安排在某种有条理的秩序中。因此，它会在这个消灭了整个内部联系的三位一体中，为自己的浅薄的妄自尊大，找到自然的不容怀疑的基础，这也同样是自然的事情。同时，这个公式也是符合统治阶级的利益的，因为它宣布统治阶级的收入源泉具有自然的必然性和永恒的合理性，并把这个观点推崇为教条。"①

二、马克思对"亚当·斯密教条"的批判

"三位一体公式"的理论来源，是由英国古典经济学家亚当·斯密错误观点所形成的"亚当·斯密教条"，即商品的价值最终会全部分解为工资、利润和地租，这三种收入构成商品的价值。

马克思指出"正是在工资、利润和地租形式的分析上，包含着一个从亚当·斯密以来贯穿整个政治经济学的令人难以置信的错误"。②"亚当·斯密教条"的错误就在于：

第一，它不懂得生产商品的劳动具有二重性。"亚当·斯密教条"把商品的价值看成是由工资、利润和地租这三种收入构成，这样一来，在价值的构成中就丢掉了不变资本转移的旧价值。实际上，工资、利润和地租这三种收入只是年产品价值中由工人在一年内新创造的那部分价值的表现，即（$v+m$）；而年产品价值中除了该部分价值以外还包括不变资本转移的旧价值（c），即年产品价值等于（$c+v+m$）。这是因为，社会每年投入的新劳动，一方面作为抽象劳动，只创造收入（$v+m$），另一方面作为具体劳动，在创造全部使用价值的同时，转移不变资本的旧价值。马克思说："新劳动的单纯追加，虽然并不再生产旧的价值，而只是给旧的价值创造一个追加额，只是创造一个追加的价值，但同时会把旧的价值保存在产品中；不过，保存旧价值靠这种劳动，并不是因为它是创造价值的劳动，是劳动一般，而是靠它的作为一定生产劳动的职能。"③虽然不变资本 c 与收入（$v+m$）同时存在于商品中，构成商品的总价值，但这个 c 是不能分解为收入的。可以看出，"亚当·斯密教条"之所以混淆了价值和收入，说到底，其主要原因在于不懂得在同一个劳动过程中，旧价值是怎样转移的和新价值是怎样创造的，进而不懂得生产商品的劳动的二重性。

---

① 《马克思恩格斯文集》第7卷，人民出版社2009年版，第940-941页。

② 《马克思恩格斯文集》第7卷，人民出版社2009年版，第947-948页。

③ 《马克思恩格斯文集》第7卷，人民出版社2009年版，第947页。

第二，不能正确地理解社会再生产中资本与收入的交换过程。由马克思社会资本简单再生产的基本实现条件可知，第Ⅰ部类所创造的价值产品，必须全部用于补偿第Ⅱ部类消耗掉的生产资料；第Ⅱ部类产品中相当于不变资本的部分，必须能够保证第Ⅰ部类工人和资本家原有的生活需要，即Ⅰ（$v+m$）必须等于Ⅱc。“如果再生产过程正常进行，并且其他条件不变，也就是撇开积累不说，那么第Ⅰ部类的工资、利润和地租的价值总额，就必须等于第Ⅱ部类的不变资本部分的价值。否则，不是第Ⅱ部类不能补偿它的不变资本，就是第Ⅰ部类不能把它的收入由不能消费的形式转化为可以消费的形式。”① “为了补偿过去一年在价值和使用价值两方面消费的不变资本，当然需要新的追加劳动。没有这种补偿，再生产就根本不可能继续进行。”② 但是，这绝不意味着第Ⅱ部类产品中相当于不变资本的部分（即Ⅱc）本身在价值上分解成了收入。实际上，从价值上看，Ⅱc是过去劳动创造的旧价值，而Ⅰ（$v+m$）是当年劳动创造的新价值。Ⅱc所以等于Ⅰ（$v+m$），仅仅是因为它们在实物上可以互换，在价值上相平衡。

第三，混同了价值决定和收入的分配。马克思说：“商品中代表工人在一天或一年内所追加的总劳动的总价值部分，即年产品中由这个劳动所创造的总价值，分为工资价值、利润和地租。因为，这个总劳动分为必要劳动和无酬的剩余劳动，工人通过必要劳动创造出作为报酬支付给自己的产品价值部分即工资，通过无酬的剩余劳动创造出代表剩余价值的产品价值部分，而这一部分后来又分为利润和地租。……年产品中体现工人在一年内新追加的劳动的那个价值，等于工资（或可变资本的价值）加上剩余价值，这个剩余价值又分为利润和地租的形式。”③ 工人一年新创造的价值形成利润、地租和工资的来源。然而，当利润、地租和工资成为资本家和大土地所有者及工人的收入后，就产生出一种假象：好像商品的价值是由这些收入构成的。实际上，价值的实体是劳动，它是构成收入的真正源泉；而不能反过来说收入的分配决定价值。

三、资本主义的分配关系与生产关系、阶级结构

在对“亚当·斯密教条”和“三位一体公式”进行剖析和批判的基础上，马克思进一步阐述了分配关系和生产关系的内在联系，剖析了资本主义社会的阶级结构。

---

① 《马克思恩格斯文集》第7卷，人民出版社2009年版，第950页。

② 《马克思恩格斯文集》第7卷，人民出版社2009年版，第947页。

③ 《马克思恩格斯文集》第7卷，人民出版社2009年版，第945页。

马克思在他的《政治经济学批判〈导言〉》中曾经讲过，分配分为两种，一种是指生产条件的分配（如由谁占有什么生产资料），另一种是指在生产基础上所进行的个人收入的分配。前者是生产关系本身范围内的事情，实际上是生产方式本身。所以，“这种分配关系赋予生产条件本身及其代表以特殊的社会性质。它们决定着生产的全部性质和全部运动”。① 后者是我们这里所要考察的分配关系，即收入分配中的关系。“人们谈到这种分配关系，指的是对产品中归个人消费的部分的各种索取权。”② 马克思讲:“由每年新追加的劳动新加进的价值，分成三个部分，它们采取三种不同的收入形式，这些形式表明，这个价值的一部分属于或归于劳动力的所有者，另一部分属于或归于资本的所有者，第三部分属于或归于地产的所有者。因此，这就是分配的关系或形式，因为它们表示出新生产的总价值在不同生产要素的所有者中间进行分配的关系。”③

（一）生产关系决定分配关系

马克思认为，消费资料的任何一种分配，都不过是生产条件本身分配的结果，而生产条件的分配，则表现生产方式本身的性质。“在分配是产品的分配之前，它是生产工具的分配、社会成员在各类生产之间的分配（个人从属于一定的生产关系）——这是同一关系的进一步规定。这种分配包含在生产过程本身中并且决定生产的结构，产品的分配显然只是这种分配的结果。”④ 分配的结构完全取决于生产的结构。在资本主义社会，资本掌握在资本家手里，劳动者只有人身的生产条件即劳动力。既然生产要素是这样分配的，那么自然而然地就要产生消费资料的如下分配：资本家凭着资本所有权得到剩余价值，而劳动者只能凭借自己的劳动得到工资收入。所以，“分配的结构完全决定于生产的结构，分配本身是生产的产物，不仅就对象说是如此，而且就形式说也是如此。就对象说，能分配的只是生产的成果，就形式说，参与生产的一定方式决定分配的特定形式，决定参与分配的形式”。⑤ 生产资料的分配决定着社会成员在生产过程中所处的地位，也决定着社会成员在社会各类生产之间的分配的性质、方式，以及决定着分配的对象和可供分配的产品的数量。社会成员以什么样的社会形式参与社会产品的分配，取决于他们以什么样的社会形式参与生产。“在分配上出现的是地租、工资、利息和利润，而在生产上作为生产要素出现的是土地、劳动、资本。……

① 《马克思恩格斯文集》第 7 卷，人民出版社 2009 年版，第 995 页。
② 《马克思恩格斯文集》第 7 卷，人民出版社 2009 年版，第 995 页。
③ 《马克思恩格斯文集》第 7 卷，人民出版社 2009 年版，第 993 页。
④ 《马克思恩格斯文集》第 8 卷，人民出版社 2009 年版，第 20 页。
⑤ 《马克思恩格斯文集》第 8 卷，人民出版社 2009 年版，第 19 页。

利息和利润作为分配形式，是以资本作为生产要素为前提的。……在雇佣劳动的场合劳动作为生产要素所具有的规定性，在工资的场合表现为分配的规定。如果劳动不是规定为雇佣劳动，那么，劳动参与产品分配的方式，也就不表现为工资。……地租的前提，是作为生产要素的大地产（其实是大农业），而不是土地一般，就像工资的前提不是劳动一般一样。所以，分配关系和分配方式只是表现为生产要素的背面。"① 马克思又说："工资以雇佣劳动为前提，利润以资本为前提。因此，这些一定的分配形式是以生产条件的一定的社会性质和生产当事人之间的一定的社会关系为前提的。因此，一定的分配关系只是历史地规定的生产关系的表现。"② 同时，从社会再生产的角度看，由于资本主义的再生产同时也是资本主义生产关系的再生产，因而，也就不断地再生产出相应的分配关系。就是说，分配关系由生产关系决定这一点，在社会再生产的过程中，仍然不会发生改变。

（二）资本主义生产方式的两个主要特征

既然分配关系由生产关系决定，那么资本主义生产关系和分配关系所表现的资本主义生产方式，具有怎样的特征呢？马克思指出："资本主义生产方式是一种特殊的、具有独特历史规定性的生产方式。"③ 它一开始就具有以下两个主要特征：

（1）商品生产占统治地位，资本和雇佣劳动的关系起着决定作用。这主要表现在：第一，资本主义生产方式，"和其他生产方式相区别的，不在于生产商品，而在于，成为商品是它的产品的占统治地位的、决定的性质"。④

第二，资本主义生产方式的独特标志是劳动力成为商品。"工人自己也只是表现为商品的出售者，因而表现为自由的雇佣工人，这样，劳动就表现为雇佣劳动。"⑤

第三，资本主义生产不仅表现为商品生产，而且表现为产品作为资本产品的生产。因而，再生产过程已经包含着一切流通关系。它不仅包括一般商品流通，而且包括资本流通；不仅包括资本家和工人之间的交换关系，而且包括资本家相互之间的交换关系。

第四，资本主义全部生产由价值进行调节。"内在规律只有通过他们之间的

---

① 《马克思恩格斯文集》第 8 卷，人民出版社 2009 年版，第 18-19 页。

② 《马克思恩格斯文集》第 7 卷，人民出版社 2009 年版，第 998 页。

③ 《马克思恩格斯文集》第 7 卷，人民出版社 2009 年版，第 994 页。

④ 《马克思恩格斯文集》第 7 卷，人民出版社 2009 年版，第 995-996 页。

⑤ 《马克思恩格斯文集》第 7 卷，人民出版社 2009 年版，第 996 页。

竞争，他们互相施加的压力来实现，正是通过这种竞争和压力，各种偏离得以互相抵消。在这里，价值规律不过作为内在规律，对单个当事人作为盲目的自然规律起作用，并且是在生产的偶然波动中，实现着生产的社会平衡。”①

第五，资本主义的商品生产具有普遍的拜物教性质。马克思指出：“在商品中，特别是在作为资本产品的商品中，已经包含着作为整个资本主义生产方式的特征的社会生产规定的物化和生产的物质基础的主体化。”② 一方面，由于商品经济的普遍化，使人与人的社会关系表现为物与物的关系，并被物的关系所掩盖；另一方面，生产的物质基础（生产资料等）又异化为人统治人的关系，即资本家对雇佣工人的主宰关系。

（2）剩余价值的生产是资本主义生产的直接目的和决定动机。这主要在于：第一，资本的本质决定它必须不断地生产剩余价值。“资本本质上是生产资本的，但只有生产剩余价值，它才生产资本。”③

第二，资本家提高劳动生产力的目的是追求更多的剩余价值。“这种为了价值和剩余价值而进行的生产……包含着一种不断发生作用的趋势，就是要把生产商品所必需的劳动时间，即把商品的价值，缩减到当时的社会平均水平以下。力求将成本价格缩减到它的最低限度的努力，成了提高劳动社会生产力的最有力的杠杆，不过在这里，劳动社会生产力的提高只是表现为资本生产力的不断提高。”④ 但是，生产力的这种发展，却表现为资本统治力量的增长，这又导致资本与雇佣劳动对立的加深。

第三，在剩余价值生产中，资本家确立了资本人格化的管理权威。“资本家作为资本的人格化在直接生产过程中取得的权威，他作为生产的领导者和统治者而担任的社会职能，同建立在奴隶生产、农奴生产等等基础上的权威，有重大的区别。”⑤ 建立在奴隶和农奴生产基础上的权威，是与政治特权和神权结合在一起的，因而带有超经济强制的性质；而资本家的权威只有作为同劳动相对立的劳动条件的人格化，资本家本人是当作商品所有者和其他资本家相对立的，在这里占统治地位的是竞争和极端的无政府状态。

第四，扩大再生产表现为资本主义的积累过程。剩余价值或利润作为资本主义生产的成果，并不完全用于资本家的个人消费，而是越来越多地用于追加资

① 《马克思恩格斯文集》第7卷，人民出版社2009年版，第996页。
② 《马克思恩格斯文集》第7卷，人民出版社2009年版，第996-997页。
③ 《马克思恩格斯文集》第7卷，人民出版社2009年版，第997页。
④ 《马克思恩格斯文集》第7卷，人民出版社2009年版，第997页。
⑤ 《马克思恩格斯文集》第7卷，人民出版社2009年版，第997页。

本，实现规模扩大的再生产。“只是由于一部分价值这样表现为他的利润，用来扩大再生产并构成一部分利润的追加生产资料，才表现为新的追加资本，并且整个再生产过程的扩大，才表现为资本主义的积累过程。”①

第五，尽管雇佣劳动对资本主义生产具有决定作用，但它并不否定价值规律的基础作用。马克思指出：“尽管劳动作为雇佣劳动的形式对整个过程的面貌和生产本身的特殊方式有决定的作用，雇佣劳动却并不决定价值。在价值的决定上所涉及的，只是社会一般劳动时间，只是社会一般可以支配的劳动量，而不同的产品在这个劳动量中所吸收的相对量，又在一定程度上决定着这些产品的各自的社会比重。”② 雇佣劳动只是使商品生产普遍化，成为资本主义生产的一般形式，但它并不改变“社会劳动时间在商品价值上作为决定要素起作用”③ 的客观规律。相反，资本主义生产正是建立在这一客观规律基础上的。

（三）资本主义生产关系与分配关系具有历史暂时性

一些资产阶级经济学者把分配关系看成“是自然的关系，是从一切社会生产的性质，从人类生产本身的各种规律中产生出来的关系”。④ 另一些资产阶级经济学者“虽然承认分配关系的历史发展性质，但同时却更加固执地认为，生产关系本身具有不变的、从人类本性产生出来的、因而与一切历史发展无关的性质”。⑤ 这就割裂了生产关系和分配关系，从而也不可能科学地说明分配关系的历史性。

针对这些错误的看法，马克思指出：“对资本主义生产方式的科学分析却证明：资本主义生产方式是一种特殊的、具有独特历史规定性的生产方式；它和任何其他一定的生产方式一样，把社会生产力及其发展形式的一个既定的阶段作为自己的历史条件，而这个条件又是一个先行过程的历史结果和产物，并且是新的生产方式由以产生的既定基础；同这种独特的、历史规定的生产方式相适应的生产关系具有一种独特的、历史的和暂时的性质；最后，分配关系本质上和这些生产关系是同一的，是生产关系的反面，所以二者共有同样的历史的暂时的性质。”⑥

分配关系和生产关系之所以具有历史性质，其根本原因为，它们都只是与一

---

① 《马克思恩格斯文集》第 7 卷，人民出版社 2009 年版，第 998 页。
② 《马克思恩格斯文集》第 7 卷，人民出版社 2009 年版，第 998 页。
③ 《马克思恩格斯文集》第 7 卷，人民出版社 2009 年版，第 998 页。
④ 《马克思恩格斯文集》第 7 卷，人民出版社 2009 年版，第 993 页。
⑤ 《马克思恩格斯文集》第 7 卷，人民出版社 2009 年版，第 994 页。
⑥ 《马克思恩格斯文集》第 7 卷，人民出版社 2009 年版，第 994 页。

定的生产力水平相适应。生产力是不断发展的，这就要求分配关系和生产关系发生变革。马克思指出："分配关系，从而与之相适应的生产关系的一定的历史形式，同生产力，即生产能力及其要素的发展这两个方面之间的矛盾和对立一旦有了广度和深度，就表明这样的危急时刻已经到来。这时，在生产的物质发展和它的社会形式之间就发生冲突。"正是生产力发展的客观规律决定着资本主义生产关系和分配关系最终一定会退出历史舞台。

（四）资本主义社会的阶级结构

资本主义的生产方式和生产关系决定了资本主义社会的阶级结构。马克思指出："单纯劳动力的所有者、资本的所有者和土地的所有者，他们各自的收入源泉是工资、利润和地租，也就是说，雇佣工人、资本家和土地所有者，形成建立在资本主义生产方式基础上的现代社会的三大阶级。"①

当然，任何一个社会的阶级结构不可能以纯粹的形式表现出来，即使在当时资本主义经济结构已经达到最高度的、最典型的英国，其"阶级结构也还没有以纯粹的形式表现出来的。在这里，一些中间的和过渡的阶层也到处使界限规定模糊起来"。② 但这对于分析资本主义的本质和发展趋势来说，并不会带来多大影响。"资本主义生产方式的经常趋势和发展规律，是使生产资料越来越同劳动分离，使分散的生产资料越来越大量积聚在一起，从而，使劳动转化为雇佣劳动，使生产资料转化为资本。另一方面，适应于这种趋势，土地所有权同资本和劳动相分离而独立，换句话说，一切土地所有权都转化为同资本主义生产方式相适应的土地所有权形式。"③

应当指出的是，关于资本主义社会阶级结构的上述结论，是马克思在《资本论》第三卷中分析了生产关系和分配关系之后所做出的科学阐述。那么，"是什么形成阶级"?④ 马克思在《资本论》末尾提出了这个问题。并且指出，从表面上看，"好像是收入和收入源泉的同一性。……不过从这个观点来看，例如，医生和官吏似乎也形成两个阶级"，⑤ 这显然是不对的。那么，到底是什么形成阶级呢？手稿至此中断。对此，恩格斯在他为《资本论》第 3 卷所写的序言中有一个说明。恩格斯说："最后一章只有一个开头。在这一章，同地租、利润、工资这三大收入形式相适应的发达资本主义社会的三大阶级，即土地所有者、资本

① 《马克思恩格斯文集》第 7 卷，人民出版社 2009 年版，第 1001 页。
② 《马克思恩格斯文集》第 7 卷，人民出版社 2009 年版，第 1001 页。
③ 《马克思恩格斯文集》第 7 卷，人民出版社 2009 年版，第 1001-1002 页。
④ 《马克思恩格斯文集》第 7 卷，人民出版社 2009 年版，第 1002 页。
⑤ 《马克思恩格斯文集》第 7 卷，人民出版社 2009 年版，第 1002 页。

家、雇佣工人，以及由他们的存在所必然产生的阶级斗争，应该当作资本主义时期的实际存在的结果加以论述。这种结论性的总结，马克思通常总要留到快付印的时候再做最后的加工，因为那时最新的历史事件会按照永不失效的规律性为他的理论阐述提供最恰当的现实例证。”① 后来，马克思在谈到阶级斗争问题时指出：“无论是发现现代社会中有阶级存在或发现各阶级间的斗争，都不是我的功劳。……我的新贡献就是证明了下列各点：①阶级的存在仅仅同生产发展的一定历史阶段相联系；②阶级斗争必然要导致无产阶级专政；③这个专政不过是达到消灭一切阶级和进入无阶级社会的过渡。”②

第三节 收入分配理论的思想来源和拓展

一、马克思收入分配理论的形成

英国古典政治经济学是《资本论》的重要思想来源，马克思也正是在批判亚当·斯密以及萨伊的收入分配观点的基础上建立自己的收入分配理论的。在亚当·斯密那里，劳动报酬被看作是收入分配问题研究的历史起点。他说：“在土地尚未私有而资本尚未积累的原始社会状态下，劳动的全部生产物属于劳动者，既无地主也无雇主来同他分享。”③ 但是，“土地一旦成为私有财产，地主就要求劳动者从土地生产出来或采集到的几乎所有物品中分配他一定份额。因此，地主的地租，便成为要从土地上的劳动的生产物中扣除的第一个项目”。④ 农业资本家出现以后，“一般耕作者大都没有维持生活到庄稼收割的资料。他们的生活费通常是由雇用他们的农业资本家从他的资本项下垫付的。除非他能分享劳动者的生产物，换言之，除非他在收回资本时得到相当的利润，否则他就不愿雇用劳动者。因此，利润成为要从用在土地上的劳动的生产物中扣除的第二个项目”。⑤ 在亚当·斯密看来，全部劳动生产物是分配的对象，在资本主义社会被三大阶级所分享，劳动者得到工资，地主得到地租，资本家得到利润。

亚当·斯密发现了资本主义社会的三大阶级形成三大收入，并且认识到了三种收入都来自劳动生产的结果。但是，亚当·斯密认为分配对象是全部劳动生产

① 《马克思恩格斯文集》第 7 卷，人民出版社 2009 年版，第 11 页。

② 《马克思恩格斯全集》第 1 版第 28 卷，人民出版社 1973 年版，第 509 页。

③ 亚当·斯密：《国民财富的性质和原因的研究》，商务印书馆 1972 年版，第 58 页。

④ 亚当·斯密：《国民财富的性质和原因的研究》，商务印书馆 1972 年版，第 59 页。

⑤ 亚当·斯密：《国民财富的性质和原因的研究》，商务印书馆 1972 年版，第 59-60 页。

物的观点，又是错误的，因为劳动生产物作为商品，其价值由旧价值（生产资料转移价值）和新价值两部分构成，可供分配的只能是新价值，即收入，而不可能包括全部产品价值，否则，再生产就不可能进行。对此，马克思进行了深入的分析和批判。

那么，劳动者的工资怎么确定呢？亚当·斯密认为，“劳动者的普通工资，到处都取决于劳资两方所订的契约。这两方的利害关系绝不一致。劳动者盼望多得，雇主盼望少给。劳动者都想为提高工资而结合，雇主却想为减低工资而联合”。[①] 如果劳资双方出现争议，亚当·斯密认为，“在一般的争议的情况下，要预知劳资两方谁占有利地位，谁能迫使对方接受自己提出的条件，决非难事。雇主的人数较少，团结较易。加之，他们的结合为法律所公认，至少不受法律禁止。但劳动者的结合却为法律所禁止。有许多议会的法令取缔为提高劳动价格而结合的团体，但没有一个法令取缔为减低劳动价格而结合的组织。况且，在争议当中，雇主总比劳动者较能持久”。[②] 在亚当·斯密看来，在劳资关系中，劳动者处于不利地位，在收入分配中，劳动工资就往往被压低。亚当·斯密看到了工资和利润的对立，但他不知道工资的本质是什么，工资与利润对立的原因在哪里。马克思认为，分配有两种不同的形式，一种是生产条件的分配，即生产资料所有制形式，如资本主义社会里，生产资料属于资本家所有，劳动者被剥夺了劳动条件。这种生产条件的分配决定了另一种分配形式，即个人收入的分配，因为，消费资料的任何一种分配，都不过是生产条件本身分配的结果。在资本主义社会，正是由于生产资料采取了资本的形式，劳动则采取雇佣劳动的形式，劳动创造的收入的分配，一部分以利润的形式归资本家所有，另一部分就以工资的形式归劳动者所有。如果没有资本、土地所有权与雇佣劳动相对立这种生产关系，就不会有利润、地租和工资这样的分配关系。正如马克思所指出的，工资以雇佣劳动为前提，利润以资本为前提。因此，这些一定的收入分配形式是以生产条件的一定的社会性质和生产当事人之间的一定的社会关系为前提的。所以，一定的收入分配关系只是历史规定的生产关系的表现。

关于工资量的确定，马克思与亚当·斯密也根本不同。马克思认为，工资的本质是劳动力的价值或价格，工资数量取决于劳动力价值。劳动力价值由劳动者本人的生活费用、劳动者家庭的生活费用和一定的教育训练费用三部分构成，劳动力买卖就是按照劳动力价值进行等价交换的。因此，劳动力价值构成就是工资

① 亚当·斯密：《国民财富的性质和原因的研究》，商务印书馆 1972 年版，第 60 页。
② 亚当·斯密：《国民财富的性质和原因的研究》，商务印书馆 1972 年版，第 60-61 页。

的数量标准。当然，作为劳动力价值的货币表现，工资的具体变动还会受到劳动力市场供求关系的影响，但供求关系并不决定劳动力价值，它只是劳动力价值在市场上的实现形式。

与古典经济学和庸俗经济学的收入分配理论根本不同，马克思关于生产条件分配决定收入分配理论、劳动力价值理论（工资本质理论）和工资变动理论，为市场经济中的价值决定和价值分配的科学区分，为探寻收入分配不平等的根本原因提供了科学的理论依据。

二、关于财富生产和收入分配

财富的生产和分配问题是人们关注的永恒主题。在我国，这一问题解决得好，有利于发挥社会主义制度的优越性，有利于调动广大人民群众的积极性、主动性和创造性，有利于推进我国经济长期可持续发展，有利于社会的和谐稳定。

（一）关于财富的含义

政治经济学所讲的财富是指物品具有的能够满足人们需要的有用性。财富分为自然财富和社会财富两种。自然财富包括自然物质（如土地、河流、森林、矿藏等）、自然力（自然存在的各种能量，如风能、水能、光能、核能、宇宙能等）和自然条件（如生态、环境、气候等）。社会财富是劳动产品。产品具有使用价值，但这种使用价值需要有一个载体，其载体可以是有形的，也可以是无形的；可以是物质的，也可以是精神的；可以是固体的，也可以是流体的。产品的实质是使用价值。在市场经济条件下，劳动产品表现为商品，社会财富由商品构成。马克思曾说过："资本主义生产方式占统治地位的社会的财富，表现为'庞大的商品堆积'，单个的商品表现为这种财富的元素形式。"① 由于商品具有使用价值和价值两个因素，因此，社会财富就表现为使用价值财富和价值财富两种形式。作为统一体的商品内部的使用价值财富和价值财富是相互依存的，马克思形象地将此比喻为肉体和灵魂的关系。使用价值财富与人类共存，是任何一个社会都存在的。"不论财富的社会的形式如何，使用价值总是构成财富的物质的内容。"② 价值财富则只有在商品社会才存在。在发展了的商品社会，价值只有通过货币来表现，价值财富即表现在货币数量上。财富的本性是能够满足人的需要，人们之所以重视价值财富，归根到底是由于作为价值物的货币能够转化为相

① 《马克思恩格斯文集》第5卷，人民出版社2009年版，第47页。
② 《马克思恩格斯文集》第5卷，人民出版社2009年版，第49页。

应的使用价值即财富而归人们消费。

（二）关于社会财富的生产

马克思认为，劳动是价值的唯一源泉，但不是财富的唯一源泉，自然财富自不用说，就社会财富来讲，“劳动并不是它所生产的使用价值即物质财富的唯一源泉”。[①] 劳动和自然物质结合才能创造出社会财富。因而，生产财富的要素，既包括劳动，也包括其他非劳动要素。按照马克思在《资本论》中讲的生产使用价值的劳动过程具有三个简单要素，即劳动本身、劳动对象和劳动资料。生产使用价值的劳动过程是人和自然之间的过程，是人以自身的活动来中介、调整和控制人和自然之间的物质变换的过程。按照马克思的财富观，劳动消耗量和劳动的生产力在财富生产过程中的作用是不同的。财富的生产与劳动生产率成正比。劳动生产率越高，在相同的时间内生产的使用价值的数量就越多，作为使用价值的财富就越多。劳动生产率的高低，主要取决于五个因素，即“工人的平均熟练程度，科学的发展水平和它在工艺上应用的程度，生产过程的社会结合，生产资料的规模和效能，以及自然条件”。[②] 随着科学技术的进步和广泛应用，随着生产工具的不断变革，随着工人的劳动熟练程度和劳动技能的提高，随着劳动组织和管理水平的不断提升，劳动生产率就会不断地得到提高，社会财富就会不断地增加。在社会财富的生产过程中，马克思特别重视科学技术的决定性作用。他指出：“随着大工业的发展，现实财富的创造较少地取决于劳动时间和已耗费的劳动量，较多地取决于在劳动时间内所运用的动因的力量，而这种动因自身——它们的巨大效率——又和生产它们所花费的直接劳动时间不成比例，相反的却取决于一般的科学水平和技术进步，或者取决于科学在生产上的应用。”[③] 马克思又指出：“一旦直接形式的劳动不再是财富的巨大源泉，劳动时间就不再是，而且必然不再是财富的尺度。”同时，“工人不再是生产过程的主要当事者，而是站在生产过程的旁边”。[④]

（三）关于社会财富的分配

在对“亚当·斯密教条”和“三位一体公式”进行批判的同时，马克思还对总收益、总收入和纯收入三个概念进行了科学的区分，对收入分配的依据进行了科学的阐述。

---

① 《马克思恩格斯文集》第5卷，人民出版社2009年版，第56页。
② 《马克思恩格斯文集》第5卷，人民出版社2009年版，第53页。
③ 《马克思恩格斯全集》第46卷（下），人民出版社1980年版，第217页。
④ 《马克思恩格斯全集》第46卷（下），人民出版社1980年版，第218页。

1. 总收益、总收入、纯收入

为了彻底纠正“亚当·斯密教条”和“三位一体公式”的错误、澄清其混乱的认识，马克思在考察劳动的全部年产品的价值，也就是考察社会总资本的产品的价值时，为了避免不必要的困难，必须把总收益和纯收益同总收入和纯收入区别开来。

我们知道，按照马克思主义的劳动价值理论，全社会生产的年产品的价值，和单个商品一样可以分为三个部分，即生产资料转移的价值（c）、补偿预付可变资本的价值（v）和超过可变资本而形成的剩余价值（m）。其中，$v+m$ 是劳动者新创造的价值，c 是过去劳动创造的价值，在这里是转移的旧价值。马克思据此区分了总收益、总收入和纯收入、纯收益等范畴。

首先，“总收益或总产品是再生产出来的全部产品。把固定资本中曾被使用但是没有消费掉的部分撇开不说，总收益或总产品的价值，等于预付的，并在生产中消费掉的资本即不变资本和可变资本的价值，加上分解为利润和地租的剩余价值。或者，如果我们不是考察单个资本的产品，而是考察社会总资本的产品，那么，总收益等于构成不变资本和可变资本的物质要素加上表现为利润和地租的那种剩余产品的物质要素”。[①] 即总收益等于 $c+v+m$。

其次，“总收入是总产品扣除了补偿预付的，并在生产中消费掉的不变资本的价值部分和由这个价值部分计量的产品部分以后，总产品所余下的价值部分和由这个价值部分计量的产品部分。因而，总收入等于工资（或预定要重新成为工人收入的产品部分）+利润+地租”。[②] 即总收入为 $v+m$。

最后，“纯收入却是剩余价值，因而是剩余产品，这种剩余产品是扣除了工资以后所余下的，实际上也就是由资本实现的并与土地所有者瓜分的剩余价值和由这个剩余价值计量的剩余产品”。[③] 即纯收入等于 m。

2. 关于收入分配的依据

马克思在批判“三位一体公式”时指出：“资本—利息；土地所有权，土地的私有权，而且是现代的、与资本主义生产方式相适应的土地私有权—地租；雇佣劳动—工资。这样，各种收入源泉之间的联系尽在这个形式之中。像资本一样，雇佣劳动和土地所有权也是历史规定的社会形式；一个是劳动的社会形式，另一个是被垄断的土地的社会形式，而且二者都是与资本相适应的、属于同一个

① 《马克思恩格斯文集》第 7 卷，人民出版社 2009 年版，第 951-952 页。
② 《马克思恩格斯文集》第 7 卷，人民出版社 2009 年版，第 952 页。
③ 《马克思恩格斯文集》第 7 卷，人民出版社 2009 年版，第 952 页。

经济的社会形态的形式。”① 马克思还指出：“土地所有权、资本和雇佣劳动，就从下述意义上的收入源泉，即资本使资本家以利润的形式吸取他从劳动中榨取的剩余价值的一部分，土地的垄断使土地所有者以地租的形式吸取剩余价值的另一部分，劳动使工人以工资的形式取得最后一个可供支配的价值部分这种意义上的源泉，也就是从这种作为中介使价值的一部分转化为利润形式，使第二部分转化为地租形式，使第三部分转化为工资形式的源泉，转化成了真正的源泉，这个源泉本身产生出这几个价值部分和这几个价值部分借以存在或可以转化成的各相关产品部分，因而是产生出产品价值本身的最后源泉。”②

从马克思的论述可以看出，他在批判“资本—利息，土地—地租，劳动—工资”这一“三位一体公式”的同时，并没有否认土地所有权、资本和雇佣劳动成为收入分配的依据。当然，这里所讲的收入分配依据与价值源泉，并不是同一层面的问题。收入分配依据，主要涉及的是决定收入分配去向和份额的依据，而价值源泉却涉及价值的创造问题。价值的创造与活劳动相关，而收入分配则与要素的所有权相关。马克思指出：“对劳动力、资本和土地这三者的所有权，就是商品的这些不同的价值组成部分所以会分别属于各自的所有者，并转化为他们的收入的原因。”③ 商品的“这个价值的一部分属于或归于劳动力所有者，另一部分属于或归于资本的所有者，第三部分属于或归于土地的占有者。因此，这就是分配关系或形式，因为它们表示出新生产的总价值在不同生产要素的所有者中间进行分配的关系”。④

收入分配尽管是对价值的分配，但是，分配形式或分配制度不是由价值规定的，价值的创造过程对价值分配的形式并不存在制约作用。马克思说：“产品一经完成，生产者对产品的关系就是一种外在的关系，产品回到主体，取决于主体对其他个人的关系。”“在产品和生产者之间插进了分配，分配借社会规律决定生产者在产品世界中的份额，因而插在生产和消费之间。”⑤ 另外，参与分配的要素包括所有参与物质财富创造的要素。这是因为，价值的分配在于生产要素的所有权。只要存在生产要素所有权，就必然要求生产要素的所有者参与价值的分配。资本、劳动、土地等生产要素，都要依其所有权参与收入分配。

---

① 《马克思恩格斯文集》第 7 卷，人民出版社 2009 年版，第 923 页。
② 《马克思恩格斯文集》第 7 卷，人民出版社 2009 年版，第 936 页。
③ 《马克思恩格斯文集》第 7 卷，人民出版社 2009 年版，第 982 页。
④ 《马克思恩格斯文集》第 7 卷，人民出版社 2009 年版，第 993 页。
⑤ 《马克思恩格斯全集》第 12 卷，人民出版社 1962 年版，第 744 页。

3. 关于按劳分配与按要素分配

既然劳动与其他生产要素相结合共同创造了财富，那么劳动及其他生产要素的所有者也就必然享有参与分配的权利，这就是财富的按劳分配与按要素分配问题。

按劳分配是马克思设想的作为社会财富的个人消费品的社会主义分配方式。马克思预测，在资本主义之后的新社会，消灭了一切私有制，实行单一的公有制经济。非劳动要素即生产资料完全掌握在作为全体人民代表的国家手中，每个成员不可能再凭借非劳动要素参与分配。他们只能向社会提供劳动，以劳动为尺度获得个人收入。这样，在单一公有制的条件下所实行的财富的分配就只能是单一的按劳分配。

但是，社会主义的实践与马克思的预测是有一定差别的。现实的社会主义不是在资本主义高度发展的基础上产生的，而是在资本主义没有多少发展的相对落后的国家实现的，这样的国家不具备实行单一的公有制经济的客观条件，尤其是在我国社会主义市场经济条件下，采取的基本经济制度是以公有制为主体、多种所有制经济的共同发展。多种所有制经济就是指，除了公有制经济之外还有多种私有制经济。在私有制经济中，实行的不是按劳分配，而是按资分配，雇佣工人得到的是工资，超过工资的利润部分被企业主获得。在个体经济中，劳动者凭借自己的劳动与自己的生产资料相结合从事生产经营活动，获得个人劳动收入。个体经济和私营经济中的财富分配方式则是以生产要素的所有权为依据的，也都是允许存在的。因此，按生产要素进行分配，或确立资本、技术和管理等生产要素按贡献参与分配的原则，都是对非按劳分配方式的具体说明，并不是要用按生产要素分配取代按劳分配。

按要素分配就是指按资本、土地、管理、技术等生产要素进行分配，给其所有者作出的贡献以应有的回报，这也是所有权在经济上的实现。我们这里所说的按要素分配，就是指按劳动之外的在生产产品过程中实际发挥作用的其他要素进行分配。在这里，我们必须明确，作为按生产要素贡献参与分配的前提是生产要素的所有权。收益权是所有权内在的一种权能，是所有权的实现。如果某种生产要素不被一定的人所占有，该要素即使再重要，也不会参与分配。财富分配的对象是人不是物。如阳光、空气无论是对人还是对农作物生长都是不可或缺的，它们在财富的形成过程中发挥了重要的作用，但这类自然因素如不被一定的主体所占有，就谈不上什么分配。再如科学技术、机器设备等对生产商品也是很重要的，但是它们都是由其所有者将其投入生产过程的，其生产结果的分配也只能是对它们的所有者进行的分配。

马克思在《资本论》第三卷中曾经反复强调，虽然工人的活劳动是价值财富的唯一源泉，但价值财富的分配则是按照生产要素的所有权进行的。马克思指出："资本家的资本，土地所有者的土地，工人的劳动力或者不如说他的劳动本身（因为他实际出售的只是表现出来的劳动力，而且像以前所说的那样，在资本主义生产方式的基础上，劳动力的价格必然会对他表现为劳动的价格），对资本家、土地所有者和工人来说，表现为他们各自特有的收入，即利润、地租和工资的三个不同的源泉。它们从下述意义上讲确实是收入的源泉：对资本家来说，资本是一台汲取剩余劳动的永久的抽水机；对土地所有者来说，土地是一块永久的磁石，它会把资本所汲取的剩余价值的一部分吸引过来；最后，劳动则是一个不断更新的条件和不断更新的手段，使工人在工资的名义下取得他所创造的一部分价值，从而取得社会产品中由这部分价值来计量的一部分，即必要生活资料……资本家会把价值的一部分，从而把年劳动产品的一部分固定在利润的形式上，土地所有权会把另一部分固定在地租的形式上，雇佣劳动会把第三部分固定在工资的形式上，并且正是由于这种转化，使它们变成了资本家的收入、土地所有者的收入和工人的收入，但是并没有创造转化为这几个不同范畴的实体本身。相反，这种分配是以这种实体已经存在为前提的，也就是说，是以年产品的总价值为前提的，而这个总价值不外就是对象化的社会劳动。"① 马克思在《政治经济学批判〈导言〉》中也指出："在分配上出现的是地租、工资、利息和利润，而在生产要素出现的是土地、劳动、资本。……利息和利润作为分配形式，是以资本作为生产要素为前提的。……在雇佣劳动的场合劳动作为生产要素所具有的规定性，在工资的场合表现为分配的规定。如果劳动不是规定为雇佣劳动，那么，劳动参与产品分配的方式，也就不表现为工资。……地租的前提，是作为生产要素的大地产（其实是大农业），而不是土地一般，就像工资的前提不是劳动一般一样。所以，分配关系和分配方式只是表现为生产要素的背面。"② 马克思在这里再清楚不过地说明，虽然价值是由工人的劳动创造的，但它的分配则是依据生产要素的所有权进行的。

按劳分配和按生产要素所有权分配的量如何确定，马克思的经济学和西方经济学各有各的说法。马克思认为，资本主义工资是劳动力的价值或价格的转化形式。劳动力的价值由三部分构成：一是劳动者本人所必要的生活资料的价值部

① 《马克思恩格斯文集》第 7 卷，人民出版社 2009 年版，第 930-931 页。

② 《马克思恩格斯文集》第 8 卷，人民出版社 2009 年版，第 18-19 页。

分，二是劳动者家属所必要的生活资料的价值部分，三是一定的教育和培训费用。资本家必须按照劳动力的价值支付工人工资，这就是等价交换原则。职能资本家得到的应该是平均利润。因为，资本“是一种社会权力，每个资本家都按照他在社会总资本中占有的份额而分享这种权力”。[①] 资本家拥有资本的唯一目的就是获取利润，而且是获取尽可能多的利润。因此，同样的资本额，哪里获得的利润多，它就会到哪里去，这就必然会出现资本在不同生产部门之间的转移，而资本不断转移就形成了一个大致的趋势，同量资本不论是在哪一个生产部门，都要求得到一个大致相同的利润，即等量资本得到等量利润。借贷资本家得到的利息只能是平均利润的一部分，社会习惯和法律传统以及竞争对中等利息率起决定作用，而市场利息率则是由借贷资本的供求关系直接决定。土地所有者凭借土地所有权得到的地租是由超额利润转化而来的，同样的投资由于土地本身存在的差别所带来的超额利润，应该交给土地所有者。

西方经济学是用“边际生产力”或“边际收益产品”加以说明的。在萨缪尔森的《经济学》一书中专门有一节讲“收入分配和边际生产率理论”，他认为，“在公司的边际生产理论中发现了市场经济中收入分配的答案”。然而，这个答案到底在哪里，无论是萨缪尔森的《经济学》，还是其他西方经济学的教科书，只是停留在一些曲线和模型上，很难在实际分配中加以应用。实际上，在市场经济条件下，生产要素按其所有权为前提参与财富的分配，总的要求是以各要素的收入量及产出量为前提。“蛋糕”做大了，所分配的收入才能随之增多。在产出一定的条件下，各种收入的具体数额，主要由市场机制的作用确定。

（四）关于市场机制能否自发实现财富分配的公平问题

有的人认为，经济公平纯粹是收入分配问题，指的是投入与收益对等。我国实行的是市场经济，只要根据投入的要素及其贡献获取收入，既能提高效率，又能促进公平，而产生这些不公平现象的主要原因正是市场化改革不到位。因此，只要加快推进市场化改革，充分发挥市场自发配置资源的功能，公平就会自发实现。

我们认为，随着经济体制改革的不断推进和市场经济的不断发展，打破了传统计划体制中分配上的两个“大锅饭”，即企业吃国家“大锅饭”和职工吃企业“大锅饭”的绝对平均主义（绝对平均主义也是分配不公平），生产效率不断得到提高，“蛋糕”做大了，每人分到的就可能多一些。因此，经济发展有利于经

---

① 《马克思恩格斯文集》第7卷，人民出版社2009年版，第217页。

济公平的实现。但是，“蛋糕”做大是否就一定能促进公平，体现公平呢？这里有两点需要研究：第一，什么是经济公平，它是否仅仅是收入分配问题？第二，市场经济是否会自发实现经济公平？

马克思主义认为，公平是一个历史范畴。在不同的社会形态中，公平所体现的内涵是不一样的。那种抽象的、超时代的永恒公平是不存在的。马克思恩格斯在《资本论》《论住宅问题》《哥达纲领批判》《反杜林论》等著作中，对公平曾做过一系列经典论述。他们指出，公平始终是现存经济关系的观念化表现，是现存经济关系的反映。恩格斯在《论住宅问题》一书中指出：“公平则始终只是现存经济关系的或者反映其保守方面，或者反映其革命方面的观念化的神圣化的表现。”① 由于人们在经济关系中（首先是财产关系）所处的地位和利益不同以及政治主张不同，对公平的看法也必然不同。恩格斯又指出：“希腊人和罗马人的公平认为奴隶制度是公平的；1789 年资产者的公平要求废除封建制度，因为据说它不公平。在普鲁士的容克看来，甚至可怜的行政区域条例也是对永恒公平的破坏。所以，关于永恒公平的观念不仅因时因地而变，甚至也因人而异，这种东西正如米尔柏格正确说过的那样，‘一个人有一个人的理解’。”② 由于财产占有上的不公平，决定劳动者与生产资料结合方式的不公平，导致收入分配上的不公平，是雇佣劳动制度的固有弊端。对此，马克思在分析资本主义社会表面上平等、公平而实际上的不平等、不公平时，做了精辟的阐释。在资本主义社会，资本及其他生产资料掌握在资本家手中，劳动者除劳动能力以外没有任何其他财产。因而，劳动者要想获得生存的条件，必须出卖劳动力，以换回相当于自己劳动力价值的工资收入，而“劳动力的买和卖是在流通领域或商品交换领域的界限以内进行的。这个领域确实是天赋人权的真正乐园。那里占统治地位的只是自由、平等、所有权和边沁。自由！因为商品例如劳动力的买者和卖者，只取决于自己的自由意志。他们是作为自由的、在法律上平等的人缔结契约的。契约是他们的意志借以得到共同的法律表现的最后结果。平等！因为他们彼此只是作为商品所有者发生关系，用等价物交换等价物。所有权！因为他们连在一起并发生关系的唯一力量，是他们的利己心，是他们的特殊利益，是他们的私人利益。正因为人人只顾自己，谁也不管别人，所以大家都是在事物的预定的和谐下，或者说，在全能的神的保佑下，完成着互惠互利、共同有益、全体有利的事业”。从流通领域的表面上来看，在资产阶级的视野里，资本主义社会人与人之间好像是

① 《马克思恩格斯选集》第 3 卷，人民出版社 1995 年版，第 212 页。

② 《马克思恩格斯选集》第 3 卷，人民出版社 1995 年版，第 212 页。

平等的，由此得到的收入也是公平的。但是，“一离开这个简单流通领域或商品交换领域，——庸俗的自由贸易论者用来判断资本和雇佣劳动的社会的那些观点、概念和标准就是从这个领域得出的，——就会看到，我们的剧中人的面貌已经起了某些变化。原来的货币所有者作为资本家，昂首前行；劳动力占有者作为他的工人，尾随于后。一个笑容满面，雄心勃勃；一个战战兢兢，畏缩不前，像在市场上出卖了自己的皮一样，只有一个前途——让人家来鞣”。① 资本主义社会就是在市场经济这种所谓公平的等价交换基础上无偿占有雇佣工人的剩余劳动的。即使在实行按劳分配的社会主义条件下，马克思也认为，所谓公平的分配本身就是不公平的。在这里通行的是根据为社会提供的劳动得到报酬的原则。“生产者的权利是同他们提供的劳动成比例的；平等就在于以同一尺度——劳动——来计量。但是，一个人在体力或智力上胜过另一个人，因此在同一时间内提供较多的劳动，或者能够劳动较长的时间；劳动者的不同等的个人天赋，从而不同等的工作能力，是天然特权。所以就它的内容来讲，它像一切权利一样是一种不平等的权利。”② 只有到了共产主义高级阶段，“在那里，每个人的自由发展是一切人的自由发展的条件”，③ 才会有真正的公平。

市场经济是否会自发实现经济公平呢？我们认为，虽然市场经济有利于提高效率，从而有利于经济公平的实现，但它自身不但不能缩小收入差距，自发地实现经济公平，反而会自发地造成两极分化。因为，第一，市场经济的分配原则是按要素分配，由于我国现实经济中资本、技术等生产要素的供给短缺和低价的劳动力相对充裕，生产过程中资本和技术等要素的边际产出大于一般劳动的边际产出，资本、技术等要素的收益大大高于一般劳动的收入。因此，不论是按要素贡献率分配，还是按要素拥有多少分配，都必然带来收入差距的扩大。第二，市场经济通行的竞争规律，一方面会提高劳动效率，另一方面在低价劳动力的情况下，又必然带来劳动者之间激烈的就业竞争，必然产生大量的下岗失业，从而导致收入差距的不断扩大。第三，市场化带来的要素流动和资金积累的“马太效应”，使收入差距呈现逐步扩大的趋势。因为，随着市场机制作用的强化，资金、技术、人才等生产要素不断向效率较高的东部地区和大中城市集聚，生产要素的不断流入又进一步促进了其经济增长；而落后地区和农村地区则相反，生产要素流入少而流出多，经济发展受阻。从人群来看，收入越高，积蓄就越多；积蓄越

① 《马克思恩格斯文集》第5卷，人民出版社2009年版，第205页。

② 《马克思恩格斯选集》第3卷，人民出版社1995年版，第304-305页。

③ 《马克思恩格斯选集》第1卷，人民出版社1995年版，第294页。

多，投资方式就越多；投资方式越多，收益也就越多。市场化带来的“马太效应”客观上促使“贫者越贫、富者越富”。因此，单靠市场的力量，不仅无法解决而且还会进一步扩大我国的经济不公平现象。

财富分配上的不公平现象是客观事实。有观点认为，加强政府对收入分配的二次调节是解决这一问题的根本措施，通过给予社会弱势群体更多的关爱和救助就可以促进社会公平的实现。我们认为，通过政府调整收入分配政策，有利于社会公平的实现，但它不是治本之策。因为，经济不公平产生的根本原因不在分配，而在于人们的经济地位，在于财产占有关系。同时，还要看到，经济公平虽然是社会公平的重要组成部分，是社会公平的物质基础，但它并不等于社会公平。社会公平就是社会的经济利益、政治利益和其他利益在全体社会成员之间合理而高效的分配，它意味着经济地位和政治地位的平等、劳动机会和收入分配的平等。因此，解决我国经济和社会发展中的公平正义问题，应从人们的经济地位、政治地位、收入分配、社会保障等全方位加以考虑。这里，我们重点讨论以下两个问题：

第一，在坚持社会主义初级阶段基本经济制度的基础上，积极探索多样化的公有制实现形式和劳动者与生产资料的结合方式，促进全体社会成员在对财产的占有和收入分配上的合理化。在我国市场经济发展中，出现少数人迅速暴富，而广大产业工人、农民没有充分享受到发展的成果的现象，这固然有很多原因，但根本的原因还在于缺乏制度性的保障，劳动者没有从财富创造的起点上，即财产占有关系上得到公平的权利，从而在生产结果的初次分配上，只能得到低廉的工资。因此，必须坚持和完善以公有制为主体的基本经济制度，充分发挥公有制经济特别是国有经济对全体人民根本利益的保障作用和对国民经济的主导作用。当然，在市场经济条件下，必须改革公有制的实现形式，要更多地采取股份制的形式，不断增强对社会资本的控制力，对非公有制经济的引导力和带动力；必须改革劳动者与生产资料的结合方式，劳动者除了作为公有制经济的占有者以外，要更多地采取以财产个人占有者的身份与生产资料结合，即通过劳动股份合作制以劳动者和资产所有者的双重身份参与企业的生产经营决策，保证劳动者的根本利益的实现。

第二，在坚持按劳分配为主体的基础上，致力推进基本公共服务均等化。一般说，公共服务均等化是指政府要为社会成员提供基本的、与经济社会发展水平相适应的、能够体现公平正义原则的、大致均等的公共产品和服务。从我国的现实情况出发，基本公共服务的基本内容包括：基本民生服务，如就业、社会救助、养老保障等；公共事业服务，如公共教育、公共卫生、社会文化等；公益基本性服务，如公共设施、生态环保等；公共安全服务，如社会治安、国防安全、生产安全、消费安全等。均等化的基本内容包括：城乡居民享有基本公共服务的机会均等、原则均等、过程均等和结果大体均等。

加快推进公共服务均等化，首先要提高基本公共服务的供给水平与公平程度，加大对公共教育、公共医疗卫生、基本社会保障、公共就业，以及基本住房保障的投入；其次要加快农民工市民化进程，赋予农民工与城镇职工平等享受基本公共服务的权利；再次要以基本医疗卫生服务均等化为目标，深化公立医院改革，以公益性为核心重构公立医院体制；又次要基本实现农村养老保障的全覆盖，进一步明确建立农村养老保障中各级政府的财政责任机制，拓宽农村社会养老保险基金保值增值的渠道，加快完善新型农村社会养老保险制度的立法保障建设；最后要赋予失地农民与城市居民平等享受基本公共服务的权利。

总之，我们是社会主义国家，虽然我们还处于社会主义的初级阶段，但是我们的最广大人民群众始终是社会的主人，始终是社会财富的主要创造者，也应当是社会财富的主要享受者。因此，要实现我国经济社会平稳转型，必须注意始终处理好财富的生产和分配的关系，必须始终把扩大居民的最终消费作为经济发展的出发点和落脚点，实现好、维护好、发展好最广大人民的根本利益，不断满足人民日益增长的物质文化需要，做到发展为了人民，发展依靠人民，发展成果由人民共享。从这种意义上讲，扩大广大人民群众在财富分配中的比重，既是实现我国发展转型之根本，也是保证我国人民当家作主制度之根本。

附录　马克思《〈政治经济学批判〉导言》导读

一、历史背景和写作原因

《〈政治经济学批判〉导言》是马克思《1857—1858 年经济学手稿》的开始部分，它是马克思拟撰写的政治经济学巨著的总的导言。

19 世纪 30 年代，资本主义经济有了迅速的发展，资本主义的各种矛盾也尖锐化了。在欧洲的资本主义国家中，工人运动蓬勃兴起，无产阶级与资产阶级的斗争日益激化，例如，1831 年和 1834 年法国里昂纺织工人两次大规模起义，1837 年英国的“宪章运动”，1844 年的德国西里西亚纺织工人起义，等等，这充分反映了工人阶级已经作为独立的政治力量登上了历史舞台。

资产阶级经济学者为了适应资本主义存在和发展的需要，一方面把资本主义制度看成是合乎自然规律而永恒存在的生产方式，另一方面又制造种种庸俗的观点来为资本主义剥削制度辩护。无产阶级反对资产阶级斗争的深入发展，迫切需要对资产阶级经济学，尤其是庸俗经济学的种种谬论进行坚决的斗争，同时，也需要对小资产阶级空想、反动的观点加以彻底的批判。正是在这种情况下，马克思用了毕生的精力来创立科学的经济理论，为工人阶级的斗争提供强大的思想武器。

19 世纪 40 年代，马克思已开始了对资产阶级政治经济学的研究和批判，他先后写了《哲学的贫困》、《雇佣劳动与资本》和《共产党宣言》等重要著作，阐述了马克思主义经济理论的一些最基本的原理。这些著作的出版，特别是《共产党宣言》的公开发表，又进一步推动欧洲大陆工人运动走向高潮。在法国巴黎，在奥地利维也纳，在德国柏林等都发生了大规模的工人起义。但是，自从法国工人 6 月起义失败以后，欧洲反动势力开始猖獗，欧洲大陆的革命运动受到了严重挫折，进入了低潮。这次低潮持续了大约 10 年时间，到了 1857—1858 年资本主义世界性经济危机爆发，工人运动又开始掀起新的高潮。马克思利用这一时期加紧从事经济理论的写作。马克思在 1857 年 12 月 8 日致恩格斯的信中说：“我现在发狂似地通宵总结我的经济学研究，为的是在洪水之前至少把一些基本问题搞清楚。"①《1857—1858 年经济学手稿》就是在这种紧张的工作中完成的。

手稿的一部分，于 1859 年以《政治经济学批判》的书名出版，这篇导言没能一起发表。其原因，马克思在《政治经济学批判》的序言中做了说明。他说："我把已经起草好的一篇总的导言压下来了，因为仔细想来，我觉得预先说出正要证明的结论总是有妨害的。"② 所以，导言在马克思生前没有发表过，是考茨基于 1903 年 3 月在马克思逝世 20 年以后将这一手稿在《新时代》（斯图加特）（1902—1903 年）第 1 卷首次公开发表。

马克思在导言中详细地阐述了关于政治经济学的对象、方法以及生产、分配、交换和消费之间关系的基本原理，其中贯穿着对资产阶级政治经济学种种谬论的深刻批判。

二、逻辑结构和基本原理

导言共分 4 节，其中第 1 节讲一般生产，第 2 节讲生产、分配、交换和消费之间的相互关系，第 3 节讲政治经济学的方法，第 4 节讲经济基础和上层建筑之间的关系。由于第 4 节是马克思未完成的初稿，很多问题只是列出标题而没有研究，因此，这里解读的只是前 3 节的内容。

（一）一般生产

马克思在这一节里，批判了资产阶级政治经济学把资本主义生产看成是一般的永恒的自然形态的错误观点，阐明了生产总是指在一定社会发展阶段上的生产的基本原理，强调指出政治经济学所研究的是一定社会发展阶段上的生产的社会关系，即人们在生产过程中结成的一定的生产关系。马克思强调了三个方面的具体内容：

第一，政治经济学的出发点，只能是人们在一定的社会关系中进行的生产，而不是脱离一定社会性质的孤立的个人的生产。

马克思从他创立的唯物史观出发，提出"摆在面前的对象，首先是物质生产"。③ 这是因为，物质资料的生产是人类社会存在和发展的基础。人类要生存就必须有食物、衣服、住房等最基本的生活资料，这些只有通过物质资料的生产才能获得。任何社会都不能停止生产，否则，这个社会就不可能存续下去。也只有物质资料生产发展了，其他社会活动，包括政治、文化、科技、教育等才能得

① 《马克思恩格斯文集》第 10 卷，人民出版社 2009 年版，第 140 页。

② 《马克思恩格斯文集》第 2 卷，人民出版社 2009 年版，第 588 页。

③ 《马克思恩格斯文集》第 8 卷，人民出版社 2009 年版，第 5 页。

到发展，从而社会才能发展。

人们从事物质资料的生产，从来就是在一定的社会关系中进行的，任何“进行生产的个人”都不例外。个人一旦离开了社会，离开了一定的社会关系，就无法生存，当然也就无法生产。因此，政治经济学的出发点，只能是人们在一定的生产关系中进行的生产，即“一定社会性质的生产”。①

资产阶级政治经济学“当作出发点的单个的孤立的”个人，实际上指的是体现新兴的资本关系的资本家。这种个人，“一方面是封建社会形式解体的产物，另一方面是16世纪以来新兴生产力的产物”。② 在人类社会中，根本不存在什么孤立于社会之外的个人。孤立的个人在社会之外进行生产，“就像许多个人不在一起生活和彼此交谈而竟有语言发展一样，是不可思议的”。③

第二，政治经济学研究的是一定社会发展阶段上的生产，是特定的社会生产关系。

人类社会生产经历了原始社会、奴隶社会、封建社会和资本主义社会等不同的历史发展阶段，因此，“说到生产，总是指在一定社会发展阶段上的生产”，总是人们在一定的社会生产关系中进行的生产。当然，就各个不同历史发展阶段上的生产来说，必然具有一些共同的规定，如，凡要进行生产，都必须具有生产资料和劳动者两个基本要素，而且这两个要素都必须按一定的方式和方法结合起来，这是一切社会的生产所共有的。如果把各个历史发展阶段上的生产的共性，作为“生产一般”抽象出来，那就是一个合理的抽象。这样做，一方面可以在分析各个历史阶段的生产时避免重复，另一方面也便于比较分析各个历史阶段上生产之间的本质差别。比如从劳动者和生产资料二者的不同结合方式上，我们就可以区分不同的社会历史形态。

但是，马克思在这里强调的是，不要因为看到共同点就忘记本质差别。马克思在这里着重批判的也正是资产阶级政治经济学家，特别是庸俗经济学家用空谈生产一般而有意抹杀各个历史阶段的生产之间的本质差别，企图证明资本主义生产方式是永恒的和谐的生产方式。总之，政治经济学所研究的，绝不是像资产阶级政治经济学那样，只从物质形式方面或人与自然的关系方面考察生产一般，而是考察生产的社会方面，考察一定社会的生产关系。

第三，资本主义生产关系是一定历史阶段的社会关系，而不是一般的自然

① 《马克思恩格斯文集》第8卷，人民出版社2009年版，第5页。
② 《马克思恩格斯文集》第8卷，人民出版社2009年版，第5页。
③ 《马克思恩格斯文集》第8卷，人民出版社2009年版，第6页。

关系。

资产阶级政治经济学一方面把生产描写成脱离社会形态，不分历史阶段的单纯的永恒的自然规律，另一方面又把分配说成是特殊的，是由社会统治阶级按照他们的意志和感情制定的，因此，资本主义社会的一切矛盾，就可以在不触动资本主义生产方式的前提下，只要在收入分配上做一些调整和改良，就能得到解决。马克思驳斥了这种观点。在马克思看来，分配无论在不同社会阶段上如何不同，总有决定它的共同条件。分配关系总是由生产资料所有制的性质所决定的，而绝不可能是随心所欲的。马克思通过对庸俗经济学者的财产观的批判说明了，决不能把财产的一定形式即私有财产同财产等同起来，以个别取代一般。马克思认为，“一切生产都是个人在一定社会形式中并借这种社会形式而进行的对自然的占有。在这个意义上，说财产（占有）是生产的一个条件，那是同义反复。但是，可笑的是从这里一步就跳到财产的一定形式，如私有财产（而且还以对立的形式即无财产作为前提条件）。历史却表明，共同财产（如印度人、斯拉夫人、古凯尔特人等等那里的共同财产）是原始形式，这种形式还以公社财产形式长期起着显著的作用”,① 私有财产只是历史的产物。

在本节的最后，马克思总结道：“总之，一切生产阶段所共有的、被思维当作一般规定而确定下来的规定，是存在的，但是所谓一切生产的一般条件，不过是这些抽象要素，用这些不可能理解任何一个现实的历史的生产阶段。”②

（二）生产与分配、交换、消费的相互关系

马克思在本节详细论述了生产过程的四个环节，即生产、分配、交换和消费以及它们之间的辩证关系的原理，进一步说明了政治经济学的研究对象。共分3个小节：

1. 生产和消费

生产和消费是对立统一的关系，在这一关系中，生产占支配地位。

（1）生产和消费的同一性。

生产和消费的同一性主要表现在以下三个方面：

第一，生产和消费具有直接的同一性，即生产直接是消费，消费直接是生产。

生产直接是消费，是指物质资料的生产过程同时就是劳动者的劳动力和生产

---

① 《马克思恩格斯文集》第8卷，人民出版社2009年版，第11页。

② 《马克思恩格斯文集》第8卷，人民出版社2009年版，第12页。

资料的消费过程。这里包括双重消费：主体的和客体的。主体的消费，即劳动者在生产过程中消耗劳动力；客体的消费，即劳动者在生产过程中对生产资料的消费。因此，生产行为对它的主体和客体要素来说也是消费行为。这种生产行为也可称之为生产性消费。

消费直接是生产，是指生活资料的消费过程，同时就是劳动者个人身体的生产过程。“在吃喝这一种消费形式中，人生产自己的身体，这是明显的事。”①

第二，生产和消费互为中介，互相依存。

“生产中介着消费，它创造出消费的材料，没有生产，消费就没有对象。但是消费也中介着生产，因为正是消费替产品创造了主体，产品对这个主体才是产品。产品在消费中才得到最后完成。一条铁路，如果没有通车、不被磨损、不被消费，它只是可能性的铁路，不是现实的铁路。没有生产，就没有消费；但是，没有消费，也就没有生产，因为如果没有消费，生产就没有目的。”②

第三，生产和消费各自生产或创造着对方，即互相转化。

消费从两方面生产着生产：首先，产品只是在消费中才成为现实的产品。例如，一件衣服由于穿的行为才现实地成为衣服；一间房屋无人居住，事实上就不成其为现实的房屋。因此，产品只有消费才能成为产品。消费是在把产品消灭的时候才使产品最后完成。其次，消费创造出新的生产的需要。消费创造出生产的动机，在观念上提出生产的对象，把它作为内心的图像、作为需要、作为动力和目的提出来。没有需要，就没有生产，而消费则把需要再生产出来。

生产从三个方面创造着消费：首先，生产创造出消费的对象。“它为消费提供材料、对象。如果消费而无对象，就不称其为消费；因而在这方面生产创造出、生产出消费。”③ 其次，生产创造出消费的方式。“对象不是一般的对象，而是一定的对象，是必须用一定的而又是由生产本身所中介的方式来消费的。饥饿总是饥饿，但是用刀叉熟肉来解除的饥饿不同于用手、指甲和牙齿啃生肉来解除的饥饿。因此，不仅消费的对象，而且消费的方式，不仅在客体方面，而且在主体方面，都是生产所生产的。所以，生产创造消费者。”④ 最后，生产创造出消费的动力。生产为消费对象创造出消费者。马克思以艺术为例，说明只有创造出艺术品，才能创造出懂得艺术和具有审美能力的大众。⑤

---

① 《马克思恩格斯文集》第 8 卷，人民出版社 2009 年版，第 14 页。
② 《马克思恩格斯文集》第 8 卷，人民出版社 2009 年版，第 15 页。
③ 《马克思恩格斯文集》第 8 卷，人民出版社 2009 年版，第 16 页。
④ 《马克思恩格斯文集》第 8 卷，人民出版社 2009 年版，第 16 页。
⑤ 《马克思恩格斯文集》第 8 卷，人民出版社 2009 年版，第 16 页。

（2）生产和消费的矛盾性。

生产和消费的矛盾性主要表现为以下两个方面：

第一，生产和消费是一个过程的两个要素。

“无论我们把生产和消费看作一个主体的活动或者许多个人的活动，它们总是表现为一个过程的两个要素，在这个过程中，生产是实际的起点，因而也是起支配作用的要素。”

第二，生产的结果是否归生产者消费取决于主体对其他个人的关系，即生产资料所有制形式。

在商品经济社会，“产品一经完成，生产者对产品的关系就是一种外在的关系，产品回到主体，取决于主体对其他个人的关系”。① 生产者创造出来的产品是否归他所有，取决于他是否是生产资料的所有者。产品是否回到生产者手中，取决于由生产资料所有制形式决定的人与人之间的关系。作为商品生产者，并不就是他的商品的消费者。在生产者和产品之间出现了分配，分配借社会规律决定生产者在产品世界中的份额，因而出现在生产和消费之间。

2. 生产和分配

（1）生产条件的分配决定产品的分配。

生产条件的分配属于生产，生产决定分配。分配包括产品的分配和生产条件的分配。“照最浅薄的理解，分配表现为产品的分配，因此它离开生产很远，似乎对生产是独立的。但是，在分配是产品的分配之前，它是生产工具的分配、社会成员在各类生产之间的分配（个人从属于一定的生产关系）——这是同一关系的进一步规定。这种分配包含在生产过程本身中并且决定生产的结构，产品的分配显然只是这种分配的结果。”②

（2）社会生产方式决定生产条件的分配。

生产条件的分配是由社会生产方式决定的。“一个征服民族在征服者之间分配土地，因而造成了地产的一定的分配和形式，由此决定了生产。或者，它使被征服的民族成为奴隶，于是使奴隶劳动成为生产的基础。或者，一个民族经过革命把大地产分割成小块土地，从而通过这种新的分配使生产有了一种新的性质。”③ 为了进一步论证这一观点，马克思又接着举例说：“所有的征服有三种可能。征服民族把自己的生产方式强加于被征服民族（例如，英国人 20 世纪在爱

① 《马克思恩格斯文集》第 8 卷，人民出版社 2009 年版，第 18 页。

② 《马克思恩格斯文集》第 8 卷，人民出版社 2009 年版，第 20 页。

③ 《马克思恩格斯文集》第 8 卷，人民出版社 2009 年版，第 20 页。

尔兰所做的，部分地在印度所做的）；或者是征服民族让旧生产方式维持下去，自己满足于征收贡赋（如土耳其人和罗马人）；或者是发生在一种相互作用，产生一种新的、综合的东西（日耳曼人的征服中一部分就是这样）。在所有的情况下，生产方式，不论是征服民族的，被征服民族的，还是两者混合形成的，总是决定新出现的分配。”①

法律对生产条件的分配，只起保护作用，而不起决定作用。法律可以使一种生产资料。例如土地，永远属于一定家庭，但是，法律规定生产资料的归属权，只有当大地产同社会生产处于和谐中的时候，才有经济意义。②

（3）生产的结构决定分配的结构。

利息、利润以及工资和地租都是由资本主义生产的结构所决定的。利息和利润是以资本作为生产要素为前提的。它们是产业资本家和借贷资本家凭借他们占有的资本，瓜分工人创造的剩余价值的具体形式。资本家为了不断追求更多的剩余价值和提高自己的竞争实力，还必须把已经从工人身上榨取的剩余价值的一部分，重新当作资本来使用以进行资本的扩大再生产。所以，利息和利润又是资本再生产方式。正如马克思所说：“利息和利润作为分配形式，是以资本作为生产要素为前提的。它们是以资本作为生产要素为前提的分配方式。它们又是资本的再生产方式。”③

工资是以雇佣劳动为前提的。在资本主义社会，生产资料归资本家所有，工人除了自己的劳动能力之外一无所有，为了生存，不得不把存在于身体当中的劳动力当作商品出卖。这就是“在雇佣劳动的场合劳动作为生产要素所具有的规定性，在工资的场合表现为分配的规定。如果劳动不是规定为雇佣劳动，那么，劳动参与产品分配的方式，也就不表现为工资”。④ 资本主义工资的实质是劳动力的价值或价格，如果劳动者不是资本主义条件下的雇佣劳动者，而是奴隶制度下的奴隶或者封建制度的农民，那么，劳动参与产品分配的方式，也就不表现为工资。

资本主义地租的前提是作为生产要素的大地产，而不是土地一般。资本主义地租作为分配的形式，是租地农业资本家把从农业工人榨取的剩余价值的一部分，以地租的形式转给大土地所有者的。因此，资本主义地租实质上是剩余价值的一种转化形式。

---

① 《马克思恩格斯文集》第8卷，人民出版社2009年版，第21页。
② 《马克思恩格斯文集》第8卷，人民出版社2009年版，第22页。
③ 《马克思恩格斯文集》第8卷，人民出版社2009年版，第19页。
④ 《马克思恩格斯文集》第8卷，人民出版社2009年版，第19页。

“所以，分配关系和分配方式只是表现为生产要素的背面。个人以雇佣劳动的形式参与生产，就是工资形式参与产品、生产成果的分配。分配的结构完全决定于生产的结构。分配本身是生产的产物，不仅就对象说如此，而且就形式说也是如此。就对象说，能分配的只是生产的成果，就形式说，参与生产的一定方式决定分配的特殊形式，决定参与分配的形式。”①

3. 生产和交换

（1）交换是生产和再生产的一个环节。

交换包括直接的劳动交换和劳动产品的交换。劳动产品的交换在历史上先后出现产品与产品的直接物物交换和产品通过货币媒介的交换，以货币媒介的交换称为流通。因此，流通本身只是交换的一定要素。

从再生产过程的四个环节来看，“交换只是生产和由生产决定的分配的一方同消费一方之间的中介要素，而消费本身又表现为生产的一个要素，交换显然也就作为生产的要素包含在生产之内”。②

（2）生产决定交换。

除了直接属于生产的劳动交换和包含在生产之内的产品交换外，作为产品为了消费而进行的交换，也是由生产决定的。因为“①如果没有分工，不论这种分工是自然发生的或者本身已经是历史的结果，也就没有交换；②私人交换以私人生产为前提；③交换的深度、广度和方式都是由生产的发展和结构决定的。例如，城乡之间的交换，乡村中的交换，城市中的交换等等。可见，交换就其一切要素来说，或者是直接包含在生产中，或者是由生产决定”。③

结论：“我们得到的结论并不是说，生产、分配、交换、消费是同一的东西，而是说，它们构成一个总体的各个环节，一个统一体内部的差别。生产既支配着与其他要素相对而言的生产自身，也支配着其他要素。过程总是从生产重新开始。交换和消费不能是起支配作用的东西，这是不言而喻的。分配，作为产品的分配，也是这样。作为生产要素的分配，它本身就是生产的一个要素。因此，一定的生产决定一定的消费、分配、交换和这些不同要素相互间的一定关系。当然，生产就其单方面形式来说也决定于其他要素。例如，当市场扩大，即交换范围扩大时，生产的规模也就增大，生产也就分得更细。随着分配的变动，例如，随着资本的积聚，随着城乡人口的不同的分配等等，生产也就发生变动。最后，

---

① 《马克思恩格斯文集》第8卷，人民出版社2009年版，第19页。

② 《马克思恩格斯文集》第8卷，人民出版社2009年版，第22页。

③ 《马克思恩格斯文集》第8卷，人民出版社2009年版，第23页。

消费的需要决定着生产。不同要素之间存在着相互作用。”①

三、政治经济学的方法

在导言中对政治经济学方法的论述，主要涉及两个方面：一是抽象与具体的关系，二是逻辑与历史的关系。

马克思认为，抽象与具体的关系，是政治经济学方法中所要处理好的关键问题。研究经济问题，必须从具体的经济现象中概括出抽象的规定，进而从抽象概念向具体概念过渡，以说明具体的经济问题。

马克思提到，前人在政治经济学的研究上走过两条道路：第一条道路是经济学在它产生时期在历史上走过的道路。例如，17 世纪的经济学家总是从生动的整体，从人口、民族、国家、若干国家，等等开始，从实在和具体开始，从现实的前提开始，从作为全部社会生产行为的基础和主体的人口开始，似乎是正确的。但是，更仔细地考察起来，这是错误的。因为，“抛开构成人口的阶级，人口就是一个抽象。如果我不知道这些阶级所依据的因素，如雇佣劳动、资本等等，阶级又是一句空话。这些因素是以交换、分工、价格等等为前提的。比如资本，如果没有雇佣劳动、价值、货币、价格等等，它就什么也不是”。②

第二条道路“是从分析中找出一些有决定意义的抽象的一般的关系，如分工、货币、价值等等。这些个别要素一旦多少确定下来和抽象出来，从劳动、分工、需要、交换价值等等这些简单的东西上升到国家、国际交换和世界市场的各种经济学体系就开始出现了”。③ 马克思认为第二条道路是科学上正确的方法。具体之所以具体，因为它是许多规定的综合，因而是多样性的统一。因此它在思维中表现为综合的过程，表现为结果不是起点，虽然它是现实的起点，因而也是直观和表象的起点。在第一条道路上，完整的表象蒸发为抽象的规定；在第二条道路上，抽象的规定在思维行程中导致具体的再现。④

马克思虽然肯定了古典政治经济学所走过的第二条道路，即由抽象上升到具体的方法，但是马克思在经济学研究中所运用的从抽象上升到具体的方法与古典政治经济学家所运用的方法又是根本不同的。首先，古典政治经济学家只是在实际上运用了从抽象上升到具体的方法，但他们并没有对这个方法给予科学的说

① 《马克思恩格斯文集》第 8 卷，人民出版社 2009 年版，第 23 页。
② 《马克思恩格斯文集》第 8 卷，人民出版社 2009 年版，第 24 页。
③ 《马克思恩格斯文集》第 8 卷，人民出版社 2009 年版，第 24 页。
④ 《马克思恩格斯文集》第 8 卷，人民出版社 2009 年版，第 24 页。

明。马克思把辩证法作为政治经济学的方法，揭示了经济现象与本质、抽象与具体的辩证关系，对从抽象上升到具体的方法给予了科学的说明。马克思说道："如果我从人口着手，那么，这就是关于整体的一个混沌的表象，并且通过更切近的规定我就会在分析中达到越来越简单的概念；从表象中的具体达到越来越稀薄的抽象，直到我达到一些最简单的规定。于是行程又得从那里回过头来，直到我最后又回到人口，但是这回人口已不是关于整体的一个混沌的表象，而是一个具有许多规定和关系的丰富的总体了。"① 其次，古典政治经济学家运用抽象上升到具体的方法是不彻底的。例如，他们没有经过任何中间环节，就把抽象的范畴等同于具体的范畴。马克思则把经济范畴看作是发展和变化的，从抽象的、简单的经济范畴，通过一系列中间环节才上升到具体的、复杂的经济范畴，从而建立起完全科学的经济理论体系。

四、当代启示

学习导言的当代启示，可以扼要地概括为以下几点：

第一，学习导言，对于认识社会经济规律具有重要启示。马克思认为，政治经济学本质上是一门历史的科学，它的任务是研究社会经济发展各个阶段的生产、分配、交换和消费及其相互关系的变化规律，揭露各个生产方式的本质，说明一种生产方式产生、发展和为什么必然会过渡到另一种生产方式，从而说明社会经济发展的规律性。

第二，导言中提出的社会再生产四环节关系理论，对于综合分析当前我国社会主义市场经济运行和发展的问题有着重要价值。马克思认为，在社会再生产的四个环节中，生产是起点，是起支配和决定作用的环节，即生产支配和决定分配、交换和消费；同时也认为，分配、交换和消费对生产起反作用，即它们作为生产过程中的不同要素，由于各自的地位、作用不同以及它们相互关系的变化，也会引起生产本身的变化；马克思分析的关于生产与消费关系的理论，对于研究扩大最终消费需求是我国必须长期坚持的发展战略，具有重要的理论指导意义；马克思关于生产与分配关系的精辟论述，对于研究我国的分配问题，（既要考虑再分配中的公平与效率的关系，同时也要着眼于从生产领域关注初次分配中的公平问题）也具有重要的理论指导意义。

第三，《政治经济学批判》中提出的建立经济学理论体系的方法，对于建立中国特色社会主义经济理论体系也具有重要的方法论意义。把握马克思创立经济

① 《马克思恩格斯文集》第 8 卷，人民出版社 2009 年版，第 24 页。

学理论体系的方法，首先是理解马克思的抽象法。经济学不能只是对经济现象的描述，换言之，经济现象描述不是经济学。经济学要成为一个科学的理论体系，也必须从最简单的最抽象的范畴开始，循着由抽象到具体，使理论抽象的规定在思维行程中导致具体的再现。从建立经济学理论体系上说，我们认为，迄今为止，还没有发现别的任何一种方法比马克思主义经济学的方法更科学、更管用。其次是理解马克思关于分析特定社会经济关系要抓住该社会占支配地位的关系的方法，即马克思讲的“普照的光”，它对于分析我国社会主义市场经济的主体关系，有着重要的指导价值。

参考文献

[1]《马克思恩格斯文集》第 5 卷，人民出版社 2009 年版。

[2]《马克思恩格斯文集》第 6 卷，人民出版社 2009 年版。

[3]《马克思恩格斯文集》第 7 卷，人民出版社 2009 年版。

[4]《资本论》法文版第 1 卷，中国社会科学出版社 1983 年版。

[5]《资本论》德文版第 1 卷，经济科学出版社 1987 年版。

[6]《马克思恩格斯文集》第 2 卷，人民出版社 2009 年版。

[7]《马克思恩格斯文集》第 8 卷，人民出版社 2009 年版。

[8]《马克思恩格斯全集》第 26 卷Ⅰ，人民出版社 1972 年版。

[9]《马克思恩格斯全集》第 26 卷Ⅱ，人民出版社 1973 年版。

[10]《马克思恩格斯全集》第 46 卷上，人民出版社 1979 年版。

[11]《马克思恩格斯全集》第 46 卷下，人民出版社 1980 年版。

[12]《马克思恩格斯全集》第 49 卷，人民出版社 1985 年版。

[13]《马克思恩格斯〈资本论〉书信集》，人民出版社 1976 年版。

[14]《马克思恩格斯选集》第 1 卷，人民出版社 1995 年版。

[15]《马克思恩格斯选集》第 2 卷，人民出版社 1995 年版。

[16]《马克思恩格斯选集》第 3 卷，人民出版社 1995 年版。

[17]《马克思恩格斯选集》第 4 卷，人民出版社 1995 年版。

[18]《资本论》郭大力、王亚南，译，上海三联书店 2009 年版。

[19] 马克思：《1844 年经济学哲学手稿》，人民出版社 1997 年版。

[20]《列宁选集》第 2 卷，人民出版社 1995 年版。

[21]《列宁选集》第 4 卷，人民出版社 1995 年版。

[22]《邓小平文选》第 1、第 2、第 3 卷，人民出版社 1994、1993 年版。

[23]《习近平谈治国理政》第一卷，外文出版社 2014 年版。

[24]《习近平谈治国理政》第二卷，外文出版社 2017 年版。

[25]《习近平新时代中国特色社会主义思想三十讲》，学习出版社 2018 年版。

[26] 威廉·配第：《赋税论》，商务印书馆 1963 年版。

[27] 亚当·斯密：《国民财富的性质原因的研究》（上，下），杨敬年，译，

陕西人民出版社 2001 年版。

［28］大卫·李嘉图：《政治经济学及赋税原理》，华夏出版社 2005 年版。

［29］约翰·穆勒：《穆勒经济学原理》，世界书局 1936 年版。

［30］斯拉法：《用商品生产商品》，巫宝三，译，商务印书馆 1991 年版。

［31］米克：《劳动价值学说的研究》，陈彪如，译，商务印书馆 1979 年版。

［32］熊彼特：《经济分析史》第 1 卷，商务印书馆 1991 年版。

［33］斯蒂德曼：《按照斯拉法思想研究马克思》，商务印书馆 1991 年版。

［34］M. C·霍华德、J. E·金：《马克思主义经济学史 1929—1990》，郑吉伟，等，译，中央编译出版社 2003 年版。

［35］罗宾逊：《马克思、马歇尔和凯恩斯》，商务印书馆 1963 年版。

［36］威廉姆森：《资本主义经济制度》，商务印书馆 2004 年版。

［37］李斯特：《政治经济学的国民体系》，商务印书馆 1961 年版。

［38］萨伊：《政治经济学概论》，商务印书馆 1963 年版。

［39］西斯蒙第：《政治经济学新原理》，商务印书馆 1964 年版。

［40］马尔萨斯：《政治经济学原理》，商务印书馆 1962 年版。

［41］斯蒂格利茨：《经济学》，中国人民大学出版社 1997 年版。

［42］J. 伊特韦尔、M. 米尔盖特、P. 纽曼：《新帕尔格雷夫经济学大辞典》，经济科学出版社 1992 年版。

［43］莱斯特·瑟罗：《资本主义的未来》，中国社会科学出版社 1998 年版。

［44］米歇尔·阿尔贝尔：《资本主义反对资本主义》，社会科学文献出版社 1999 年版。

［45］萨尔·霍夫曼：《劳动力市场经济学》，上海三联出版社 1993 年版。

［46］苏联科学院经济研究所：《政治经济学教科书》，人民出版社 1956 年版。

［47］宋涛主编：《〈资本论〉辞典》，山东人民出版社 1988 年版。

［48］许涤新主编：《政治经济学辞典》，（上、中、下），人民出版社 1980 年版。

［49］孟氧：《〈资本论〉历史典据注释》，中国人民大学出版社 2005 年版。

［50］黑格尔：《小逻辑》，商务印书馆 1980 年版。

［51］卫兴华：《卫兴华经济学文集》（第一卷），经济科学出版社 2002 年版。

［52］卫兴华：《卫兴华经济学文集》（第二卷），经济科学出版社 2002 年版。

［53］卫兴华：《卫兴华经济学文集》（第三卷），经济科学出版社 2005 年版。

［54］张薰华：《资本论》脉络（第二版），复旦大学出版社 1999 年版。

［55］弗・梅林：《马克思传》，人民出版社 1973 年版。

［56］程恩富主编：《中外马克思主义经济思想简史》，中国出版集团 2011 年版。

［57］顾海良主编：《百年论争——20 世纪西方学者马克思经济学研究述要》（上、中、下），经济科学出版社 2015 年版。

［58］洪银兴，等编：《〈资本论〉的现代解析》，经济科学出版社 2005 年版。

［59］白暴力、白瑞雪：《马克思经济理论》，经济科学出版社 2009 年版。

［60］王天义、王睿：《〈资本论〉学习纲要》，中国经济出版社 2013 年版。

［61］陈征：《〈资本论〉解说》，福建人民出版社 1982 年版。

［62］马健行、郭继严：《〈资本论〉创作史》，山东人民出版社 1983 年版。

［63］鲁从明：《〈资本论〉的思想精华和伟大生命力》，中共中央党校出版社 2016 年修订版。

［64］郭大力：《关于马克思的〈资本论〉》，生活・读书・新知三联书店 1978 年版。

［65］宫川彰：《解读〈资本论〉（第一卷）》，中央编译出版社 2011 年版。

［66］胡钧主编：《〈资本论〉导读》，中国人民大学出版社 2013 年版。

［67］吴易风：《马克思主义经济学与西方经济学》，经济科学出版社 2001 年版。

［68］戴道传：《重新建立个人所有制研究》，安徽人民出版社 1993 年版。

［69］董瑞华、唐珏岚：《〈资本论〉及其手稿在当代的实践与发展》，人民出版社 2013 年版。

［70］姚开建主编：《马克思主义经济学说史》，中国人民大学出版社 2010 年版。

［71］邱海平编：《21 世纪再读资本论》，人民邮电出版社 2016 年版。

［72］林岗：《马克思主义与经济学》，经济科学出版社 2007 年版。

［73］陈岱孙：《从古典经济学派到马克思》，商务印书馆 2014 年版。

［74］周成启、李善明、丁冰：《政治经济学原理的历史考察》，上海人民出版社 1988 年版。

［75］程恩富：《科学认识和发展马克思的劳动价值论》，《高校理论战线》

2001 年第 9 期。

［76］丁堡骏：《马克思劳动价值论与当代现实》，经济科学出版社 2005 年版。

［77］谷书堂、柳欣：《新劳动价值一元论》，《中国社会科学》1993 年第 6 期。

［78］何炼成：《也谈劳动价值论一元论》，《中国社会科学》1994 年第 2 期。

［79］胡代光：《评当代西方学者对马克思〈资本论〉的研究》，中国经济出版社 1990 年版。

［80］姜启渭：《创造价值的社会必要劳动时间的两重含义的存在性》，《当代经济研究》1997 年第 2 期。

［81］李炳炎：《论社会主义市场经济中的剩余价值范畴及其新的社会形式》，《江苏行政学院学报》2003 年第 1 期。

［82］王天义：《第三产业劳动是否创造价值》，《人民日报》，2001 年 7 月 31 日。

［83］王天义：《对我国现阶段剥削现象的再认识》，《理论探索》2001 年第 3 期。

［84］彭腾：《近年来我国剩余价值理论的研究述评》，《现代经济探索》2007 年第 11 期。

［85］苏星：《劳动价值一元论》，《中国社会科学》1992 年第 6 期。

［86］汤在新：《劳动价值论是市场经济理论的基石》，《中国社会科学》1994 年第 6 期。

［87］卫兴华：《三论深化对劳动和劳动价值论认识的有关问题》，《高校理论战线》2001 年第 8 期。

［88］晏智杰：《重温马克思的劳动价值论》，《经济学动态》2001 年第 3 期。

［89］张宇：《中国特色社会主义政治经济学》，中国人民大学出版社 2018 年版。

后 记

在我国改革开放的伟大实践中，经济科学获得了长足的发展。一批批研究成果问世，一代代学者成才。在这种条件下、环境中，才有我们今天对《资本论》这部伟大著作进行重新研究和探索的基础。在此，我们对一切热衷于马克思主义经济理论学习和研究，热衷于社会主义市场经济建设和理论研究的朋友们，表示衷心的感谢。

本书的出版，得到中国经济出版社的支持，丁楠同志为本书的出版也付出了辛勤的劳动，在此致以深深的谢意。

本书参阅和引用了大量学术文献，参考和吸收了近年来学界同行们著述中的一些研究成果，特别是得到了中共中央党校经济学部领导以及政治经济学教研室的各位老师的指导和帮助，这里一并表示感谢。

老实说，本书的撰写，也是一个再学习的过程。《资本论》是一座取之不尽、用之不竭的思想宝库，重新学习总会有新的收获、新的提高。我们愿与同行们一道，继续努力探索，将我国关于《资本论》的学习和研究不断推向新的高度和新的境界。